나의 가치

Worthy: How to Believe You Are Enough and
Transform Your Life by Jamie Kern Lima
Copyright ⓒ 2024 by Jamie Kern Lima

Originally published in 2024 by Hay House, Inc.
Excerpt from A Return to Love by Marianne Williamson,
copyright ⓒ 1992 by Marianne Williamson,
used by permission of HarperCollins Publishers.
All rights reserved.

Korean translation rights ⓒ 2025 by Haksan Publishing Co., Ltd.
Korean translation rights are arranged with Hay House UK Ltd.
through AMO Agency Korea.

이 책의 한국어판 저작권은 AMO 에이전시를 통해 저작권자와 독점 계약한 (주)학산문화사에 있습니다.
저작권법에 의해 한국 내에서 보호를 받는 저작물이므로 무단 전재와 무단 복제를 금합니다.

나의 가치

Worthy

제이미 컨 리마 지음 | 허선영 옮김

알레

• 본문 하단의 각주는 옮긴이의 것이다.

✸

자신이 충분치 않다고 생각하는 80퍼센트의 여성, 가면 증후군[•]을 겪고 있는 75퍼센트의 여성 임원, 자기 몸을 사랑하지 않는 91퍼센트의 소녀와 여성에게 이 책을 바칩니다. 또한 자신이 무능하다고 생각하는 73퍼센트의 남성, 한 여자에게서 태어났고 자기 삶에서 소중한 여성이 적어도 한 명쯤은 있을 100퍼센트의 남성에게도 바칩니다. 당신이 한 인간으로서 근본적으로 충분치 않고, 가치가 없다고 생각한다면 그건 거짓말입니다. 그 거짓말을 깡그리 잊을 때가 왔습니다. 다 같이 힘을 모아 어떤 소녀도, 어떤 여성도, 어떤 사람도 자신이 가치 있음을 아는 데 뒤처지지 않도록 합시다!

• 자신의 성공이 노력이 아닌 순전히 운으로 얻어졌다고 생각하며 불안해하는 심리.

―――――― 추천의 글 ――――――

자신감, 자존감, 자기애를 쌓는 방법에 관한 걸작이다. 이 책은 당신 자신을 믿고 사랑하고 당신의 삶을 치유할 도구를 제공한다. 책을 내려놓을 수가 없었다!
- 엘런 디제너러스 Ellen Degeneres, 방송인이자 코미디언, 영화배우

노골적이고 취약한 면을 드러내면서 한편으로 믿을 수 없이 영감을 주는 책이다! 《나의 가치》는 의심을 놓아버리고, 꿈꾸던 삶을 이뤄가며, 운명으로 발을 내딛는 방법에 관한 마스터클래스다.
- 니콜 르페라 Nicole LePera 박사, 임상심리학자,
《관계의 뇌과학》 저자

강렬하고 삶을 변화시키는 책이다! 당신이 충분하다고 믿고 싶다면, 자신을 사랑하고 싶고 삶을 바꾸고 싶다면, 제이미에게 당신을 위한 책이 있다. 그가 당신 편이 돼줄 것이다!
- 토니 로빈스 Tony Robbins, 변화 심리학 최고권위자,
《네 안의 잠든 거인을 깨워라》 저자

노골적이고, 진실하며, 강력하다. 모든 여성에게 필요한 책이다.
- 사라 블레이클리 Sara Blakely, 스팽스의 설립자이자 공동최고경영자,
《타임》이 선정한 2012년 세계에서 가장 영향력 있는 100인

이너 서클의 소리를 줄이고 자신의 가장 진정한 내면의 목소리에 귀 기울이는 데 도움이 된다.

― 제이 셰티Jay Shetty, 전 세계에서 가장 영향력 있는 인플루언서,
《수도자처럼 생각하기》 저자

힘을 북돋워주고, 삶을 바꿔준다. 매우 경이로운 책이다! 《나의 가치》는 감정적·신체적·영적으로 도움을 줄 것이며, 당신이 3가지 면에서 모두 가치 있음을 깨닫게 하는 도구를 제공할 것이다.

― 로빈 로버츠Robin Roberts, ABC의 굿모닝 아메리카Good Morning America 의
공동 진행자이자 방송인

이 책은 필독서다! 사람들의 주의를 환기하고 삶을 바꾸는 책이며 당신이 누려 마땅한 삶으로 가는 로드맵이다. 제이미는 여성들에게 힘을 북돋워주는 우상이다.

― 멜 로빈스Mel Robbins, TEDx 인기 강연자이자 베스트셀러 작가,
《5초의 법칙》 저자

획기적이다! 나는 책을 읽고 이렇게 감동한 적이 없었다. 《나의 가치》에 담긴 교훈과 전략이 당신의 삶을 바꿀 것이다. 당신의 마음은 치유되고 영혼은 자극받아 다시는 예전으로 돌아갈 수 없을 것이다.

― 에드 마일렛Ed Mylett, 기업가이자 강연가, 동기부여 전문가,
《포브스》가 선정한 '50세 이하 최고 부자 50인', 《'한 번 더'의 힘》 저자

게임체인저다. 진솔하다. 제이미는 진짜배기이고, 진짜배기는 드물다.

― 글레넌 도일Glennon Doyle, 작가이자 퀴어 활동가,
《언테임드: 나는 길들지 않겠다》 저자

차례

독자에게 올리는 짧은 글 ···12
《나의 가치》는 여기서부터 시작된다 ···16

✦ 1부 ✦

보기:
자신감, 자존감, 자기 계시

CHAPTER 1	모든 것을 바꾸는 한 가지	···43
CHAPTER 2	거절과의 관계를 바꾸면 인생이 바뀐다	···73
CHAPTER 3	당신은 미친 게 아니라 처음일 뿐이다	···103
CHAPTER 4	당신 내면에는 위대함이 있다	···121

✦ **2부** ✦

잊기:
의심을 불러오는 거짓말과 가치를 깨우는 진실들

CHAPTER 5	목표 체중이 되기를 기다리지 마라 거짓말: 체중이 내 가치에 영향을 미친다	···155
CHAPTER 6	거짓말: 행복한 모습만 보여야 한다	···167
CHAPTER 7	거짓말: 나는 더 나아질 자격이 없다	···179
CHAPTER 8	거짓말: 나에겐 내놓을 특별한 게 없다	···201
CHAPTER 9	거짓말: 나를 좋아하게 하려면 다른 사람의 비위를 맞춰야만 한다	···213
CHAPTER 10	거짓말: 돋보이면 쫓겨날 것이다	···221
CHAPTER 11	거짓말: 나는 사기꾼이고, 내 본모습으로는 부족하다	···233
CHAPTER 12	거짓말: 있는 그대로의 나는 사랑받지 못할 것이다	···247
CHAPTER 13	거짓말: 한번 붙은 꼬리표는 영원하다	···261

◆ **3부** ◆

변화하기:
당신의 여정 – 흔들림 없는 자존감과 조건 없는 자기애 구축하기

CHAPTER 14 성취감의 비결: 자존감은 곱하기다 ···281

CHAPTER 15 당신은 자기 모습을 보고 있는가? ···293

CHAPTER 16 자기만의 이유를 알았거든 여성들이여, 날아올라라 ···323

CHAPTER 17 서클 또는 우리 ···333

CHAPTER 18 지나치게 노출되고 미성숙한 ···361

CHAPTER 19 변화 ···377

✦ 4부 ✦

깨닫기:
당신은 가치 있다.
가치는 당신 안에 있고, 가치가 바로 당신이다

CHAPTER 20   달나라로 가는 티켓   ⋯393

CHAPTER 21   당신이 정말로 의심하는 건 누구인가?   ⋯405

CHAPTER 22   독무   ⋯427

CHAPTER 23   당신은 가치 있다 –   ⋯435
　　　　　　　 빅토리 랩은 이제 시작된다

《나의 가치》는 여기서 끝나지 않는다   ⋯455
시: <당신은 미친 게 아니라 처음일 뿐이다>   ⋯458
감사의 글   ⋯467
참고문헌   ⋯472
《나의 가치》 빅토리 랩 동반자 독서 카드   ⋯482

✦ 독자에게 올리는 짧은 글 ✦

나는 이 책에 나오는 얘기와 교훈, 그리고 아이디어가 여러분의 삶을 변화시키는 데 영감과 도구가 되기를 희망합니다. 따라서 책을 읽는 동안 이 안에 있는 메시지와 도구로 도움을 받을 만한 사람이 떠오른다면, 주저하지 말고 그들과 공유하기를 부탁드립니다. 함께 힘을 모아 어떤 소녀도, 어떤 여성도, 어떤 사람도 존재를 인정받고 충분히 가치 있는 소중한 존재임을 아는 데 소외되지 않도록 합시다.

우리는 저마다 다양한 신념과 정체성, 삶의 경험을 지니고 있지만 우리 모두 이 세상을 함께 살고 있고, 우리 모두 신성하게 연결되어 있으며, 누구나 조건 없이 사랑받을 가치가 있다고 믿습니다. 이 책은 바로 여러분을 위해 쓰였습니다. 여러분과 나는 겉으로는 다를 수 있지만, 내면에는 많은 공통점을 가지고 있을 것이라고 나는 확신합니다. 따라서 우리가 이 변화의 여정을 함께하려면 우리 모두가 있는 그대로 진정성 있게, 그리고 당당하게 우리의 본모습을 드러내야만 합니다. 그것이 이 책에서 제가 할 일이며, 진심으로 이 여정을 여러분과 함께할 수 있기를 바랍니다.

여러분이 지금 이 책을 읽고 있는 건 우연이 아니라고 생각하기에 이 변화의 여정을 시작하는 여러분을 존경하고 축하합니다! 이 여정이 여러분 삶에 미치는 영향을 확인하고 싶지만, 이 책을 구매한 것만으로도 여러분은 이미 다른 이들의 삶에 어마어마한 변화를 불러왔음을 알아주셨으면 합니다. 이 책으로 얻는 저자 수익금은 피딩 아메리카Feeding America•와 소녀와 여성의 자존감을 키우는 프로그램에 전액 기부됩니다.

모든 소녀와 여성이 가치 있다고 믿는 세상을 상상할 때, 나는 모두 하나가 되어 사랑으로 자신을 치유하고, 여러 세대, 더 나아가 인류 전체를 치유하는 강력한 선善의 힘을 상상합니다. 책을 읽는 동안 이 책에 나오는 얘기, 도구, 핵심 요점이 필요한 누군가가 떠오르면 함께 공유해주세요. 제 팀원이 되어 메시지를 퍼뜨리고 최대한 많은 이들의 삶에 영향을 주는 데 합류해주세요. 혼자서는 할 수 없는 일이니 이 의미 있는 운동에 저와 함께해주신다면 너무나 감사하겠습니다.

또한 사진 혹은 가장 마음에 드는 이미지와 페이지, 인용문, 이 책

• 200개 이상의 푸드 뱅크로 구성되어 식품 저장실, 무료 급식소, 보호소 등을 통해 음식을 공급하는 미국의 전국적 비영리 조직.

에 관련된 경험을 해시태그 #WorthyBook 또는 #JamieKernLima를 사용해 소셜 미디어에 올려주시기를 요청합니다. 그러면 제가 보고 난 후 제 페이지에 다시 올리겠습니다! 자신의 가치를 찾는 여정에 관해 매주 영감과 격려를 받을 수 있는 글을 원하시면 JamieKernLima.com으로 오셔서 무료 이메일 소식지를 구독해 주세요.

☑ **주목할 점:** 이 책과 이 책에 등장하는 연습 과제들은 혼자서 또는 친구나 정신 건강 전문가와 함께해도 좋고, 북클럽 활동의 일부로 활용해도 좋습니다. 또한 여러분만의 '가치 서클'을 직접 만들 수도 있습니다. 2명 이상의 사람들이 모여 북클럽이나 기타 그룹으로 오프라인 또는 온라인에서 함께 자존감을 쌓는 과정을 축하하고 지지하는 겁니다. WorthyBook.com/Resource에서 모임에 가입하거나 여러분만의 모임을 만들기 위한 자료를 확인해보세요.

또한 WorthyBook.com/Resource와 JamieKernLima.com을 방문하시거나, 아래의 QR코드를 스캔해보세요. 이 책을 통해 여러분의 경험을 보완하고 더 온전히 몰입할 수 있는 다양한 무료 도구와 자료를 찾아볼 수 있습니다.

주목해주세요.
이 책은 치료법과 명상, 혹은 정신 건강 치료를
대체할 목적으로 만들어진 것이 아닙니다.

✦ 《나의 가치》는 여기서부터 시작된다 ✦

스스로 가치 있다고
믿는 대로 된다

혹시 기억하는가? 어린 시절, 교실에 앉아 정답을 알면서도 손을 들지 않았던 그 첫 순간을. 다른 사람의 시선과 평가에 대한 낯설고도 두려운 인식이 생기면서 손을 들까 말까 고민하다가… 결국 들지 않기로 마음먹었던 때가 있을 것이다. 그렇게 단 한 번의 선택으로 당신은 자신의 영혼이 표현하고자 하는 진짜 모습과는 어긋난 방식으로 살기 시작했다.

당신은 의심했고, 억눌렀고, 숨었고, 안전한 방식대로 행동했다. 자신이 옳다는 걸 알면서도 틀렸을까 의심했다. 자신이 똑똑한지를 의심했고, 자격이 충분한지를 의심했다.

이제 현재로 돌아와 당신은 여전히 답을 알면서도 손을 들지 않는가? 여전히 숨어 있는가? 혹시나 틀릴까 봐, 혹시나 실패할까 봐? 또는 확실함이 지배하는 컴포트존 comfort zone✦에 머물고 싶어서? 이제 정답을 아는 어른이 되었지만 내면은 여전히 그 어린 시절의 의심하는 어린아이 그대로인가? 어쩌면 천재나 떠올릴 법한 굉장한 아이디어가 있는데도 직장 회의 시간에 몽상하면서 조용히 앉아만 있는가? 아니면 그보다 나은 사람을 만날 자격이 있다는 것을 알면서도 그들을 떠날 만큼의 확신은 없어서 건강하지 못한 우정이나 관계에 머물러 있는가? 혹은 팀을 이끄는 리더이면서도 내면 깊은 곳에서는 스스로를 믿지 못해 위험을 감수하지 않으려 애쓰는지도 모른다. 마침내 큰 성공을 거두고, 높은 지위로 승진하고, 연봉이 크게 올랐음에도 스스로 사기꾼처럼 느끼며 소심하게 행동하고 있지는 않은가?

당신은 학부모회의 다른 엄마를 정말로 경멸하면서도 속마음을 숨긴 채 그와 어울리면서 소중한 시간을 보내고 있을지도 모른다. 정말로 필요한 건 휴식이라는 걸 숨기면서 분주히 돌아다니며 에너지를 소진할지도 모른다. 건강 문제로 고심하면서 자기 몸과 가치, 창조주에 대한 믿음을 잃고 있을지도 모른다. 속으로 존재감이 없다고 느끼며 그런 식으로 사는 게 더 낫다고 자신에게 거짓을 말하고 있지는 않은가? 어떤 업계에서 일하고 있지만 자신이 사업체를 경영할 운명을 타고났음을 알고 있지는 않은가? 당신의 가치를 인정받지 못하는 친밀한 동업 관계에 있지만 혼자 될 게 두려워 자신의 빛을 어둡게 하면서 진실을 외면한 채 숨어 있지는 않은가? 감정을 무디게 하려고 바쁘게 일하며 바쁨을 명예로운 훈장이라고 부르고 있지는 않은가? 인정과 사랑을 혼동하여 다른 누군가의 성공담

- 익숙하고 편안한 상태로 지낼 수 있는 공간.

을 따라 살고 있지는 않은가? 당신이 할 수 있는 일을 다른 이들이 이미 당신보다 잘해놓았다고 생각해 자기 소명을 계속 포기하고 있지는 않은가? 너무 오랫동안 세상이 바라는 사람이 되어 사람들을 만족시키느라 자신이 누구인지 기억조차 나지 않는가?

자기 의심, 무가치하다는 느낌과 두려움 때문에 우리는 자기 영혼의 빛을 어둡게 한다. 그리고 점점 안전한 길만을 선택하기 시작한다. 몸을 사리고, 억제하고, 숨는다. 진실의 일부만을 말하고, 우리 삶의 반만 살아가며, 진정한 자신의 일부만을 표현한다. 진정한 유대 관계보다 소속감을 갈망하고, 내면이 아닌 외부의 기준에 따라 중요한 사람으로 인정받고자 애쓴다. 이런 것들만이 사랑받고, 소속되고, 가치를 존중받는 유일한 길이라고 믿기 때문이다.

만약 이 질문 중 하나라도 당신에게 해당된다면, 내면 깊은 곳에서 본래 모습의 일부로만 살고 있음을 알면서도 자신의 본모습을 억누르고 의심하거나 감추고 있다면, 삶이 설명할 수 없을 만큼 공허하다고 느낄 것이다. 놓치고 있는 무언가를 가슴 아프게 갈망하고 있을 것이다. 다른 사람들, 심지어 자신조차 온전하고 진정한 자기 모습을 알지 못하고 포용할 수 없을 때 생기는 공허함이다. 당신이 무엇을 성취하든 그것이 바랐던 만큼의 성취감을 가져다주지 않을 때, 즐거움으로부터 단절된다. 끊임없이 자격이 충분치 않다는 느낌이 몰려온다. 겉으로는 미소로 감출 수 있지만, 진정으로 살아 있다는 느낌이 부족하다.

당신은 훤히 드러난 곳에 몸을 숨기면서 삶을 살아가고 있는 셈이다.

좋다, 아마 여러분은 이렇게 생각할지 모른다. '와, 책 시작부터 이렇게 깊게 들어간다고?' 그렇다, 곧장 깊숙이 들어갈 것이다. 여러분의 시간은 소중하니까. 그리고 우리 각자의 이 아름다운 삶도 소중하니까. 나는 소심하고 조심스러운 태도로 말하고 있지 않다. 특히 앞으로 펼쳐질 페이지에서도 여러분에게 온전히 자신을 드러내라고 부탁할 생각이니 더욱 그렇다. 나는 애정의 표현으로, 내 영혼에서 당신의 영혼으로 내가 가진 모든 것을 주겠다는 순수한 의도로 이 책을 썼다. 우리는 '있는 그대로 온전히 가치 있다'는 사실을 믿고 존재의 모든 면에서 진정으로 그 가치를 알아가는 여정에 있다. 이것이 오프라 윈프리Oprah Winfrey가 말한 "우리 자신의 가장 진실하고 가장 고귀한 표현highest, truest expression"에 도달하기 위한 가장 핵심적인 요소 중 하나다.

당신은 있는 그대로 충분하고, 소중하며, 사랑과 소속감을 온전히 누릴 자격이 있다. 그걸 바꾸기 위해 당신이 한 일도, 할 수 있는 일도 없다. 하지만 이 얘기는 나중에 하자. 삶의 대부분 동안의 내 모습과 당신이 비슷하다면 아직 이 말을 믿지 못할 테니까.

오프라와 훤히 보이는 곳에 숨는 것에 관해 말이 나온 김에 내 삶에서 위대한 순간 중 하나, 거의 일어나지 않을 뻔했던 그 순간을 공유하고 싶다. 그 순간은 내가 사실 자격이 없다고 믿었기 때문에 4년이나 숨어 있던 후에 찾아왔다. 오프라는 멀리서만 동경하던 내 멘토였다. 어린 시절과 어른이 된 후에도 매일 TV로 그를 지켜보았다. 평생 그를 만날 날을 꿈꾸었고, 내면 깊은 곳에서는 어떻게든 실제로 만날 수 있을 거라는 확신을 가지고 있었다.

"이건 내가 100퍼센트 확신하는 겁니다." 오프라는 내 첫 책인 《빌리브 잇》을 손에 들고 생방송에서 카메라를 향해 말했다. "당신은 원하는 대로가 아니라 믿는 대로 됩니다." 나는 놀라서 입을 떡 벌리지 않으려고, 바지에 실례를 하지 않으려고, 이 순간이 진짜이며 실제로 일어나고 있음을 믿으려고 온 힘을 다 기울였다. 아까도 말했지만 그 일은 일어나지 않을 뻔했다. 사실 내 삶에서 가장 중요한 순간들은 거의 일어나지 않을 뻔했다. 수년간 머릿속으로 터무니없이 웅장하고 대담한 꿈을 꾸었고, 오프라를 만나는 이런 순간을 상상했지만 실제로 일어날 수 있다고는 생각하지 않았다. 그런 일이 실제로 일어날 만큼 내가 가치 있다고 믿지 않았기 때문이다. 사실 당신도 공감할지 모르겠지만 나는 삶의 대부분을 내가 부족하다고 느끼며 내 운명을 의심하면서 살아왔다.

> 충분치 않다는 느낌이 당신의 숨겨진 쌍둥이 같다면 우리는 오래전에 잃어버린 세쌍둥이일지도 모른다.

우리가 관계나 경력, 또는 건강에 관해 아무리 생생하게 목표와 꿈을 시각화하더라도, 그 목표가 이루어지도록 아무리 열심히 행동을 취하더라도, 내면 깊은 곳에서 그 꿈과 목표를 이룰 자격이나 가치가 충분하다는 걸 실제로 믿지 않으면 그것들을 이룰 수 없다. 우리는 제자리에 갇힌 채 절대 그 꿈과 목표를 추구하지 않을 것이다. 그 목표에 도달하지 못하게 자기 암시를 되뇔 것이며, 너무 빨리 포기하거나 어떻게든 그 과정을 방해할 것이다. 약간의 자존감을 긁어모아 큰 목표나 꿈을 성취할 자격이 있다고 자신을 설득할 수 있겠지만, 그렇게 하는 동안 여전히 공허하고, 성취감을 느끼지 못하며, 뭔가를 놓친 기분으로 목표에 도달하게 될 것이다. 이런 일이 당신에게 일어난 적이 있는가? 충분하지 않다는 느낌이 거짓임을 알더라도(당연히 거짓이니까!) 그런 느낌을 경험한 적이 있다면, 그리고 그걸 영원히 극복하고 싶다면, 이 책은 당신을 위한 책이다. 충분치 않다는 느낌이 당신의 숨겨진 쌍둥이 같다면 우리는 오래전에 잃어버린 세쌍둥이일지도 모른다. 혹시 누구에게도 말 못 한 채 당신이 자기 의심과 가치 없다는 느낌으로 고군분투하고 있다면 이 책은 당신을 위한 책이다. 게다가 나는 이번 생에서 우리가 몸담은 가장 용감하고 가장 중요한 여정이 진실을 아는 것이라고, 우리의 자격이 차고 넘친다는 진실을 우리 존재의 모든 부분에서 알고 믿는 것이라고 생각한다. 이 말이 당신의 마음에 와닿는다면 당신을 위한 책이 여기 있고, 당신의 편이 여기 있다는 걸 기억하라.

당신이 자신을 신뢰하는 법을 배우고 자신이 가치 있다고 믿게 되는 그 순간, 당신의 삶 전체와 당신 가족의 과거와 미래 세대, 나아가 우리 세상까지 더 나은 방향으로 바뀌게 된다고 나는 믿는다.

당신이 무언가를 받을 자격이 있다고 믿는 바로 그 순간, 그것이 건전한 관계든, 무조건적인 사랑이든, 자기 몸을 찬양하는 것이든, 아이디어를 공유하는 것이든, 거창한 회의실 안에 있는 것이든, 무대 위에 있는 것이든, 팀을 이끄는 일이든, 영혼이 충만한 우정을 나누는 일이든, 원대한 희망과 터무니없는 꿈대로 살아가는 것이든…

당신의 위대한 삶과 위대한 운명은 펼쳐지기 시작한다.

> 당신이 가치 있다고 믿게 되는 그 순간, 당신의 삶 전체와 당신 가족의 과거와 미래 세대, 나아가 우리 세상까지 더 나은 방향으로 바뀌게 된다.

오프라가 내 책을 들어올린 순간, 나는 최대한 차분하게 몸을 고정한 채 생방송으로 우리를 지켜보는 수천 명에게 집중하려고 필사적으로 애썼다. 오프라와 나는 〈당신이 원하는 삶The Life You Want〉이라는 수업을 함께 강연하고 있었다. '제 능력을 최대한 발휘해 일할 수 있게 도와주세요'라고 나는 기도하고 또 기도했다. 수년간의 경험으로 나 자신보다 위대한 목적을 갖는 것만이 머릿속 근심에서 벗어나는 유일한 방법임을 깨달았기 때문이다. 오프라가 내 책을 들기 전에도 나는 평생 멘토로 여겼던 사람과 함께 강의하고 있다는 사실을 믿느라 고군분투하고 있었다. 오프라와 내가 직업적으로 함께 일했던 건 그때가 처음이었다.

생방송의 관객들은 몰랐지만 오프라와 나는 우리의 첫 만남이 거의 5년 전이라는 사실을 알고 있었다. 오프라를 처음 만난 직후에 함께 점심을 먹었을 때, 오프라가 내게 개인 휴대전화 번호를 주었지만 나는 거의 4년간 그에게 전화하지 않았다. 그렇다. 오프라는 한 번이라도 만날 수만 있다면 내가 무슨 짓이든 했을 사람이었고, 어린 시절 혼자 거실에 놓인 TV로 지켜보면서 수천 날의 오후를 함께 보냈던 사람이었으며, 내 경력에 엄청난 영향을 미친 사람이었다. 그런 그가 내게 직통 전화번호를 주었는데, 나는 거의 4년간이나 전화를 하지 않았다! 왜일까? 나는 오랫동안 그 이유를 알고 있다고 생각했다.

몇 달, 그리고 몇 년이 지나는 동안 나는 자신에게 그럴듯한 얘기들을 지껄였다. 예를 들자면 이러했다. '넌 아직 오프라에게 전화할 준비가 안 됐잖아', '아마 다들 그에게 뭔가를 바랄 거야. 너는 그런 사람이 아니란 걸 그가 알게 쿨하게 굴자고', '아직 그에게 말할 완벽한 것들을 갖추지 못했잖아. 네가 완벽해지면 스스로 알게 될 테고, 그때가 바로 전화할 때야', '그가 너를 알게 되면 네가 생각만큼 흥미롭거나/똑똑하거나/재미있거나/성공했거나/멋지거나/재능 있지 않다는 걸 알아차릴 거야'. 그러다 어느 날 오프라에게 전화하지 않았던 진짜 이유를 깨달았는데, 그 이유가 별로 자랑스럽지 않았다. 내면 깊은 곳에서 내게 그럴 자격이 없다고 믿고 있었기 때문에 전화하지 않았던 것이다. 나는 오프라의 친구가 될 자격이 충분하지 않다고 생각했다.

당신도 살면서 이런 순간이 있었는가? 자신에게 그럴 만한 자격이 없다고 생각해서 기회를 망치거나, 아예 시도조차 하지 않은 적이 있는가? 어쩌면 이런 상황은 당신 삶에서 현재도 반복되고 있을지 모른다. 만약 그렇다면 당신만 그런 것은 아니다.

가장 만연한 형태의 캔슬 컬처 cancel culture*는 사람들이 잘 얘기하

● 자신과 생각이 다른 사람을 공개적으로 모욕하고 배척하는 현상.

지 않지만, 시작도 하기 전에 스스로를 지레 포기해버리는 것이라고 생각한다.

내가 4년간 오프라에게 전화하지 않았던 진짜 이유를 깨달았을 때, 나는 어떤 앎을 얻었다. 스스로 가치가 없다는 느낌은 진정한 내 모습과 일치하지 않았고, 창조주가 의도했던 사람의 모습과도 일치하지 않았다. 내 영혼은 내가 가치 있음을 알았지만 자신의 무가치함에 대한 생각과 마음속 깊은 곳의 믿음이 내 영혼의 앎을 압도하게 내버려두었다. 미처 깨닫지도 못한 채, 나는 무가치하다는 생각과 느낌이 평생 꿈꿔왔던 것을 방해하도록 내버려두었다. 이런 깨달음을 얻었을 때, 오프라의 번호를 받은 지 거의 4년이 지난 어느 날 나는 내 안의 의심하는 마음속 목소리를 줄이고 내 가치를 아는 영혼의 목소리를 높여야 할 때라고 결심했다. 나는 자신을 믿기로 했다. 스스로 가치 있음을(그리고 당신도 가치 있는 사람이다!) 아는 나의 일부를 믿기로 했다. 그래서 전화를 걸었다.

> 가장 만연한 형태의 캔슬 컬처는 사람들이 잘 얘기하지 않지만, 시작도 하기 전에 스스로를 지레 포기해버리는 것이라고 생각한다.

그날의 통화에 관해서는 나중에 더 자세히 설명하겠지만 먼저 2022년 5월, 오프라와 함께 생방송으로 강의하던 그날로 돌아가보자. 나는 이 기회를 위해 여러 달 동안 끊임없이 준비했었다. 하지만 가장 중요한 모든 순간이 그러하듯, 우리는 알든 모르든 평생 그것들을 열심히 준비하고 있다. 오프라가 가르치고 내가 진심으로 믿는 대로 모든 단계와 실패, 승리와 작은 불행, 트라우마와 성장, 축복과 교훈, 은총의 순간들은 항상 우리에게 일어나고 있기 때문이다. 다가오는 매 순간, 우리가 운명지어진 모습 그대로 보일 수 있게 그것들은 우리를 준비시킨다. 역경조차도 우리가 가도록 예정된 길에 거의 항상 준비되어 있다. 생방송 수업이 시작되자, 나는 〈오프라 데일리Oprah Daily〉• 관객들이 회복력을 쌓고, 거절을 받아들이고, 숨는 것을 멈추고, 자신감 있게 자신의 본모습을 완전히 드러내는 법을 연습하도록 했다. 오프라와 나는 각자의 얘기와 수업 내용을 공유했다. 물 흐르듯 모든 일이 술술 풀려 신이 짜놓은 공간 안으로 휩쓸려가는 듯한 느낌이 들었다.

> 의심하는 마음속 목소리를 줄이고 내 가치를 아는 영혼의 목소리를 높여야 할 때다.

그러다 오프라가 내 책을 다시 들자, 나는 의자에서 떨어지지 않으려고 다시 안간힘을 썼다. 오프라의 말에 강렬한 충격을 받은 것처럼 온몸이 흔들렸다. 그 말은 내게 진실로 와닿았다. 우리가 아직

• 오프라 윈프리가 운영하는 채널로 재미있는 영상과 인터뷰를 업로드하고, 분기별 인쇄물을 발간함.

발견하진 못했더라도 우리 중 많은 이들이 가고 있는 궁극적인 길을 포착한 말이었다. 내가 《빌리브 잇》을 썼던 이유를 정확히 담아내는 말이었으며, 이 책을 쓰고 있는 이유를 훨씬 더 강력하게 보여주는 말이었다. 우리가 받아들이기만 한다면 그것은 우리 삶 전체의 경로를 바꿀 수 있는 말이라고 생각한다. 오프라는 이렇게 말했다. "당신은 원하는 대로 되지 않습니다. 아무리 간절히 바라면서 정말 열심히, 또 열심히 노력하더라도 스스로 '내가 그럴 자격이 있다'고 믿지 않으면 이루어지지 않을 겁니다. 그게 바로 마법의 공식입니다."

나는 삶에서 자신의 가치를 믿는 법을 단계적으로 배우고 있다. 크고 작은 변화 속에서 깨달음을 얻은 중요한 순간들, 믿음을 향해 가는 작은 단계들을 거치면서 말이다. 인간의 경험에서도 우리의 가치를 믿는 것은 평생토록 추구할 일이며, 우리가 얻게 될 가장 중요한 경험이다. 내가 자존감을 쌓으려고 노력하지 않았다면 지금까지 내 삶의 많은 순간들은 일어나지 않았을 것이다. 언론에 나오는 나에 관한 얘기도 보통 "데니스Denny's[*]의 웨이트리스가 10억 달러[**] 규모의 사업체를 일궈냈다"처럼 말한다. 물론 그 말이 사실이지만 내 진짜 얘기는 자신을 믿지 않았지만 믿는 법을 알게 된 여자에 관한 얘기다. 자신이 가치가 없다고 느꼈고, 지금도 종종 그

- [*] 미국의 캐주얼풍 패밀리 레스토랑 체인.
- [**] 1조 4,000억 원 정도(2025년 5월 기준).

렇지만 결국 자신의 가치를 믿는 법을 어떻게든 깨우친 여자. 태어나면서부터 입양됐지만, 자신이 선택받았고 신의 의도로 목적을 지니고 태어났음을 받아들인 여자. 영혼 깊은 곳에서 우리는 모두 자격이 충분하고 누구나 사랑받을 가치가 있음을 아는 여자에 관한 얘기다.

> 당신은 희망과 꿈의 수준까지 날아오르는 것이 아니라, 스스로 믿는 자존감의 수준에 머무르게 된다.

나는 우리의 출신이 우리가 향하는 곳을 결정지을 필요가 없으며, 과거의 잘못된 선택들이 우리가 잘못된 사람이라는 뜻은 아니라는 걸 아는 여자다. 다른 사람들이 우리에게 붙인 꼬리표와 스스로 붙인 꼬리표는 영구적인 것이 아니라 제거할 수 있음을 아는 여자다. 사업을 시작할 때 수년간 수천 번 거절당했지만, 자신의 직감을 믿고 어쨌든 계속 나아가기로 선택한 여자다. 언젠가는 오프라를 만날 것임을 알았고, 마침내 만났을 때 우리가 믿는 대로 된다는 것을 깨달은 여자다. 자신이 어떤 회의실에 있을 자격, 사업을 시작할 자격, CEO로 불릴 자격, 목표 체중을 기다리지 않을 자격, 자신을 사랑할 자격이 있고, 사랑받을 자격이 있다고 믿는 법을 배워야 했던 여자다. 우리는 과거의 실수가 아니라 현재와 미래의 목적이라는 걸 아는 여자다.

내가 진실이라고 믿는 것은 이러하다. 우리가 사업을 시작할 자격이 있고, 서로 사랑하고 헌신하는 연인 관계를 맺을 자격이 있고, 건전하고 힘이 되는 우정을 누릴 자격이 있다고 믿지 않으면… 우리가 테이블에 앉을 자격이 있고, 책을 쓸 자격, 공직에 출마할 자격이 있다고 믿지 않으면… 우리에게 쉴 자격이 있고, 우리 몸을 있는 그대로 찬양할 자격, 정신을 돌볼 자격, 일을 줄이고 더 큰 사람이 될 자격이 있다고 믿지 않으면… 우리가 소셜 미디어에 진솔한 모습을 드러낼 자격, 팀을 이끌 자격, 대물림된 악습을 끊어낼 자격, 또는 우리 얘기를 남들과 공유할 자격이 있다고 믿지 않으면… 우리가 실수를 너무 많이 해서, 이미 너무 여러 번 실패해서 또는 누군가 우리에게 자격이 없다고 한 말을 믿고 스스로 자격이 없다고 믿는다면… 우리가 원하고 받을 자격이 있는 이 모든 것을 받을 자격이 없다고 믿는다면, 우리는 절대 그것들을 받을 수 없다.

인생에서 당신은 희망과 꿈의 수준까지 날아오르는 것이 아니라, 스스로 믿는 자존감의 수준에 머무르게 된다. 당신은 가능하다고 믿는 만큼 올라가는 것이 아니라, 스스로 가치 있다고 믿는 수준까지 추락하게 된다.

당신의 목표와 직업적 야망에서 당신은 자격을 갖췄거나 해낼 수 있는 모든 것을 성취하지는 못한다. 자신이 마땅히 받을 자격이 있다고 믿는 수준, 그리고 알든 모르든 스스로 내면에 형성해온 정체성의 수준에서 멈추게 된다. 연인 관계에서의 친밀도, 취약함, 사랑의 수준과 깊이는 자신에게 느끼는 친밀도와 취약함, 그리고 자신에 대한 사랑의 수준과 깊이만큼만 가능하다. 친구 관계에서도 마찬가지다. 당신이 삶 속에서 맺는 모든 관계에서 당신이 타인에게 허용하는 상처의 크기와 빈도는 종종 당신이 스스로에게 얼마나 자주, 얼마나 가혹하게 상처 주는 말을 하고 부정적인 생각을 품고 있는지를 기준 삼아 정해지곤 한다. 이는 자신의 몸에 대한 관계도 마찬가지다. 당신의 몸은 수치심의 대상이 될 수도, 움직이는 기적처럼 느껴질 수도 있다. 이 모든 것은 당신이 '자존감'과 맺고 있는 관계에 달려 있다.

당신은 가능하다고 믿는 만큼 올라가는 것이 아니라, 스스로 가치 있다고 믿는 수준까지 추락하게 된다.

만약 당신이 기업가나 상사, 혹은 팀의 리더라면 내면의 자존감을 강력히 쌓는 것이 당신이 할 수 있는 최고의 경영 전략 중 하나다. 우리는 자신이 인식하는 정체성에 따라 행동한다. 당신이 대단한 직함과 뛰어난 경영 결과를 보인 상사라 해도 내면 깊은 곳에서 여전히 자존감, 가면 증후군, 그리고 자신이 충분하지 않다는 감정을 품고 있다면 그건 언젠가 리더십과 의사 결정에 고스란히 드러나게 된다. 의심하고, 망설이게 되며, 때론 자신이나 회사를 스스로 망치는 결정을 내리게 된다. 자존감을 확립하는 것은 당신의 회사와 팀, 리더십을 위해 내릴 수 있는 최선의 경영적 결정이다. 사업을 두 배로 성장시키고 싶다면, 자존감을 두 배로 키워보라. 그리고 무슨 일이 벌어지는지 지켜보라.

자신의 가치에 관한 믿음을 바꾸면 당신의 삶 전체가 바뀐다.

우리는 원대한 목표와 꿈을 가질 수 있고, 공부하고, 지식을 쌓고, 벽에 걸어둘 굉장한 학위를 따고, 활동가가 되어 목소리를 높일 수 있다. … 우리는 열정적이고 명확하게 우리가 믿는 것을 알 수 있고, 비전 보드*를 만들 수 있고, 삶에서 원하는 것을 얻기 위해 실제로 행동하는 몇 안 되는 사람들 속에서도 두드러질 수 있다. … 하지만 우리가 내면 깊은 곳에서 자기 가치를 믿지 않으면 그런 일은 절대 일어나지 않을 것이고, 일어난다고 해도 유지할 수 없을 것이다. 왜냐하면 삶에서 당신은 원하는 것을 얻는 것이 아니라, 스스로 자격이 있다고 믿는 만큼만 얻고 유지할 수 있기 때문이다.

> 삶에서 당신은 원하는 것을 얻는 것이 아니라, 스스로 자격이 있다고 믿는 만큼만 얻고 유지한다.

내면 깊은 곳에서 우리가 원하고 바라고 꿈꾸던 것을 얻을 자격이 있다는 걸 믿지 않을 때, 우리는 그걸 잃어버리거나 그런 일이 일어나지 않을 방법을 찾게 될 것이다. 우리는 그 기회를 고의로 방해할 것이다. 멋진 남자를 만나도 친구의 영역에만 남겨두게 될 것이다. 순수한 의도를 지닌 새로운 친구를 알아보지 못할 것이다. 왜 우리가 이직할 준비가 되지 않았는지, 자원이나 시간, 재능이 없는

---

* 동기부여의 방법으로, 꿈과 야망을 표현한 이미지들을 붙여두는 보드판.

지 수많은 핑계를 댈 것이다. 우리는 잠재력보다는 문제에 집중하며 살아가곤 한다. 문제에 집중하면 모험하지 않고 소심하게 삶을 사는 방식을 정당화하기 쉽기 때문이다. 우리의 진짜 문제는 자존감self-worth인데 순자산net-worth이 문제라고 생각할지 모른다. 내면 깊은 곳에서 우리가 풍요로움을 누릴 자격이 없다고 믿을 때, 확실히 풍요를 얻지 못하도록 자신을 방해하기 때문이다. 다른 사람들을 편안하게 하려고 또는 주변 사람들과 어울리려고 우리의 빛을 어둡게 할 것이다. 우리는 스스로에게 이런 얘기를 할 것이다. '일단 내가 목표 체중에 도달하면 그땐 자격이 충분해질 거야. 일단 경험을 더 쌓으면 그때 승진을 신청할 거야. 일단 아이들이 학교를 졸업하면 그때 건강한 연애를 할 거야.' 우리는 무대에 설 타고난 재능이 있음을 알면서도 관중석에 앉아 지켜만 볼 것이다. 훤히 보이는 곳에 몸을 숨기려 애쓰면서 회의실로 걸어 들어갈 것이다. 그리고 이런 식으로 삶을 살기 시작할 것이다. 우리는 잠재력과 재능, 내면의 직감과 신뢰, 타고난 선물 같은 능력, 받아 마땅한 인간관계, 정체된 상태에서 벗어날 기회, 자기 건강을 우선순위에 두는 결정, 당당히 연봉 인상을 요구하는 용기, 사업 아이디어를 실행에 옮기는 첫걸음, 좋은 멘토가 되어주겠다는 제안을 받아들일 기회, 그리고 더 나아가 스스로 타고난 존재가 되기 위한 모든 길에서 자신을 밀어내기 시작한다. 지금 이 모습 그대로는 충분하지 않다고, 그럴 자격이 없다고 믿기 때문이다.

예시 중 하나라도 가슴에 와닿거나 과거 또는 현재의 당신과 같다고 느껴진다면 이 책은 당신을 위한 책이다. 당신의 자격이 충분한지, 진정으로 큰 회의실에 들어갈 자격, 좋은 부모로 불릴 자격, 수영복을 입을 자격, 조건 없이 사랑받을 자격, 거울 속 자신을 보면서 아름다움을 인정할 자격, 크게 목소리를 높일 자격, 자기 얘기를 공유할 자격, 도움을 청할 자격, 휴식을 취하고 한계를 규정할 자격, 세상에 진실하게 있는 그대로의 자기 전부를 보여줄 자격이 없다고 생각한다면 이 책은 당신을 위한 책이다.

> 당신은 파괴해야 할 자기 의심과 완수할 숙명이 있는가?

나는 파괴해야 할 자기 의심과 완수할 숙명이 있는 당신을 위해 이 책을 썼다.

그리고 이 여정의 페이지를 함께 할 당신을 초대하게 되어 진심으로 영광스럽다. 그래서 나는 당신과 함께 상상하면서 이 여정을 시작하고 싶다.

먼저 자신의 가치를 믿기로 마음먹은 여자들로 가득 찬 세상이 어떤 모습일지 상상하지 않을 수 없다. 우리 모두 아침에 깨어날 때 출렁이는 가능성으로 흔들리는 땅을 상상해본다. 나와 함께 상상해보자 … 자신의 가치를 믿기로 마음먹은 여자들이 가득 찬 세상은 어떨까? 자유롭게 풀려날 잠재력과 펼쳐질 가능성의 힘을 상상하라. 가족 내 깨진 악습, 끝나버릴 건강하지 못한 관계, 시작할 사업, 찬양받을 체형과 몸집, 죄책감 없이 취하게 될 휴식을 상상하라. 즐거워하며 당당하게 출렁거릴 셀룰라이트를 상상하라. 이사회에서 채워질 자리를 상상하고, 《포천Fortune》이 선정한 500대 기업의 CEO 목록이 어떨지 상상하고, 우선시될 정신 및 신체 건강을 상상하고, 우리 정부가 어떻게 이끌어갈지 상상하고, 사라질 불공정을 상상하고, 아이들의 동화책이 어떻게 쓰일지 상상하고, 어린 소녀들이 자라서 어떤 사람이 되기를 꿈꿀지 상상하고, 자기 의심이 침묵할 때 자유로워질 시간과 능력을 상상하라….

이런 상상이 내가 이 책을 쓴 이유다. 진정으로 자신이 가치 있다고 느낄 때의 삶을 상상하는 데 그치지 않고, 자기 가치를 믿는 법을 배우게 되기를 바라는 마음에서. 당신은 실제로 가치가 있기 때문이다. 당신의 내면도 그걸 알고 있다. 우리 대부분은 사랑과 선의가 넘치는 가족에게서 태어나지만 세상은 알게 모르게 우리가 가치 없다고 믿도록 가르친다. 우리가 선택하기만 하면 내면에서 옳지 않다고 느꼈던, 그간 우리가 배운 것들을 잊을 수 있고, 우리 힘을 되찾을 수 있고, 오늘이 앞으로 나아갈 새길을 닦을 날이라고 결심할 수 있다. 내 진심이 느껴진다면 당신이 어디에 있든 "나는 준비됐어!"라고 크게 소리쳐라.

당신이 소리치지 않은 걸 내가 보지 못했다고 생각하지 마라. 잘 들어라. 당신이 여기서 나와 함께 대담해지지 않는다면 상황이 힘들어질 때 밖에서 어떻게 대담해질 수 있겠는가? 내가 여러분과 함께 말할 것이다. 우리는 함께 큰 소리로 외칠 것이다. 주변 사람들이 뭐라고 생각한들 무슨 상관인가? 자, 준비됐나? 크게 선언하자. "나는 준비됐어!"

당신은 삶에서, 사랑에서, 우정에서, 직업에서, 그리고 당신의 꿈과 희망에서 원하는 대로가 아니라 스스로 가치 있다고 믿는 대로 된다.

당신이 가치 있음을 믿는 여정에서 가장 위대한 부분 중 하나는 숨지 않는 법을 배우는 것이다. 난생처음으로, 혹은 오랜만에 다시 손을 들 용기를 내는 걸 배우는 것이다. 그리고 다른 사람들이 손을 들 수 있도록 이끌고 용기를 북돋아주는 사람이 되는 것이다. 진짜 당신, 당신 영혼의 진정한 본질을 발견하고, 진정한 당신으로 살기 시작하는 것이다. 당신의 성취로서가 아니라 충만하고 온전하며 충분한 당신의 타고난 본성대로 사는 것이다. 그리고 우리가 타고난 진정한 본성과 조화를 이루며 살 때 비로소 새로운 자유와 성취감을 향해 꽃을 피울 것이다. 그러면 우리 존재의 모든 면에서 진정한 자기 모습이 충분하고 사랑받을 자격이 있음을 알게 된다.

당신이 훤히 보이는 곳에 숨는 것을 과감히 그만두고, 내면의 앎을 신뢰하고, 영혼의 목소리와 일치하게 살고, 삶의 목적에 불을 붙이고, 있는 그대로의 당신 모습을 이 세상에 전부 보여줄 때, 그때야 당신은 진정으로 성취감을 느끼고 진정으로 살아 있음을 느낄 것이다. 바로 그때 당신이 부여받은 사명과 일치하는 삶을 살 것이다. 바로 그때 당신은 본래의 당신이 된다. 그때야 온전히 살고, 당신 영혼의 즐거움, 아름다움, 재능, 아이디어와 가능성을 표현할 수 있다. 그때야 당신은 매일 아침 일어나서 가장 중요한 삶의 질문을 던질 수 있다. 온전한 '당신'이 돼 얻은 힘으로 무엇을 할 것인가? 그 힘을 온전히 활용하고, 그 힘을 더는 숨기거나 그 힘으로부터 숨지 않기에 **당신은 용감하고 대담하게 자신의 답대로 살 것이다.**

이 책을 읽는 내내 당신이 웃고, 유대감을 느끼고, 스스로를 바라보고, 정확히 '당신' 그대로가 되기를 바란다. 내 좋은 친구이자 작가인 사라 제이크스 로버츠Sarah Jakes Roberts의 말처럼 우리는 겉모습만 그럴듯하게 보이려고 이 책을 읽는 것이 아니다. 우리는 깊이 들어갈 것이다. 당신이 준비된 만큼 깊이. 이 책에서 가끔 너무 부담스럽다고 여겨지거나 어쩌면 너무 빨리 끝에 다다랐다고 느껴질 수 있다. 우리는 자신의 자존감을 살펴보면서 자신을 계속 의심하게 하는 거짓말을 철저히 조사하고, 그 거짓말을 잊고, 가치 있음을 일깨워주는 진실을 포용할 것이다. 우리는 진실하게 살면서 우리의 숙명을 완수하는 변화를 시작할 것이다. 이 책에는 지금 당장 당신의 삶에 적용할 수 있는 실질적인 도구들이 가득 담겨 있다. 예를 들자면, 거절을 다시 정의하는 법, 스스로 붙인 꼬리표를 다시 생각하는 법, 두려워할 이유가 백만 개쯤 될 때 위험을 감수하는 법 등이다. 너무 개인적인 얘기라 많은 생각과 감정을 불러일으키는 장도 있다. 어떤 장에서는 무거운 자기성찰의 느낌이 들고, 다른 장에서는 즐겁고, 눈이 휘둥그레지고, 영혼을 가득 채우는 기쁨을 느낄 것이다. 당신의 시간이라는 선물이 얼마나 귀중한지 알기에 그 시간을 1초도 당연하게 여기지 않겠다고 약속한다. 이 책을 읽는 동안 나는 내내 당신 바로 옆에 머물며 함께 그곳을 향해 갈 것이다. 영혼에서 영혼으로, 빛에서 빛으로, 사랑에서 사랑으로.

이 책에서 당신은 자신의 본질을 찾아가는 여정으로 초대받는다. 가끔 그 여정은 용기 있는 항해나 위험천만한 산행, 큰 웃음이 터져 나오는 재미난 비행, 심지어 영혼을 즐겁게 하는 사파리처럼 느껴질 수 있다. 각 장은 하루 동안 방문하거나 잠시 머무르는 목적지가 될 수 있다. 내가 당신에게 요구하는 건 이것뿐이다. 모든 얘기, 모든 교훈, 모든 바보 같고 창피한 사생활, 상처받기 쉽고 심금을 울리는 모든 폭로, 매우 도전적인 모든 질문을 맞닥뜨릴 때 그것이 당신에게 맞는지를 알려면 자신을 믿어라. 그러나 당신에게 맞지 않거나 그 문제를 생각할 준비가 돼 있지 않다면 그 부분을 건너뛰어라. 그러면 이 책의 페이지를 넘길 때마다 여정의 매 순간 당신에게 맞는 부분들을 알게 될 것이다. 너무 부담스럽게 느껴진다면 마음을 열기에 타이밍이 적절하지 않다는 의미일 것이다. 그런 식으로 타이밍이 적절한지, 책에 나온 말이 정확히 당신을 위해 쓰인 것처럼 느껴지는지를 알게 될 것이다!

책을 읽으며 일기장이나 펜, 종이를 손에 닿는 곳에 두고 싶을지도 모른다. 우리가 이 여정을 함께 시작할 때, 내가 부탁하고 싶은 건 자신을 온전히 믿어야 한다는 것이다. 자신에게 맞는다고 여기는 부분을 취하고 나머지는 내버려둬라. 다른 날을 위해, 또는 이 책을 공유할 다른 사람을 위해.

> 온전한 '당신'이 돼 얻은 힘으로 무엇을 할 것인가?

나는 신성한 타이밍과 우리의 삶 속에서 모든 발걸음은 신성하게 준비되어 있다고 믿으며, 당신이 현재 이 글을 읽고 있는 것도 우연의 일치나 운이 아니라고 믿는다. 마찬가지로 이 책에서 나는 당신을 한 번에 한 걸음씩 변화시키는 계획적인 여정을 시작하라고 안내하고 있다. 각 장은 핵심적인 토대를 하나씩 쌓아가며 다음 장을 위한 기반이 되어준다. 개인의 깊은 가치를 찾는 여정의 모든 기술은 당신이 자신을 보고 조건 없이 사랑하는 법을 확장하도록 만들어졌다. 자신감과 자존감의 중요성과 결정적인 차이점을 인식하는 것부터 자기 의심을 불러오는 거짓말을 걷어내고 자신의 가치를 일깨우는 진실을 포용하는 것, 자신과의 관계를 변화시키고 조건 없는 자기애를 증폭시키는 것, 자신의 타고난 소중함과 가치를 진심으로 알고 믿는 것까지 해당한다.

이 여정을 시작하기 전에 당신에게 진정한 당신의 모습으로 나와 함께 가자고 요청하고 싶다. 집이나 직장에서 맡은 당신의 역할, 사무실에서 리더로서의 당신의 모습, 사람들이 당신에게 바라는 모습, 세상이 보상하는 당신의 버전, 스스로 세운 사회적인 조건부 신념 체계로서의 당신이 아닌, 그 모든 걸 떨쳐버리고 기꺼이 내면을 먼저 드러낼 당신의 진짜 모습 말이다. 내면을 먼저 드러내는 건 여기서는 안전하다. 이러한 진실을 알기 때문이다. **당신이 하거나 말하거나 되는 모든 것 중에 당신을 사랑받을 자격이 없게 만드는 건 아무것도 없다. 우리 모두 사랑받기 위해 태어났다. 사랑을 받고, 주고, 사랑하며 살고, 사랑 자체가 되기 위해서 태어났다. 따라서 이 세상에서 가장 위대한 여정은 우리가 가치 있다고 믿을 방법을**

배우고 진심으로 믿는 것이다.

    이 책을 통해 내가 의도하는 바는 당신의 영혼을 가득 채우는 '집'과 같은 기분을 진심으로 경험하게 하는 것이다. 그리고 당신의 영혼과 일치하고 조화를 이루며 살아가는 것보다 더 집처럼 느껴지는 건 없다. 당신이 누구인지, 당신이 타고난 진정한 본질과 일치하는 삶, 충분히 가치가 있는 삶 말이다. 그리고 우리가 영혼의 진정한 의사대로 살지 않을 때, 우리는 마치 진짜 집에서 동떨어진 삶을 사는 것처럼 느끼고 자기 삶에서 이방인처럼 느낄 수 있다.

    영혼은 우리의 진정한 집이다. 이 책의 말들은 내 영혼에서 당신 영혼으로 가는 사랑의 시다. 이 여정을 함께하며 우리의 영혼대로 살자. 시작하면서 우리 집으로 들어오는 당신을 내가 환영하고 있는 듯 느꼈으면 좋겠다. 당신을 보려고 대문을 여는 모습을 상상할 때 정말로 당신이 보일 것이다. 당신도 정말로 나를 볼 수 있다. 당신이 걸어 들어올 때, 나는 가장 좋아하는 편안한 스웨터를 입고 화장을 하지 않은 채 감지 않은 머리를 지저분하게 틀어 올리고 있다(하지만 당신이 오는 걸 알았으니 드라이 샴푸를 하긴 했다!). 그리고 우리 개들이 훈련소에 다녀온 적 없는 강아지처럼 당신에게 뛰어올라 키스하는 동안 나는 당신을 꼭 껴안아준다. 당신이 제일 좋아하는 따뜻한 커피를 머그잔에 담아 준비해둔다. 머그잔에는 '나의 가치Worthy'라고 쓰여 있다. 당신은 가치 있는 사람이니까. 머그잔을 당신에게 건네준 후, 당신이 안으로 들어올 때 앞쪽 벽에 쓰인 문구를 보는 모습을 상상하라. 당신이 내 집으로, 내 품 안으로 들어올 때 당신이 느꼈으면 하고 바랐던 마음이다.

문구는 이렇게 쓰여 있다.

있는 그대로의 모습으로 들어와
필요한 곳을 치유하고
선택한 것을 꽃피우고
소명으로 나아가는 여정을 시작할 때
원하는 만큼 머무셔도 됩니다
당신은 여기 속해 있는
가치 있는 사람이고
사랑받고 있으며
사랑 그 자체입니다.

당신을 사랑합니다.
제이미가

시작할 준비가 됐는가? 당신이 됐다면 나도 준비됐다! 페이지를 넘기려고 할 때, 나는 지금 당신에게 손을 뻗는 내 모습을 상상한다. 자, 이제 시작이다…!

Worthy

1부

보기

: 자신감, 자존감,
 자기 계시

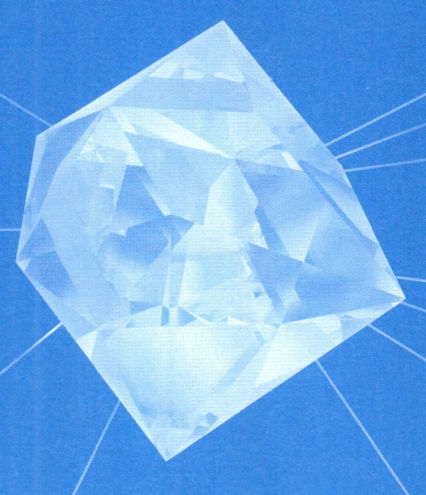

CHAPTER

1 모든 것을 바꾸는
한 가지

그가 말했다. "나는 그냥 포기하지 않을 겁니다. 몇 년 후의 나는
지금의 나에게 달려 있으니까요." 그러자 세상이 바뀌었다.
— 나키아 호머 Nakeia Homer (웰빙 교육자이자 베스트셀러 작가)

그 일이 일어나기를 갈망해본 적이 있는가? 어떤 직장에 정착하는 것이든, 어떤 수준의 성과에 도달하는 것이든, 결혼이든, 육아든, 목표 체중을 달성하는 것이든, 마침내 행복해지고 성취감을 느낄 수 있으리라 확신하는 그런 일이 일어나기를 말이다. 이렇게 생각해본 적 있는가? '내가 마침내 승진하면, 마침내 특정한 연봉을 받으면, 마침내 꿈꾸던 집을 사면, 마침내 간절히 원하던 외부의 인정을 받으면, 마침내 다른 사람에게 칭찬받으면, 마침내 그 목표를 달성하면… 그러면 나는 자격이 충분할 텐데. 그때야 나는 마침내 성취감을 느끼고 행복하고… 가치 있는 사람이 될 텐데!'

간절히 원하던 그 일을 실제로 이루었던 경험이 있는가? 아마 굉장히 기분이 좋았을 것이다. 즐거움과 기쁨을 경험했는가? 마침내 일어난 그 일 덕분에 공허함이 전부 사라지고 영원히 지속되는 성취감을 느꼈는가? 아니면 잠시 공중에 뜬 듯 황홀했다가 천천히 지상으로 내려와 다시 불만족한 상태로 돌아갔는가? 솔직하고 진지하게 생각해보라. 믿기지 않을 만큼 기분이 좋았던 건 1, 2년이었는가? 아니면 한두 달이었는가? 몇 주 아니면 며칠이나 몇 시간이었는가? 그다음엔 어땠는가?

어쩌면 당신은 그 일이 일어나야만 비로소 행복하고 충만함을 느낄 수 있을 거라 믿으며 여전히 기다리고 있을지도 모른다.

나는 삶의 대부분의 시간을 어떤 하나의 목표만 성취할 수 있다면 그제야 비로소 충분하다는 감정을 느낄 수 있을 거라고 믿으며 살아왔다. 성공이 어떤 모습인지에 관한 세상의 정의를 기준으로 내가 충분히 성공하면 결국 가치 있고 사랑받는다는 느낌을 받을 수 있으리라고 생각했다. 그런 감정들은 내 안에서 스스로 생겨나는 것이 아니라 열심히 '이뤄내야만' 얻을 수 있는 것이라고 믿었다.

이런 생각 때문에 나는 삶의 대부분을 훤히 드러난 곳에 몸을 숨기면서 스스로 자격이 없다고 느끼며 지냈다. 언젠가 충분히 성취하고, 신체적으로 충분히 건강하고, 건강에 좋은 음식을 충분히 먹고, 충분히 기도하고, 옳은 일을 충분히 하고, 충분히 매력적이고, 다른 모두를 충분히 즐겁게 하고, 충분히 칭찬받고, 충분히 사심이 없고,

내가 인식한 결함을 모두 없애면 그때야 내가 가치 있는 사람이 되리라고 생각했다. 그때야 스스로에 대한 의심이 없어지리라고 생각했다. 이런 감정을 느끼는 사람은 나뿐이라고 생각하기도 했다.

삶의 경험이 수십 년 쌓이고 사업체를 미국 전역과 전 세계의 수백만 명에게 도움을 주는 회사로 성장시킨 축복을 누리면서 나는 이렇게 느끼는 사람이 나뿐만이 아니라는 걸 깨달았다. 자신이 충분하지 않아서 사랑받을 자격이 없다는 느낌은 두려움만큼이나 보편적인 감정이다.

나는 실제로 위대한 영웅들을 많이 만났다. 상상했던 것보다 많은 일을 이루어낸 영웅을 숱하게 만나며 그들도 정확히 나와 똑같은 두려움을 지니고 있음을 알게 되었다. 그들도 그걸 극복하려고 매일 노력하고 있었다. 바로 그때, 나는 엄청난 깨달음을 얻었다. x, y, z라는 일이 일어나길 기다리면서 그 일이 실현되면 행복하고 성취감을 느끼고 스스로 가치 있게 여길 수 있으리라 기대하지만 절대 그런 일은 일어나지 않는다. **주변 상황이 바뀌더라도 당신 내면이 바뀌지 않으면 실제로 아무것도 바뀌지 않는다.** 바로 그런 이유로 자신의 가치를 진심으로 믿는 법을 배우는 여정의 시작은 삶의 모든 부분에 영향을 미친다. 그건 어떤 업적과 관계의 상태, 직함, 금메달, 성형 수술, 물질적 소유 또는 체중계의 숫자도 해낼 수 없는 일이다.

그렇다면 우리를 진정으로 성취감을 느끼게 하는 건 무엇인가? 이 장에서 다룰 내용이 바로 그것이다. 참고로 말하자면, 우리는 전략적 접근을 취해야 하므로 나는 이 책에서 앞으로 다룰 많은 교훈을 체계적으로 확립하는 데 도움이 될 기초적인 방법을 공유할 것이다. 그러니 준비하시라. 수업이 막 시작되려고 하지만 앞서 말했듯 우리는 그럴듯해 보이려고 여기 온 게 아니다. 당신의 시간은 소중하니 소매를 걷어붙이고 몰입하라. 이 개념들은 우리가 함께 가야 할, 자신의 가치를 밝히는 험난한 여정에서 가장 중요한 핵심이기 때문이다.

자존감과 자신감

자존감은 성취감을 쌓을 수 있는 기반이다. 자존감 없이 절대 성취감을 느낄 수 없다. 하지만 더 나아가기 전에 나는 자존감과 자신감의 차이를 분명히 하고 싶다. 둘은 매우 다른 개념이지만 우리는 너무 쉽게 둘을 혼동한다. 우리 중 많은 이들은 자신감을 쌓는 일에만 초점을 두면서 그것들이 자존감을 쌓는 데는 아무 도움이 되지 않음을 모른다. 그런 이유로 우리는 마침내 꿈꾸던 것을 하나씩 얻더라도 여전히 성취감을 느끼지 못한다.

자존감은 당신이 있는 그대로 충분하고 사랑받고 소속될 자격이 충분하다는 내면의 뿌리 깊은 믿음이다. 반면에 자신감은 자존감과 마찬가지로 내면적 특징이 있지만 일반적으로 자신을 바깥세상과 비교한 평가와 관련돼 있다. 그것은 당신이 삶의 특정한 한 가지 이상의 영역에서 자신만만하고 확실하며 유능하다는 느낌이다. 자신감은 당신의 자질과 기술, 특성을 기반으로 자신을 평가하는 방식이다. 자신감은 삶의 도전을 충족시키는 능력, 도전을 기꺼이 받아들이고 덤벼들려는 의지, 성공하려는 의지를 스스로 확고하게 믿는 방식이기도 하다. 자신감은 자주 변동할 수 있는 외부 요인과 연결돼 있으므로 자신감 또한 자주 변동할 수 있다. 따라서 자신감은 기분, 비교, 환경, 성과와 사람들의 인정에 따라 오르락내리락할 수 있다. 자존감은 당신이 충분하고, 사랑스럽고, 있는 그대로의 당신 모습으로 소중하게 태어났다고 믿는 것이다. 자존감은 당신이 자기 특성을 어떻게 평가하는지와 주변에서 일어나는 일과는 아무 관련이 없다.

자부심과 자기애를 포함해 사람들이 흔히 자존감 및 자신감과 혼동하여 자주 사용하는 다른 용어들이 있다. 혼란을 피하고 개념을 최대한 분명히 하기 위해 이 책에서는 오직 자존감과 자신감에만 초점을 둘 것이다. 자신감과 자존감은 삶의 전반적인 행복, 건강하고 만족스러운 관계, 신체 및 정신 건강, 그리고 각자가 가장 중요하게 여기는 영역에서 더 큰 성공을 누리는 데 중요하지만, 둘은 자주 혼동되곤 한다. 그런 이유로 스스로 가치가 없다고 느끼며 고군분투하거나 있는 그대로 충분치 않다고 느끼는 많은 이들이 자존감(내면 깊은 곳에 있고 외부 요인에 좌우되지 않는) 부족을 자신감(외부 요인에 따라 변동하는)에만 도움을 주는 것들로 고치려 한다. 그리고 우리가 아무리 많은 것을 성취하고, 개인적·직업적 목표를 이루고, 소셜미디어에서 많은 팔로워를 얻고, 멋진 의상을 입고, 체중을 감량해 멋진 몸매를 갖게 되었어도 우리는 여전히 내면 깊은 곳에서 충분치 않다는 느낌을 받는다.

우리가 목표한 마음먹은 모든 일을 성취하면 자신감을 높일 수 있다. 그건 중요하고 멋진 일이다! 하지만 우리는 자존감을 높이는 데는 노력을 기울이지 않는다. 그건 자신감을 높이는 것과는 다른 문제다.

자신감은 겉으로 드러내는 것이다.
자존감은 내면에서 느끼는 감정이다.

자신감은 숙달에 기반을 둔다.
자존감은 정체성에 기반을 둔다.

자신감은 당신이 무엇을 할 수 있는지다.
자존감은 당신 모습 자체다.

자신감은 당신이 충분히 능력이 있다고 믿는 것이다.
자존감은 당신 '자체로' 충분하다고 믿는 것이다.

자신감은 환경에 따라 변동한다.
자존감은 모든 환경에서 안정적이다.

자신감은 깨지기 쉽다.
자존감은 근본 바탕이다.

자신감은 한 인간으로서 자기 능력에 대한 믿음이다.
자존감은 한 인간으로서 자기 가치에 대한 믿음이다.

자신감은 '나는 사랑을 얻기 위해 노력하고 있다'라는 마음이다.
자존감은 '나는 사랑 자체다'를 아는 것이다.

자신감은 추진력을 준다.
자존감은 평화를 준다.

자신감은 선택적이다.
자존감은 필수적이다.

자신감은 결국 굴복한다.
자존감은 결국 승리한다.

자존감은 당신의 토대다.
자신감은 자존감 위에 지은 집이다.
당신의 집은 그 아래 깔린 토대만큼만 안전할 것이다.

흔히들 자신감을 쌓으면 타고난 사랑받을 자격, 충분함, 가치 있다는 느낌을 받을 것이라고 오해하지만 사실은 그렇지 않다. 오직 자존감만이 그렇게 할 수 있다. 자신감과 자존감은 삶의 궁극적인 성취감이라는 여정에서 매우 중요한 역할을 한다. 이 2가지를 계속 쌓아올리고 강화하는 것은 중요하지만 둘을 이해하고 구별하는 것이 무엇보다 중요하다. 사람들은 종종 자신감에만 초점을 두고 자존감이 얼마나 중요한 역할을 하는지 이해하지 못하거나 인식하지 못한다. **자존감이 단단한 사람은 목표를 추구하고 자신감을 키우고 성취하고 성장하고, 세상과 다른 이들에게 기여하는 일을 할 때에도 가치 있고 온전하고 사랑스럽고 충분하다는 느낌을 바탕으로 이 모든 일을 해낸다.** 삶에서 의미 있는 일을 추구할 때, 강인한 자존감이라는 토대가 있어야만 다음 중요한 3가지를 보장할 수 있다. 첫째, 자신이 무가치하다고 느끼거나 목표를 추구하기에 충분치 않다고 생각해서 제자리에 갇혀 있는 일은 없을 것이다. 둘째, 목표를 추구하는 과정에서 스스로 성공을 방해하지 않을 것이다. 셋째, 삶에서 원하는 일을 정말로 성취할 때, 실제로 그것들을 즐기고 그 여정에서 성취감을 느낄 수 있다.

> **자존감은 당신의 토대다. 자신감은 자존감 위에 지은 집이다. 당신의 집은 그 아래 깔린 토대만큼만 안전할 것이다.**

자존감은 외부에서 일어나는 일과는 별개다. 자존감은 당신의 강점과 약점과는 아무런 관련이 없다. 자존감은 당신의 성공이나 실패와도 다른 문제다. 반면 자신감은 외부 환경에 따라 쉽게 요동친다.

자신감은 우리가 고통스러운 실패와 좌절, 또는 거절에 직면할 때 산산조각 날 수 있다. 우리가 근본적이고 탄탄한 자존감 없이 자신감만 있다면 위험을 감수하지 않으려 할 것이다. 우리는 자신감을 잃고 아무것도 남지 않았다고 느끼는 고통을 원치 않는다. **강인한 자존감이 없는 강인한 자신감은 종종 우리를 갇혀 있게 해서 위험을 무릅쓰는 것을 두려워하고, 거절을 두려워하고, 잠재적인 실패를 두려워하게 한다.** 삶에서 우리 주변의 거의 모든 것(모든 제품, 모든 소비자 메시지, 우리가 노력해야 한다고 들었던 모든 목표)이 단지 자신감만을 키우는데, 자신감은 깨지기 쉽고 변덕스러울 수 있다. 하지만 우리가 강인한 자존감을 가지면, 자존감은 우리 내면에 쉽게 줄어들지 않는 회복력을 제공한다.

당신에게 강인한 자존감이 있고 당신이 있는 그대로 충분하다고 믿을 때, 현실에 안주하지 않고 야망을 잃지 않는다는 사실은 처음에는 직관적으로 틀린 것처럼 보일 수 있다. 그러나 사실은 그 반대다. **자존감이 강인할수록 현실에 덜 안주한다.** 당신을 갇혀 있게 했던 이유 중 대부분에 더는 영향을 받지 않기 때문이다. 복싱계에는 "복싱선수가 타이틀을 획득한 후에 경기력이 30퍼센트 더 향상된다"라는 유명한 말이 있다. 단지 타이틀을 획득한 것만으로도 그들의 자신감과 정체성이 향상되기 때문이다. 나는 그 반대도 성립한다고 감히 장담한다. 패배한 후에는 복싱선수의 자신감에 받은 타격 때문에 경기력이 약해질 것이다. 하지만 어느 쪽이든 그들의 성적은 외부 환경에 반응하며 자신감과 함께 요동친다. 강인한 자존감의 장점은 외부의 승리나 패배에 따라 쉽게 요동치지 않는다는 점이다.

강인한 자존감을 기반으로 당신은 흔들리지 않는 회복력을 갖게 된다. 그러면 타고난 대로 온전한 사람이 되는 여정에서 당신을 막을 것은 없다.

자존감 없는 자신감

당신이 매우 유명하든, 공직을 맡고 있든, 막후에서 일하는 사람이든, 설령 아무리 자신감이 높다고 해도 내면에 자존감이 부족하다면 그렇지 않은 사람들과 마찬가지로 훤히 드러난 곳에 숨거나 진정한 자기 모습으로 남들 앞에 나서지 못할 것이다. 심지어 다른 이들이 알아차리지 못할 때도 마찬가지다. 당신이 어떤 방에 들어가 거기 있는 모두와 얘기하더라도 진정한 당신을 제대로 알아보는 사람은 아무도 없다는 사실을 기억하라. 당신이 진정한 자신이 아닌 모습을 분리된 채로 보여주고 있음을 기억하라. 나는 이렇게 겉으로 드러나는 모습을 당신의 진정한 자아가 아닌 당신의 '대리인'이라고 부르고 싶다. 그 대리인의 모습은 어떤 방으로 들어가느냐에 따라 달라질 수 있다. 이사회실인지, 교실인지, 당신의 거실이나 침실인지에 따라 다르다. 당신이 진정한 자아가 아닌 모습으로, 당신의 대리인으로, 또는 다른 이들을 행복하게 해주려고 진정한 자아를 드러내지 않을 때마다 당신은 스스로에게 진정한 자아로서 가치가 없다고 말하는 것이다. 우리 스스로 진정한 모습을 보이지 않기로 결정했더라도 우리는 존재감이 없고 단절된 느낌을 받는다. 그리고 내면에서 우리가 충분하고 태어날 때부터 사랑받을 자격이 있다고 믿지 않는다면 이런 일이 일어날 확률은 높다.

자존감이 없는 자신감은 겉으로는 매우 인정받고 있는 것처럼 보이지만 내면에서는 성취감이 부족한 상태이다. 자존감이 없는 자신감은 겉으로는 성공한 것처럼 보이지만 내면에서는 실패한 것처럼 느껴진다. 당신이 철인 3종 경기에서 우승하거나, 달 위를 걷거나, 올림픽에서 금메달을 땄더라도 집에 돌아오면 곧바로 믿기지 않을 만큼 성취감을 느끼지 못하는 이유가 바로 그것이다. 그렇게 원했던 건강이나 체중 목표를 달성하거나 직장에서 큰 승진을 하고도 여전히 바라던 만큼의 사랑이나 지속적인 성취감을 느끼지 못하는 이유도 바로 그것이다.

> 다른 이들을 행복하게 해주려고 진정한 자아를 드러내지 않을 때마다 당신은 스스로에게 진정한 자아로서 가치가 없다고 말하는 것이다.

자신감을 개선하면 자신의 특징과 능력에 관한 자기 의견을 강화할 수 있다. 자존감을 개선하면 한 인간으로서 자신의 가치에 관한 깊은 믿음을 강화할 수 있다. 이러한 차이를 알면 대부분 사람이 우리에게 하라고 조언한, 우리가 추구했던 모든 해결책이 왜 바라던 대로 작동하지 않았는지를 쉽게 이해할 수 있다. 그것들은 보통 외부에서 얻은 해결책으로서 자신감을 키우는 데는 중요하지만 실제로 우리의 가치에 관한 내면의 믿음을 키우는 데는 도움이 되지 않는다.

성취는 사랑이나 성취감으로 이어지지 않는다

삶의 모든 영역에서 우리가 추구하는 모든 것은 단순한 한 가지로 귀결된다. 우리는 그 목표들을 추구하면서 스스로 충분하고 사랑받고 있다고 느끼기를 바란다. 내 말이 믿기지 않는가? 너무 단순하게 들리는가? 그렇다면 자세히 살펴보자.

가장 기본적인 욕구가 충족되고 경제적으로 안정된 후에도 대부분의 사람이 여전히 더 많은 돈을 원하는 이유는 뭘까? 물건을 사기 위해서? 그들이 그런 물건을 원하는 이유는 뭘까? 중요하다고 느끼기 위해서? 외부의 존경을 받기 위해서? 아니면 그것들을 가질 때 기대하는 긍정적인 감정을 얻기 위해서? 그들이 그런 느낌을 원하는 이유는 뭘까? 그 모든 감정의 밑바탕에는 자신이 사랑받고 있고 충분하다고 느끼고 싶고, 그런 물건을 얻으면 그런 감정을 느낄 수 있다고 믿기 때문이다. **종종 사람들은 원치 않을 때 결혼하고, 버림받을 것 같은 기분을 피하려고 결정을 내리고, 준비되지 않았을 때 아이를 낳는다. 가족이나 사회의 인정을 받기 위해, 또는 자신이 충분하고 사랑받고 있다고 느끼고 싶은 희망과 욕구를 충족하려고 마음에 들지 않는 직장에서 일한다. 너무나 많은 사람**

이 현재 유행하는 건강하지 못한 식단에 삶의 대부분을 소비하고 특정한 방식으로 보이려고 숱한 시간과 돈을 쓴다. 어떤 사람들은 근육을 강화하기 위해 해로운 약물을 복용하거나, 자신이 지닌 최대한의 시간을 자신이 얻을 수 있는 최대한의 돈과 최고의 자동차, 그리고 최고의 직함과 맞바꾸기도 한다. 이 모든 것 아래에는 우리가 미적 이상에 가까워질수록 자격이 충분해지고 사랑받게 될 거라는 근본적인 믿음이 깔려 있다. 그리고 이러한 믿음은 우리 주변의 선의의 사람들과 우리가 보는 거의 모든 광고의 영향을 받아 진실로 강화될 때가 많다. 우리가 그토록 많은 시간을 들여 노력하는 이 모든 것 중에 실제로 우리의 자격이 충분하며 진정으로 사랑받고 있다고 느끼게 하는 것, 우리에게 진정한 성취감을 느끼게 하는 것은 하나도 없다. 이러한 믿음은 결코 진실이 아닌 거짓을 바탕으로 하기 때문에 성취감을 불러일으키지 않는다. 그 거짓은 사랑받기 위해서는 당신이 더 많은 것을 성취하고 더 많은 일을 하고 더 나은 사람이 되어야 한다는 것이다.

> 자존감이 없는 자신감은 겉으로는 성공한 것처럼 보이지만 내면에서는 실패한 것처럼 느껴진다.

이러한 거짓말을 믿는 것은 매우 흔한 일이지만 자신의 가치에 관해서는 끝없는 막다른 길에 들어선 것과 마찬가지다. 내 말을 오해하지 마시라. 당신의 희망과 야망, 꿈을 좇는 여정은 자신감을 키울 수 있는 아름다운 길이다. 또한 자신의 가장 높고 온전하게 표현하는 삶의 핵심이다. 당신은 자신감 넘치고 강인할 수 있고, 그밖에 많은 긍정적인 감정과 기분을 느낄 수 있지만, 결코 가치 있다고 느끼지는 못한다.

"사랑받을 자격이 있는 사람이 되려면 성취해야 한다"라는 거짓말은 우리가 무엇을 하고, 앞으로 뭘 할 건지만 묻는 선의의 친구나 동료들에 의해 강화된다. 그들은 우리에게 어떻게 살고 있는지 실제로 어떤 사람인지 묻지 않는다. 선의의 가족들은 우리의 직업이나 경력이 어떻게 돼가는지, 아직 데이트를 하고 있는지, 결혼했는지, 앞으로 무엇을 할지 궁금해할 뿐이다. 우리가 이러한 영역 중 어느 부분이든 성취를 보여주는 대답을 할 때 우리는 종종 만족스러운 미소, 축하 인사, 사랑과 혼동될 수 있는 인정을 받는다. 우리는 삶의 다른 영역에서도 비슷한 메시지를 받는다. 아이들이 좋은 학교에 입학하고, 좋은 직장에 취직하고, 결혼해 가정을 꾸린다면 당신은 좋은 부모로 인정받는다. 하지만 자녀들이 그런 걸 전혀 하지 않더라도 정말 행복하게 살고 있다면 어떨까? 사람들이 보여주는 걱정과 연민 때문에 당신이 부모로서 잘못한 게 아닐까 염려하고 자녀들을 걱정해야 마땅하다는 메시지를 더 강하게 느낀다. 마찬가지로 소셜 미디어는 다른 사람들이 모두 행복하다는 개념을 투영한다. 게시물을 보면 그들이 정말 많은 일을 하면서 엄청나게 많은 것을 성취하고, 여행을 많이 다니고, 아주 많은 즐거움을 누리는 것처럼 보이기 때문이다. 그리고 그들의 삶이 더 흥미진진해 보일수록 더 많은 '좋아요'와 댓글로 보상받는다. 성취에 대한 이러한 문화적

집착 덕분에 경제가 활성화되는 것은 분명하다. 하지만 여러 세대에 걸쳐 근면과 경력 발전, 인정과 금전적 성취가 궁극적인 목표라고 배운다면 그런 가르침은 타고난 가치나 진정한 성취감을 촉진하지는 못한다.

나는 대부분의 삶을 우리 사회가 성공이라고 부르는 것을 성취할 수 있다면, 내가 특정한 방식으로 보이면, 다른 사람들의 비위를 맞추고 모든 조건을 충족하면 성취감을 느낄 거라는 거짓말을 믿으며 살아왔다. 그래서 수십 년 동안 모든 것을 이루기 위해 노력한 끝에 많은 것을 얻었지만 아무것도 바뀌지 않았다. 새로운 목적지에 도착하고 축하할 만한 결승선을 넘을 때마다 결국 '나 자신'은 항상 함께였기 때문이다.

아무리 돈을 많이 벌고 유명해져도 그 돈과 명성이 스스로 자격이 충분하고 사랑받는다고 느끼는 데는 별 도움이 되지 않는다는 걸 나는 몸소 경험했다. 실제로는 아무것도 바뀌지 않았다. 내 내면의 자존감은 변함없이 거의 항상 낮았기 때문이다. 자신감이 높아졌고 은행 잔고가 늘었으며 사람들에게서 인정과 칭찬을 더 많이 받았다. 하지만 이 중 어떤 것도 자존감에 영향을 미치지 않는다. 그리고 어떤 것도 진정한 성취감으로 이어지지 않는다.

다시 한번 말하겠다. 당신이 무엇을 성취하든, 삶에서 마침내 무슨 일이 일어나든 당신은 여전히 당신과 함께한다! 즉 당신의 내면이 여전히 같은 상황에 놓여 있다면 외부의 어떤 것도 오랜 시간이 지나도 내면을 채울 수는 없다는 뜻이다. 우리는 마침내 이런저런 것을 얻게 되면 성취감을 느낄 수 있다는 거짓된 가식 아래, 행복과 자신이 가치 있다는 느낌을 미루면서 삶 전체를 보내는 경우가 너무 많다.

승리하는 건 즐거운 일이고 승리를 축하하는 것도 매우 즐겁지만, 당신이 느끼는 '충분함'의 수준이 바뀌지는 않는다. 따라서 진정한 과제는 당신이 처한 상황과 있는 그대로의 모습, 즉 '당신'이 어디든 데리고 다니는 '당신'의 모습을 충분하다고 믿고 성취감을 느끼는 법을 배우는 것이다. 타고난 그대로의 당신 모습, 있는 그대로 충분히 사랑스럽고 충만하다는 사실을 알기에 꾸밀 필요가 없는 당신의 모습을 말이다.

우리 안에 조건화된 신념 체계가 진실이라고 믿게 만든 수많은 거짓말을 잊고, 자신의 앎을 듣고, 스스로를 믿으며 우리가 있는 그대로 가치 있다고 믿는 법을 배우는 것은 우리가 선택하기만 한다면 앞으로 살면서 경험할 가장 위대하고 중요한 여정 중 하나다.

만약 당신이 나처럼 학생의 자세로 평생 공부하며 개인적인 성장과 발전을 사랑하는 사람이라면 당신에게 커다란 깨달음의 순간이 될 만한 것을 소개한다. 아마 당신은 셀 수 없이 많은 책을 읽었을 것이고, 심지어 행사에 참석해 삶을 가로막는 자기 제한적 신념을 확인했을지도 모른다. 예를 들면 이런 식이다. "나는 매력적이지 않아", "나는 잠재적인 파트너를 끌어당길 만큼 재미있거나 흥미롭지 못해", "난 돈이 별로 없어", "난 제대로 된 교육을 받지 못했어", "난 너무 어리거나 너무 늦었어", "난 절대 부자가 되지 못할 거야",

"난 사기꾼이야" 혹은 "내 사업은 절대 성공하지 못할 거야" 등등. 그런 다음 당신은 그런 자기 제한적 신념을 힘을 주는 믿음으로 바꾸기 위한 도구와 방법을 연습했을 것이다. 그러나 가장 흔한 자기 제한적 신념은 자신감이나 외부 환경과 관련 있다. 자신감을 키우면서 자신이 바라고 꿈꾸는 일이 실제로 삶에서 가능하다고 믿는 법을 배우는 것은 분명 중요한 일이다. 하지만 대부분의 사람들과 인생 코치, 사상적 지도자, 심지어 가장 인기 있는 전문가들조차 자기 제한적 신념을 극복하고 원하는 삶을 만들어가는 방법에는 커다란 문제가 있으며, 그 방법을 따르면 기회를 놓칠 수 있다.

그들은 거의 항상 자기 제한적 신념을 극복하는 것이 어떻게 더 나은 자신감으로 이어질 수 있는지에만 초점을 맞춘다. 사람들은 기술을 익히고 자신감을 키우는 것만으로도 충분하다는 인상을 받지만 결정적인 단계를 완전히 놓치게 된다. 바로 그런 일이 가능하다고 자신 있게 믿는 것만으로는 부족하다는 것이다. 태어날 때부터 그럴 자격이 있다고 믿지 않는다면 그것들을 얻더라도 지속하지 못할 가능성이 크다. 더 중요한 것은 자존감에 대한 자기 제한적 신념 또한 극복하지 못하면 삶에서 결코 성취감을 느끼지 못할 것이라는 사실이다. 어쩌면 당신은 '나는 올바른 가정에서 태어나지 않았어', '내 외모는 별로 예쁘지 않아' 혹은 '난 절대 많은 돈을 벌지 못할 거야' 또는 '난 나쁜 엄마야', '난 잘못된 결정을 너무 많이 내렸어' 아니면 '난 위험을 감수하는 게 두려워', 혹은 '난 자신과의 약속을 어기고 운동 루틴도 잘 지키지 못해', 또는 '난 사기꾼이고 이 CEO 직함을 받을 자격이 없어'와 같은 자기 제한적 신념(또는 자신에 관해 진실이라고 믿는 얘기)을 지니고 있을지도 모른다. 자기 제한적 신념을 극복하고 새로운 힘을 주는 믿음으로 대체하면 자신감은 높아지고 삶은 훨씬 나아질 것이다. 하지만 삶에서 성취감을 느끼지는 못할 것이다. 그것은 방정식의 한 조각일 뿐이기 때문이다.

당신은 자기 제한적 신념을 극복하고 자신감 있는 정체성을 구축할 수 있다. 자신이 얼마나 똑똑한지, 재능 있는지, 열심히 일하는지, 자신과 다른 사람들에게 어떻게 약속을 지키는지, 영적 수행을 얼마나 독실하게 하는지, 어떻게 자신의 가치관에 따라 살고 다른 사람을 잘 대하는지, 세상에 얼마나 선한 영향을 미치는지 등을 생각하면 된다. 이 모든 일을 할 때 그것들은 당신이 더 나아지고, 아름다워지고, 강한 자신감과 외적 정체성을 구축하는 데 매우 중요하다. … 하지만 이 모든 것이 있든 없든 자존감을 둘러싼 내면의 정체성이 당신 모습 그대로 가치 있고 충분하며 사랑받을 가치가 있다고 느끼지 않는다면 모든 것을 성취하더라도 결코 성취감을 느끼지 못할 것이다.

모든 것을 성취하고 자신감을 높이는 데 도움이 되는 여러 가지를 실천하고 있음에도 불구하고 '여전히' 불만족스럽고 성취감을 느끼지 못하는 이유를 알 수 없다면 바로 그 이유가 여기에 있다. 당신은 지금 자신감은 키우고 있지만, 자존감은 키우지 않고 있는 것이다. 자신과 자신의 정체성에 대한 믿음과 영역은 성장하고 있지만, 자존감을 키우는 영역은 성장하지 못하고 있기 때문이다. 자신감을 키우는 모든 일을 성공적으로 성취하고, 큰 자신감과 기술을 쌓고, 높은 외부 정체성과 일치하는 목표를 달성할 수 있지만 여전히 성취감과 지속 가능성의 수준에서는 자존감을 둘러싼 내적 정체성을 반영하는 만큼만 도달할 뿐이다. 당신은 성공처럼 보이는 모든 일을 성취할 수 있지만 내적 정체성과 자존감이 여전히 충분하지 않거나 사랑받고 소속될 자격이 없다고 말한다면 목표에 도달했을 때 가면 증후군을 느낄 것이다. 아무리 많이 성취했더라도 절대 충분치 않다고 느낄 것이다. 또한 사랑받을 자격이 없다고 느낄 것이며 연애나 인간관계에서 왜 공허함을 느끼는지를 이해하지 못할 것이다. 당신은 이 세상에 존재하는 위대한 모든 것을 성취하고 경험하면서도 성취감을 느끼지 못할 것이다. 내면 깊은 곳에 있는 자존감의 토대에 균열이 생겨 무너져 내리기 때문이다.

성취감에 이르는 길

나는 훌륭한 시각 자료를 사랑한다! 당신이 다음의 시각 자료 중 어디에 속하는지는 삶의 모든 영역에 영향을 미친다. 성취감으로 향하는 길에서 자존감과 자신감 사이의 관계를 탐구하는 이 그래프를 살펴보자. 이 책의 후반부에서 나는 삶에서 궁극적인 성취감을 얻는 방법에 관한 강력한 도구를 공유할 것이다. 하지만 먼저 당신은 이 '나의 가치' 자존감과 자신감 그래프 중 어디에 해당하는지 알아두는 것이 중요하다.

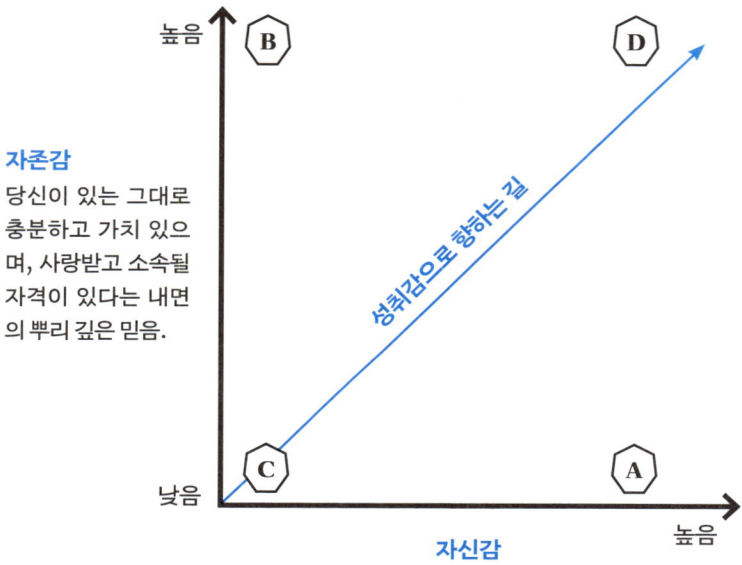

　자존감과 자신감에 관한 이 그래프를 볼 때 거의 모든 노력과 행동, 집중, 그리고 목표가 자신감의 범주에 해당한다는 걸 생각해 보길 바란다. 하지만 이 그래프에서 알 수 있듯이, 자신감(수평적) 척도에서 아무리 오른쪽으로 나아간다 하더라도 자존감(수직적) 척도가 올라간 만큼만 '성취감으로 향하는 길'을 따라 발전할 수 있음을 알아야 할 것이다.

자존감, 자신감, 당신의 정체성

당신의 정체성은 스스로에게 들려주는 얘기이며, 당신이 믿는 얘기다. 우리의 의도가 무엇이든, 우리는 언제나 자신이 누구인지에 대한 믿음을 강화하는 행동과 조치, 결정으로 되돌아간다. 많은 사람이 삶에서 자기 제한적 신념을 극복하기 위해 노력하는 이유도 바로 이것이다. 그렇게 하지 않으면 그들의 희망과 꿈이 가능하다는 믿음을 자기 제한적 신념이 가로막을 것이기 때문이다.

당신이 더 큰 자존감과 자신감을 가질수록 감정적으로나 신체적으로 더 큰 성취감과 행복을 느끼게 될 것이다. 연구에 따르면 자존감은 개인의 행복을 가장 잘 예측하게 하는 변수다. 버클리 웰빙 연구소Berkeley Well-Being Institute의 한 연구에 따르면, 자존감은 강한 개인적 인간관계와 감사를 포함한 19개의 다른 정서적 과정보다 행복을 더 잘 예측하는 지표임을 보여준다.

사람들이 이 그래프에서 어디에 속하는지, 특히 당신이 자신감이나 자존감 중 하나만을 가지고 있다면 어떤 일이 일어나는지 살펴보자. 그리고 각 설명을 읽으면서 그래프에서 시각적으로 어디에 속하는지 주목하자.

A는 자신감이 매우 높지만, 자존감은 낮다. 그들은 외부에서는 믿을 수 없을 정도로 성공했고, 직업적으로나 경제적으로 성공한 사람일 가능성이 높다. 하지만 그들이 무엇을 성취하든 그것만으로는 절대 충분하지 않다고 느끼며 끊임없이 성취감을 느끼지 못한다. 완벽주의자들이 A인 경우가 많다.

B는 매우 높은 자존감을 가지고 있지만, 자신감은 매우 낮다. 그들은 내면에서 깊은 평화와 사랑을 느끼지만 성공의 외부적인 척도를 나타내는 기술과 능력에 관해서는 유능하다거나 자신 있다고 느끼지 못한다. 그들은 더 많은 걸 성취하고 싶은 욕구를 지니고 있을 수도 지니고 있지 않을 수도 있지만, 어느 쪽이든 평화롭다. 외부적인 목표 추구의 결과가 어떻든 혹은 외부적으로 목표를 추구하지 않기로 선택하든 마음은 평온하다.

C는 낮은 자존감과 낮은 자신감을 지니고 있으며 둘 중 하나 또는 둘 다를 형성하기 위한 인식과 헌신의 여정에서 초기 단계에 있을 수 있다.

D는 강한 내재적인 자존감을 가지고 있으며 스스로 높은 수준의 기술과 특성을 보인다고 평가한다. 이들은 높은 야망과 추진력을 갖고 있지만 자존감도 강하기 때문에 자신이 충분하지 않고 사랑스럽지 않으며, 가치 없다고 느끼는 데서 오는 공허함을 외부적인 성취로 채우려 하지 않는다. 이들은 외부적인 야망의 상승이나 하락, 위험이나 보상, 성공이나 실패를 겪더라도 내적으로 흔들리지 않는다. 이들은 자신감뿐만 아니라 깊은 자존감을 느낀다.

당신은 지금 이 그래프에서 어느 위치에 있는가? 잠시 시간을 내어 당신이 진정으로 지금 어디에 있다고 느끼는지 표시하라. 그런 다음 삶에서 어디에 있고 싶은지 표시하라.

다음으로 당신의 친한 친구들, 가족, 동료들이 이 그래프에서 어느 위치에 있을지 생각해보라. 그들은 자신의 현재 자신감과 자존감의 수준이 삶의 모든 영역에 어떤 영향을 미치는지 스스로 알고 있는가?

만약 이것이 당신에게 큰 깨달음을 주었다면, 그리고 당신이 아는 누군가가 계속 열심히 일하면서 자신감 축에 있는 목표만 달성하면 마침내 자기 자신을 사랑하게 되고 비로소 충분한 사람이 될 수 있을 거라 믿고 있다면, 잠시 멈춰서 이 책을 그들과 함께 읽기를 바란다. 어떤 소녀와 어떤 여성, 어떤 사람도 진정한 자존감을 키우는 방법을 배우는 과정에서 뒤처져서는 안 된다. 우리는 A가 될 수 있다면 행복할 거라고 말하는 사회에 살고 있기 때문이다. 하지만 그건 거짓말이다.

나는 성인이 된 후, 대부분의 시간을 A로 살았다. 충분히 성취하면, 체력 단련에 충분히 전념하면, 책을 충분히 읽으면, 충분히 기부하면, 청바지에 몸이 딱 들어맞으면, 충분히 사람들의 비위를 맞추면, 세상이 정의하는 성공을 이룰 수 있다면 나는 마침내 충분해질 거라고 생각했다. 그러면 마침내 행복해질 것이라고 생각했다. 그건 모두 거짓말이다. 자신감 척도에서 아무리 성공한다 해도 진정한 성취감으로 이어지지 않기 때문이다.

오프라 윈프리의 전화번호를 받고 무려 4년 넘게 전화하지 못했던 이유는 그 시절 나는 가치 그래프에서 A로 살고 있었기 때문이다. 내 기량과 재능, 능력에 대한 자신감은 충분했다. 나는 《포브스 Forbes》가 선정한 명단에 막 이름을 올렸고, 거실에서 시작한 사업체를 잇코스메틱스 IT Cosmetics라는 거대한 회사로 성장시킨 소수의 여성 중 한 명이었다. 나와 우리 회사는 자선 활동에도 열정적이었다. 여성들이 '나는 이대로도 충분하다'는 믿음을 갖도록 돕는 일을 내 인생의 사명으로 여겼다. 하지만 여전히 마음 깊은 곳에서는 내가 충분하다고 느끼지 못했다. 오프라와 함께 점심을 먹으며 많은 주제에 관해 4시간 넘게 활기차게 얘기하는 동안 높은 자신감을 느꼈지만, 마음 깊은 곳에서는 강인한 자존감은 느끼지 못했다. 그리고 그때는 그 둘의 차이를 아직 이해하지 못하고 있었다. 그래서 오프라가 자신의 전화번호를 알려주었을 때 그 축복을 받아들이지 못해서 4년 동안 전화하지 않았다. 이것이 바로 낮은 자존감이 우리에게 미치는 영향이다. 낮은 자존감은 우리 스스로를 가치 없고 사랑받을 자격이 없다고 느끼게 한다. 낮은 자존감은 스스로를 자격이 없다고 여겨 스스로 기회와 가능성을 방해하게 만든다.

나는 이 계시와 개념을 내 삶에 적용했고, 다른 많은 이와 이것을 매우 열정적으로 공유하면서 그들의 삶에도 적용했다. 그 과정에서 자신감과 자존감을 혼동하는 오해가 얼마나 널리 퍼져 있는지 깨닫고 깜짝 놀랐으며, 그 오해가 많은 사람을 성취감을 느끼지 못하는 삶으로 이끈다는 걸 알게 되었다. 심지어 치료나 코칭, 교육을 받을 수 있는 특권을 가진 사람들, 또 사람들을 코치하거나 삶의 개인적인 성취감을 가르치는 사람들 사이에서도 매우 흔했다.

최근 나는 믿을 수 없을 정도로 높은 자신감을 가진 한 친구와 점심을 먹은 적이 있었다. 그는 경제적·사회적으로, 그리고 수십 년에 걸친 경력을 비롯한 모든 외적인 면에서 성공을 거두었다. 우리의 대화에서 그는 과거에 업계에서 거뒀던 성공을 되돌아보면서 최근 사업에서 겪은 좌절이 얼마나 고통스러웠는지 얘기했다. 그는 자신이 내린 결정으로 돈을 잃고 오명을 얻었다. 대화를 나누던 중 그가 불쑥 내 입이 떡 벌어지게 만드는 말을 했다.

"나도 한때는 대단한 사람이었어"라고 친구가 단언했다.

"무슨 개소리야!"라고 나는 소리쳤다. (할머니, 죄송해요.) "너도 한때는 대단한 사람이었다는 게 무슨 뜻이야? 우린 누구나 대단한 사람이야. 넌 지금 당장 자존감부터 회복해야겠구나." 나는 그에게 아주 직설적으로 말했다.

그는 즉시 말을 멈추고 나를 빤히 쳐다보기만 했다. 잠시 침묵이 흐른 후 그의 눈에 눈물이 살짝 비치기 시작했다. 그는 많은 사람이 조언을 구하려고 의지하는 사람이었지만 여전히 외부의 인정이 자존감으로 이어질 거라고 믿는 것이 분명했다. 누구나 아주 쉽게 할 수 있는 착각이다. 게다가 그는 삶에서 자존감이 낮은 시점에 있었고, 성인이 된 후 처음으로 자신감마저 낮은 상태였다. 그는 가치 그래프에서 A로서 인생을 살아왔었다. 많은 외부의 성공을 거두며 자신감이 넘쳤지만 절대 성취감을 느끼지 못했기 때문에 더 큰 성공을 위해 노력하며 평생을 보냈다. 마침내 가치 있다는 느낌과 성취감이 찾아오기를 바라면서 말이다. 그가 최근 겪은 외부적 좌절을 생각해보면 그는 가치 그래프에서 두 영역 모두에서 낮은 점수를 받으며 C로 살고 있었다. "나도 한때는 대단한 사람이었어"라던 그의 말을 생각하면 마음이 아팠다. 그의 마음도 자신이 가치가 없다는 믿음 때문에 찢어질 듯 아팠을 것이다.

우리가 걱정하는 수많은 일들, 우리를 방해하는 수많은 것들, 우리가 자신의 가치에 관해 진실이라고 믿으며 시간을 낭비했던 거짓말들은 사실 중요치 않다. 그런 것들이 중요하다 믿기엔 인생이 너무 짧다. 자신이 얼마나 무가치하다고 느끼는지, 그리고 그 사실을 세상에 들키지 않으려고 얼마나 숨기고 있는지 설명하는 사람과 대화를 더 많이 나눌수록 나는 있는 그대로의 내가 가치 있고 소중하다는 믿음 속에서 살기로 결심했다. 그리고 나는 단 한 사람도 자신의 가치를 찾는 여정에서 뒤처지게 하고 싶지 않다. 지금 바로 이 순간에 있는 그대로의 당신이 소중하고 사랑받을 자격이 있다는 사실을 알았으면 좋겠다. 당신은 '대단한 사람'이다. 외부에 존재하는 어떤 것도, 당신이 두려워하며 실패하거나 승리를 만끽하며 성취하는 어떤 것도, 당신이 저지른 과거의 어떤 실수도, 다른 누군가가 당신에 관해 한 말이나 하지 않은 어떤 말도 그걸 바꿀 수는 없다. 그들은 당신에게 그것을 줄 수도 뺏을 수도 없다. 그것은 이미 존재한다. 그리고 그것은 이미 사실이다. 또한 당신이라는 '대단한 사람'은 충분히 가치가 있다.

자존감이 당신의 가장 소중한 관계에 미치는 영향

자신감과 자존감을 혼동할 때, 그것은 당신 자신, 친구, 동료와의 관계뿐만 아니라 친밀한 연인 관계에서 느끼는 유대감의 깊이에도 영향을 미칠 수 있다.

자존감에 관련된 문제는 종종 커플들이 서로에게 숨기는 부류의 문제다. 사람들은 대부분 자신감의 범주에 속하는 문제에 직면했을 때만 그걸 공유한다. 하지만 자존감의 문제에 관한 한, 대부분은 그것을 인식하지 못하거나 파트너나 다른 누군가와 그것을 인정하거나 공유하거나 논의하고 싶어 하지 않는다. 우리는 그것들을 혼자만 간직할 뿐만 아니라 마음속 깊이 묻어둔다. 자존감은 묻혀 있더라도 여전히 그 자리에 있으며 우리 삶의 모든 영역에 영향을 미친다.

자존감에 관해 가장 먼저 솔직해져야 하는 가장 중요한 사람은 바로 당신 자신이다. 잠시 자존감과 자기애에 관한 인식에 관해 얘기해보자. 때때로 우리는 자신을 사랑하는 법을 배우는 데 집중하지 않는다. 자기애가 이기적이거나 자기중심적, 심지어 나르시시스트처럼 보일까 봐 걱정하기 때문이다. 이는 전혀 사실이 아니다. 사실 나르시시즘은 자기애와 전혀 관련이 없고, 오히려 정반대다. 나르시시즘은 모든 성격 장애 중에서 수치심에 가장 많은 기반을 두고 있다. 자기도취는 실제로 무가치함과 수치심이라는 깊은 감정과 자기혐오에서 비롯된다. 흔히 자기애로 오해받을 수 있는 모든 과장과 우월감, 특권 의식은 사실 낮은 자존감과 자기혐오를 보상하려는 시도다.

> 내면의 자존감을 키우는 것은 다른 사람에게 사랑을 보여주는 가장 훌륭한 방법 중 하나다.

진정한 자존감을 키우는 일은 삶의 성취감뿐만 아니라 다른 사

람에게 사랑을 표현할 수 있는 능력을 키우는 가장 너그러운 노력 중 하나다. 연구에 따르면 자기애가 없을 때 우리는 중독과 자기 방해에 빠지기 쉽고, 우리의 몸이나 타인과 건강하지 못한 관계에 빠지기 쉽다. 또한 공동의존•, 타인의 비위 맞추기, 기타 자기 파괴적인 행동에 빠지기 쉽다.

우리 아이들 역시 자존감을 소홀히 하는 경우가 많다. 아이들은 부모나 신뢰하는 사람들과 함께 있을 때는 외부 환경이나 자신의 인지된 능력, 외부 경험이나 역량처럼 자신감 범주에 해당하는 문제를 보통 공유한다. 하지만 태어났을 때부터 사랑받고 소속될 자격이 있는지에 관한 깊은 믿음은 공유하지 않을 때가 많다. 아이들은 무언가 또는 누군가가 자신의 '자신감'에 상처를 주면 얘기하지만, 깊은 '자존감'에 상처를 받았을 때는 대부분 침묵한다. 당신이 부모라면 이것이 당신의 삶에서 진정으로 자존감을 이해하고 구축해야 하는 또 다른 이유다. 그래야만 자녀들에게 자존감을 키우고 계속 성장시킬 수 있도록 준비시킬 수 있다.

마찬가지로 결혼 생활에서도 배우자가 외적인 문제, 성취와 기술을 기반으로 한 문제, 또는 심지어 자신감을 기반으로 한 문제를 겪고 있다면 깊은 내면의 자존감 문제로 고민할 때보다 당신에게 털어놓을 가능성이 더 높다. 우리 사회에서는 남성이 자신의 자존감 문제를 숨기는 것이 훨씬 더 많이 용인된다. 그러면 자존감 문제

• 타인과의 관계에서 필요 이상으로 의존하거나, 타인의 요구를 충족시키기 위해 자신의 가치 및 존재 의미를 지나치게 연결하는 심리 상태.

로 인한 고통은 단절, 분리 또는 방해라는 방식으로 자신과 주변 사람들에게 끊임없이 상처를 주며 전달된다. 가장 흔한 경우가 두 사람 모두 자신의 자존감에 관련된 근본적인 문제를 인식하지 못하는 경우다. 두 사람은 서로와의 관계에서 왜 그렇게 단절되고 외롭고 또는 상대방이 무언가 숨기고 있는 것처럼 느껴지는지 전혀 모른 채 살아간다. 사실은 둘 다 자신으로부터, 그리고 자신의 의식으로부터 숨어 있으면서도 말이다. **우리는 자신을 사랑하고 자신과 친밀하게 연결되어 있을 때만 다른 사람과 깊은 사랑과 친밀감, 그리고 유대감을 경험할 수 있다.**

나는 이 책에서 소개할 인식과 방법을 통해 단계적으로 나의 자존감을 받아들였다. 그렇게 하여 마침내 용기를 내 오프라에게 전화를 걸었다. 그때부터 나는 오프라와 함께 가르칠 자격이 있다고 믿게 되었다. 이제 우리는 아름다운 우정을 나누고 있다. 최근에 오프라를 집에 초대해 점심 식사를 함께했다. 우리는 그날을 '가치 있는 주말'이라고 불렀다. 오프라가 특별한 잉글리시 머핀을 좋아한다는 사실을 알고 있었기 때문에 나는 캘리포니아주 내파Napa에 있는 작은 빵집에 그걸 새벽 배송으로 주문해두었다. 내가 포근한 담요를 좋아한다는 걸 알고 있던 오프라는 내가 가장 좋아하는 담요를 선물로 가져왔다. 오해하지 마시길. 나는 여전히 오프라가 도착하기 직전이 되면 여전히 흥분에 들떠 미칠 것 같고 똑같이 속이 울렁거린다. 당신과 우리가 모두 그렇듯, 나 역시 있는 그대로 가치 있고 충분하다는 사실을 기억하기 위해서는 이 책에 나오는 많은 방법을 즉시 실행해야 한다. 오프라와 함께 '가치 있는 주말'의 점심 식사를 할 때도 말이다.

솟아오르는 자존감

자존감을 높이고 당신이 있는 그대로 한 인간으로서 타고난 가치가 있다는 믿음을 갖게 된다면 어떤 성취나 칭찬, 상이나 환경과 관계없이 당신이 태어날 때부터 가치 있고 충분한 사람이라는 사실을 알게 될 것이다. 연구 결과에 따르면 자존감을 높이는 것이 기분부터 인간관계의 질, 직업 만족도에 이르기까지 모든 것에 영향을 미칠 수 있음을 보여준다.

기억하라. 자신감은 마치 집을 짓는 것과 같고, 자존감은 그 집을 받쳐주는 튼튼한 토대와 같다. '나는 있는 그대로도 충분하다'라는 자존감은 당신이 그 집을 지어 올릴 수 있게 해줄 뿐 아니라, 그 여정을 진심으로 즐길 수 있도록 도와주는 기반이다. **진정한 자존감은 당신에게 안정적이고 믿을 수 있으며 흔들리지 않는 정신적·감정적 갑옷을 제공할 수 있다. 이 갑옷은 자신감과 달리 감정과 생각, 행동과 경험, 그리고 삶이 필연적으로 던져놓는 외부의 힘에 쉽게 좌우되지 않는다.** 자존감은 당신에게 흔들리지 않는 힘과 회복력의 기반을 제공한다. 좌절이나 실패, 거절이나 외부 환경의 변화 등의 형태로 자신감에 폭풍우가 몰아쳐 당신의 집이 무너져 내리더라도 말이다. 자존감은 당신이 이 모든 상황을 견딜 수 있도록 도와준다. 자, 이제 바쁘게 자존감을 쌓아보자!

CHAPTER

2 거절과의 관계를 바꾸면 인생이 바뀐다

나는 선수로 뛸 때 9,000번 이상 슛을 놓쳤고, 거의 300경기를 졌다.
26번이나 경기를 승리로 뒤집을 수 있는 골을 놓쳤다.
내 삶은 실패의 연속이었다. 그래서 나는 성공할 수 있었다.
— 마이클 조던 Michael Jordan

당신의 삶에 거절이나 실패에 대한 두려움이 전혀 없다면 무엇을 할 것인가? 거절에 석사 학위가 있다면 나는 틀림없이 그 학위를 받았을 것이다. 나는 수많은 거절과 실패를 두려워하며 삶의 대부분을 살아왔다. 가장 고통스러운 거절은 머릿속에서 내가 충분하지 않고 필요한 걸 갖고 있지 않다고 말하는 목소리였다. 누군가 내가 살면서 이룬 성공에 관해 물을 때마다 나는 그 성공이 거의 일어나지 않을 뻔했다고 생각하지 않을 수 없었다. 내가 거절과 실패와의 관계를 바꾸지 않았다면 사업체를 키우다가 넘어질 때마다 다시 일어날 용기를 내지 못했을 것이다. 한 번, 스무 번, 백 번 거절당한 후에는 그만두었을 것이다. 거절과의 관계를 바꾸지 않았다면 내가 태어난 날 나를 입양 보냈던 생모를 찾을 수 없었을 것이다. 나중에 내 남편이 될 파울로에게, 그가 관심 없다고 말할 수 있음을 알면서도 함께 공부하자고 물어보지 못했을 것이다. 또한 오프라와 함께 강의할 수 없었을 것이다. 내가 그럴 자격이 있다고 믿지 못했기 때문이다.

듀크대학교 심리학 및 신경과학 교수인 마크 리어리Mark Leary는 거절에 대한 두려움에 관해 연구했다. 리어리는 "연인에게 당하는 거절이든, 우정의 절교든, 집단의 배척이든, 가족 구성원과의 불화든, 일상적인 만남에서 무시당하거나 배제되는 것이든, 거절에는 수많은 정서적·심리적·대인 관계적 결과가 따른다. 사람들은 다른 사람이 자신을 거절했다고 생각할 때 강하게 반응할 뿐만 아니라 인간의 많은 행동은 거절을 피하려는 욕구에 영향을 받는다"라고 말했다.

거절에 대한 두려움과 실패에 대한 두려움이야말로 사람들이 도전을 망설이고, 제자리에 머무르며, 자신의 생각을 절대 공유하지 않고, 꿈을 좇는 일을 스스로 단념하며, 자신의 본래 모습과 솔직한 감정을 절대 드러내지 못하는 가장 큰 이유다.

거절과 실패

먼저 거절과 실패가 같지 않다는 점을 분명히 하고 싶다. 하지만 우리는 거절과 실패를 두려워하고 그 둘에 비슷하게 반응한다. 이

2가지와의 관계를 바꾸기 위해서는 같은 전략을 사용할 수 있다.

우리는 모두 본능적으로 사랑받고 소속감을 느끼고 싶어 한다. 많은 사람이 거절이나 실패를 사랑과 소속감의 반대되는 것, 즉 고통과 배제로 여긴다. 물론 그렇게 느껴질 수도 있다. 하지만 그건 어디까지나 당신이 그렇게 느끼기로 '선택'했을 때의 얘기다. 여기서 핵심은 '선택'이라는 단어다. 만약 내가 당신에게 '거절과 실패를 실제로 포용하고 기대할 수 있다'고 말한다면 어떨까? 그게 가능하다고 생각할까? 아마 당신은 그 말을 무시하며 내가 헛소리를 하고 있다고 생각할 것이다. 하지만 나는 헛소리를 한 게 아니다.

인생의 모든 것은 우리가 그것에 부여하는 의미에 따라 달라진다. 그 의미는 우리가 그것에 관해 느끼는 감정을 만들어내고, 그 감정은 우리 삶의 경험을 만들어낸다. 당신이 어떤 것에 부여하는 의미를 바꾸고 그 의미를 진심으로 믿으면 모든 것이 달라진다. 실망은 신이 내린 신뢰로, 자기혐오는 감사로, 거절은 회복력으로 바뀌고, 자존감은 더욱 확고해진다.

내 남편 파울로는 무언가에 대한 답을 모르면 실패한 것이라고 믿으며 자랐다. 어떤 스포츠에서 이기지 못하면 경기를 계속하고 싶어 하지 않았다. 최악의 시절에는 경기의 패배가 자신이 실패했다는 의미라고 생각했다. 그는 이 사실을 잊기 위해 정말 열심히 노력했다. 테니스, 빠델•, 피클볼••을 좋아하는 파울로는 경기에 새로

• 테니스 코트보다 작은 밀폐된 코트에서 복식으로 하는 라켓 스포츠.
•• 테니스와 비슷하나 비교적 짧은 채를 사용해 플라스틱 공을 네트 위로 넘기는 게임.

운 의미를 부여하려고 정말 열심히 노력해야 했다. 그는 잘하지 못한 플레이가 게임에서 얻는 기쁨이나 게임에 대한 사랑을 앗아가지 않도록 하는 법을 배워야 했다. 요즘에는 경기의 패배가 파울로에게 더는 게임을 하지 말아야 한다거나 자신이 실패자라는 의미가 아니다. 이제 파울로는 스포츠를 너무 사랑해서 재대결할 날만 기다리는 승부욕 강한 선수가 되었다!

이와 반대로 10억 달러 규모의 속옷 브랜드 스팽스Spanx를 창업한 내 친구 사라 블레이클리Sara Blakely의 아버지는 가족들이 저녁 식탁에 둘러앉아 그날 실패한 일을 하나씩 공유하는 것을 습관으로 삼았다. 그런 환경에서는 실패가 중요하게 존중받았다. 실패는 그들이 위험을 감수하는 것을 두려워하지 않는다는 의미였기 때문이다. 매일 저녁, 모든 연령대의 가족 구성원들이 한 명씩 돌아가며 그날 시도했다가 실패한 일 하나씩을 털어놓았다. 사라가 단지 아이디어 하나와 5,000달러만 가지고 용기 있게 회사를 시작하고 기꺼이 위험과 좌절, 거절을 겪으면서 성공할 때까지 계속 버틴 것은 어쩌면 당연한 일이 아닐까?

거절과 실패와의 관계를 바꾸면 삶 전체를 바꿀 수 있다.

당신에게는 거절과 실패를 두려운 경험에서 두려움 없이 포용하는 경험으로 바꿀 힘이 있다. 거절과의 관계를 바꿀 방법을 습득하면 그것을 삶의 모든 영역에 적용할 수 있다.

> 거절과 실패와의 관계를 바꾸면 삶 전체를 바꿀 수 있다.

나는 내 삶에 많은 문제와 어려움이 있지만 거절이나 실패에 대한 두려움은 그중 하나가 아니라고 지금 이 자리에서 자신 있게 말할 수 있다. 거절에 관해서라면 나는 두려움이 없다. 두려움이 전혀 없어서 티끌만큼도 두렵지 않다. 그러나 내가 항상 그랬던 건 절대 아니다.

나는 주사 피부염이라는 피부질환을 앓고 있다. 주사 피부염은 뺨 전체와 때로는 이마에까지 거친 질감의 새빨간 반점 형태로 나타난다. 증상이 심할 때는 울퉁불퉁해지기도 한다. 유전적인 질환으로 치료법도 없다. 몇 군데 피부과에서 진료를 받고 처방받은 크림을 여러 개 써봤지만 효과가 없어서 한동안 우울한 시기를 보냈다.

20대 후반에서 30대 초반까지 나는 TV 뉴스 앵커로 일했다. 당시 주사 피부염 증상이 너무 심해서 메이크업이 유지되지 못했다. 텔레비전에서 생방송을 하면 고화질 조명 때문에 화장이 들뜨기 시작하면서 내가 필사적으로 가리려 했던 붉은 자국이 고스란히 드러났다. 프로듀서들은 생방송으로 뉴스가 진행되는 동안 내 이어폰을 통해 "얼굴에 뭐가 올라왔어요"라고 알려주곤 했다. 나는 일자리를 잃을까 봐 두려웠다.

나는 화장을 하지 않고는 집을 나서지 않았다. 화장하지 않고 외출하면 그때마다 커피숍이나 마트에서 만난 낯선 사람들에게 "괜찮으세요?"라거나 "와, 햇볕에 심하게 탔네요"라는 말을 들었다.

어느 날 화장을 하지 않은 채 볼일을 보러 급히 나갔다가 마트에 들렀다. 농산물 코너에서 20대 후반으로 보이는 한 여성이 나를 빤히 쳐다보고 있었다. 그 역시 화장하지 않았는데, 과색소침착*이

심해 보였다. 다른 부위보다 어두운 반점이 그의 얼굴 전체에 퍼져 있었다. 그는 말없이 '고마워요'라는 의미의 미소를 지었다.

그건 나에게 엄청난 깨달음의 순간이었다. 내가 새빨간 주사 피부염이 퍼진 얼굴을 드러낸 덕분에 그는 과색소침착으로 얼룩진 얼굴로 외출하면서 덜 외로워진 것이다. 그 순간 그의 용기와 나의 용기가 만났다. 사회적 규범에 거부당한 우리의 일부를 감추라고 말하는 세상에서 우리는 서로를 받아들였다. 우리는 서로에게 인정받았다고 생각했다. 아름답고 가치 있다고 말이다. 우리는 미소를 지으며 잠시 눈을 맞춘 후 나머지 하루를 보냈다.

그 순간, 나는 주사 피부염에 스스로 부여했던 의미를 바꿨다. 전에는 주사 피부염에 '창피함, 수치스러움, 매력 없음, 결점' 같은 단어를 붙였었다. 그날 나는 그것에 완전히 새로운 의미를 부여하기로 했다. 나보다 훨씬 더 큰 무언가, 즉 주사 피부염이 초능력이라고 여기기로 했다. 그걸 공개적으로 드러낼 때마다 사람들이 자기 결점에 관해 느끼고 있을 수치심을 조금이라도 줄이는 데 도움이 되기를 바랐다. 화장하지 않고 민낯으로 세상에 나갈 때마다 내 민낯을 본 누군가에게 조금 더 충분하고 해방된 기분을 느끼게 한다면 얼마나 멋질까 하는 생각에 경이로움을 느꼈다. 말 그대로 내 존재의 모든 면에서 내 '결점'에 붙인 의미를 바꿨다.

- 피부나 손발톱, 구강이나 비강을 둘러싼 점막 등에 멜라닌이 증가하여 검은색이나 갈색을 띠는 피부 증상.

첫 번째 책 《빌리브 잇》에서 나는 거실에서 시작한 잇코스메틱스라는 회사를 키워나가는 과정과 수년간 수많은 거절에 직면했던 경험을 자세히 소개했다. 지금 그 여정의 아주 작은 부분을 선택해 공유하고 싶다. 하지만 이번엔 완전히 다른 관점에서 볼 것이다.

잇코스메틱스를 만들면서 수많은 거절을 겪는 동안 대부분의 화장품 매장에서는 내 제품의 판매를 거부하면서 이렇게 말했다. "여성들은 당신 회사가 사용하는 사진처럼 실제 피부 고민을 보여주는 사진을 보면 절대 제품을 사지 않을 거예요. 여성들은 얻을 수 없는 열망을 보여주는 사진이 붙은 화장품만 살 거예요." 그들은 항상 '얻을 수 없는 열망'이라는 단어를 사용했다. 실제로는 누구도 그렇게 보일 수 없다는 뜻이다. 그들은 포토샵으로 만든 완벽한 피부의 가짜 사진을 사용하기를 원했다. 하지만 나는 그날 마트에서 낯선 여성과 나눴던 그 감정을 다른 여성들도 공감하게 할 회사를 만들 수 있다는 걸 직감으로 알았다. 내가 진짜 여성들을 진정으로 '볼' 수 있다면, 그리고 우리가 서로를 '볼' 수만 있다면 그 회사는 그냥 회사가 아닌 훨씬 더 큰 회사가 될 수 있었다. 그것은 강력하면서도 간절히 필요했던 메시지와 운동이 될 수 있었다. 우리에겐 이런 접근법이 필요했고, 그 접근법은 치유일 수도 있었다.

수년간 "당신은 부적합합니다"라는 말을 들으며 거절당한 후, 나는 마침내 TV 홈쇼핑 채널 QVC에 10분간 출연할 기회를 얻었다. 우리 제품은 실시간으로 1억 가구 이상에 방송될 예정이었고, 그들의 판매 목표를 달성하려면 내게 주어진 10분 동안 분당 약 1만 달러의 제품을 판매해야 했다. 그러지 않으면 그 채널에 다시 출연하지 못할 상황이었다. 모든 것이 이 한 번의 기회에 달려 있었다. 내가 고용한 컨설턴트들은 대부분의 화장품 매장에서 들었던 것과 똑같이 말했다. QVC에서 성공할 가능성, 즉 판매 목표를 달성하고 다시 방송에 출연할 가능성을 조금이라도 높이려면 완벽한 피부를 가진 모델들을 고용해서 10분짜리 방송을 만들어야 한다는 것이었다. 이것은 다른 화장품 브랜드에서도 효과가 있던 방식이었다. 새빨간 주사 피부염이 뒤덮인 내 민낯을 보여주며 세상이 창피하다고 말하는 여드름이나 과색소침착 같은 피부 문제가 있는 모델들을 캐스팅하자고 제안하자, 컨설턴트들은 몹시 당황했다. 그들은 자신들이 아는 최고의 조언을 해주었는데 절대 그렇게 하지 말라는 것이었다.

QVC에서 단 한 번의 커다란 기회가 주어졌을 때, 나는 수년간 잠재적인 소매업자들에게 수백 번 거절당하던 중이었다. 아무도 진짜 여성들을 모델로 내세우겠다는 내 아이디어가 효과 있을 거라고 생각하지 않았기에 나에게 기꺼이 돈을 걸려 하지 않았다. 당시 회사는 파산 직전이었다. 하지만 나는 마트에서 그 순간 느꼈던 감정을 알고 있었다.

단 한 번의 방송 기회를 얻어 QVC 스튜디오에 들어갔을 때, '방송 중'이라는 불이 켜지고 10분짜리 카운트다운 시계가 작동하기 시작했을 때, 나는 온몸을 떨고 있었다. 솔직히 말하자면, 떨기만 한 게 아니라 땀을 뻘뻘 흘리고 있었다. 그래서 땀이 옷 아래 입고 있던 스팽스 두 벌을 흠뻑 적시지 않기를 기도하고 있었다.

그 순간, 내 마음속 직감은 '내 민낯과 진짜 여성들의 피부 문제를 세상에 그대로 보여줘야 한다'고 말하고 있었다. 하지만 그렇게 큰 위험을 감수했다가 판매 목표를 달성하지 못하면 모든 걸 걸고 달려온 내 회사는 파산할 수도 있었다. 하지만 나는 용감해지기로 결심했다. 지갑으로 투표하는 시청자들에게 거부당하고 QVC에 다시 출연하지 못할 수도 있지만, 내가 자신을 기꺼이 신뢰하는 용감한 사람이라는 것을 알게 될 테니 말이다. 그리고 삶의 대부분을 민낯으로 외출한 적이 없었음에도 나는 전국 방송에서 내 피부의 '결함'을 드러내겠다고 결심했다. 더 이상 그것에 부정적인 의미를 부여하지 않았기 때문이다. 나는 주사 피부염에 긍정적이고 힘을 주는 의미를 부여했다. 컨설턴트들은 내 결정에 단호하게 반대했다. 하지만 내 마음속에서는 옳다고 느꼈다.

'방송 중'임을 알리는 빨간불이 켜지고 10분짜리 시계가 9분 58초, 9분 57초를 가리키며 째깍거리기 시작했을 때 나는 겉으로는 말 그대로 사시나무처럼 떨고 있었지만 내면에서는 흔들림이 없었다. 새빨간 민낯의 내 '비포before' 이미지가 전국 TV에 나오던 순간을 기억한다. 나는 모든 연령대, 체형, 몸집, 피부색, 피부 문제가 있는 진짜 여성 모델들에게 다가가 그들에게 아름답다고 말했던 것을 기억한다. 그건 진심이었다!

몇 분 동안 판매가 어떻게 진행되고 있는지 몰랐지만 그들이 나를 일찍 중단시키거나 내 시간을 없애지 않았다는 건 알았다. 한 번뿐인 큰 기회를 잡기 직전에 나는 사실 10분조차도 보장받지 못한다는 걸 알았다. QVC는 1억이 넘는 가정에 방송되기 때문에 방송에 걸린 돈이 크다. 따라서 프레젠테이션을 시작하고 1, 2분이 지났는데 판매 목표를 달성하지 못했다면 여전히 8분이 남았다고 생각할 수 있지만 홈쇼핑 채널에서 갑자기 할당된 시간을 줄여서 시계에는 1분밖에 남지 않을 수도 있었다. 이렇게 되면 다 끝났다는 뜻이다. 판매 목표를 달성하지 못했으니 그곳에서 나와야만 한다는 뜻이다. 말하자면, 그런 종류의 압박감이 나를 짓눌렀다.

    1분이 지났을 때 쇼호스트가 몇 가지 색조의 수량이 급격히 줄어들기 시작했다고 말했던 게 기억난다. "우리는 수량 6,200개로 시작했습니다. 짙은 색조에서 200개가 남았고, 황갈색 색조에서도 200개만 남았습니다." 그 후 우리에게 주어진 10분의 카운트다운이 막 끝나려고 할 때 화면에 '매진'이라는 커다란 자막이 나타났다!

    내가 전국 방송에서 울기 시작하자, 그들은 화면을 내게서 다이슨 진공청소기 같은 물품으로 바꿨다. 남편이 스튜디오의 이중문으로 뛰어 들어왔다. 압도적인 안도감에 휩싸인 그가 승리의 의미로 두 팔을 번쩍 들어 올리며 "우리는 파산하지 않을 거야!"라고 큰 소리로 선언했던 것을 기억한다. 나는 눈물을 흘리며 자랑스럽게 선언했다. "진짜 여성들이 우리를 대변했어!"

    그 순간 덕분에 우리는 몇 번이나 다시 홈쇼핑에 초대받았다. 결국 우리는 QVC에서 1년에 250회 이상 라이브 쇼를 진행하며 QVC 역사상 최고의 화장품 브랜드를 구축하게 되었다. TV 생방송을 하는 매 순간, 나는 마트 농산물 코너에 있던 여자와 느꼈던 유대감과 정확히 똑같은 유대감을 각 가정에서 시청하고 있을 시청자와 나누고 있었다. 나는 매일 그 여자를 떠올렸다. 그는 주사 피부염이 창피한 결함이라는 문화적으로 학습된 믿음보다 내게 훨씬 더 중요했다. 혹은 그런 이유로 내가 거절당하고 사랑받지 못할 거라는 믿음보다 더 중요했다. 내가 주사 피부염에 부여한 의미를 바꾸자 그건 바로 고객들에게, 하지만 먼저 나 자신에게, 받아들여지고 사랑받는 이유가 되었다.

하지만 이 얘기는 전혀 다르게 전개될 수도 있었다. 소매점, 백화점, QVC가 몇 년 동안 나에게 "당신은 우리나 우리 고객들에게 적합하지 않아요"라고 말하며 거절해왔기 때문이다. 그리고 우리가 사업에서 큰 성공을 거둔 후에도 다양한 형태로 끊임없이 거절당하는 일들이 있었다. 우리가 개인적이고 일상적인 삶에서 항상 거절당하는 것처럼 특히 우리가 삶과 우정, 꿈을 위해 진심으로 다가갈수록 끊임없이 거절당하기 마련이다.

이번 장을 시작하면서 던졌던 질문을 다시 생각해보자. 거절이나 실패에 대한 두려움이 전혀 없다면 당신은 삶에서 무엇을 하겠는가? 자, 이제 그 질문으로 넘어가보자. 준비됐나? 거절과의 관계를 바꿀 방법을 습득하면 삶의 모든 영역에 적용할 수 있기 때문이다.

거절과의 관계 바꾸기

지금 당장 당신의 삶에서 거절과의 관계를 바꿀 방법이 여기 있다. 아주 간단하게 설명하겠지만 자신에게 유예기간을 주어야 한다는 사실을 기억하자. 오래된 습관과 패턴을 버리고 새로운 습관을 만드는 데는 시간이 걸린다. 지금까지도 나는 이 도구들을 최대한 날카롭게 유지하기 위해 연습하고 있다. 나는 이것이 평생의 노력이 될 것이라고 믿는다. 거절이나 실패를 두려워하는 마음으로 다시 되돌아가기가 너무 쉽다는 사실을 배웠기 때문이다. 특히 또래 집단이나 가족 중에 거절과 실패에 대한 인식을 높이고 낡은 패턴을 바꾸고 자신의 힘을 되찾기 위해 노력하는 사람이 당신뿐이라면 더욱 그렇다.

과정: 거절을 극복하기 위한 4R

1. 밝혀라 Reveal: 거절이나 실패가 일어났을 때, 당신이 현재 생각하는 거절이나 실패의 기본 정의를 확인하라. 혹은 당신이 시도조차 하지 말라고 자신을 설득할 때 사용하는 기본 정의를 확인하라. 이런 행동은 종종 우리에게서 힘을 빼앗고 의도치 않게 무의식적으로 일어난다.

2. 재정의하라 Redefine: 거절이나 실패가 일어났을 때, 혹은 그런 일이 일어날까 봐 두려워 시도조차 하지 않으려 할 때, 자신에게 힘을 주는 새로운 정의를 만들어라.

3. 재검토하고 재구성하라 Revisit and Reframe: 과거에 당한 거절을 다시 돌아보고 재구성하라. 당신의 삶에서 여전히 중요하게 느껴지는 과거의 거절이나 실패에 새로운 의미를 부여하라.

4. 즐겨라 Revel: 앞으로 당할 거절을 즐겨라! 그것들은 더는 당신을 심란하게 하지 않을 것이다! 이렇게 생각하라. '거절아, 너는 거대할지 모르지만 내 회복력이 너보다 크단다!'

밝혀라

좋다, 시작해보자. 준비됐는가? 내가 먼저 시작하겠다. 삶의 대부분 동안 거절에 대한 내 내면의 반응은 '그래, 내가 충분치 않다는 걸 다시 한번 확인하게 됐군'이거나 '난 필요한 걸 갖고 있지 않아'였다. 아니면 '나는 충분히 똑똑하지 않고, 충분히 영리하지 않고, 충분히 멋지지 않고, 충분히 재미있지 않고 충분히 ○○(빈칸을 채워라) 하지 않아'이기도 했다. 때로는 내가 얼마나 부족하고 가치 없는 존재인지에 관한 버전일 때도 있다.

자, 이제 당신 차례다. 준비됐는가? 누군가가 당신을 거부했을 때, 당신이 발 벗고 나서도 일이 뜻대로 풀리지 않았을 때, 시도했지만 실패했을 때, 혹은 거절이나 실패에 대한 두려움 때문에 시도조차 하지 않은 적이 있다면 그 순간 가장 먼저 떠오르는 생각은 무엇인가? 이 시나리오를 상상하고 실제로 느껴라. 그런 다음 당신이 뭔가를 거절당하거나 실패했을 때 무의식중에 가장 먼저 떠오르는 생각이 무엇인지 주목하라. 여기서는 정말로 솔직해져라. 당신과 나뿐이다.

먼저 머릿속에 떠오르는 생각을 잘 기억해두라. 직접 적어두면 더 좋다. 거절당하는 상황이나 시도했던 일이 실패하는 상황을 상상하는 것도 도움이 될 수 있다. 그다음엔 그 상황을 상상하면서 자기 자신을 어떻게 생각하는지 적어보라. 이것이 현재 당신이 생각하는 거절의 정의다.

한번은 천 명이 넘는 청중 앞에서 강연할 때 이 질문을 던진 적이 있다. 나는 그들에게 거절당하거나 실패했을 때 가장 먼저 떠오르는 진짜 생각을 소리 내 말해보라고 요청했다. 그들의 대답은 너무나 상처받은 마음이었고 노골적이었으며 진짜였기 때문에 나는 울음이 터지고 말았다. 곧 청중 몇 사람도 울음을 터뜨리기 시작했다는 사실을 알아차렸다. 그 강연은 다름 아닌 경영 콘퍼런스였다! 하지만 이 질문은 너무나 많은 사람을 놀라게 했다. 그들이 한 번도 생각해본 적이 없는 질문이었기 때문이다. 그들의 머릿속에는 매일 끔찍한 사운드트랙이 재생되고 있었지만 그들은 그것이 어떤 영향을 미치는지조차 알지 못했다.

이 질문은 당신이 노련한 CEO든, 팀의 리더든, 집에 있는 아이의 부모든, 아니면 위의 모든 것이든, 모든 사람이 자기 의심과 싸우고 있다는 사실을 보여준다.

인간은 본능적으로 고통을 피하려 한다. 이것은 생존 본능이다. 그리고 우리가 충분하지 않거나, 가치가 없거나, 사랑받을 자격이 없다고 느낄 때 엄청난 고통을 느낀다. 그리고 이 모든 고통을 거절이나 실패라는 생각과 마음속에서 연결할 때, 우리는 모험을 꺼리게 되고 꼼짝없이 제자리에 갇혀 소심하게 삶을 살아간다. 우리가 절대 세상 밖으로 나가지 않는다면 거절이나 실패와 함께 찾아오는 고통은 없을 것이다. 우리가 절대 꿈을 좇지 않는다면 꿈이 이루어지지 않았을 때 당황하거나 낙담할 위험은 없을 것이다. 하지만 거절과 실패가 고통과 위험을 준다고 우리가 생각할 때만 그것들은 그런 의미를 지닌다. 그리고 우리는 그런 생각을 바꿀 수 있다. 내가 주사 피부염이 창피한 결함이라는 생각을 버리고 대신 그것에 새로운 의미를 부여한 것처럼 말이다. 거절과 실패의 새로운 의미는 힘을 주는 선물이었고, 나는 그 의미를 믿는 법을 스스로 터득했다.

재정의하라

거절과 실패에 새로운 의미를 부여하는 것, 그것이야말로 모든 것을 바꾸는 일이다. 당신에게는 거절과 실패가 당신에게 고통을 줄 필요가 없다고 결정할 능력이 있다. 그런 경험에 새로운 의미를 부여하고 그것을 믿으면 두려움은 사라진다.

당신은 거절과 실패가 반드시 고통을 동반할 필요는 없다고 스스로 선택할 수 있다. 이것은 '엄청난' 혜택이다. 거절을 개인적 모욕으로 받아들이는 것은 당신에게 큰 고통을 줄 뿐만 아니라 거절한 사람과의 관계까지 복잡하게 만든다. 사실 그들로서는 전혀 그런 의도가 아니었을 수도 있다. 일에서 당하는 거절을 개인적인 모욕으로 받아들이는 것은 당신의 경력이나 회사, 잠재적인 성공에 부정적인 영향을 미칠 수 있다.

잇코스메틱스를 만드는 과정에서 나는 수백 번의 거절을 당했다. 솔직히 그 거절 중 일부는 실제 제품에 대한 평가가 아니라 단지 나 개인에 대한 평가가 틀림없다고 느꼈지만 그때도 나는 결코 개인적인 모욕으로 받아들이지 않았다. 나는 거절에 관한 정의를 바꿨기 때문에 거절당할 때마다(가끔은 같은 사람에게 여러 번 거절당하기도 했지만) 방어적이거나 불쾌해하지 않고 개인적인 모욕으로 받아들이지 않을 수 있었다. 대신 실제로 우리 회사를 위한 추진력을 만들어내는 방식으로 대응했다.

내가 말하고자 하는 바는 이것이다. 매장의 구매 담당자가 지금도 앞으로도 안 될 거라는 듯 일말의 격려도 없이 '노'라고 말한다 해도 나는 그들에게 감사 인사를 건넨 후 다음 날 이메일을 보냈다. 언젠가 우리 제품이 그 매장에 '놓일' 때 그들의 고객에게 엄청난 가치를 가져다줄 거라는 흥분에 들뜬 메시지였다. 나는 눈곱만큼의 분노도 없이 언젠가는 '예스'라는 답을 들을 거라는 확신을 전하면서 머릿속으로는 그날이 반드시 온다고 믿기로 했다. 그리고 그들이 다시 나를 거부했을 때, 나는 매번 똑같은 행동을 반복했다. 우리가 흥미로운 언론 보도를 받거나 신제품 출시를 앞두고 있으면 나는 그들에게 또다시 열렬한 이메일을 보냈다. 언젠가 대답이 '예스'가 될 날이 오면 우리가 그들의 매장과 고객들에게 엄청난 가치를 가져다줄 거라고 말이다. 그중 일부는 내가 이상하다고 생각했을지 모르지만 내가 하는 일은 그들이 완전히 깨닫지 못하는 사이에 추진력의 씨앗을 만들어냈다. 때로는 그들이 나를 계속 거절했고, 때로는 몇 년 동안 거절하기도 했다. 하지만 결국 나는 모든 '노'를 '예스'로 바꿀 수 있었다. 그렇다, 모든 거절을 말이다. 나는 잇코스메틱스를 미국 최대의 고급 화장품 회사 중 하나로 성장시킬 수 있었다. 내가 그렇게 할 수 있었던 것은 거절에 대한 두려움을 버리고, 어떤 고통도 거절과 연관 짓지 않도록 자신을 훈련했으며, 어떤 거절도 개인적인 모욕으로 받아들이지 않았기 때문이다. 나는 삶에서 거절에 대한 새로운 정의를 만들었고, 충분히 반복함으로써 결국 진실이라고 믿을 수 있었다.

나는 오늘날까지도 종종 마주하는 거절과 실패에 대해 내가 그것들에 부여한 몇 가지 정의를 되돌아본다. 잠재적 파트너가 거절한 사업 아이디어든, 행사에서 내게 강연해달라고 요청하지 않은 친구든, 한 번도 만난 적 없는 사람이 올린 온라인에서의 가혹한 비판이든 상관없다. 거절이나 실패에 자주 직면할 때마다 이제는 그것이 내가 충분치 않음을 의미한다는 오래된 믿음으로 돌아가지 않는다. 내가 거절에 부여한 의미를 재정의하고 그 정의를 온전히 믿을 수 있는 몇 가지 방법을 소개한다.

1. 거절은 신(또는 우주)의 보호막이다.
2. 나는 거절당하지 않았다. 그들이 내 운명에 예정되지 않았기 때문에 창조주가 그들에게 내 가치를 숨겼다.
3. 거절과 실패는 승리한다! 거절과 실패는 내가 기꺼이 도전하는 용감한 사람이라는 사실을 상기시켜 준다!

무언가가 내 뜻대로 되지 않을 때, '너는 충분치 않아'라는 거절에 대한 나의 예전 반응이 머릿속에 떠오른다. 하지만 이제는 실시간으로 그 생각을 포착하고 그것을 삭제하는 상상을 한다. 아니면 음 소거 버튼을 누르거나 만루 홈런을 치듯 야구 방망이로 그 생각을 쳐서 보이지 않을 때까지 공원 밖으로 날려버리는 상상을 한다. 그런 다음 즉시 그것을 내가 믿기로 선택한 새로운 정의 중 하나로 대체한다. 나는 이 새로운 정의 중 하나를 떠올려 자신에게 더 크게 말하고 이전의 부정적인 생각보다 더 대담하게 상상한다. 그 진실이 내 몸 안으로 들어와 나를 관통하는 모습을 상상하고 그것이 진짜라고 믿는다. 이런 상상을 더 많이 할수록 더 많이 습관이 되고 과거의 거절과 실패, 그것이 어떻게 전개됐는지를 더 많이 돌아볼수록 이러한 정의가 단순히 긍정적인 생각에 그치지 않고, 실제로 진실임을 확신하게 된다.

다음은 내가 이러한 새로운 정의들을 삶에 어떻게 적용했는지 보여주는 몇 가지 사례들이다. 거절과 실패에 대한 새로운 정의와 그것을 삶에 적용하여 변화시키는 방법을 살펴보면서 내가 언제 어떻게 그것들을 적용했는지 그 패턴을 살펴보고 그것들이 당신에게도 공감이 되는지 확인해보자.

거절은 신의 보호막이다

당신과 나는 이 첫 번째, 아주 흔한 시나리오에 공감할 것이다. 당신이 한때 사귀고 사랑했던 누군가를 떠올려보라. 그와의 관계가 바라던 대로 끝나지 않았을 것이다. 시간이 흐른 후 돌아보면, 당신이 그 관계를 계속 유지했더라도 어쨌든 둘 사이가 끝날 것은 분명할 것이다. 아니면 그들이 반복적으로 당신을 너무 상처 입혔을지도 모른다. 당신과 친구들, 가족들은 그들이 당신에게 맞는 사람이 아님을 알고 있었지만 어쨌든 당신은 그 관계가 잘 풀리기를 계속 바랐을 것이다. 그때는 이별이 상처가 되었을지 모르지만 지금은 함께 있지 않아서 얼마나 기쁜가? 그러므로 거절은 보호막이다!

잇코스메틱스를 만드는 여정에서 한 잠재적 투자자가 우리 회사에 대한 투자를 거절한 적이 있었다. 내가 그 이유를 묻자 그는 이렇게 대답했다. "몸매와 체중이 당신 같은 사람한테서는 여자들이 화장품을 사지 않을 것 같아요." 그 말을 듣기 전까지 나는 이 잠재적 투자자가 승낙하기를 간절히 바랐다. 당시 우리 회사는 돈이 거의 바닥난 상태였고, 나는 어떻게 해야 회사가 살아남을지 확신할 수 없었기 때문이다. 나는 그가 나의 구원자가 될 것이라 생각했다. 사실 우리는 거의 파산 직전이었다. 만약 그가 나를 믿고 기회를 주었다면 나는 아주 적은 돈에 회사의 대부분을 팔았을 것이다. 만약 그가 우리와 동업을 맺어 우리가 파산하지 않도록 도와주고, 나를 거부했던 모든 소매점에 입점하는 방법을 알려주었다면 나는 결국 회사의 아주 작은 부분만을 소유했게 됐을지 모른다. 그러니 거절은 신의 보호막이다. 그가 승낙하지 않았기 때문에 우리는 어쨌든 계속 나아갔고 성공할 방법을 알아냈고, 6년 후 회사를 매각했을 때도 나는 여전히 최대 주주였다.

덧붙여 말하자면, 그 투자자가 내게 상처 주는 말을 한 지 6년이 지나서야 그에게서 처음 연락이 왔다. 그날은 우리가 회사를 로레알L'Oréal에 매각한 날이었다. 로레알은 상장회사였기 때문에 12억 달러라는 인수 가격을 공개했는데, 그건 지금까지도 미국 최대 규모의 인수가였다. 그 소식은 전 세계 언론을 떠들썩하게 했기 때문에 한때 잠재적 투자자였던 그도 헤드라인을 본 게 틀림없었다. 그 소식이 알려진 날, 그는 내게 전화해 "로레알과의 계약을 축하합니다. 제가 틀렸습니다"라고 말했다.

영화 〈귀여운 여인〉에서 줄리아 로버츠가 연기한 극 중 주인공이 명품 가게에 들어갔더니 판매원들이 도와주지 않으려 했던 장면을 기억하는가? 투자자가 될 뻔했던 사람이 전화를 걸어 계약을 축하해주는 순간, 나는 줄리아가 연기한 주인공이 이번에는 더 멋진 옷을 입고 다른 명품 상점에서 산 가방을 팔에 걸고서 자기를 무시했던 가게에 돌아와 점원에게 했던 말을 그대로 하고 싶었다. 나는 그에게 이렇게 말하고 싶었다. "크게 실수하셨네요… 엄청… '엄청난' 실수요. 사실, 왜 엄청난 실수인지 그 이유를 12억 개도 댈 수 있어요." 하지만 나는 그렇게 하지 않았다. 그저 고맙다고 전했다. 그리고 삶의 열린 문과 닫힌 문에 대해 하나님께 감사드렸다. 2가지 모두를 진심으로 신뢰하게 되었기 때문이다. 한때 잠재적 투자자였던 사람이 나를 축하해주었을 때 나는 미소를 지으며 거절은 하나님의 보호막이라는 사실을 상기할 수밖에 없었다.

때로는 그 순간에 어느 쪽이 더 적합하게 느껴지는지에 따라 내가 가장 좋아하는 정의를 변형해서 사용하기도 한다. 이 경우, 나는 하나님께서 내게 이렇게 말씀하시는 모습을 상상한다.

'너는 거절당한 게 아니야. 그들이 네 운명에 예정되지 않았기 때문에 내가 그들에게 네 가치를 숨긴 거야.'

> 신이 이렇게 말하는 걸 상상하라. '너는 거절당한 게 아니야. 그들이 네 운명에 예정되지 않았기 때문에 내가 그들에게 네 가치를 숨긴 거야.'

당신이 겪은 가슴 아픈 일을 떠올려보자. 당신을 끼워주지 않거나 당신에게 고마워하지 않던 친구, 어떤 이유에선지 당신을 좋아하지 않았던 사람, 극복할 수 없을 것 같았던 좌절, 간절히 원했지만 얻지 못한 직업, 위험을 무릅쓰고 도전했으나 실패했던 경험, 당신을 배신한 사람, 당신이 경험한 모든 고통스러운 경험을 떠올려보라. 창조주가 지금 당신에게 이렇게 말한다고 상상해보라.

'너는 거절당한 게 아니야. 그들이 네 운명에 예정되지 않았기 때문에 내가 그들에게 네 가치를 숨긴 거야.'

최근에 새 친구가 내 신뢰를 배신했을 때, 그리고 우리의 우정을 나만큼 소중히 여기지 않았을 때, 나는 창조주가 내게 이렇게 말했다고 상상했다. 내가 이 특별한 배신에 이런 의미를 부여하고 그렇게 믿자 그 배신을 빠르게 처리하고 내 자존감을 침해당하지 않게 하는 데 도움이 되었다. 이렇게 하는 법을 배우는 것은 변화를 불러온다. 이제 이것은 내 인생을 바꾸고 자유롭게 느끼도록 도와준 내가 가장 좋아하는 정의가 되었다.

거절은 당신이 용감한 사람 중 한 명이라는 사실을 상기시켜 준다!

내 삶의 많은 시간을 나는 내 영웅들을 검색해 그들이 인생 여정에서 겪은 끝없는 거절과 실패에 관해 읽으면서 이불 속에서 울었다. 내가 내린 결론은 꿈을 좇든, 재능과 재주를 세상과 나누든, 사업을 일으키든, 사상적 지도자가 되든, 어떤 종류든 긍정적인 방식으로 인류를 전진시킬 만큼 용감했던 사람들은 누구나 무수한 거절과 실패를 경험했다. 그들 모두가 말이다. 그럼에도 불구하고 그들은 계속 앞으로 나아가려는 용감한 사람들이다.

나는 이 진리를 믿기로 결심했다. 거절과 실패를 겪을 때마다 그것은 내가 기꺼이 도전하려는 용감한 사람 중 한 명이라는 사실을 짜릿하게 상기시켜 준다! 나는 도전하기를 두려워하면서 그저 삶의 한구석에 앉아 도전하는 사람들을 비난하고 있는 대다수의 사람 중 한 명이 아니다. 나는 용감한 사람 중 한 명이다! 그리고 어떤 일에서 거절당하거나 실패할 때마다 기쁨을 느끼도록 자신을 훈련했다. 그리고 이것을 진심으로 영감을 주고 영혼을 충만하게 하는 감사함으로 느끼도록 자신을 훈련했다. 승리는 결과가 아니라 과감히 모험하는 용감한 사람 중 한 명이 되는 데 있다고 자신을 설득했다. 그리고 모든 실패는 이러한 승리를 상기시키는 것일 뿐이라고 설득했다.

말도 안 되는 소리처럼 들릴 수 있지만 이제 나는 이 말을 진심으로 믿는다. 이 말이 사실이라는 것도 안다. 나에게, 그리고 여러분에게도 사실이다. 용감하고 기꺼이 도전하는 사람이 되기를 응원한다!

나는 종종 우리 아이들이 이해할 수 있는 언어로 이 교훈을 알려준다. 나는 아이들에게 이렇게 말한다. "가장 많이 성공하는 사람은 가장 많이 실패하는 사람일 때가 많아. 그들이 가장 많이 시도하는 사람이기 때문이야."

거절과 실패에 부여할 수 있는 새로운 의미는 무수히 많다. 중요한 건 그 의미들이 당신에게 진실로 느껴져야 한다는 것이다. 몇 가지 더 살펴보자.

- ◆ 거절은 방향을 바꾸는 것이다. 거절은 곧 다가올 더 나은 방식을 나에게 가리키고 있는 것뿐이다.
- ◆ 이번 거절이나 실패에 감사하라. 그건 나를 위해 일어나는 일이라고 믿기 때문이다.
- ◆ 이번 거절이나 실패에 감사하라. 그것은 미래에 성공할 때 그 무게를 짊어질 힘과 회복력, 근육을 키우도록 나를 돕고 있음을 알기 때문이다.

마음속에 비전을 품고 있다고 해서 모두가 그것을 얻는 것은 아니다. 전문가들도, 당신이 존경하는 사람들도 마찬가지다. 특히 친구나 가족들조차 마음속 비전을 얻지 못할 수 있다. 신이 그들에게 비전을 주신 것이 아니라 당신에게 주셨기 때문이다. 그러니 오해받거나 과소평가 받더라도, 혹은 사람들이 당신의 꿈이나 비전에 대해 당신만큼 흥분하지 않더라도 놀라지 마라. 그 비전은 그들의 것이 아니라 당신의 것이다. 당신은 그 비전을 관리하는 사람이다. 당신은 당신의 잠재력을 관리하는 사람이고, 당신의 희망과 꿈을 관리하는 사람이다. 다른 사람이 당신의 비전을 인정하지 않거나, 높이 평가하지 않거나, 믿지 않거나 그것이 성공할 것이라고 생각하지 않는다고 해서 그것을 개인적인 모욕이나 그 가치에 관한 암시로 여기지 마라. 당신이 아는 것을 아는 사람은 당신뿐이다. 당신이 보는 것을 보는 사람은 당신뿐이다. 당신이 느끼는 것을 느끼는 사람은 당신뿐이다. 오직 당신만이 신성한 명령을 받았고, 당신은 이제 그 명령으로 무엇을 해야 할지 결정하는 관리자다. 그 명령을 얼마나 강력하게 믿어야 할지, 그 명령을 위해 얼마나 기꺼이 싸울지, 쓰러질 때마다 얼마나 끈질기게 다시 일어날지를 관리하는 관리자다. 당신이 관리자이며, 당신이 주인이다. 모든 것이 당신 안에 있고, 모든 것이 당신에게 달려 있다.

재검토하고 재구성하라

거절과 실패에 대한 새로운 정의를 오늘날에도 여전히 의미 있게 느껴지는 과거의 경험에 적용해볼 수 있다. 이렇게 함으로써 나는 과거의 상황과 화해할 수 있었고, 남아 있는 고통과 분노를 내려놓을 수 있었다. 그리고 내 출신과 경험이 내게 힘을 주는지 아니면 힘을 빼앗는지를 깨닫는 데 도움이 되었다. 오늘날까지도 과거의 경험이 공정하지 않거나 이치에 맞지 않게 느껴질 수 있다. 더구나 그것들이 나 자신에게나 다른 누군가에게도 다시 일어나지 않기를 바라는 일이라면 말이다. 이제 나는 내가 겪은 모든 일들이 나를 '위한' 것이었고 내게 교훈을 주었다고 생각한다. 또한 나를 고통스러운 경험에 노출시켰으나 결국 헤쳐나갔으므로 이제는 사람들이 헤쳐나가도록 도울 수 있다. 이것은 과거에 일어났던 일들을 부정하는 것이 아니라 그것들을 평화와 힘으로 바꿀 수 있도록 의미를 부여하는 일이다.

> 가장 많이 성공하는 사람은 가장 많이 실패하는 사람일 때가 많다. 그들이 가장 많이 시도하는 사람이기 때문이다.

나는 태어난 날 입양되었고, 나를 키워주신 부모님은 매일 긴 시간 동안 일했기에 학교가 끝난 후에도 오랫동안 나는 혼자인 채로 방치되었다. 내가 성인이 된 후에도 버림받았다는 믿음 때문에 힘들었던 시기가 있었다. 몇 년 동안 이런 믿음은 내 삶에 매우 해로운 방식으로 드러났다. 나는 누군가를 버리고 싶지 않았기 때문에 남자 친구나 친구들과 해로운 관계를 유지하면서 사람들이 나를 학대하도록 내버려두었다. 나중에 상사로서 나의 가장 큰 약점은 사람들을 버리고 싶지 않았기 때문에 그들을 해고할 만한 이유가 있을 때도 제때 해고하지 않는 것이었다. 하지만 버림받고 거절당했다는 나 자신의 얘기를 바꾸기로 결심했을 때, 그것은 내 정체성에 대한 인식을 바꾸고 자존감을 강화했다. 그리하여 삶의 모든 영역에서 더 명확하고 현명한 결정을 내리게 되었다.

나는 거절당했다고 믿기보다 선택받았다고 믿기로 했다. 신의 의도로 말이다! 나는 생모에게 선택받아 살아남았다. 이 얼마나 큰 선물인가! 나는 생모가 나를 임신한 후 숨어 있다가 세상에 나를 내놓기로 선택했다는 사실에 엄청난 감사함을 느낀다. 그러지 않는 길을 선택했다면 생모의 삶은 훨씬 더 수월했을 것이다. 하지만 그는 나를 낳는 쪽을 선택했다. 생모는 나를 선택했다. 나는 양부모님에게 키워지도록 선택받았다. 나를 입양하고 키워주신 부모님이 나를 그들의 아기로 선택하게 하신 하나님의 조율을 내면 깊은 곳에서 느낀다. 그리고 신이 의도를 가지고 나를 이 세상에 데려오기로 선택했다는 사실에 엄청난 경외심을 느낀다. 나의 생모와 생부는 단 한 번 만났을 뿐이다. 그리고 다시는 만나지 않았다. 그리고 그 단 한 번의 순간에 나는 창조되었다. 하지만 나는 내가 우연히 태어났다고 생각하지 않는다. 그리고 당신이 어떻게 생겨났든 당신도 우연히 태어났다고 생각하지 않는다.

내 얘기를 바꾸기로 결심했을 때 나는 내 인생을 바꿨다. 이제 나는 그냥 믿는 것만이 아니라 내가 선택받았다는 것을 안다. 그리고 이 믿음과 앎은 내 인간관계가 번창하는 데 도움이 되었다. 나의 우정, 결혼, 직업적 관계, 가족들과의 관계가 모두 번창했다. 나는 피해자victim가 아니라 승리자victor다. 신은 목적을 지니고 의도적으로 나를 선택하셨다. 나의 여정은 나를 위해 일어났다. 나는 살아가도록 선택받았고, 선택받기 위해 선택된 존재다.

연구에 따르면, 사람들은 힘들고 고통스러운 경험을 되돌아보면서 거기서 얻는 의미 또는 긍정적인 점을 찾으려 할 때 더 행복해지고 더 나은 결정을 내리며 더 좋은 조언을 하고 문제를 더 효과적으로 해결한다. 내가 상황에 부여하는 의미를 바꾸는 이 방법을 실천하기 시작했을 때 나의 모든 것이 바뀌었다. 이것은 유리잔에 물이 반이나 차 있다고 단순히 긍정적으로 생각하는 것이 아니다. 정말로 유리잔에 물이 반이나 차 있다고 믿는 것이다. 왜냐하면, 우리는 우리가 믿는 대로 되기 때문이다.

☑ **주목할 점:** 이제 이 도구들을 적용해보자. 종이에 적거나, 일기를 쓰거나, WorthyBook.com/Resources에서 무료로 '거절 재구성 워크시트_{Rejection Reframing Worthy Worksheet}'를 다운로드해서 다음 질문들을 더 깊이 파고들어 보자.

당신이 지금까지 알고 있고 대체하고 싶은 거절과 실패에 대한 기본 정의는 무엇인가?

당신에게 의도적으로 믿고자 하는 거절과 실패에 대한 정의는 무엇인가? 가능한 한 많은 시간을 들여 이 개념을 고려하고 새로운 정의를 적어보자.

과거에 당신에게 일어났던 거절 중 오늘 자신에게 다른 얘기로 재구성하기 위해 다시 써야 하는 사건은 무엇인가? 그리고 과거의 경험을 떠올릴 때마다 이 새로운 진짜 얘기를 기억하는 데 전념하자.

또한 가장 흥미로운 질문은 이것이다. 이 새로운 정의가 당신의 삶에 어떤 영향을 미칠 것으로 예상하는가?

즐겨라

일단 당신에게 힘을 주는 거절과 실패에 대한 새로운 정의를 찾으면 그것들이 덜 두려워진다. 그러면 당신 안의 용기를 더 많이 활용하기 시작한다. 그리고 새로운 정의를 삶에 적용하는 연습을 거듭할수록 기회를 스스로 망치거나 포기하는 일이 줄어들고 자기 아이디어와 욕구, 희망, 꿈을 더 자신 있게 추구하게 될 것이다. 그러니 이걸 오늘 당장 시작하라!

사실 오늘이 바로 포기하려던 일을 계속하기로 결심할 날인지도 모른다. 오늘이 책의 첫 페이지를 쓰기로 결심하는 날일 수 있다. 당신 사업의 도메인을 등록하기로 결심하는 날일 수 있다. 데이트 앱을 다시 사용하기로 결심하는 날일 수 있다. 친구 이상의 관계가 되고 싶은 사람에게 고백하기로 결심하는 날일 수 있다. 팟캐스트를 시작하기로 결심하는 날일 수 있다. 누군가를 용서하거나 용서를 구하기로 결심하는 날일 수 있다. 당신에게 그런 식으로 말하지 말라고 그 사람에게 터놓고 말하기로 결심하는 날일 수 있다. 민낯의 셀카를 소셜 미디어에 올리기로 결심하는 날일 수 있다. 단지 집 안에서든, 배우자 앞이든, 아니면 혼자 거울 앞에서든 자랑스럽게 수영복을 입기로 결심하는 날일 수 있다. 어쩌면 오늘이 승진이나 연봉 인상 또는 회사나 교회 혹은 자원봉사 단체의 리더 자리를 요청하는 이메일을 보낼 날일지 모른다. 붓을 다시 들어 당신의 그림을 사람들과 공유할 날일지 모른다. 다음 가족 모임에서 당신의 진정한 모습을 드러내기로 결심하는 날일 수 있다. 비난받을 수도 있지만 적어도 자유로워질 것을 알기 때문이다.

아이디어: 거절의 파트너가 되자. 누가 가장 많은 것을 이룰 수 있는지 보자. 우리가 얼마나 많은 성공을 거둘지, 그리고 그렇게 할 때 우리 삶이 얼마나 멋질지 상상할 수 있는가? 당신은 있는 그대로 가치 있고 소중하며, 거절과 실패, 심지어 승리와 성공의 숫자도 그 사실을 바꾸지는 않는다. 거절과 실패와의 관계를 바꾸는 것은 자

신에 대한 강한 정체성과 믿음을 회복하는 가장 훌륭한 방법이다. 또래 집단이나 가족 중에 처음으로 이렇게 한다 해도 오늘 당신의 삶에서 거절과 실패에 대한 강력한 의미를 부여하겠다고 결심하라. 그렇게 한다면 당신의 삶은 영원히 더 나은 방향으로 바뀔 것이다.

CHAPTER

3   당신은 미친 게 아니라
      처음일 뿐이다

세상이 당신에게 당신이 누구인지 물을 것이고,
당신이 모른다면 세상이 당신에게 알려줄 것이다.
— 칼 융 Carl Jung

"엄마, 아빠, 제게 이 제품에 대한 아이디어가 있어요. 이건 반려돌이에요. 이 돌을 팔면 수백만 달러를 벌 수 있을 거예요." 너무 어려서 기억하지 못하는 사람들을 위해 말하자면, 펫 록 Pet Rock 은 1975년에 출시되어 엄청난 인기를 끌었던 반려돌이다. 펫 록을 만든 게리 달 Gary Dahl 은 그야말로 백만장자가 되었다. 하지만 그가 이 아이디어를 생각해냈을 때 어떤 대화를 나누었을지 상상할 수 있겠는가? 그가 당한 의심과 비웃음을 상상할 수 있겠는가?

아니면 수백 번의 실패 끝에 다시 기계를 공중으로 쏘아 올리려는 라이트 형제를 보려고 구경꾼들이 해변에 모여 있는 순간은 어떤가? 그들이 어떻게 불렸을지, 그들의 천재성이 얼마나 오해받았을지 상상할 수 있겠는가? 아니면 셰이크 웨이트Shake Weight●를 발명한 사람을 상상할 수 있겠는가? 아시다시피 그 제품의 광고에서는 어떤 남자가 덤벨처럼 생긴 기구를 복부 앞에서 빠르게 앞뒤로 흔들며 운동한다. 참고로 그 광고를 처음 봤을 때 우리 할머니의 얼굴을 봤어야 한다. 왜냐하면 그것은 기구를 흔드는 것 이외에 다른 의미로 보일 수 있었기 때문이다. 그 발명품이 그렇게 엄청난… 절정의 성공을 거둘 줄 누가 알았겠는가? 이 혁신적인 사람들은 아마도 그 과정의 어느 시점에는 모두 미쳤다는 말을 들었겠지만 그들은 그저 처음일 뿐이었다. 당신도 마찬가지다.

고백하자면, 나는 거의 평생 미쳤다는 소리를 들었다. 대부분은 나를 사랑했던 사람들이 달리 뭐라 말할지 몰랐기 때문에 사랑의 표현으로 사용했던 말이었다. 나는 남들과 다르게 생각하는 사람이었다. 세상의 문제에 도전하거나 해결할 크고 터무니없는 아이디어를 항상 갖고 있는 사람이었다. 먼 곳으로 가는 것을 꿈꾸고 그 꿈을 실현하기 위해 충분히 노력하려는 사람이었다. 사람들과 어울리려고 필사적으로 노력할 때조차 내가 어울린다고 느껴본 적 없는 사람이었다. 내 출신이 내가 어디로 갈지를 좌우할 필요가 없다고 믿는 사람이었다. 그리고 가족들에게 "우리 같은 사람들이 저런 성공을 거두지 못할 이유가 뭐야?"라고 질문하며 도전했던 사람이었다. 내 스물한 살 생일 파티에서 술을 마시지 않는 유일한 사람이라

● 변형된 덤벨로서 진동 기능이 있어 운동 효과를 높이는 것으로 알려짐.

는 이유로 놀림을 받던 사람이었다. 대물림된 중독의 악순환을 반복하는 것이 죽을 만큼 두려워서였다.

수년 동안 미쳤다는 말을 들으며 살아온 탓에 나는 정말 미친 게 아닌지 의심할 수밖에 없었다. 소속감을 느끼려고 필사적으로 노력하기 시작했고, 덜 외롭고 더 충분하다고 느끼기 위해 할 수 있는 모든 걸 했다. 주변 사람들이 편안하게 느낄 수 있도록 내 빛을 어둡게 하는 법을 터득했다. 하지만 공허하고 더 외로운 기분만 남았다. 그러다 20대가 되자 정반대의 극단으로 치달아 수십 년간 세상의 인정과 축하를 사랑과 혼동하며 기대 이상의 성과를 올렸다. 하지만 기대 이상의 성과도 빛을 어둡게 줄이는 것도 내면에서 내가 충분치 않다고 느끼는 공허함을 채워주진 못했다.

사람들이 나를 미친 사람이라고 부를 때, 나는 내가 오해받고 있을 뿐이라고 자신에게 말했다. 하지만 속으로는 그들 말이 옳은 건지 궁금했다. 20대에 나는 세상이 내게 시키는 모든 규칙을 따르느라 준비도 되기 전에 결혼할 계획을 세웠다. 그러다 공황 발작을 일으켰고 우울증에 빠졌다. 입양된 가정에서 부모님이 이혼하시면서 내게는 총 다섯 가족이 있었는데, 그 가족 중 누구도 내가 아는 한 정신과 치료를 받거나 정신 건강에 관해 말해본 적조차 없었다. 내가 자란 환경에서 해결책은 어려운 문제에 관해 말하는 것을 피하거나, 그 문제가 사라질 때까지 마음속 깊이 묻어두거나, 아니면 그런 문제가 존재한다는 사실 자체를 아예 무시해 버리는 것이었다. 나는 우리 가족과 또래 집단에서 처음으로 정신과 치료를 받은 사람이었다. 직장에서 받은 건강보험과 저축한 돈으로 어떻게 하면

치료를 받을 수 있을지 알아냈다. 너무 고통스러워서 치료받지 않을 수가 없었다.

정신과 의사와의 첫 상담은 내 삶의 경로를 완전히 바꿔놓았다. 의사에게 내가 얼마나 남들과 다르게 느끼고, 소속되지 못한다고 느꼈는지 모든 것을 설명했다. 그런 다음 내게는 크고 대담한 꿈과 터무니없는 생각이 있고, 그동안의 내 모습보다 더 높은 잠재력을 지닌 것 같다고 말했다. 나는 소속감을 느끼기 위해 해야만 하는 일과 내가 진짜로 하고 싶은 일들이 너무 달라 괴리감을 느낀다고 말했다. 그래서 내 꿈을 향한 야망과 성격에 대한 빛마저 희미하게 만들고 있다고도 덧붙였다. 왜냐하면 나에게 뭔가 결함이 있는 것처럼 느꼈기 때문이다. 이제 사랑하는 사람과 결혼하기로 되어 있었지만 두려웠다. 우리 가족 중 많은 이들이 결혼에 실패하는 걸 봐왔는데 어떻게 결혼이 나에게 옳은 일이라는 확신을 가질 수 있을까?

의사가 내게 공황발작과 우울증이라고 진단한 후, 나는 의사에게 단도직입적으로 물었다. "살면서 내내 내가 미쳤다, 다르다, 지나치게 야망이 많다, 이상하다, 별종이라는 말을 들었어요. 내가 진짜 미쳤나요?"

의사 선생님은 대답했다. "아니요, 당신은 미치지 않았어요. 하지만 당신이 여기 오셔서 정말 기뻐요." 선생님은 동료 집단과 가족, 공동체에서 처음으로 기존 상황에 도전하는 사람이 되면 매우 고립감을 느낄 수 있다고 이어 설명했다. 우리가 다르게 느끼는 '처음' 또는 유일한 사람이 되면 다른 사람에게 소외감을 느낄 수 있다. 우리가 남들과 어울리기 위해 자신의 진정한 모습을 바꾸지 않고 있는 그대로 드러내면 우리의 그런 모습이 컴포트존에 사는 사람들에게는 걱정스러울 수 있다. 그곳에서는 남들과 어울리는 것이 다른 사람들에게 받아들여지는 지름길이기 때문이다. 조건화된 신념 체계의 틀을 처음 깨는 사람은 외로움과 스트레스, 트라우마를 느낄 수 있다. 그는 또 우리가 남들과 어울리기 위해 진정한 자신과 일치하지 않는 삶을 살 때 사실은 분열된 삶을 사는 것이라 설명했다. 그리고 이러한 분열은 정신적·신체적 건강을 크게 해치기도 한다고 했다.

선생님의 모든 설명이 딱 들어맞았다. 그러다 문득 순식간에 달아올라서 터져버리는 전구처럼 이런 생각이 들었다. '나는 미친 게 아니라 처음일 뿐이야.'

내 영혼에서 '아하' 하는 깨달음을 느꼈고, 그 진실이 나를 자유롭게 해주었다. 태어나서 처음으로 어깨를 짓누르던 자기비판의 부담을 내려놓은 것 같았다. 나는 틀린 게 아니라 처음일 뿐이다. 나는 나쁜 게 아니라 처음일 뿐이다. 나는 망가진 게 아니라 처음일 뿐이다. 나는 실수가 아니라 처음일 뿐이다. 나는 경로를 벗어난 게 아니라 처음일 뿐이다.

나는 처음의 나다. 또한 당신은 처음의 당신이다. 그리고 우리가 용감하게 진정한 본질대로 살아간다면 우리는 처음이 된다.

당신이 진정하게 삶을 살아간다면 당신이 자동으로 처음이 되는 사람이다. 온 우주에 당신과 같은 사람은 단 한 명뿐이니까. 그래서 당신이 정말로 처음이 맞는지 궁금하다면 당신은 처음인 사람이다. 적어도 당신은 세상에 하나뿐인 자아에 충실한 매일을 살고 있다.

이 우주 전체에 당신은 단 한 명뿐이다. 당신의 생각과 삶의 경험, 당신의 DNA와 지문, 당신만의 독특한 심장 박동(그렇다, 우리는 모두 고유한 심장 박동을 지니고 있다), 심지어 당신의 독특한 혀 지문(그렇다, 우리는 각각 고유한 혀 지문도 갖고 있다!)까지도! 당신이 남은 평생 선택하는 모든 생각과 결정, 행동은 처음인 존재에게서 비롯된 것이다.

당신이 처음 당신으로서 온전히 진실하게 살아갈 때, 종종 이상한 사람으로 오해받고 있다는 느낌 혹은 어색하거나 외롭거나 충분하지 않다고 느끼는 것처럼 혼란스러울 수 있다. 그리고 우리가 이런 느낌을 받을 때 가장 큰 유혹은 자신을 숨기고 바꿔서라도 남들과 어울리고 맞춰 살아가는 것이다. 사실 이것은 대부분의 사람이 평생 사용하는 전략이다. 그들은 자신이 처음일 뿐이라는 사실을 깨닫지 못하기 때문에 자신이 부족하다고 생각하고 사랑받기 위해 자기 모습을 바꾸거나 다른 버전의 자신을 보여야 한다고 생각한다. 하지만 **처음이라는 건 당신이 틀린 게 아니라 옳다는 것이다!**

사람들이 미쳤다고 말하는 당신의 성격이나 특성, 그건 정말 미친 게 아니라 그저 '처음'이기 때문은 아닐까? 그건 바로 당신만의 고유함에서 비롯된 것이다.

진정한 당신이 되기 위해서는 용기가 필요하며 그것은 진정한 자유로 가는 유일한 길이기도 하다. 진정한 당신이 되기 위해서는 위험을 감수해야 하며 그래야만 진정한 삶의 목적을 경험할 수 있다. 진정한 당신이 되기 위해서는 상처받기 쉬워야 하며 그래야만 진정한 사랑을 경험할 수 있다.

세상에 당신의 모습을 '온전히' 드러내는 것은 자유로움 그 자체다.

용기 있게 처음이 되고, 자신의 타고난 처음의 모습을 용감하게 받아들이는 사람은 가족의 삶을 영원히 바꿀 수 있는 사람이다. 그들은 사람들의 비위를 맞추는 것을 멈추고 실제로 느끼는 대로 말하는 사람이다. 그들은 자신의 독특함에 관한 의심을 멈추고 진정한 자신을 받아들이기로 결심하는 법을 깨달은 사람이다. 그들은 가족들이 자녀에게 보여주는 것과 다른 본보기를 보일 수 있는 사람이다. 그들은 불의에 도전하고 진실을 해방할 수 있는 사람이다. 그들은 "나는 나 자신과 가족, 세상을 위해 더 많은 것을 원한다"라고 말하고 그것이 가능하다고 과감히 믿는 사람이다. 그들은 중독과 대물림되는 악순환을 끊는 사람이다. 그들은 "이건 내 영혼으로는 이해가 안 돼. 나는 그 신념 체계에 도전할 거야"라고 말하는 사람이다. 그들은 먼저 자신을 치유함으로써 다른 사람을 치유하도록 돕는 사람이다. 그들은 어떤 비판을 받더라도 용기 있게 자기 생각과 제안을 공유하는 사람이다. 그들은 다음 세대를 위해 가족의 상황을 바꾸는 사람이다. 그들은 산업을 바꾸고, 세상을 바꾸는 사람이다. 이 진실을 깨닫자, 나는 내가 누구인지 생각할 때 느꼈던 감정에 스스로 부여했던 의미를 바꿀 수 있었다. 그것은 내 정체성을 다시 확립하는 데 도움이 되었다. 내 정체성은 힘을 잃은 정체성에서 대담해진 정체성으로 바뀌었다. 내가 누구인지 부끄러워하던 정체성에서 온전한 나로서 해방감을 느끼는 정체성으로 바뀌었다.

> 당신이 틀렸다고 생각했던 것이 사실은 당신이 옳았던 대단한 일 중 하나라면 어떨까?

진실해져라, 그게 혼자가 되는 길일지라도

어쩌면 당신은 가족이나 또래 집단 중에서 처음으로 큰 꿈을 꾸고, 다르게 투표하거나 사랑하고, 과감하게 위험을 감수하고, 대물림된 악습을 깨뜨린 사람일 수 있다. 어쩌면 당신은 지금껏 배웠던 것과 다른 삶이나 신념 체계를 원한 최초의 사람일 수도 있다. 당신이 처음일 때는 뭔가 자신에게 문제가 있다고 느끼기 쉽다. 아니면 당신이 결함을 갖고 태어난 존재처럼 느껴질 수도 있다. 그래서 많은 사람이 남들 앞에 나서거나 직장에서, 심지어 인간관계에서도 자신의 빛을 어둡게 하고 드러나지 않게 숨으려 하다 점차 습관이 되어버린다. 당신의 모습 전부가 아닌 일부로만 삶을 살아간다. 우리는 소속되기를 갈망하면서도 혼자가 되는 것을 두려워한다. 하지만 정작 깨닫지 못하는 사실은 **진짜 나로 서 있는 외로움은 진짜 나를 모르는 사람들과 함께 있을 때 느끼는 외로움보다 훨씬 덜하다는 것이다.**

충분하다고 느끼기 위해 필사적으로 노력한다고 느낀 적이 몇 번이나 되는가? 다른 사람들의 인정을 받기 위해 그들이 당신에게 원한다고 생각하는 모습을 보여주려던 적은 몇 번인가? 성공하기 위해 '대리인'으로서 당신을 보여줘야 된다고 믿으며, 진짜 나 대신 그런 모습으로 살아온 적은 몇 번인가? 이렇게 산다면 분열된 상태에서 사는 것이다. 당신의 진정한 자아로부터 분리되는 것이다. 이는 당신의 즐거움뿐만 아니라 신체 및 정서 건강에도 악영향을 미치고, 심지어 개인적·직업적 관계에서 사람들과의 유대 관계에도 악영향을 미칠 수 있다.

한 연구에 따르면, 전체 응답자의 40퍼센트가 자신의 솔직한 의견을 말하는 것이 소중한 사람들과 멀어지게 할까 봐 자기 말을 스스로 검열한다고 답했다. 하지만 솔직한 의견을 표현하는 것은 오히려 관계를 깊게 한다. UC 버클리의 심리학과 학과장인 심리학자 세리나 첸Serena Chen은 진정성을 다음과 같이 정의한다. "진정성은 사람들이 진정한 자신이 될 수 있다고 느낄 때 드러난다. 진실한 사람은 자기 본연의 모습에 만족한다. … 그들은 상처받기 쉽지만 바보처럼 보이거나 실수를 인정하는 것을 두려워하지 않는다." 첸은 진정성이 삶의 만족도 및 행복과 밀접한 관련이 있다고 덧붙인다. 더불어 진정성이 있을 때 우리는 사람들을 소외시키지 않는다. 오히려 유대감과 친밀감을 형성하는 데 도움이 된다.

우리는 사람들과 우리 자신에게 자신의 모습을 숨길 필요가 없다.

만약 당신도 나처럼 인생의 대부분을 자신의 일부만 드러내며 살아왔거나 상황에 따라 사람들이 원하는 방식으로 자신을 드러냈다면, 당신도 나처럼 그것들을 잊어버리기 위해 많이 노력해야 할 것이다. 우리를 숨게 만드는 매력적인 거짓말들이 너무나 많고, 또 숨는 것을 정당하다고 느끼게 만드는 그럴듯한 진실도 너무나 많다. 그리고 안타깝게도 숨는 행위가 우리 삶에 끼치는 해악도 너무나 많다.

우리는 흔히 우리를 다른 사람들과 다르게 만드는 것들은 우리가 고치거나 숨겨야 할 것이라고 배우며 자란다. 하지만 내가 수많은 경험을 통해 배운 진짜 교훈은 당신을 진짜답게 만들고 다르게 보이게 하는 바로 그 점들이야말로 오히려 가장 적극적으로 받아들이고 확장해야 할 부분이라는 것이다. 나는 이것이 우리 대부분이 배워온 것과 상반되게 느껴진다는 걸 알고 있다.

우리가 거짓을 벗겨내고 진실을 올바르게 인식하는 방향으로 용감하게 나아갈 때, 또한 솔직하지 못하고, 단절되고, 무감각하고, 남들의 비위를 맞추고, 우리의 진정한 모습과 일치하지 않는 방식으로 삶을 사는 것이 미치는 영향을 성찰하기 시작할 때, 우리는 눈에 띄지 않는 곳에서 띄는 곳으로 가는 여정을 시작하게 된다. 보이지 않는 곳에서 보이는 곳으로. 단절된 곳에서 연결된 곳으로. 자신을 의심하는 것에서 자신을 믿는 것으로. 사랑을 갈망하는 것에서 우리는 이미… 사랑 그 자체라는 사실을 깨닫는 것까지.

나의 절친한 친구이자 사업가이며 베스트셀러 작가인 에드 마일렛Ed Mylett은 사업과 판매에 관한 놀라운 비유를 들려주었다. 이 비유는 당신이 영업 분야에 종사하지 않더라도 삶에 적용할 수 있다. 그는 "사람들은 당신이 실제로 파는 것을 믿을 필요가 없다. 당신이 팔고 있는 것을 당신이 믿는다고 믿기만 하면 된다"라고 말한다. 당신의 가치도 똑같은 방식으로 작용한다. 내가 하려는 말은 이것이다. 사람들은 당신을 이해하거나 믿지 않아도 당신과 유대감을 형성할 수 있다. 그들은 단지 '당신이 자기 자신을 이해하고 믿는다'고 믿기만 하면 된다. 당신이 본모습과 다른 모습을 드러내고 있음을 내면 깊은 곳에서 알고 있다면, 그 사실은 결국 자신을 믿지 않는다는 에너지를 발산할 것이다. 왜냐하면 당신은 진정한 당신이 아니기 때문이다. 이는 당신이 사람들과 진정한 유대감을 느낄 수 없다는 뜻이다. 왜냐하면 당신이 진짜 당신이 아니라는 사실을 알고 있다면 그들도 그렇게 느끼기 때문이다. 다시 말해 진정한 인간관계를 맺으려면 당신은 당신이 되어야 하고, 당신이 진정한 당신이라는 사실을 알아야 한다. 당신은 진정한 당신이 될 자격이 있다고 느껴야 한다. 그렇지 않으면 아무리 멋지고 완벽하고 순응적인 모습을 보이더라도 당신은 언제나 단절된 기분일 것이고 그들도 마찬가지일 것이다.

    소셜 미디어에서 흔히 볼 수 있는 극단적인 경우도 있다. 사람들이 믿기지 않는 방식으로 충격적이거나 취약한 모습을 드러내는 것이다. 소셜 미디어는 여전히 진정한 당신의 모습을 감추는 한 형태지만 그 이면에는 개인적인 얘기를 너무 많이 하고 '모든 것을 드러내는' 혼란스러운 페르소나•가 있다. 유대감과 사랑을 받으려고 진정한 당신의 모습을 드러내고 온전히 보여주는 것은, 관심을 사랑

● 타인에게 비치는 외적 성격.

과 혼동하여 관심을 끌기 위해 뭔가를 드러내려 애쓰는 것과는 전혀 다르다. 진정한 유대감을 바라며 진정한 모습을 드러내는 것은 인정받고 싶어서 혹은 중요한 존재로 느끼고 싶어서 관심을 끌려는 술책과는 본질적으로 다르다. 사람들은 숨겨진 당신의 의도를 알아차리기 때문에 결코 속일 수가 없다. 어쩌면 단기적으로 속일 수 있겠지만 절대 오래는 가지 못한다.

관계, 비즈니스, 인생에서 진정성만으로는 성공이 자동으로 보장되지 않지만 진정성이 없으면 실패가 보장된다.

당신이 삶에서 진정한 자기 모습을 드러낼 때, 당신이 처음이라는 사실을 기억하는 것은 훌륭한 도구가 될 수 있다. 그것은 거절의 또 다른 훌륭한 정의가 될 수 있다. 내가 첫 번째 회사를 설립하면서 수많은 화장품 소매업자가 진짜 여성의 사진이 붙은 화장품을 사는 사람은 아무도 없을 거라고 말했을 때, 모든 거절을 마음속에서 재구성했던 한 가지 방식은 이것이었다. '이 거절은 내가 절대 해낼 수 없을 거라는 뜻이야'라는 말 대신 '내 아이디어는 나쁘지 않아, 나는 그냥 처음일 뿐이야'라고 스스로에게 말했다. 수년간의 거절 끝에 마침내 한 번의 큰 기회를 잡았을 때, 몸값이 비싼 컨설턴트들은 나만의 독특한 비전으로 모험하지 말고 성공한 화장품 브랜드들이 하는 대로 하라고 말했다. 나는 내가 처음이기 때문에 그들이 위험하게 느꼈을 뿐이라고 자신에게 되뇌었다.

나는 결국 QVC에서 1,000번 이상 라이브 쇼를 진행했는데, 그 8년간의 여정 동안 수천 개의 브랜드와 출연자들 가운데 첫 방송

이후 다시 초대받을 만큼의 판매 실적을 달성한 사람은 극소수라는 것을 알게 되었다. 그걸 해낸 극소수의 사람들이 공통으로 가지고 있는 것은 무엇이었을까? 그들이 가장 좋은 제품을 가져서도 아니었고, 가장 사랑받고 잘 알려지고 자금이 넉넉한 브랜드를 갖고 있어서도 아니었다. 그들이 가장 좋은 거래 조건이나 할인을 제공하고 있어서도 아니었다. 몇 년 동안 성공을 거둔 극소수의 사람들이 가진 유일한 공통점은 그들이 카메라 앞에서도 진정성이 있었고, 아무도 지켜보지 않는 무대 뒤에서도 TV에서 생방송으로 판매할 때와 같았다는 점이었다. 이것은 그들이 어떤 성격을 지녔는지, 심지어 얼마나 호감 가는 사람인지와 상관없이 일관되게 나타났다. 진정성을 가짜로 속일 수는 없다. 진정성은 직접 만나든, 화면을 통해서든, 친구들과의 관계에서든, 사업에서든, 깊고 진실한 유대감을 형성하는 유일한 방법이다.

잇코스메틱스에서 일할 때 한결같이 우리는 진정성, 참신함, 최초라는 원칙을 고수했는데, 그 덕분에 오랫동안 화장품 업계 내부자들에게 이해받지 못했다. 그것은 우리가 유명해지기 전까지는 외부인이라는 뜻이었다. 그것은 다른 업체들이 우리를 반복해서 따라 할 때까지 수년간 우리를 이상하게 여겼다는 뜻이었다. 그것은 우리가 갑자기 환대받을 때까지 수없이 거절을 견뎌왔다는 뜻이었다. 그것은 다른 업체들보다 더 많은 돈을 벌 때까지 우리가 빈털터리로 간신히 버텨내던 중이라는 뜻이었다. 그것은 우리가 막을 수 없는 존재가 될 때까지 과소평가 되었다는 뜻이었다. "당신의 아이디어는 절대 성공할 수 없습니다"라는 말을 수없이 들었지만, 결국

"당신의 브랜드가 업계 1위"라는 말을 듣게 되었다. 당신에게도 '그 순간'은 올 것이다.

나는 나만의 드럼 박자에 맞춰 행진하는 것을 한 번도
두려워한 적이 없었고, 이제 그 소리가 정말 좋아지기 시작했다.
–트렌트 셸턴Trent Shelton (전 미식축구 선수이자 현재는 유명한 동기부여 강사)

당신의 개성을 재구성하라
✳

당신이 이상하거나 별나거나 독특하거나 틀렸다고 생각했던 부분이 사실은 당신의 가장 훌륭한 부분 중 하나라면 어떨까? 당신의 독특함을 위대함, 강점, 모험, 특별한 자격, 용기, 새로운 재능으로 바라보기 시작하면, 당신은 그에 대한 인식을 재구성하고 나아가 당신의 정체성을 더 강력한 단어들과 연관 짓기 시작한다. 이것은 자신에 대한 믿음뿐만 아니라 당신의 정체성과 가치에 관해 진실이라고 생각하는 것을 강화하는 강력한 도구다. 이전에는 숨기고 싶었던 당신의 독특한 부분에 부여하는 의미를 바꿀 때 당신의 삶은 바뀐다.

당신이 자신을 편안하게 대하고 자신을 진정 잘 알게 된다면,
당신은 반짝이고 빛날 것이며 사람들도 당신에게 이끌릴 것이다.
–돌리 파튼Dolly Parton (미국의 싱어송라이터, 배우이자 자선가)

당신이 나와 비슷하다면 낯설다, 이상하다, 미쳤다, 혹은 ○○ 같은 말들로 불렸을 것이다. 아직 그런 말들을 들어본 적이 없다면 자신의 본모습을 온전히 드러내기 시작했을 때, 그렇게 불리는 경험을 할지도 모른다. 그런 말들을 '처음', '개척자', '선지자', '용감함', '독특함', '특별함' 같은 단어들로 대체해라. 그런 단어들이 실제로 당신이 믿는 자기 모습에 영향을 미치기 시작하기 때문이다. 보다시피 인간의 본성과 신념 체계에서 강력한 힘 중 하나는 자신의 정체성 또는 우리가 자신을 인식하는 방법과 일관성을 유지하려는 욕구다. 당신이 자기 정체성에 관해 진실이라고 믿는다면 당신의 뇌는 당신 주변에서 그 믿음을 강화하는 증거들을 스캔하고 강조할 것이다. 따라서 당신의 독특함에 힘을 빼앗는 단어들을 붙일 때, 당신은 그 단어들과 그 정체성대로 살게 될 것이다. 당신이 자신의 독특함이나 첫 번째 시도에 '미친', '기이한', '이상한', '사랑스럽지 않은', '따돌림 당하는', '망가진', '결함 있는' 같은 단어를 붙인다면 무슨 수를 써서라도 그런 부분을 숨길 것이고, 더 나쁜 경우에는 자신을 그 단어와 동일시하고 그것이 자신의 정체성이라고 믿게 된다. 당신은 자신의 독특함에 대해 부정적이고 제한적인 신념을 형성하게 될 것이다. 하지만 당신의 독특함을 위대함, 강점, 모험, 특별한 자격, 용기, 새로운 재능으로 재구성하면 그것에 대한 인식을 재구성하고 힘을 실어주는 단어들과 당신의 정체성을 연관 짓기 시작할 것이다.

만약 당신이 다르다는 행운을 얻었다면, 절대 변하지 마라.
— 테일러 스위프트Taylor Swift

우리가 자신의 처음과 독특함을 숨기거나, 그것이 부정적인 것이라고 믿고 우리의 빛을 어둡게 하거나, 자기 능력을 과소평가하거나, 소심하게 행동하거나, 인정과 사랑을 혼동하거나, 사람들의 비위를 맞추느라 우리 길에서 벗어나서 살아갈 때, 우리는 결국 스스로를 설득해 자신의 진실한 모습으로 살지 못하고, 타고난 모습이 되지 못할 위험을 감수하게 된다.

나에게 당신만이 대답할 수 있는 2가지 질문이 있다.
'처음'이 되는 것을 포용하고 진정한 자신의 모습을 모두 받아들이며 살아간다면 당신은 어떤 사람이 되고 싶은가? 그 답대로 살아가기로 한다면 얼마나 자유로울까?

갑옷을 벗어라. 과감하게 취약해지고,
과감하게 자신을 드러내고, 과감하게 진정한 자신이 돼라.
— 마리아 슈라이버 Maria Shriver (방송인이자 영화배우)

지금 이 순간 당신 모습 그대로의 당신은 처음이다. 당신은 이 우주 전체에서 당신만의 지문과 발가락 지문, 눈동자의 홍채를 가진 유일한 사람이다. 그렇다. 당신과 같은 사람은 세상에 없다. 그리고 그것들은 겉으로 드러나는 몇 가지 특징에 불과하다. 내면에 있는 당신의 독특한 특징과 당신의 생각과 감정은 무한하다. 진정한 당신 모습 그대로일 때, 당신은 처음이 된다. 그리고 사람들이 당신을 사랑해주길 바라면서도 숨고 싶고, 안전하게 행동하고 싶고,

작아지고 싶고, 빛을 어둡게 하고 싶거나 다른 이들처럼 보이고 싶을 때도 있을 것이다. 그러나 진정한 당신이 되지 않으면 사람들과 깊은 유대감을 경험할 수 없다. 당신만의 독특함을 숨기는 것이 안전하게 느껴질 수도 있지만 신이 당신을 만든 의도대로 세상에 영향을 미치고 세상에 도움을 줄 수는 없다.

당신은 세상에 유일한 존재이고 앞으로도 그러할 것이니, 당신 자신이 돼라. 최고의 당신이 돼라. 가장 온전히 살아 있는 당신이 돼라. 가장 별난 당신이 돼라. 가장 거침없이 말하는 당신이 돼라. 가장 어리석은 당신이 돼라. 가장 용감한 당신이 돼라. 가장 대담한 당신이 돼라. 가장 온전히 사랑하는 당신이 돼라. 그 어느 때보다 멋진 당신이 돼라. 단 하나의 진실하고 유일한 당신은… '처음'이다.

추신. 내 영혼에서 당신의 영혼으로 보내는 시를 썼다. 〈당신은 미친 게 아니라 처음일 뿐이다〉라는 이 시를 당신과 함께 나누고 싶다. 완전히 몰입할 수 있는 무료 도서 체험의 일부로 WorthyBook.com/Poem에서 듣거나 아래의 QR코드를 스캔해서 동영상으로 시청하길 바란다.

CHAPTER

4 당신 내면에는 위대함이 있다

당신의 과거가 원했던 대로 실현되지 않았다고 해서
당신의 미래가 상상했던 것보다 나아질 수 없는 건 아니다.
-작자미상

우리 모두의 내면에는 위대함이 있다. 우리 삶의 여정 중 하나는 스스로 그 사실을 믿는 법을 배우는 것이다. 그다음에는 내면의 문을 열고 위대함을 해방시켜야 한다. 그러나 우리가 그럴 자격이 있다고 믿기 전까지 그런 일은 일어나지 않는다. 자신의 위대함을 유령 취급하면 결국 스스로를 의심하다가 자신의 운명대로 살지 못하는 위험을 초래한다.

우리가 자신의 위대함을 의심하는 데는 너무나 많은 이유가 있다. 어떤 이유는 우리가 누군가에게 배운 것이고, 어떤 이유는 우리가 스스로 만들어낸 것이다. 우리는 종종 다른 사람들에게는 특별한 재주와 재능이 있지만 우리에게는 없다고 믿는다. 성공은 다른 사람들에게 일어나는 일이며, 우리와 같은 실수를 저지르거나 우리와 같은 과거를 가졌거나, 잘못된 ○○(가족, 동네, 종교적 배경 등 빈칸을 채워라)와 같은 출신을 가진 사람에게는 일어나지 않는 일이라고 믿는다. 많은 사람이 평생 자신의 모습을 스스로 부정하면서 결국 자신이 타고난 본래 그대로의 사람이 되지 못한다.

이런 생각을 바꾸기에 너무 늦은 때란 없다. 새로운 시작을 하기에 너무 늦은 때도 없다. 시작하기에 너무 어리거나 너무 늦은 때도 없다. 가치를 찾는 여정을 시작하기에 너무 늦은 때도 없다. 당신의 삶이나 과거에 일어난 어떤 일도 그 여정을 시작하지 못하게 막는 것은 없다. 자신의 위대함을 깨닫고, 그것을 받아들이고, 소유하고, 세상과 나누는 법을 배우기에 너무 늦은 때도 없다. 사실 나는 당신이 창조된 이유도 바로 그것이라고 믿는다. 문제는 과거의 실수나 불행, 부당한 실패나 꼬리표가 우리를 마비시키고 꼼짝 못하게 하는 경우가 너무 많다는 것이다.

사람들이 나에 대해 들어본 적이 있다면 그것은 대개 내가 사업에서 거둔 성공담일 것이다. 특히 잇코스메틱스를 성장시키면서 수백 번의 거절과 좌절을 견뎌낸 얘기일 것이다. 여러 번 파산 위기를 겪으며, 회사를 살리려고 애쓰던 나는 마침내 직원 수가 1,000명이 넘는 회사로 성장시켰다. 회사가 커지자 나는 회사의 사명을 전 세계로 확장하고 싶었다. 그러기 위해서는 훨씬 더 큰 팀이 필요했기 때문에 2016년에 회사를 로레알에 팔았다. 그것은 로레알 역사상 최대 규모의 미국 기업 인수였고, 나는 그 기업의 100년이 넘는 역사상 최초의 여성 CEO가 되었다. 그것은 성공을 향한 힘겨운 여정이었지만, 그보다 더 길고 힘든 건 내가 평생을 걸어왔고 오늘날까지도 계속되고 있는 여정이다. 바로 가치 있는 사람이 되기 위한 여정이다. 그 과정에서 나는 당신의 과거, 특히 과거의 실수가 당신을 규정하지 않는다는 것을 깨달았다. 꼬리표와 가혹한 말, 우리 자신과 남들이 우리에게 붙이는 이름은 영원하지 않다. 나는 우리의 출신이 우리가 가야 할 길을 좌우할 필요가 없음을 깨달았다. 그리고 과거는 우리가 과거에 살 때에만 우리를 방해할 수 있다는 것을 배웠다. 나는 오랫동안 갇혀 있다고 느끼면서 이를 배웠고, 그다음에는 자유로워지는 법도 배웠다.

나는 이 장에서 아주 개인적인 얘기들을 털어놓을 것이다. 사실 그 얘기를 몇 번이나 지웠다가 다시 추가했다. 이 얘기는 나와 가장 가까운 몇 사람만 알고 있다. 우리 가족 중 많은 사람이 이 책에서 처음 알게 될 진실이다. 하지만 나는 사람들이 덜 외롭고 더 충분하다고 느끼도록 돕는 것이 내 삶의 소명임을 안다. 그 소명은 나보다 더 크고, 이 장에서 털어놓을 내용으로 비난받을까 봐 두려워하는 마음보다 크다. 그래서 깊이 심호흡을 한 후… 이제 시작해보자.

나는 다정하고 열심히 일하는 슈퍼히어로 어머니 니나와 알코올 중독자 아버지 마이크에게서 자랐다. 아버지는 자신의 능력 안에서 최선을 다해 나를 사랑하셨다. 나는 아버지의 사랑을 가장 많이 갈망했지만 그걸 얻기는 가장 힘들었다. 거의 매일 아침 아버지가 눈을 뜨자마자 원했던 건 따서 마시기만 하면 되는 맥주 한 캔이었다. 나는 종종 맥주 캔을 손에 들고 아버지 침대 옆에서 기다리곤 했다. 아버지가 원하는 것을 주면 내가 갈망하는 시간과 사랑을 줄 거라는 희망에서였다. 거의 매일 아침 아버지는 맥주를 갖다줘서 고맙다며 좋은 아침이라고 인사했지만 그걸로 모든 대화는 끝이었다. 하지만 가끔 아버지가 내게 자전거 타는 법을 가르쳐주거나 동네 연못으로 데리고 가서 바람을 넣어 부풀린 보트를 함께 타고 노를 저었던 날들의 아침은 가슴에 소중히 간직돼 있다. 보트는 종종 바위에 부딪히면서 중간에 바람이 빠지기 시작했는데, 우리는 공기가 반만 찬 보트를 타고 미친 듯이 노를 저어 해안으로 돌아와야 했다. 우리는 항상 아슬아슬하게 물가로 돌아왔다. 당시 나는 어렸지만 어떻게든 우리가 무사히 도착할 것을 알고 있었다.

성장하면서 학교생활은 수월했지만 나는 종종 상상 속에서 살았고 거의 항상 내가 충분히 가지지 못한 것, 즉 관심과 인정, 가치 있다는 느낌을 얻을 방법을 꿈꾸고 있었다. 부모님은 내가 여섯 살 때 이혼하셨고 두 분 다 재혼하셨다. 감사하게도 새아빠 데니스와 새엄마 로라는 두 분 다 친절하고 다정하셨다. 나는 주로 엄마와 새아빠 데니스와 함께 살았는데, 두 분 다 일주일 내내 장시간 일하셨다. 나는 어린 시절 혼자 있는 시간이 많았고, 앞서 말했듯이 당시 가장 친한 친구는 거실 TV에 나오는 오프라였다. 사람들의 사연을 소개하던 오프라는 나만의 생각과 꿈과 어려움 속에서 내가 덜 외롭게 도와주었다. 이제는 유명해진, 언론인이자 방송인인 바버라 월터스Barbara Walters와의 인터뷰에서 오프라는 '자신이 위대한 일을 하도록 태어났다'는 걸 항상 알고 있었다고 말했다. 이 말은 나를 포함해 자신도 그렇다는 사실을 알면서도 말로 표현할 수 없었던 미국 전역의 많은 소녀와 여성의 마음에 울림을 주었다. 그 말은 내게 진실로 느껴졌다. 나는 오프라처럼 언젠가는 쇼를 진행하고 사람들의 사연을 세상과 나누는 상상을 자주 했다. 하지만 꿈이 너무 멀리 떨어져 있다고도 생각했다. 나는 '나와 같은 사람들에게는 그런 일이 일어나지 않는다'는 생각을 강화하는 메시지에 둘러싸여 있었다.

십 대 시절, 나는 문제를 일으키는 무리와 어울리기 시작했다. 사회를 발전시킬 가치 있는 종류의 문제는 아니었다. 부모님이 주로 일하시느라 집에서 혼자 많은 시간을 보냈기 때문에 나는 좋지 않은 가정환경에 놓인 친구들을 돕고 싶었다. 열두 살 때는 나이가 훨씬 많은 남자와 사귀던 친구에게 우리 집 다락방에 총을 보관하도록 허락했다. 부모님은 그 사실을 전혀 몰랐다. 열네 살 때 처음으로 진지하게 사귀기 시작한 남자 친구는 친구들과 함께 상습적으로 자동차를 훔쳐 그 부품을 팔았다. 그들은 드라이버로 시동을 걸 수 있는 특정 연식의 혼다 어코드Honda Accords 차량을 목표로 삼았다. 나는 남자 친구의 자동차 절도 취미를 탐탁지 않게 여겼지만, 어쨌든 같이 차를 타고 다녔다. 남자 친구가 운전하는 차에서 잘 알지도 못하는 친구들과 함께 나도 모르게 폭주 드라이브를 즐길 때도 많았다. 부모님은 내가 '그냥 친구들과 어울려 놀 때' 뭘 하고 다니는지 전혀 몰랐다.

어느 날 오후, 내 운명은 더 나쁜 쪽으로 방향을 틀었다. 남자 친구와 훨씬 나이 많은 두 아이와 함께 쇼핑몰 주차장에서 갓 훔친 차를 타고 천천히 나오던 중 빨간색과 파란색 불빛이 번쩍이기 시작했다. 우리 차는 경찰차에 포위되었고 모두 손을 올려야만 했다. 그렇게 내 세상은 바뀌었다.

"차에서 내려!" 경찰이 확성기 너머로 외쳤다. 우리는 머리 위로 손을 들어 올린 채 벽에 밀쳐져 몸수색을 당했고, 수갑이 채워진 후 경찰차 뒷좌석에 올라탔다. 수갑을 찬 건 그때가 처음이자 마지막이었다. 앞으로 무슨 일이 벌어질지 알지 못한 채 경찰차 안에 앉아 떨면서 눈물이 얼굴을 타고 흘러내렸지만, 동시에 일종의 소속감을 느꼈다. 이 체포 사건으로 나는 새로 사귄 친구들이 좋아할 만한 암묵적인 클럽의 일원이 되었다. 반항과 비행 청소년의 정통성을 인정받고 거친 행동에 따른 훈장을 처음으로 받은 듯한 기분이었다. 그들에게는 이것이 위대한 일이라고 여겨졌다. 그러나 그때 다시 두려움이 찾아왔고 내가 몽상 속의 영광스러운 미래에서 막 탈선한 것은 아닌지 걱정이 폭포처럼 밀려들었다. '오프라가 감옥에 갔다면 쇼를 진행할 수 있었을까?'라고 속으로 되묻자, 희망은 조금씩 사라져 갔다.

나는 유치장으로 끌려가 방에 혼자 갇혔다. 작은 창문 너머로 경찰관들이 앉아서 서류 작업을 하는 커다란 테이블이 보였다. 금요일 늦은 오후였다. 몇 시간이 지나 저녁이 되어서야 엄마와 새아빠 데니스의 익숙한 목소리가 들렸다. 두 분이 유치장으로 나를 데리러 왔다. 하지만 나는 두 분의 얼굴을 보는 것이 두려웠다. 두 분의 얼굴에서 크나큰 실망감을 보게 될까 봐 겁이 났다. 엄마는 마음에 상처를 입었을 것이다. 그때 갑자기 두 분이 나가시는 모습이 네모난 작은 창문으로 보였다. '지금 무슨 일이 벌어지고 있는 거야? 어디 가는 거야, 왜 날 두고 가는 거지?'라고 나는 생각했다.

결국, 금요일 늦은 저녁 시간이었기 때문에 부모님이 그날 밤 나를 데리고 나갈 수 없다는 것을 알게 되었다. 대신 나는 월요일까지 청소년 구금시설에 배정되었고, 월요일이 되어서야 그 사건과 내 운명을 결정할 판사 앞에 설 수 있었다. 차에 타고 있던 다른 아이들은 각자 다른 시설로 보내졌으며 나 말고 유일한 소녀였던 열여덟 살짜리 여자아이는 구치소에 보내졌다. 나는 혼자였다. 나는 겨우 열네 살이었기 때문에 청소년 구금시설에 배정되었다. 내 머릿속에는 청소년 구금시설 내부에서 벌어지는 일에 관해 TV에서 보고 들었던 모든 얘기가 빠르게 밀려들었다.

나는 수갑을 찬 채 경찰차를 타고 청소년 구금시설로 옮겨졌다. 거기서 모든 옷과 소지품을 보관함에 넣고 오렌지색 바지와 셔츠를 받았다. 그런 다음 샤워실로 안내되어 알몸 수색을 당했고 감독하에 샤워하라는 지시를 받았다. 불안하고 창피했으며 두려웠다. 샤워기 물은 차가웠다. 나는 주어진 지시를 따르면서 무력감을 느꼈지만 겉으로는 강해 보이는 표정을 지으려고 애썼다. 오렌지색 옷을 입고 양말과 플라스틱 샌들을 신었다. 플라스틱 빗을 받고 사람들로 붐비는 감방으로 안내되었다. 시설은 포화 상태라 남는 침대가 없어서 바닥에 매트리스를 깔고 그 위에 누웠다.

그 후 이틀간은 내 몸을 벗어난 것 같은 기분이었다. 나는 누구를 피해야 하는지, 어떻게 하면 물리적인 싸움을 피할 수 있는지 재빨리 파악했다. 한편으로는 언제라도 싸움이 일어날 수 있다는 것을 항상 경계하고 있었다. 우리 가족이 느껴야만 했을 절망감의 무게가 빠르게 나를 짓눌렀다. 부끄러웠고 내 행동을 후회했다. 나쁜 짓을 했을 뿐만 아니라 내가 정말 나쁜 사람일지도 모른다는 생각을 떨쳐버릴 수가 없었다.

월요일이 되어 법정으로 안내받았다. 법률 대리인을 배정받았지만 지금까지도 그 사람과 사전에 얘기를 나눈 기억이 없다. 나는 무슨 말을 할지, 거짓말을 해야 할지, 친구들이 같은 법정에 있는지, 친구들의 얘기가 일치하는지, 아니면 그냥 진실만을 말해야 하는지를 걱정했다. 오랫동안 감금되면 어떻게 될지를 걱정했다. 학교에서 퇴학당할까 봐 걱정했다. 내 인생에 내가 무슨 짓을 했는지도 걱정했다.

내게 어떤 권리가 있는지, 사법 체계가 어떻게 돌아가는지도 전혀 몰랐다. 그래서 무슨 일이든 그냥 내게 일어나게 내버려두었다. 어릴 때 권위에 의문을 제기하거나 이의를 제기하지 말아야 한다고 배웠기 때문에 그렇게 하지 않았다. 나는 무기력하고 두려운 마음으로 판사 앞에 섰다. 몇 초 지나지 않아 판사는 내게 전과가 없고 소년원에 사람이 너무 많다는 이유로, 지역사회에서 봉사활동을 많이 하라는 조건을 달아 나를 그날 석방한다고 판결했다. 나는 눈물을 참으며 깊은 안도감을 느꼈다. 내 인생에 은총의 순간이 찾아온 것 같았지만 그걸 누릴 자격이 있다고 온전히 느껴지지는 않았다.

석방이 새출발처럼 느껴졌다고 말할 수 있다면 좋겠지만, 사실은 그렇지 않았다. 사랑받고 존중받고 중요한 사람이 된 것 같았던 그 친구들 무리와 다시 가까워졌다. 학교 수업에 자주 빠졌으며 열심히 일해서 차를 샀고, 그 차를 타고 학교만 빼고 모든 곳을 돌아다녔다. 나는 고등학교 졸업 앨범에서 '할 일을 가장 많이 미루는 사람'으로 뽑혔다. 그래서 정말 기분이 나빴지만 사실 당시에는 그게 정확한 표현이었다. 나는 공부를 조금만 해도 잘 해낼 만큼 선천적으로 똑똑했다. 종종 과제를 늦게 제출하기도 했지만 합격점을 받을 만큼 성적이 좋았기에 내면에서 요동치는 혼란을 감출 수 있었다.

    학교와 집을 옮기면서 결국 친구들 무리는 흩어졌다. 여러 아르바이트를 하며 고등학교를 졸업했고, 헬스클럽에서 보수가 두둑한 일자리를 얻었다. 그때 나는 혼자 아파트에 살고 있었다. 내가 일했던 헬스클럽은 업무 경험보다 영업 실적을 더 중요하게 생각하는 곳이었다. 경영진은 내게 새로운 회원이 될 가능성이 있는 사람들에게 헬스클럽을 안내하고 회원권 옵션을 제시할 기회를 주면 내 판매 실적이 노련한 영업팀보다 훨씬 높다는 사실을 금방 알게 되었다. 나는 잠재 고객들과 개인적으로 유대 관계를 맺으면서 접수 담당자에서 영업 사원으로 빠르게 승진했다. 그다음에는 영업 관리자가 되었다. 18세에 나는 8,000명이 넘는 회원을 관리하며 35세에서 65세 사이의 남성들로 구성된 영업팀을 이끌었다. 내 경험이 남들보다 뛰어나서가 아니라, 단지 내 영업 실적이 다른 사람들의 실적을 능가했기 때문이었다. 당시 37세였던 영업팀의 남자 직원 브래드는 내게 관심을 보인 사람 중 가장 매력적이었다. 당시 내게 최고 유명 인사처럼 보였던 그는 헬스클럽의 많은 여성에게 주목을 받았다. 그는 항상 동시에 여러 여성과 데이트했지만 나는 신경 쓰지 않았다. 그가 지나갈 때마다 조용히 그에게 매료되었다. 그러던 어느 날, 그가 평소보다 조금 더 오래 나와 눈을 맞췄는데, 그 순간 나는 우리가 더는 단순한 동료가 아니라는 걸 깨달았다. 아, 그리고 엄밀히 말하자면, 나는 그의 상사였다. 그의 나이가 나보다 거의 두 배나 많았지만.

금지된 것에는 말할 수 없이 탐나는 매력이 있다.
-마크 트웨인Mark Twain

브래드와 나는 직장에서의 관계 때문에 우리의 연애를 비밀로 했다. 그리고 내 감정이 점점 더 강렬해질수록 그가 여러 여성과 데이트하는 것을 지켜보는 게 고통스러웠다. 나는 그에게 나만 바라보라고 부탁했지만, 그는 그게 자기 스타일이 아니라고 말했다. 나는 결정을 내려야 했다. 그와 헤어지고 연인 관계를 포기하거나, 아니면 연인 관계를 유지하고 나 자신을 포기하는 것이었다. 그리고 나를 포기하기로 결심했다.

그와 함께 있을 때면 나는 있는 그대로 인정받고 사랑받으며 소중히 여겨진다는 느낌이 들었다. 그러나 우리가 떨어져 있을 때면 그가 다른 누군가와 함께 있다는 사실 때문에 고통스러웠다.

우리는 삶이나 관계에서 우리가 받을 자격이 있다고 믿는 것보다 절대 더 많은 것을 끌어당기거나 유지할 수 없다. 나는 그 사실을 알지도 이해하지도 못했다. 내가 알았던 건 이 상황이 내가 내면에서 느끼는 위대함이나 내 삶에서 드러나기를 바라는 위대함과 일치하지 않는다는 것이었다.

나는 계속 점점 더 많은 돈을 벌었지만 '이게 다일까? 이 일을 영원히 할 수 있을까?'라는 의문이 들 때가 많았다. 또한 가장 깊고 고요한 밤에도 여전히 '그 토크쇼는 어떻게 된 거지?'라고 생각했다. 그래서 대학에 가는 꿈을 꾸기 시작했다. 엄마는 내가 우리 가족 중 처음으로 대학에 가기를 간절히 원했다. 헬스클럽에서 번 돈이 있으니 저축한 돈을 모두 사용하면 적어도 한 학기 정도는 다닐 여유가 있을 것 같았다. 어쩌면 TV 업계에 관해 배울 수 있을지도 몰랐다.

> 우리는 삶이나 관계에서 우리가 받을 자격이 있다고 믿는 것보다 절대 더 많은 것을 끌어당기거나 유지할 수 없다.

대학에 진학하겠다는 생각을 아버지 마이크에게 말하자 아버지는 깜짝 놀라며 이렇게 말했다. "너 미쳤니? 네가 얼마나 돈을 많이 버는지 봐라. 대학 말고 헬스클럽에서 계속 일해야 해." 그때 나는 아버지보다 더 많은 돈을 벌고 있었다. 아버지는 조립 라인에서 교대로 일하셨는데, 노동조합에 가입되어 있었다. 수십 년 동안 일한 50대 아버지보다 18세 딸인 내가 더 많은 돈을 벌고 있었다.

> 우리는 그곳에 한 번도 가본 적 없는 사람들에게
> 그곳으로 가는 길을 묻는 걸 멈춰야 한다.
>
> – 글레넌 도일Glennon Doyle (미국의 작가이자 성 소수자 활동가)

　매일 바쁘게 돌아가는 헬스클럽에서 나는 다른 사람들보다 영업 실적이 좋았기 때문에 칭찬받고 가치 있는 사람이 된 것 같았다. 그런 인정은 사랑과 혼동되기 쉽다. 하지만 조용한 아파트에 혼자 있을 때, 이번 생에 내 이름에 더 많은 것이 부여되기를 바라는 갈망을 떨칠 수가 없었다. 그래서 스스로를 믿기로 했다. 나는 주립 대학의 여름 학기에 지원했고 등록했다. 직장을 그만두고 짐을 챙긴 후 나의 위대함을 향해 전속력으로 걸어가기로 결심했다.

　나는 재빨리 마트와 대학가의 레스토랑에서 일자리를 구했다. 두 개의 아르바이트를 뛰었는데, 하나는 식료품점 델리 코너에서 고기를 자르는 일이었고, 다른 하나는 주중에 수업이 끝나면 데니스에서 웨이트리스로 일하는 것이었다. 그러나 헬스클럽에서 느꼈던 감정의 일부가 그리웠다. 그때까지도 나는 관심과 사랑을 혼동하고 있었다. 외부의 인정과 사랑을 혼동하고 있었다. 또한 중요성과 사랑을 혼동하고 있었다. 대학가에서 한 시간 반 정도 떨어진 가장 큰 도시로 차를 몰고 가보기로 했다. 스트립 클럽으로 알려진 커다란 성인 오락 클럽을 지나다가 잠시 들렀다. 당시 나는 자신을 사랑하지 않았고 강한 자존감도 없었기 때문에 어떤 형태로든 다른 사람들의 관심을 통해 사랑을 찾으려 하고 있었다는 것을 이해하지 못했다. 사람들이 보이는 관심의 의도가 무엇이든 상관없었다.

우리가 있는 그대로의 자신이 충분하지 않다고 믿을 때 관심은 사랑처럼 보이고 외적 중요성은 성공처럼 보이며 인정받는 것은 가치 있는 것처럼 보이기 시작한다.

스트립 클럽 안으로 들어가 보니 댄서 십여 명과 손님 30명 정도가 테이블에 앉아 있었다. 손님들은 대부분 혼자 있거나 혹은 댄서를 옆에 두고 있었다. 실내는 어둡고 연기가 자욱했다. 바가 있었고 조명과 기둥이 있는 무대가 몇 개 있었다. '공연하는 건 얼마나 재미있을까? 어쩌면 이런 방법으로 대학 등록금을 낼 수도 있겠네' 라고 나는 생각했다. 하지만 내성적인 성격이라 그런 일을 할 만큼의 용기를 내는 건 상상조차 할 수 없었다. 클럽을 찾은 사람들 사이에서 검은색 바지와 흰색 셔츠를 입고 음료수 쟁반을 들고 있는 웨이트리스들이 보였다. 나는 그중 한 사람을 멈춰 세워 거기서 얼마나 오래 일했는지 물었다.

"몇 년 됐어요. 팁이 아주 후하거든요. 우리가 음료수를 팔 때마다 수수료를 받아요. 운이 좋은 날에는 교대 근무로 하루에 백 달러도 벌어요"라고 웨이트리스가 말했다.

"와, 춤도 추시나요?" 내가 물었다.

"아뇨, 아직은요. 하지만 언젠가는 추겠죠"라고 웨이트리스가 대답했다. 웨이트리스의 말에 고무된 나는 그날 그곳에 지원했다. 나는 웨이트리스로 고용되었고, 매일 흰 셔츠와 검은 바지를 입고 나와달라는 요청을 받았다. 그리고 수수료를 받고 음료수를 파는 일을 맡았고, 손님들이 댄서들과 얘기를 나눌 때마다 추가로 음료를 사라고 권했다. 댄서들은 음료가 팔릴 때마다 수수료를 받았기 때문에, 그들이 맞이한 손님에게 항상 목이 너무 마르다며 호들갑을 떨었다. 나는 재빨리 이 게임의 요령을 배웠다.

대학에 입학한 첫 여름을 수업이 끝난 후에는 동네 마트에서 일하고, 데니스에서 웨이트리스로 일하며 보냈다. 게다가 주말에는 대도시로 차를 몰고 가 스트립 클럽에서 웨이트리스로 일한 후 다시 돌아오는 생활을 반복했다. 가족 중 누구도 이런 아르바이트를 절대 허락하지 않을 걸 알았기에 철저히 비밀로 했다. 클럽에서는 동료 웨이트리스, 댄서 들과 공동체 의식을 쌓아나갔다. 그들의 얘기를 알게 되면서 그들 중 많은 이들에게 사랑과 존경심이 생겼고, 또 어떤 이들에게는 비통함과 고뇌를 느끼기도 했다.

대부분은 일시적으로 스트립쇼를 하고 있다고 말했지만, 그 일시적인 스트립쇼는 끝나지 않을 것처럼 보였다. 많은 이들이 싱글맘이거나 혼합 가족*의 가장이었다. 그들 중 상당수는 가족 내 대물림되는 중독이나 학대의 악순환을 끊기로 결심했고, 자녀들에게 더 나은 미래를 가져다주겠다는 큰 희망을 품고 있었다. 몇몇은 너무 높은 벽을 세운 듯 무정하고 냉담해서 어떤 고통을 겪었길래 그런 벽을 세웠을지 궁금했다. 하지만 대부분은 친절하고 상처받기 쉬운 사람들이었다. 그들은 그럭저럭 살아가면서 가족을 부양하며 생활비와 힘든 일들을 감당하려고 최선을 다하고 있었다. 많은 이들이 언젠가 '그곳을 벗어나' 간호사나 부동산 중개인, 사회복지사가 되

● 재혼 부부와 과거의 결혼에서 얻은 자녀로 구성된 가족.

는 꿈을 꾸었다. 밖에서는 많은 사람이 스트립 클럽을 부끄러운 곳으로 여길지 모르지만 나는 그 안에서 만났던 근면하고 똑똑하며 강인한 여성들에 대해 깊이 존경하고 감사하게 되었다. 내가 그때까지 만났던 다른 직장의 여성들과 마찬가지로 강인하고 똑똑하고 친절한 사람들이었다.

사회가 따돌리거나 부끄럽다고 판단하곤 하는 여성들은 진정으로 아름다운 마음과 강인한 전사의 영혼을 지닌 여성들이며, 자신이 아는 가장 좋은 방식으로 최선을 다하고 있는 사람들이라는 걸 알게 됐다. 우리 모두가 그렇듯 말이다. 그들은 자기 아이들에게 똑같은 희망을 품고 있으며 우리 모두와 똑같은 사랑을 갈망하고 있다. 그들은 가족 내 대물림된 악순환을 깨고 세상에서 성공하기를 열망했다. 나는 그들이 선택했든 불가피한 일이었든, 그들이 처한 환경 때문에 그런 목표를 달성하기가 더 어려워졌다는 사실을 알게 되었다. 스트립 클럽에서 일하는 여성들이 대학 강의실에서 나와 함께 앉아 있는 여성들, 데니스에서 함께 웨이트리스로 일하는 동료들, 마트에서 쇼핑하는 여성들과 전혀 다르지 않다는 사실을 알게 되었다. **우리는 모두 내면에서 자신이 충분하지 않다는 느낌을 극복하려고 노력한다. 우리는 모두 소속감을 느끼기 위해 노력하고, 자신이 사랑받을 자격이 있다고 믿는 법을 배우려고 노력한다.**

열아홉 살이었던 나는 길을 잃은 기분이었다. 수업과 직장에서 새로 사귄 친구들에 대한 공감과 존중이 커지는 동안에도 나는 여전히 실수했고 잘못된 선택을 했다. 스트립 클럽 안에서 만난 잘생긴 고객과의 우정은 순식간에 클럽 밖에서 로맨스로 바뀌었다. 그는 취미로 여러 개의 총을 가지고 다닌다는 사실을 알려주었다. 한번은 데이트할 때 나를 사격장으로 데려가서 총 쏘는 법을 가르쳐주기도 했다. 처음 권총을 발사했을 때는 헤드폰을 쓰고 있었는데도 너무 소리가 커서 온몸에 충격파가 전해졌다. 재미있다기보다는 두려움이 더 컸다.

새로운 남자 친구에 관해 알면 알수록 우리가 서로 매우 다른 사람이라는 사실을 깨달았다. 어느 날 저녁, 그의 지프차를 타고 대도시에서 대학가 아파트로 먼 길을 오던 중에 그와 헤어지기로 결심했다.

"우린 서로 맞지 않는 것 같아. 그냥 친구로 지내는 게 좋겠어." 내가 그에게 말했다. 그는 경직된 얼굴로 앞에 놓인 길을 차갑게 응시했다. 차 안의 에너지가 바뀌었다. 그가 매우 조용해지자, 나는 두려움에 사로잡혔다. 그의 지프차 뒷좌석 팔이 닿는 곳에는 총이 몇 자루 있었다. 나는 총을 힐긋 돌아보았다. 그러다 내가 어둡고 꽤 황량한 고속도로에서 그다지 오래 알지 못했던 남자와 단둘이 있다는 사실을 깨달았다. 집까지는 거의 한 시간이나 더 가야 했다. '나 어떻게 된 거 아니야? 내 목숨을 갖고 지금 뭘 하고 있지?'라고 생각했다. 나는 집까지 무사히 도착하게 해달라고 신에게 기도하기 시작했다. 그때는 신이 존재한다고 완전히 믿지는 않았지만 어쨌든 기도했다. 겁에 질린 나는 비상경계 모드로 들어가 문을 열고 뛰쳐나가야 할 경우를 대비해 문이 잠겨 있지 않은지 확인했다. 그런 일이 일어나지 않기를 기도하면서 머릿속으로 여러 상황을 시뮬레이

선했다. 다행히 전 남자 친구가 나를 아파트 앞에 내려주었고, 그 이후로 다시는 그를 만나지 않았다.

> 조용한 시간 속에서 당신의 이름에 더 많은 것이 부여되었으면 하는 갈망을 느끼는가?

왜 그런 일들을 반복했는지, 어떤 패턴에 내가 빠져 있었는지 설명할 언어도 삶의 경험도 지식도 없던 나는 부조화의 시기를 겪고 있었다. 내 영혼과의 부조화였다. 내가 살고 있는 삶이 내가 살도록 의도된 삶처럼 느껴지지 않았다. 그때까지 대학 생활은 좋았지만 유명한 노래 가사처럼 잘못된 곳에서 계속 사랑을 찾고 있었다. 나는 잘못된 선택을 하고 있었고, 계속 자신을 나쁘고 망가진 사람으로 믿고 있었다. 마음 깊숙이 들여다보면 그 믿음은 진실이 아니라는 느낌이 들었다. 하지만 거짓말이나 도둑질을 하고 바람피우는 남자들과 데이트하면서 그들 곁에 머문다면 나 역시 나쁜 사람이 틀림없다고 생각했다. 누군가가 나를 사랑해줘야만 사랑받을 자격이 생긴다면, 나 스스로 사랑받을 만한 존재가 아니라는 생각도 했다.

이런 식으로 느꼈거나 비슷한 경험을 해본 적이 있는가? 같은 교훈을 반복해서 배우고 있다고 느낀 적이 있는가? 내면을 제외한 모든 곳에서 사랑을 찾고 있다고 느낀 적이 있는가?

두 번의 결정적인 변곡점, 두 번의 중요한 순간이 내 결정과 미래의 방향을 막 바꾸려던 참이었다. 나는 사랑과 가치를 이해하는 새로운 방법을 발견하려 했고, 거기서부터 그 둘의 진정한 본질을 이해하기 위한 평생의 여정을 시작하려던 참이었다.

내 삶에 일어난 두 번의 은총의 순간은 새롭고 변화를 불러오는 방식으로 나를 눈뜨게 했다. 첫 번째 은총의 순간은 좋은 친구 한 명이 실제로 내가 이해할 수 있는 방식으로 믿음과 하나님을 소개해주었던 때였다. 또한 다음과 같은 성경에 나오는 구절들을 곰곰이 생각하기 시작했다. "너는 그분의 형상으로 훌륭하게 만들어졌다", "너희는 너를 강하게 하시는 그리스도를 통해 뭐든지 할 수 있다", "하나님이 그 안에 계시니, 그는 쓰러지지 않을 것이다", "하나님은 사랑이시다". 또한 내가 조건 없이 사랑받았고 가치 있음을 일깨워주는 많은 가르침을 생각해보았다. 친구는 아무런 비판 없이 모든 사람을 포용하는 교회로 나를 데려갔는데, 그날 목사님의 설교를 듣고 눈물이 흘렀다. 마치 내 영혼이 내가 목적 안에서 의도를 갖고 사랑으로 창조되었다는 진실을 인식하는 것 같았다. 나는 오랫동안 믿음보다는 신에 대한 의심을 더 많이 품고 있었다. 그 말이 내 안에 스며들어 뿌리를 내리기까지는 아주 오랜 세월이 걸렸지만 내 인생의 결정적인 순간에 나는 그 말에 진실이 있을지도 모른다고 생각하기로 했다. 내 마음은 아직 그 말들을 믿지 않았지만 내 영혼은 믿었다. 그리고 그 믿음이 나를 변화시키기 시작했다.

두 번째 은총의 순간은 할리우드 영화처럼 훨씬 더 가까운 형태로 찾아왔다. 나는 세계적인 동기부여 전문가이자 작가인 토니 로빈스Tony Robbins가 나오는 TV 광고를 여러 번 본 적이 있었다. 미국 대통령부터 올림픽 선수까지 모든 사람을 코치했던 사람이었다. 그는 삶을 변화시키는 방법에 관한 '개인의 힘Personal Power'이라는 카세트테이프를 팔고 있었다. 그 카세트테이프를 주문해서 듣기 시작했고, 여러 직장에서 웨이트리스로 일하며 모아둔 팁으로 그의 라이브 행사에 참석했다. 거대한 방 뒤쪽으로 걸어 들어갔을 때, 그곳에는 약 1만 명의 사람들이 모두 펄쩍펄쩍 뛰면서 소리를 질렀고, 얼굴에는 미소를 띠고 있었다. 나는 일종의 사이비 종교 집단에 들어간 것이 아닐까 하고 걱정했다. 혹시라도 빨리 탈출해야 할 경우를 대비해 출구와 가까운 맨 마지막 줄에 자리 잡았다. 그 팁을 벌려고 정말 열심히 일했기 때문에 일단 끝까지 앉아 있기로 했다.

그날 나는 자기 제한적 신념이 무엇인지, 어떻게 그것을 바꿀 수 있는지 배웠다. 내 과거와 과거의 실수가 미래의 잠재력에 관한 내 생각을 더는 좌우하게 두지 않겠다고 결심했다. 이런 개념들이 내 인생을 바꾸기 시작했다. 영감을 주었던 그 세미나는 내가 자기계발, 성장, 심리학 서적을 열정적으로 찾아 읽고 좋아하게 된 시발점이 되었다. 그러면서 우리 각자가 자신의 얘기에 부여하는 의미를 어떻게 바꿀 수 있는지 진정으로 이해하는 데 집착하게 되었다. 그리고 우리는 그렇게 할 수 있는 도구를 습득함에 따라 그 과정에서 우리의 삶과 잠재력과 미래를 변화시킬 능력을 갖추게 된다.

이런 은총의 순간이 내게 왔던 것처럼 우리 삶에 들어올 때, 그 순간은 우리가 단숨에 바꾸고 싶은 평생의 뿌리 깊은 패턴을 거의 절대 바꾸지 못한다. 사실 내게도 이런 은총의 순간들은 그저 첫 번째 단계에 불과했다. 하지만 그것은 새로운 방향으로, 새로운 길로 내딛는 첫걸음이었다. 나는 스트립 클럽 일을 그만두었다. 그곳에서 보낸 여름 동안 웨이트리스를 졸업하고 댄서로 전향하지는 못했다. 무대에 오르겠다는 용기나 욕망을 끌어모으기도 전에 내 여정은 끝이 났다. 그 후 몇 년 동안 내가 왜 관심과 성취, 외부의 인정을 사랑과 가치와 동일시하고 혼동하는지 이해하려고 열심히 노력했다. 나는 내 삶을 치유할 수 있고 내 안에 꿈꾸는 미래를 창조할 힘이 있다고 믿기 시작했다. 어떻게 이런 일이 일어날지 확신하지 못했지만, 그런 일이 벌어질 것이라고 믿기로 결심했다. 그리고 내게 그런 일이 일어날 자격이 있다고 믿었다.

나는 우리 가족 중에서 처음으로 대학을 졸업한 사람이 되었다. 그해 나는 평점 4.0으로 워싱턴 주립 대학의 수석 졸업생이 되어 졸업식에서 연설했다. 그때나 이 책이 나오기 전까지 학교에서는 아무도 수석 졸업생이 스트립 클럽에서 일했다는 사실을 몰랐다. 나는 내 과거가 미래를 결정할 필요가 없다고 믿기 위해 계속 노력을 기울였다. 그리고 나 자신과 하나님에 대한 믿음을 쌓기 위해 계속 노력했다. 그렇게 10년이 더 지나서야 하나님이 실제로 존재할지도 모른다는 믿음을 갖게 되었다. 그리고 그것은 자기 제한적 신념을 잊고 내가 있는 그대로 사랑받을 자격이 있다는 확신을 얻는 여정, 오늘날까지 이어지는 평생의 여정이 될 것이다.

> 모든 좌절은 우리가 다음에 하기로 운명 지어진 일을 위해 신이 조정해놓은 설정이다.

나는 내 자신을 신뢰하는 결정을 차례대로 내렸다. 우회로를 찾기도 했고 때로는 작은 실수도 겪었다. 때로는 내 사랑에 보답하지 않는 알코올 중독자 남자 친구와 데이트하는 것과 같은 오래된 패턴을 반복하기도 했다. 만약 그와 함께 있었다면 나는 아버지 마이크 옆에서 자라며 경험한 악순환을 반복했을 것이다. 아니면 결국 나에게 상처를 줬던 사람들과 친구가 되는 악순환을 반복했을 것이다. 하지만 그럴 때마다 나는 상황을 더 빨리 알아차리고 내게 가장 잘 맞는다고 느끼는 일을 했다. 나중에는 잠시 우울과 불안의 시기를 겪기도 했다. 나는 가족 중에서 처음으로 정기적으로 정신과 치료를 받는 사람이 되었다. 신이 존재하는지조차 의심했던 그 모든 세월 동안에도 계속 신에게 내 삶에 은총을 내려달라고 빌었다. 그러자 은총은 계속 나타났다. 어둠은 계속 나를 유혹했지만 나는 내가 빛으로 태어났다는 사실을 마음속으로 알고 있었다.

졸업 후에는 내가 맡은 모든 일을 매우 진지하게 받아들이면서 의도적으로 리더십 기술을 연마하기 시작했다. 다양한 산업을 탐험했는데, 그중에는 흥미로운 닷컴 붐●이 일어나던 시기에 기술 회사

● 1995년부터 2000년까지 닷컴이나 인터넷 기반 기업의 투기로 인해 발생한 주식 시장 거품.

에서 일했던 경험도 포함되어 있었다. 당시 나는 영업 분야에서 뛰어난 성과를 올리며 승승장구했다. 나는 가족 중 최초로 대학원에 진학했고 컬럼비아 대학교에서 MBA 학위를 취득했으며, 학교 신문에 글을 쓰면서 다른 사람들의 사연을 공유하는 일에 열정을 쏟기 시작했다.

마침내 나는 평생의 영웅 오프라처럼 다양한 사람들의 얘기를 세상과 공유하는 쇼를 진행하겠다는 꿈을 좇게 되었다. 지금쯤이면 이 얘기의 나머지 부분이 익숙할 것이다. 토크쇼를 진행하겠다는 목표로 TV에서 일하겠다는 꿈을 꾸던 중 나는 얼굴의 피부 문제 때문에 TV 방송 경력이 위태로워지는 좌절에 직면했다. 결국 우회하는 쪽을 택해 거실에서 사업을 시작했고, 피부 문제에 시달리는 여성들이 존재감을 느끼고 아름답다고 느끼도록 도왔다. 나는 각각의 좌절이 내가 다음에 하기로 운명 지어진 일을 위해 신이 조정해놓은 설정이라고 믿으려 열심히 노력했다.

전에는 내 과거에 관한 이런 얘기를 한 번도 꺼내본 적이 없지만, 이것은 내가 가치 있고 충분하다고 믿는 법을 배우는 여정에서 매우 중요한 부분이다. 그 여정은 매일 계속 펼쳐진다. 우리는 겉모습만으로 사람을 판단할 수 없다. 누군가가 현재 어떤 처지에 놓여 있는지, 지금 그 자리에 있기까지 어떤 길을 걸어왔는지 결코 알 수 없다. 우리는 그들이 어떤 경험을 겪으며 살아왔는지, 그리고 그중 어떤 경험에서 빠져나오지 못했는지 알지 못한다. 또는 지금도 아무에게도 말하지 못한 채 고통받고 있는 경험이 있을 수도 있다.

우리는 우리가 믿는 대로 된다

이런 얘기를 지금 아주 친밀하게 공유하고 있기에, 나는 진심으로 자신 있게 말할 수 있다. 우리는 우리가 믿는 대로 되고, 무엇이든 가능하다고. 또한 우리의 발걸음을 신이 명령해 놓으셨다고 단언할 수 있다. 우리가 겪는 좌절은 거의 항상 우리 삶에서 다음에 해야 할 일을 위한 설정이다. 심지어 그 좌절과 고됨이 당시에는 이해되지 않을 때도 말이다.

우리의 과거, 심지어 우리가 창피해하거나 부끄러워하는 부분들조차도 우리가 되도록 운명지어진 사람이 되는 데 정말 도움이 된다. 우리는 그 과정을 통해서만 독특한 능력을 발전시킬 수 있기 때문이다. 많은 사람이 잇코스메틱스가 그토록 성공할 수 있었던 이유를 분석하려고 노력해왔으나 그건 절대 제품 때문이 아니었다. 물론 나는 우리가 만든 제품들 덕분이라고 열렬히 믿지만 말이다. 성공 비결은 언제나 고객과의 유대감에 있었고, 그 유대감은 브랜드에 대한 충성심과 사랑으로 이어졌다. 우리는 모든 고객을 만나 그들이 무엇을 원하고 필요로 하며 가치 있게 여기는지 이해하려고 노력했다. 우리는 그들의 삶을 더 낫게 만들려고 노력했다. 그리고 그 진심이 전달되지 않으면 제품이나 메시지를 내놓지 않았다. 나는 내가 겪은 경험, 불운, 예상치 못한 사고, 그 과정에서 만난 모든 계층의 사람이 없었다면 수천만 명의 여성과 진심으로 유대감을 형성한 성공적인 사업체를 만들 수 없었을 것이다. 나는 다양한 유형의 사람을 접하고 친밀하게 알아가는 재능을 받았다. 그 기회를 통해 스트립 클럽에서 일하는 친구도 데니스에서 웨이트리스로 근무하는 친구와 같은 것을 원한다는 것, 웨이트리스 친구도 셀 수 없이 많은 학위를 가진 내 교수와 똑같은 것을 원한다는 사실을 깨달았다. 그리고 전 세계에서 가장 상징적인 사상가들을 만나는 축복을 받았기에, 나는 그들도 모두 같은 것을 원한다는 것을 안다. 우리는 모두 자신의 성장과 타인에 대한 기여를 통해 성취감을 느낀다. 우리는 모두 충분하다고 느끼고 사랑받고 싶어 한다. 또한 우리는 모두 자신이 그 둘 모두를 누릴 자격이 있다고 믿기 위한 평생의 여정에 올라와 있다.

가치를 향한 우리의 여정은 항상 펼쳐져 있다. 그것은 우리가 허락하기만 한다면 매일 계속되는 평생의 항해다.

파울로와 내가 거실에서 시작한 회사를 로레알로 매각한 후 나는 CEO로 재직하며 3년간 회사를 운영하겠다고 약속했다. 나는 그 약속을 지켰고 믿을 수 없을 정도로 열심히 일했으며, 인수한 후 첫 2년 동안 회사 규모를 두 배로 키웠다. 로레알 역사상 최초의 여성 CEO가 되어 엄청난 매출을 달성하고 상장회사의 성공에 이바지하는 것은 대단히 멋진 일이었다. 적어도 내 머릿속과 자아에서는 멋지다고 생각했다. 하지만 그때 직감적으로 이제 물러날 때가 되었다는 느낌이 들었다. 마음이 찢어질 듯 아팠다. 그다지 매력적이지 않은 일을 10년간 쉬지 않고 한 끝에 마침내 매우 값진 것들을 경험하게 되었기 때문이다. 대규모 오스카상 시상식에 참석해 레드 카펫 위를 걸었으며, TV와 영화에서만 봤던 행사장에 초대받았다. 하지만 스타일리스트와 매력 넘치는 일류 팀원들과 함께 일하면서 내 얼굴과 몸에 표현된 그들의 예술을 선물로 받는 것보다 그들이 살아온 얘기와 고군분투, 성공과 꿈에 훨씬 더 관심을 두게 되었다. 내가 살았던 아파트들보다 더 크고 화려한 개인 사무실 안에 앉아 있으면, 마치 그곳이 오랫동안 머물 곳이 아니라 임시 거처로만 느껴졌다.

나는 새로운 삶이 곧 추억이 될 것을 아는 사람처럼 삶의 모든 세부 사항을 받아들이고 축하하는 시간을 더 갖기 시작했다. 이 느낌을 받아들이는 데 시간이 걸렸지만, 곧 그곳을 떠나서 지금까지 배운 모든 것을 사람들에게 도움이 될 수 있도록 사용해야 한다는 압도적인 느낌에 휩싸였다. 내 마음은 그곳에 머물며 세상이 축하하는 새롭고 화려한 것들을 즐기고 싶었다. 시상식, 유명 인사들의 방문, 동화책에 나올 법한 진주로 장식된 분홍색 쿠션과 고급 샤넬 스타일의 퀼트 소파가 놓인 새 사무실 같은 것들 말이다. 하지만 나는 이미 삶에서 외부의 인정은 진정한 사랑과 같지 않다는 교훈을 배웠다. 나는 이 교훈을 삶에서 수없이 배워야 했고 가끔은 아직도 배우지만, 그때마다 항상 더 많이 배운다. 외부의 인정을 받으면 기분이 좋지만 그 인정이 당신의 영혼을 채워주지는 않기 때문이다.

2019년 가을, 로레알과의 약속을 지킨 후 나는 10년 넘게 내 삶을 바쳤던 잇코스메틱스에서 영원히 물러났고, 내 영혼을 다해 사랑했던 팀과도 작별했다. 정말 힘든 일이었다. 하지만 그게 옳다는 것도 알았다. 내 직감과 영혼은 그게 옳다는 걸 알았다. 여성을 아름답고 가치 있는 존재로 보는 사명에 내가 가진 모든 것을 쏟아부었고, 내가 만든 회사를 통해 여성들이 자신을 그렇게 볼 수 있도록 도왔다. 내게는 그들의 마음과 영혼을 이 사명에 쏟아부은 놀라운 팀이 있었다. 이제 나는 더 이상 그 팀의 주인이 아니었고 주인만이 할 수 있는 결정을 내릴 수 없었기 때문에, 이제는 새로운 주인의 손에 그 팀을 맡기고 완전히 물러나야 할 때였다. 나는 나 자신을 믿기로 했다. 우리가 자신을 믿기로 결정할 때, 모든 일은 정확히 운명 지어진 대로 펼쳐진다.

> 내가 무엇을 할 수 있는지 묻지 말고
> 내가 무엇을 위해 창조되었는지 물어라.
>
> — 이선 윌리스 Ethan Willis (리더십 훈련 회사인 프로스퍼 Prosper 의 설립자)

잇코스메틱스에서 손을 뗐을 때, 나는 첫 번째 책《빌리브 잇》을 썼다. 책을 쓰는 내내 시리얼 럭키 참스 Lucky Charms 를 폭식하고 눈이 퉁퉁 붓도록 울었다. 그리고 이 책과 마찬가지로 저자로서 얻는 수익 100퍼센트를 기부했다. 그래서 지금까지 '피딩 아메리카'와 '투게더 라이징 Together Rising '● 이라는 단체에 수십만 달러와 수백만 끼의 식사를 기부해왔다. 나는 지금까지 미국 전역의 수백 곳의 교도소와 여성 쉼터에서 리더십 훈련을 지원하는 영광을 누리고 있다. 그리고 진심으로 봉사하겠다는 나의 소명이 이제 막 시작되었다고 느

● 후원이 필요한 사람과 후원자를 연결해주는 자선단체.

졌다.

나는 청소년 구금시설에 수감되었던 불량소녀에서 이제는 미국 전역의 100개가 넘는 교도소에 리더십 훈련을 지원하는 사람이 되었다. 고등학교 졸업 앨범에서 '할 일을 가장 많이 미루는 사람'으로 뽑혔던 나는 대학교 졸업생 대표와 졸업식 연사가 되었고, 나중에 대학원에서는 과 대표로 뽑히기도 했다. 웨이트리스로 데니스에서 식사를 나르고, 스트립 클럽에서 탄산음료를 나르던 나는 음식 불안정으로 고통받는 사람들에게 수백만 끼의 식사를 기부하는 사람이 되었다. 토니 로빈스의 강연에 가려고 팁을 모아 표를 사고 강연장 맨 뒷줄에 앉아 있던 나는 열두 번이 넘는 행사에서 그와 함께 기조연설을 하고 그가 내 무대에서 연설하게 하는 강연자가 되었다. 나는 사람들이 덜 외롭고 더 충분하다고 느끼게 하는 데 초점을 맞춘 라이브 행사를 주최해왔는데, 지금까지 내 강연의 참석자는 20만 명이 넘는다. 나는 열한 시간 반짜리 라이브 행사를 최대한 많은 사람에게 영향을 미칠 수 있도록 무료로 개최했다. 나는 어렸을 때 거실에서 오프라를 지켜보던 여자아이에서 〈당신이 원하는 삶〉이라는 수업의 일부로 그 옆에서 가르치는 사람, 그를 멘토를 넘어 친구로 부를 수 있는 사람이 되었다. 나는 화장품 업계에 적합하지 않다는 말을 들었던 사람에서 오히려 업계에서 가장 크게 성공한 회사 중 하나를 세운 사람이 되었다. 그 이유는 대부분 내가 화장품 업계에 적합하지 않았기 때문이었다. 하지만 그 이유 덕분에 나는 화장품 업계가 거의 외면해왔던 사람들을 볼 수 있었기에, 파산 직전에서 《포브스》가 선정한 '미국에서 가장 부유한 자수성가 여성'

명단에 이름이 오르게 되었다. 나는 나를 학대하고 내 사랑에 보답하지 않는 남자들과 데이트하다가 정말 좋은 사람이면서 너그럽고 다정한 영혼을 가진 남편 파울로와 결혼하는 축복을 받았다. 30년 넘게 자신이 무가치하고 부족하다고 느끼면서 시작된 평생의 여정이었다. 나 자신을 있는 그대로 사랑할 자격이 있다고 느끼는 일을 계속해야만 나를 사랑하는 다른 사람들을 끌어당기고, 그들에게 끌리고, 또 그들이 가치 있다고 느낄 수 있다.

> 외부의 인정을 받으면 기분이 좋지만 그 인정이 당신의 영혼을 채우지는 않는다.

당신이 어디서 왔는지, 심지어 지금 어디에 있는지조차 당신이 나아갈 방향을 결정하지는 않는다. 당신의 얘기 속에서 지금 어디에 있는지보다 그 안에서 당신이 어떤 사람이 돼가는지가 더 중요하다. 나는 셀 수 없을 정도로 많은 실수를 저질렀고 지금도 저지른다. 매일 실수할 때도 많다. 하지만 이제는 더 빨리 실수를 바로잡고, 더 빨리 자신을 용서하며, 실수를 내 자존감이나 정체성에 결부시키기 전에 스스로 마음을 다잡는다. 나는 아침에 일어날 때마다 내 힘이 닿는 모든 사람이 자기가 눈에 띄고 충분하다는 걸 느끼도록 돕겠다고 열정적이고 단호하게 결심한다. 사람들이 그걸 처음 느꼈든, 아주 오랜만에 느꼈든 말이다. 그것은 내 인생의 가장 큰 사명이다. 나는 그 작업을 진행 중이고, 당신과 함께 이 여정에 올라와 있다. 그리고 당신과 함께하게 되어 매우 영광스럽게 생각한다. 나에게 이것은 진정으로 평생의 특권이다.

은총은 당신 주변에 있다

당신이 은총을 인식할수록 더 많은 은총이 나타난다.
- 토니 로빈스

은총은 실재하며 우리 삶 곳곳에 존재한다. 당신과 나의 삶 곳곳에서 우리가 은총을 알아차릴수록 더 많은 은총이 나타난다. 은총은 당신을 둘러싸고, 당신 앞을 지나며, 당신 뒤와 옆, 당신 아래와 위를 지나간다. 은총은 당신에게 조심하라고 일러주는 속삭임에도, 당신이 삶에서 무조건적인 사랑을 느꼈던 순간에도 존재한다. 은총은 당신이 오랫동안 경로에서 벗어나지 않게 해주고, 경로를 벗어났을 때 당신을 안전하게 지켜주는 보호막 안에 존재한다. 은총은 아름다운 나비의 날갯짓 안에도, 당신 피부에 닿는 햇살의 따스함에도 존재한다. 은총은 당신이 열려고 그토록 애썼던 닫힌 문에도 존재한다. 결국 그 문이 열리지 않아서 너무나 감사하기 때문이다.

내 얘기는 전혀 다른 방향으로 전개될 수도 있었다. 이 책에 담을 수 있는 것보다 훨씬 더 많은 사례가 있다. 당신의 삶에서 은총의 순간들을 떠올려보자. 잘 풀리지 않았던 관계(당시에는 고통스러웠지만 지금은 풀리지 않아서 너무 감사한 관계), 느닷없이 찾아온 행운, 당신이 경험이 없을 때도 당신을 믿어준 사람, 당신이 살아남은 사고, 평생 회복해야 하는 중독, 수없이 부서졌음에도 여전히 당신을 위해 뛰고 있는 심장. 당신의 아기가 건강하게 태어난 날, 당신이 자격이 없다고 느꼈을 때도 초대받았던 방, 당신이 힘든 하루를 보내고 있다는 사실을 알 수 없었을 텐데도 친절한 미소를 지어준 낯선 사람, 그리고 지금 이 순간 당신의 폐를 가득 채우는 숨결이 말해주는 것, 당신은 살아 있다는 그 사실. 이런 순간들은 당신의 여정이 주는 경외감과 경이로움, 아름다움을 진정으로 증폭시킬 수 있다.

> 당신의 얘기 속에서 지금 어디에 있는지보다 그 안에서 당신이 어떤 사람이 돼가는지가 더 중요하다.

당신이 지금 삶의 얘기 속 어디에 있든, 지금 당신이 원하기만 한다면 최고의 날들은 당신 앞에 펼쳐질 것이다. 우리는 저마다 삶의 얘기가 있고 그 얘기를 만들어가는 사람도 우리 자신이다. 얘기 속 등장인물이나 전개되는 사건을 항상 선택할 수는 없지만, 우리가 그것들에 어떤 의미를 부여할지는 언제나 결정할 수 있다. 뉴스 앵커이자 스포츠 캐스터인 내 친구 로빈 로버츠Robin Roberts가 말했듯이 그 얘기가 우리의 실패였는지, 우리의 메시지가 될지는 우리가 결정할 수 있다. 우리는 그 얘기가 우리에게 일어난 최악의 일인지 아니면 우리가 배운 것과 쌓아온 회복력 덕분에 우리에게 일어난 최고의 일인지를 결정할 수 있다. 우리가 헤쳐나온 고통스러운 일들에서 다른 사람들이 헤쳐나오도록 도와줌으로써 우리가 피해자였던 일을 자신과 다른 이들을 위한 승리로 바꿀 수 있다고 결정할 수 있다. 어쩌면 당신이 부끄러워하던 일들이 전혀 부끄러운 일이 아닐 수도 있다. 또한 당신에게는 그 일들이 부끄럽지 않기를 바라는지 아닌지 결정할 힘이 있다. 우리는 그통을 삶의 목적으로 바꿀 수 있는지 결정할 수 있다. 그리고 우리 삶에서 가장 힘든 좌절을 삶의 설정으로 여겨라. 봉사 정신과 목적의식을 가지고 우리가 겪은 일을 이용해 이제는 다른 사람들도 그 역경을 이겨내게 도울 수 있다고 여겨라. 우리에게 주어진 은총을 감사히 여기고, 그 은총을 우리의 경험이 필요한 다른 누군가에게 전달하는 기회로 여겨라.

> 우리 모두 유명해질 수는 없지만, 우리 모두 위대한 사람이 될 수는 있다. 위대함은 봉사 정신으로 결정되기 때문이다.
> – 마틴 루서 킹 주니어 Martin Luther King, JR.

우리 삶에서 은총의 순간을 찬양하는 것은 우리 자신보다 더 큰 위대함을 상기시킨다. 우리는 가장 고통스러웠던 순간조차 되돌아보면 그 순간들이 항상 우리를 위해 일어났다는 것을 깨닫게 된다. 우리가 가야 할 길로 우리를 이끌고 우리 삶의 소명을 계속할 수 있는 회복력과 힘을 기르도록 도와주며, 우리 안에 있는 위대함을 일깨워준다. 우리가 겪은 모든 일을 사람들에게 어떤 식으로든 도움이 되도록 사용할 때 그것이 우리 자신의 위대함이다.

Worthy

2부

잊기

: 의심을 불러오는 거짓말과
가치를 깨우는 진실들

CHAPTER

5 목표 체중이 되기를 기다리지 마라
거짓말: 체중이 내 가치에 영향을 미친다

> 사람들은 흔히 "미美는 보는 사람의 눈에 달려 있다"라고 말한다.
> 나는 미에 관해 우리를 해방하는 가장 좋은 비결은 보는 사람이
> 바로 자신임을 깨닫는 것이라고 말하고 싶다.
> — 셀마 헤이엑 Salma Hayek

자기 의심을 불러오는 거짓말과 가치를 꺼우는 진실을 다룬 이 장을 시작하면서 나는 많은 사람이 너무 오랫동안 믿어왔던 아주 구체적인 거짓말 하나로 시작하고 싶다. 바로 체중이 자신의 가치에 영향을 미친다는 거짓말, 최고의 삶을 살기 위해 목표 체중이 될 때까지 기다려야 한다는 거짓말이다.

언젠가 목표 체중을 달성하면 삶이 더 나아지리라 생각하는 사람이 우리 중 얼마나 많을까? 목표 체중을 달성하면 우리는 파티나 동창회에 참석할 것이다. 몸을 다 가리는 옷을 입고 해변에 숨는 대신 바다에서 수영할 것이다. 무리 뒤에 숨지 않고 기꺼이 사진을 찍

을 것이다. 목표 체중 달성을 기다려야 한다는 거짓말 때문에 이미 인생에서 어떤 대가를 치르고 있는가? 관계에서 어떤 대가를 치르고 있는가? 야망, 소중한 시간, 잠재적인 기쁨에서 어떤 대가를 치르고 있는가? 목표 체중이 될 때까지 기다려야 한다는 거짓말 때문에 추억을 만들지 못하고 인생을 놓치고 있는가? 당신에게 몸무게를 둘러싼 편견과 믿음이 없다면 온전히 삶을 즐기지 못하게 자신을 짓누르는 것이 무엇인지 생각해보라. 인생을 충만하게 살기 위해서 당신에게 반드시 일어나야 한다고 생각하는 것이 있는가? 당신을 짓누르는 것은 다른 사람이나 당신 자신이 당신에게 갖는 기대감의 무게일지 모른다. 또는 자기 제한적 신념일 수도 있고, 불평하면서도 절대 받아들이거나 바꾸지 않는 것일 수도 있다.

    이 장의 주제는 체중에 관한 내용이 아니다. 이 장의 주제는 많은 사람이 인생을 충만하게 살기 위해, 자신이 가치 있는 사람이라고 믿기 위해 무엇인가를 기다려야 한다고 믿는 거짓말에 관한 것이다. 이 장은 기다림의 계절이 끝나기를 바라는 외침이다.

    자기 제한적 신념은 당신이 진실이라고 믿는 생각이나 어떤 식으로든 당신을 스스로 제한하는 마음의 상태다. 자기 제한적 신념은 우리가 배웠거나 시간이 지나면서 학습됐을 수 있으며, 가끔은 자신에게 그런 신념이 있다는 사실조차 인식하지 못한 채 살아간다. 이러한 제한적 신념은 우리의 신념 체계belief system 일부를 이루며(이를 줄여서 BS라고 부르자. 자기 제한적 신념이라는 게 실제로는 그만큼 '헛소리Bullshit'인 경우가 많기 때문이다), 우리를 방해하고, 제자리에 머무르게 하며, 두려움과 자기 의심으로 마음을 가득 채우는 역할을 한다. 우리는 그것들이 사실이라고 굳게 믿지만 사실상 그것들은 대부분 우리가 스스로에게 들려주거나 배워온 전혀 진실이 아닌 얘기들인 경우가 많다.

사진을 찍거나 동창회에 참석하거나 데이트를 하거나 수영복을 입거나 사업을 시작하기 위해서는 목표 체중이 되길 기다려야 한다는 생각은 거짓말이다. 그것은 자기 제한적 신념이다. 완전히 헛소리BS인 우리 신념 체계의 일부다.

확고한 자존감을 쌓기 위한 중요한 단계는 삶의 자기 제한적 신념을 인식하고, 이 책에서 살펴보는 많은 방법처럼 그것을 극복하거나 되돌릴 방법을 배우는 것이다. 자기 제한적 신념을 인식하고 그것을 극복하거나 대체하는 것은 어려운 일이지만 인생에서 가장 위대한 작업이 될 수도 있다. 내가 가장 좋아하는 한 가지 방법은 당신의 발목을 잡고 있을지도 모르는 삶의 자기 제한적 신념을 인식하고, 영혼과 앎, 직관에 그 믿음이 사실인지를 묻는 것이다. 우리의 머릿속은 하루 종일 끝없이 무언가를 말해주지만 가만히 멈춰서 자신의 앎에게 귀 기울이면 훨씬 더 명확하게 진실을 알 수 있다. 그리고 나는 이성보다 내 영혼의 소리를, 머리보다 마음 깊은 곳의 앎을 신뢰하는 법을 배웠다. 그렇게 나는 중요한 비즈니스 결정을 내렸고 마침내 더 이상 목표 체중이 되기를 기다리며 내 삶을 미루지 않게 되었다.

☑ **주목할 점:** 직관을 강화하고 자신의 앎으로 방향을 바꿀 가이

드를 찾는다면 내 WorthyBook.com/Resources를 방문하기 바란다.

낮은 신체 자존감에 관한 어떤 연구에 따르면, 소녀와 여성의 89퍼센트가 자기 외모에 만족하지 못할 때 중요한 활동을 포기한다고 한다. 예를 들면 사람들과 어울리기, 친구 및 가족과 시간 보내기, 집 밖에서 하는 활동에 참여하기 등을 하지 않는다고 한다. 당신도 이런 적이 있는가? 나는 있다. 사실 나는 평생 지속된 신체에 대한 자기 의심 때문에 생각보다 많은 시간과 에너지를 뺏기고 삶에서 더 많은 기쁨의 순간을 놓치면서 살았다.

20대 중반부터 40대 초반까지 나는 수영복을 입지 않았다. 나는 수백만 명의 여성에게 자신을 믿도록 영감을 주는 회사를 설립했고 내 피부 상태라는 결함이 사실은 아름답고 힘을 주는 요인이라고 믿는 쪽으로 생각을 바꾸었다. 하지만 내 몸에 관한 신념에서는 아직 그 단계까지 이르지 못했다. 그래서 체중 때문에 행사 초대를 거절했다. 단체 사진을 찍을 때는 다른 사람을 앞에 세우고 맨 뒤에 섰다. 남편 파울로는 내 신체 사이즈에 아무런 관심이 없었지만 나는 항상 침실 조명을 어둡게 했다. 나는 자기 제한적 신념을 극복하기 위해 엄청난 노력을 해야 했다. 스스로 가치 있다고 느끼기 위해 목표 체중Weight이 되기를 기다리는 것Waiting을 멈출 만큼 새로운 믿음이 뿌리내리도록 노력했다.

결국 나를 변화하도록 이끈 건 몸에 대한 자기 제한적 신념을 버리지 않았을 때 어떤 대가를 치르게 될지 상상해본 순간이었다.

나는 내가 거절하게 될 모험과 몸에 맞지 않거나 잘 어울리지 않는 다고 걱정하며 잃어버릴 소중한 시간들, 놓치게 될 수많은 추억들을 떠올렸다. 내가 잃게 될 기쁨과 포기하게 될 다른 이들과의 유대감, 놓쳐버릴 아이들과의 수영 시간을 상상했다. 내 몸에 대한 이 자기 제한적 신념이 이미 어떤 대가를 치르게 했는지 돌아보며 그 믿음이 사실이 아니라는 걸 내 영혼 깊숙이 느꼈다. 이러한 깨달음과 함께 딸 원더에게 내가 가치 없다는 느낌을 보여주게 될 본보기가 된다고 생각하니 마침내 마음이 바뀌었다. 원더가 한 살이 되던 해, 처음으로 원더를 수영장에 데려갔다. 우리는 사람들로 붐비는 호텔에 있었다. 내가 아는 사람을 포함해 많은 사람이 있었지만 나는 수영복을 입고 수영했다. 이 책에 나오는 많은 도구들을 활용해 열심히 노력한 덕분에 드디어 수영복을 입고 셀룰라이트를 정말로 기쁘게 흔들었다. 단 한 명의 여성이라도 그 모습을 본다면 덜 외롭고 더 충분하다고 느낄 것임을 알기 때문이다.

> 한 여성이 자신을 위해 당당히 목소리를 낼 때마다
> 자신도 모르게 모든 여성의 목소리를 높이는 일이 된다.
>
> -마야 안젤루Maya Angelou (미국의 시인, 작가 겸 배우)

애리조나 사막에는 파울로와 내가 휴가를 보내러 즐겨 찾는 장소가 있다. 어느 날 수영장에서 시간을 보내던 중 내 영혼에 울림을 주는 커다란 청동 거북 조각상 두 개에 눈길이 갔다. 각각의 거북이는 길이가 120센티미터, 높이는 60~90센티미터 정도였다. 수영장

밖으로 몇 미터 떨어진 곳에 있는 첫 번째 거북이는 우리가 헤엄치는 모습을 지켜보는 것처럼 앞발을 작은 바위 위에 올려놓고 서 있었다. 두 번째 거북이는 아주 즐거운 자세로 뒷다리에 몸을 지탱하고 완전히 꼿꼿이 앉아 있었다. 사람이 앉아 있는 자세와 똑같이 꼬리에 체중을 싣고 몸을 살짝 뒤로 젖힌 채 햇볕을 쬐고 있었다. 거북이는 배를 완전히 드러내고는 자신감이 충만한 자세로 햇볕을 만끽하고 있었다.

나는 오랫동안 거북이 두 마리를 바라보며 곰곰이 생각했다. 나는 몸무게에 대한 자기 제한적 신념 때문에 거의 평생을 첫 번째 거북이처럼 살았다. 몸을 숨긴 거북이처럼. 바위 위에 앞발만 올려놓고 다른 이들이 즐겁게 인생을 살아가며 지내는 모습을 그저 볼 수 있을 정도의 거리에서 멀리 지켜보기만 하는 거북이. 언제나 '나중'을 기다리며 진짜 인생에는 뛰어들지 못했던 그 거북이. 나는 그 거북이처럼 수십 년을 살아왔다. 하지만 이제는 아니다.

<u>스스로 아름답지 못하다고 믿는 자신을 용서하라.</u>
- 이얀라 반잔트Iyanla Vanzant(미국의 강연자, 변호사이자 작가)

이제 아랫배를 온전히 드러내고 햇볕을 쬐는 거북이, 훤히 보이는 곳에 더는 숨지 않는 거북이는 내 이름이 적힌 거북이다. 당신의 이름도 마찬가지다. 애리조나에 있는 그곳으로 돌아갈 때마다 나는 그 거북이를 찾아간다. 그곳에 친구들을 데려가기도 했다. 우리의 자기 제한적 신념이 어떤 대가를 치르게 하는지를 상기시키는 시각적 조형물을 보는 건 때로 선물과 같다. 또한 우리의 직감이 알고 있는 우리의 타고난 모습을 상기시키는 물건을 보는 것도 마찬가지다. 그것이 거북이 두 마리의 형상으로 나타나더라도 말이다.

우리의 생각은 자기 제한적 신념의 형태로 하루 종일 우리에게 아주 큰 소리로 거짓말을 떠들어낼 수 있다. 하지만 앞서 말했듯, 우리의 신념 체계의 이런 부분은 완전히 BS일 뿐이다. 우리의 앎은 언제나 진실을 알고 있다. 내가 매일 실천하는 일 중 하나는 BS 같은 자기 제한적 신념이 머릿속에 떠오르면 즉시 그것을 내가 알기에 진실인 더 나은 신념으로 바꾸는 것이다. 나는 언제든지 다시 떠올라 나를 방해하려고 하는 낡은 BS 같은 신념 체계보다 내가 아는 것을 더 신뢰하기로 결심한다. 이 실천법을 내 삶에 더 많이 실천할수록 그 믿음은 더 깊이 뿌리 내리고, BS 생각은 점점 덜 떠오르게 된다. 이 실천법은 삶을 최대한 포용하기 위해 목표 체중이 되기를 기다리는 걸 멈추는 법을 배우는 데 큰 도움이 되었다.

> 패션 팁: 당신을 있는 그대로 받아들이는 바지를 입어라.
> – 리아 발렌시아 키 Lia Valencia Key (보석 브랜드 '발렌시아 키'의 설립자)

이 실천법이 내 일상생활에서 어떻게 작용하는지 몇 가지 예를 들어보겠다. 당신에게도 이런 헛소리 같은 자기 제한적 신념이 있다면 다음과 같은 대체 진실이 도움이 될 것이다.

당신의 신념 체계는 이렇게 말한다: 수영복을 입지 마.

당신의 앎은 이렇게 말한다: 피부에 부딪히는 파도를 즐겨. 물속에서 몸을 움직일 수 있음에 감사해. 네게는 발가락 사이의 모래를 느낄 수 있는 튼튼한 다리와 발이 있어. 넌 피부에 닿는 햇빛과 산들바람을 느낄 수 있어.

당신의 신념 체계는 이렇게 말한다: 모든 사람이 너를 쳐다보고 재단해.

당신의 앎은 이렇게 말한다: 네가 몸에 자신감을 보이면 다른 여성들이 자기 몸을 신뢰할 수 있도록 허락하는 거나 마찬가지야.

당신의 신념 체계는 이렇게 말한다: 네 몸무게를 주시해.

당신의 앎은 이렇게 말한다: 네 영혼을 주시해.

당신의 신념 체계는 이렇게 말한다: 이 셀룰라이트는 끔찍해.

당신의 앎은 이렇게 말한다: 창조주가 너를 위해 설계한 유전적 세포 구조는 완벽하게 만들어졌고, 우리를 구성하는 것 외에는 아무 의미가 없어.

당신의 신념 체계는 이렇게 말한다: 나는 내 엄마나 아빠의 몸을 부끄러워해야 해.

당신의 앎은 이렇게 말한다: 자녀들이 자신의 몸을 어떻게 느끼고 대해야 하는지 배울 수 있도록 내가 먼저 본보기가 돼야 해.

당신의 신념 체계는 이렇게 말한다: 목표 체중에 도달하면 나는 더 성공할 거야.

당신의 앎은 이렇게 말한다: 잘못된 신념은 항상 너를 가난하게 만들 거야.

당신의 신념 체계는 이렇게 말한다: 내가 특정 사이즈의 청바지를 입으면 평화를 얻을 거야.

당신의 앎은 이렇게 말한다: 어떤 신념이 네 평화를 앗아간다면 대가가 너무 커.

당신의 신념 체계는 이렇게 말한다: 내 아기들은 내가 수영장 한쪽에 앉아 있다는 걸 눈치채지 못할 거야.

당신의 앎은 이렇게 말한다: 나는 내 아기들에게 언젠가 자신도 수영할 자격이 없다고 믿게 될 본보기를 보여주는 거야.

당신의 신념 체계는 이렇게 말한다: 재미있게 놀려면 몸무게가 달라질 때까지 기다려야 해.

당신의 앎은 이렇게 말한다: 지금 재미있게 놀든지, 아니면 네가 놓친 재미에 관해 후회에 사로잡혀 있든지 둘 중 하나야.

당신의 신념 체계는 이렇게 말한다: 네가 더 날씬해지면 가족들이 마침내 너를 인정해줄 거야.

당신의 앎은 이렇게 말한다: 가족들은 자신을 못마땅하게 여기지 않는 법을 배우기 전까지는 절대 너를 인정해주지 않을 거야.

당신의 신념 체계는 이렇게 말한다: 누군가가 당신의 몸에 관해 언급했던 상처 주는 말을 다시 떠올려봐.
당신의 앎은 이렇게 말한다: 상처받은 사람이 남에게 상처 주는 거야. 그 말은 당신과는 아무 상관이 없어.

당신의 신념 체계는 이렇게 말한다: 사진 속 네 몸이 어떻게 보이는지에 따라 판단해.
당신의 앎은 이렇게 말한다: 사진에 담긴 삶의 순간을 선물로 느껴봐.

당신의 신념 체계는 이렇게 말한다: 네 몸골이 형편없어. 친구가 너를 재단하지 못하게 영상 통화를 거절해.
당신의 앎은 이렇게 말한다: 너를 재단하는 사람은 친구가 아니야.

당신의 신념 체계는 이렇게 말한다: 저울에 보이는 숫자로 네 삶을 측정해.
당신의 앎은 이렇게 말한다: 진짜 잘 산 인생은, 네가 얼마나 사랑하며 살았는지를 기준으로 판단하는 거야.

당신의 신념 체계는 이렇게 말한다: 그날의 재미는 건너뛰어. 언제나 다른 파티나 모임이 있기 마련이니까.

당신의 앎은 이렇게 말한다: 그날은 절대 되돌릴 수 없어.

당신의 신념 체계는 이렇게 말한다: 다리가 날씬해 보이도록 고통스러운 힐을 신어.

당신의 앎은 이렇게 말한다: 이제 맨발로 자유롭게 달릴 때야.

당신의 신념 체계는 이렇게 말한다: 특정한 사이즈가 되면 행복해질 거야.

당신의 앎은 이렇게 말한다: 네가 어디를 가든, 어떤 모습이든 간에 그 안의 '너'는 늘 함께 따라간다는 걸 잊지 마.

당신의 신념 체계는 이렇게 말한다: 내가 더 날씬해지면 그가 나를 더 사랑할 거야.

당신의 앎은 이렇게 말한다: 매력은 감정적·화학적 에너지의 교환에서 나와. 그리고 사이즈는 감정적·화학적 에너지에 생물학적으로 영향을 미치지 않아.

당신의 신념 체계는 이렇게 말한다: 네가 살을 빼면 훨씬 더 행복해질 거라고 다들 말하잖아.

당신의 앎은 이렇게 말한다: 그건 사람들의 신념 체계가 그들에게도 거짓말을 하는 것일 뿐이야.

당신의 신념 체계는 이렇게 말한다: '기다려, 기다려, 기다려', 너는 아직 준비되지 않았어.

당신의 앎은 이렇게 말한다: '체중을 재고weighting' '기다리는waiting' 시절은 끝났어!

목표 체중이 되기를 기다리지 마라. 충분히 자신감을 느끼기 위해, 수영복을 입기 위해, 파티에 참석하기 위해, 사업을 시작하기 위해, 데이트를 하기 위해, 친구 이상의 관계를 원한다고 털어놓기 위해, 위험을 감수하기 위해, 사교댄스를 배우기 위해, 행복해져도 된다고 자신을 허락하기 위해, 가장 좋아하는 색으로 머리를 염색하기 위해, 학교로 돌아가기 위해, 부모가 되기 위해, 용서하기 위해, 직업을 바꾸기 위해, 사랑에 빠지기 위해, 기쁘게 셀룰라이트를 흔들기 위해, 자신을 세상 밖으로 내놓기 위해, 거울을 들여다보고 당신이 가진 아름다움을 축복하기 위해, 당신 자신과 그들에게⋯ 사랑한다고 말하기 위해, 그리고 **당신이 가치 있는 사람이라는 사실을 깨닫기 위해 절대 목표 체중이 되길 기다리지 마라!**

CHAPTER

6 거짓말: 행복한 모습만 보여야 한다

>당신이 자신을 의심하느라 바쁠 때,
>누군가는 당신의 장점에 감탄하고 있음을 잊지 마라.
>— 크리스틴 버틀러 Kristen Butler (베스트셀러 작가이자 동기부여 전문가)

사람1: "왜 나한테 더 일찍 전화하지 않았어?"

사람2: "그냥 귀찮게 하고 싶지 않았어. 내 문제로 널 우울하게 만들고 싶지도 않았고. 넌 할 일이 너무 많아서 내 문제까지 걱정할 여유가 없잖아. 좋은 소식이 있을 때만 너한테 전화하고 싶어."

이 대화가 익숙하게 들리는가?

지금 이 순간에도 우리 사회에는 사방에서 혼란스러운 정보가 동시에 쏟아져 들어오고 있다. 우리는 뉴스에서 파괴와 부당함, 비극에 관한 끊임없는 보도를 접하는 동시에 '좋은 느낌만Good Vibes

Only'이라고 적힌 인기 있는 광고 문구와 티셔츠를 어디서나 볼 수 있다. 많은 사람이 조용히 고통받고 있지만 그들 중 많은 이들이 '좋은 느낌만'이라고 적힌 티셔츠를 입고 있다.

이런 모순된 현실은 관심과 사랑이 혼동되는 소셜 미디어와 인터넷에도 존재한다. 소셜 미디어는 사람들이 가능한 한 모든 것에 관심을 보이도록 하는 집단적인 움직임을 부채질했다. 소셜 미디어는 불의에 관한 관심을 불러일으키고 지지를 얻기 위해 사용되는 유용함 외에도 개인이 자기가 누구인지를 세상에 드러내는 현대적인 방법이 되었다. 그리고 관심을 얻는 이 새로운 방법을 자신이 충분하다는 느낌과 혼동하고 싶어지면서 사람들은 큰 타격을 입고 있다. 대중 속에서 사람들은 두 집단 중 하나에 속하기 시작했다. 하나는 자신의 일상적인 불행을 끊임없이 알리며 관심을 얻는 집단이고, 다른 하나는 그들이 얼마나 긍정적이고 강하고 행복한지를 알려주면서 그만큼 열망의 대상이 아닌 것들은 숨기는 집단이다.

만약 당신이 열쇠를 잃어버리거나, 출근 시간에 늦거나, 케이크를 태우거나, 감기에 걸렸거나, 누군가가 당신에게 무례하게 굴었다면 그것을 세상과 공유하는가 아니면 친구들에게 문자로 보내는가? 우리는 자신이 초점을 맞춘 것을 확대한다. 따라서 당신이 항상 잘못된 것을 알린다면—당신이 그것 때문에 관심을 받고 그 관심이 사랑이라고 여긴다면, 위로와 지지를 받기보다 삶이 잘 풀리지 않는다고 느낄 가능성이 훨씬 더 높다.

우리는 부정성에 계속 더 많이 노출될수록 더 둔감해진다. 또한 중대한 문제나 중요한 불의의 피해자를 돌보거나 행동에 나서는 일에도 냉담해질 위험이 있다.

반대로, 우리에게는 '언제나 감정을 통제할 힘이 있으므로 항상 행복을 선택해야 한다'고 주장하는 움직임이 점점 확산되고 있다. 좋은 느낌만. 분노나 슬픔 같은 더 복잡한 감정들은 좋은 느낌만큼 타당하거나 중요하지 않은 것처럼 말이다. 많은 진보적 사상가는 우리가 마음 상태를 선택하는 법을 배울 수 있고, 따라서 행복해지는 쪽을 선택할 수 있다고 믿는다. 하지만 사실 대다수 사람은 그 방법을 이해하는 데 쓸 시간이나 훈련, 관심이 없다. 그래서 우리는 상황에 따라 끊임없이 긍정적이고 좋은 느낌의 에너지만을 발산하고 긍정적인 가면만을 써야 한다는 압박을 점점 더 많이 경험한다.

많은 사람과 마찬가지로 당신도 위 2가지 시나리오의 중간쯤에 있다면 당신의 감정이나 경험이나 문제를 다른 사람들, 심지어 당신이 신뢰하는 사람들과도 공유하기를 주저할 것이다. 행복한 모습을 보일 수 없다면 아예 모습조차 드러내서는 안 된다고 느끼기 때문이다. 아니면 '모든 게 좋다'라는 가면을 쓰고 나타나야 한다고 느낀다. 우리는 자신의 진짜 감정을 공유할 가치가 없다고 믿기 시작한다. 만약 우리가 복잡한 감정을 공유한다면 다른 사람들을 우울하게 하거나, 더 나쁘게는 그들의 존경이나 인정, 사랑을 잃게 될 거라고 믿는다. 그래서 우리는 아침에 일어나서 커피를 내리고 ○○(당신의 이름을 넣어라) 유니폼을 입은 다음 온종일 행복한 우리의 역할을 연기하는 루틴을 시작한다. 이 거짓 긍정성은 우리에게 거짓된 삶을 살아야 한다는 부담을 안기고 주변 사람들에게도 이 정도의 지속적인 기쁨을 성취해야 한다는 믿음을 심어준다.

해로운 긍정성

우리는 혼자가 될까 봐 진짜 감정을 숨기지만 결국 웃는 얼굴로 가면 뒤에서 살다 보면 전보다 더 외로움을 느낀다.

심리학자들은 이것을 부정적인 감정을 거부하거나 억누르거나 피하는 행위인 '해로운 긍정성 Toxic Positivity'이라고 부른다. 해로운 긍정성은 진정한 인간의 감정적 경험을 무력하게 하고 실제로 트라우마와 고립을 비롯한 온갖 건강하지 못한 대응 기제를 초래할 수 있다. 그리고 이건 꽤 흔한 일이다. 최근 한 연구에 따르면, 75퍼센트 이상의 사람들이 의도적으로 행복한 척하면서 자신의 진짜 감정은 무시한다는 사실을 발견했다고 한다. 내가 어렸을 때 웃지 않으면 길거리나 마트에서 어른들에게 "웃어!"라는 명령조의 훈계를 여러 번 들었던 기억이 난다. 마찬가지로 남자아이는 힘과 절제라는 가면 뒤에 진짜 감정을 숨기라고 배운다. 우리는 사회적 조건화 social conditioning●라는 규범을 깼다는 이유로 수치심을 느끼고, 그것을 완전히 터득하면 부모와 제도의 인정을 받는다. 나중에는 사회적 조건화를 정확히 따르는 잠재 배우자를 선택함으로써 그것을 영속시킨다. 당신이 규범을 더 잘 알수록 더 매력적인 사람이 된다. 더 많이 사랑받게 될 테고 더 많이 사랑받을 자격이 있다는 말을 들을 것이다. 그러니 많은 사람이 훤히 드러난 곳에 몸을 숨기면서 돌아다

● 사회 속에서 타인이나 환경으로부터 반복적으로 학습하거나 무의식적으로 영향받아 형성된 사고방식과 행동 패턴.

니는 것도 당연하다.

나는 평생 자기계발과 인간 심리학을 공부했다. 나는 우리가 무엇에 집중하고 에너지를 쏟느냐에 따라 우리 삶을 더 행복하고 성취감을 느끼게 할 수 있다고 믿는다. 우리가 집중하는 것은 확대되기 때문이다. 어떤 상황에서 부정적인 부분에 집중하면 곧 상황 전체가 압도적·부정적으로 느껴질 것이다. 우리가 어떤 상황에서 바꿀 수 있는 부분이나 깨달음의 순간, 교훈, 선물이 되는 부분에 집중하면 그 상황에 대한 우리의 경험은 완전히 바뀐다. 따라서 나는 우리의 감정 전체를 경험하고 표현하는 것이 중요하다고 믿지만 확대하고 싶지 않은 감정에 너무 오래 머무르지 않도록 주의한다. 부정적인 마음 상태에 머무르면 그것은 습관이 되고 결국 기본 설정이 되어 정서적 컴포트존이 될 수 있다. 우리가 지금 느끼고 경험하는 것이 일시적인지, 우리 시간의 대부분을 차지하도록 허용해야 하는지를 인식하는 것이 중요하다. 그렇게 하면 우리는 가장 머물고 싶은 곳에서 대부분의 시간을 보낼 수 있다.

당신의 진정한 모습 그대로

우리가 어떤 공간에 불러온 에너지는 우리의 책임이라고 나는 굳게 믿는다. 또한 우리가 아무리 끔찍한 감정을 느끼더라도 온전하고 진정한 감정 속에 살면서 동시에 사랑스러워 보일 수 있다고도 믿는다. 우리의 의도가 사랑에 기반을 두고 있다고 해서 다른 사람들처럼 다양한 감정을 느끼지 않는다는 뜻은 아니다. 그것은 단지 우리가 그 감정을 받아들이고 처리하며 고통과 상처를 다른 사람들에게 투영하지 않는 방식으로 공유한다는 뜻이다. 나는 평생 내 고통을 이해하고 치유하고 변화시키는 법을 탐구해왔다. 주변 사람들에게 건강하지 못한 방식으로 고통을 전달하지 않기 위해서였다. 하지만 고통을 느낄 때 사람들과 공유하지 않는다는 뜻은 아니다. 내 경우에는 계속 숨어 있는 편이 더 쉬웠던 때가 있었다. 하지만 고통을 자신에게 숨기면서 동시에 치유할 수는 없다.

나는 긍정성을 사랑하고 삶의 많은 부분이 우리가 상황에 부여하는 의미에 의해 결정된다고 믿는다. 우리가 무엇인가에 부여하는 의미는 우리 몸에 감정을 만들고, 감정은 우리가 경험하는 삶을 만든다. 삶에는 이치에 맞지 않거나 공정하지 않은 상황이 너무 많다. 하지만 당신의 삶이 신의 뜻에 따라 조정한 것이라는 깊은 믿음이 있다면 모든 일이 항상 우리에게 일어나는 것이 아니라 우리를 위해 일어난다는 사실을 인식할 수 있다. 심지어 불공평하게 느껴지거나 이치에 맞지 않는 일들도 우리를 위해 일어난다. **우리의 삶은 정확히 예정된 대로 펼쳐진다. 그런 일이 일어나기 위한 여정에서 우리가 해야 할 가장 중요한 일은 진정한 우리의 모습을 보여야 한다는 것이다.**

우리는 다른 사람들이 실제로 어떤 일을 겪고 있는지 전혀 알지 못하는 사회에 살고 있다. 그리고 다른 사람들 또한 우리가 어떤 일을 겪고 있는지 전혀 알지 못하는 사회에 살고 있다. 고도로 선별된 소셜 미디어 피드가 다른 사람들에게 우리가 잘 지내고 있다고 안심시키고 우리가 어떻게 지내고 있는지 확인할 필요가 없다고 암시하는 세상에 살고 있다. 마치 표지만 보고 책을 판단할 수 없다는 교훈을 서서히 잊어버리고 있는 것처럼 말이다. 게다가 소셜 미디어는 흔히 겉모습만 보여줄 뿐 어떤 사람이 어떻게 지내고 있는지를 실제로 알려주는 책이 아니라는 사실을 잊어버리기 쉽다.

진정한 당신의 모습으로 누군가와 소통하거나 당신의 감정을 다른 사람과 공유할 때, 그 감정이 긍정적이지 않더라도 서로의 관계에서 친밀감을 더 키울 수 있다. 그런 소통은 공유하는 사람과 듣는 사람 모두에게 선물이다. 우리는 가끔 자기 문제로 친구들을 귀찮게 할까 봐, 또는 재미있거나 흥미로운 얘기가 없어서 친구들에게 전화하고 싶지 않을 때가 있다. 하지만 그렇게 하면 그들이 절실히 원하는 유대 관계를 빼앗는 꼴이 될 수 있다. 다음번에 친구나 사랑하는 사람을 귀찮게 하고 싶지 않다면 당신이 거는 전화를 더 깊은 유대 관계로 발전시킬 수 있는 선물이라고 생각해보자! 그들은 바로 그 순간에 그것이 필요할지도 모른다!

> 고통을 자신에게 숨기면서 동시에 치유할 수는 없다.

나는 내 결혼 생활에서도 이 유대 관계의 깊이를 개선하기 위해 열심히 노력해왔다. 예전에는 남편 파울로가 심통이 나면 그 문제에 관해 내게 모두 털어놓으려 했다. 하지만 나는 나중에 기분이 나아졌을 때 다시 오라고 말하곤 했다. 그러던 어느 날, 나는 그 방식이 단절을 부추기고 있다는 사실을 깨달았다. 이제는 파울로가 나를 찾아올 때 더 나은 질문을 던진다. 물론 이 질문들이 가장 발전된 질문은 아닐지 모르지만 나는 그냥 이렇게 물어본다. "대화를 나누면서 더 가까워지고 싶은 거야? 아니면 그냥 감정을 분출하고 싶은 거야?" 대답에 따라 나는 그 순간 내가 대화를 나눌 여력이 있는지를 알려주거나 그렇지 않으면 그날 나중에 다시 만나서 얘기할 수 있는지 물어본다. 그리고 파울로도 내게 똑같은 질문을 던진다. 또한 우리는 상대방의 말을 경청하는 역할을 맡게 되면 적극적으로 이렇게 물어보겠다고 약속했다. "내가 그냥 듣기만 해줄까? 아니면 가능한 해결책을 제시해줄까?" 이런 방식은 우리 둘 모두에게 획기적인 변화를 가져다주었다. 연구 결과에 따르면, <u>남의 얘기를 들어주는 것이 듣는 사람의 에너지를 고갈시킬 때가 많다</u>고 한다. 그래서 교감을 나누기 위해서는 상대방의 말에 진심으로 귀 기울일 수 있는 능력과 욕구를 갖추는 것이 중요하다. 그러므로 남의 말을 들어주는 것은 막강한 능력이다.

우리는 내 친구이자 창의적인 사업가이며 인생 코치인 글로 어탄모Glo Atanmo에게 배운 방법을 우리의 결혼 생활에도 적용해 보았다. 그것은 내가 친구들에게 전화를 걸거나 문자를 보낼 때 사용하는 도구이기도 하다. 글로는 그것을 '여력 확인capacity check'이라고 부른다. 글로는 친구에게 조언을 구하거나 곁에 있어달라고 부탁하기 전에 그들이 그 순간에 깊은 대화나 길고 신중한 대화를 나눌 여력이 있는지 묻는다. 또는 관심과 공감을 주는 데 에너지가 필요한데, 그들에게 그럴 여력이 있는지 묻는다.

일리가 있지 않은가? 이제 나는 결혼 생활과 친구들과의 관계에서 온전히 현재에 집중하거나 중요한 대화와 교감을 나누고 싶을 때면 '여력 확인'을 하고 친구와 사랑하는 사람들에게도 똑같이 해달라고 요청한다. 모든 감정을 쏟아내거나 버리거나, 표현해도 괜찮다는 사실을 아는 것이 중요하다. 다만 당신에게 필요한 것이 그중 무엇인지를 먼저 확실히 알아야 하고, 상대방도 당신에게 똑같이 할 수 있는지 그 사람에게 들어줄 여력이 있는지 확인해야 한다. 친구들과 '여력 확인'을 할 때 그렇다는 대답이 나오면 바로 전화를 걸거나 바로 대화에 뛰어든다. 그렇지 않다는 대답이 나오면 우리의 시간이나 정신적·감정적 여력이 언제 회복되는지 상대에게 알려주기로 한다. 거절하는 방법을 예로 들면 이러하다. "너를 정말 소중히 생각하는데 오늘은 역부족이야. 너한테 온전히 집중할 수 있게 나중에 대화할 수 있을까? 네 말에 충분히 공감하고 싶어서 그래." 경계를 긋는 이러한 방법은 자신을 희생하거나 억지로 맞추지 않으면서도 다른 사람과의 유대 관계에 연료를 공급할 시간과 공간을 확보해준다. 또한 두 사람이 훨씬 더 의식적으로 서로의 시간과 에너지를 소중하게 여기도록 돕는다.

'여력 확인'을 하고 상대방에게서 마음의 여유가 있다고 확인하는 말을 듣는 것도 안전하다는 느낌을 만드는 데 도움이 된다. 그것은 당신의 감정을 용감하게 쏟아낼 공간, 당신의 말을 진심으로 들어주는 공간을 제공하는 상대방의 초대장이나 다름없다.

대화를 나누기 전에 친구들에게 당신의 여력을 확인해달라고 부탁하는 것이 조금 망설여지고 그 일로 친구들과 멀어질까 봐 걱정된다면 상대방에게 화답하라고 요청하기 전에 먼저 당신이 행동으로 직접 보여주는 것도 걱정을 덜 좋은 방법이다. 당신이 말을 꺼내기 전에 그들에게 중요하거나 힘든 얘기를 들어줄 여력이 있는지 물어보라.

만약 당신이 의도적으로 우정과 관계를 돈독히 하기를 기대하고 있다면 먼저 그들을 위한 마음의 여유와 시간을 마련하는 것도 중요하다. 그들에게 당신의 시간과 여력을 제공하는 것은 그들이 그럴 자격이 있음을 상기시키는 가장 너그러운 방법이다.

일치하는 삶

소셜 미디어로 연결되든 직접 대면을 하든, 다른 사람들에게 진정한 당신의 느낌과 다르게 자신을 표현할 때, 당신은 자신의 진실과 어긋난 상태, 즉 불일치에 놓이게 된다. 그리고 머릿속에서 그것을 어떻게 정당화하든 당신의 마음은 고통받을 것이고, 사람들과의 유대 관계도 마찬가지일 것이다. 당신은 어울리지 않고, 성취감을 느끼지 못하고, 공허하고 외로우며 우울하게 느낄 것이다. 당신이 가장 신뢰하는 사람들과 이런 관계를 맺게 된다면 이 모든 감정은 몇 배로 증폭될 것이다.

행복하지 않을 때에도 당신이 진정한 감정과 일치하거나 조화를 이루는 삶을 사는 것은 당신의 삶에서 몇몇 사람들을 희생시킬 수 있다. 하지만 괜찮다. **그들이 진정한 당신에게 좋은 반응을 보이**

지 않는다면 어쨌든 그들은 당신과 맞지 않는 것이다. 그들이 처음부터 진정한 당신을 몰랐다면, 그들과 쌓은 유대감이 진짜였을 리가 없다. 가치를 높이기 위해서는 당신이 있는 그대로 가치 있다는 믿음과 일치하는 행동을 취하는 것이 중요하다. 기분이 좋든 슬프든, 어떤 감정을 느끼고 어떤 욕구를 갖고 있든, 당신은 지금 모습 그대로 진정성 있는 연결을 누릴 자격이 있다. 진정한 그들에게 당신의 진정한 모습을 드러냈듯이 진정한 당신은 그들의 진정한 모습을 볼 자격이 있다. 진정한 자아와 일치하는 행동에는 유대 관계가 따른다. 진정한 자아와 일치하는 행동에는 친밀감이 따른다. 진정한 자아와 일치하는 행동에는 자유가 따른다.

CHAPTER

7 거짓말: 나는 더 나아질 자격이 없다

예전에 당신에게 상처 준 사람들 때문에
새로운 사람들의 사랑을 받아들이지 않고 있는가?
– 스티븐 퍼틱Steven Furtick (미국 복음주의 기독교 목사이자 작가)

"얘들아, 나 지금 거기가 불난 것 같아." 내 친구 엘라가 가까운 친구들과 함께 식탁에 둘러앉아 점심을 먹으면서 비밀을 털어놓았다. 그 순간 연민과 침묵이 식탁을 휩쓸었다. 여기서 무슨 일이 벌어졌는지 그 불타는 진실을 얘기하기 전에, 먼저 곤경에 빠진 나의 굉장한 친구에 관해 더 자세히 설명하고 싶다. (덧붙여 말하자면, 아니다. 엘라는 그의 진짜 이름이 아니다. 그리고 맞다, 나는 이 장에 쓰인 단어 하나하나에 그의 허락을 받았다. 내가 하려는 얘기가 끝날 때쯤이면 당신이 이 2가지 질문을 하게 될 테니 미리 알려두는 바다.)

나는 얼리샤 키스Alicia Keys의 노래 〈걸 온 파이어Girl on Fire〉를 생각할 때면 친구 엘라를 떠올린다. 아니, 그런 식으로는 아니다. 가장 승리한 방식으로 그를 떠올린다. 엘라의 직업적 성공은 비범하다. 수상 경력과 잡지에 실린 기사와 은행 잔고로 증명할 수 있다. 그는 업계의 아이콘이며 외면적·내면적으로 많은 면에서 세상 사람들이 완벽하다고 칭할 만한 존재다. 사적으로나 공적으로 많은 사람에게 사랑과 축하를 받아왔다. 그리고 내면 깊은 곳에서 그는 진정한 사랑 벌레다. 직업에서 압도적으로 다른 이들을 이길 수 있으나 사랑으로 그들을 이끄는 부류의 사람이다. 아주 사려 깊은 친구이며 항상 작은 선물과 사랑스러운 문자를 보내 당신이 그에게 중요한 사람이라는 사실을 알려준다. 하지만 사람들이 보지 못하는 엘라의 뼛속 깊은 곳에서는 자신이 사랑받을 자격이 없다고 느끼고 있다. 자신이 충분하지 않다고 느끼며 사실 충분함과는 거리가 멀다고 생각한다. 엘라는 그런 생각을 정말, 정말 잘 숨긴다.

몇 년 전, 트라우마가 내 삶에 미치는 영향을 이해하기 시작했을 때 사실상 우리가 모두 트라우마를 경험한 적이 있다는 사실을 알게 됐다. 각각의 트라우마는 다양한 형태와 정도로 나타날 수 있지만 로빈 로버츠가 말했듯 '그것을 절대 절망과 비교해서는 안 된다'.

우리는 모두 살면서 고통을 느껴본 적이 있다. 엘라가 어린 시절에 겪은 엄청난 트라우마를 자세히 말하지는 않겠지만 나는 그의 삶 전체가 진정한 영웅의 여정이었다고 말하고 싶다. 그의 삶은 산 정상을 찾아 올라가는 방법을 알아낸 후 정상에 올라 승리의 깃발을 땅에 꽂는 여정이었다. 그리고 자신이 그 방에 있을 자격, 상사가 될 자격, 사랑스럽고 건강한 우정을 쌓을 자격이 있다는 것을 증명했다. 그는 친구들이 힘을 얻고 가족들이 도움을 요청하는 사람이었다. 하지만 가까운 친구들은 그의 진실을 알고 있었다. 그는 감정을 무디게 하려고 단 음식과 일에 중독되었다. 그리고 자신에 관해 스스로에게 들려주는 진짜 얘기 뒤에 숨어버렸다. 즉 그는 충분하지 않고, 따라서 사랑받을 자격이 없다고 생각하며 훤히 드러난 곳에 몸을 숨겼다. 당신은 전 세계로부터 대단하다는 평가를 듣지만 정작 본인은 그걸 믿지 못하는 사람을 알고 있거나, 혹은 당신이 그랬던 적이 있는가? 그런 사람이 바로 엘라다.

> 전 세계로부터 대단하다는 평가를 듣지만 정작 본인은 그걸 믿지 못하는 사람을 알고 있거나, 혹은 당신이 그랬던 적이 있는가?

엘라는 종종 자신의 사랑에 화답 받지 못하는 연애를 한다. 물론 의식적으로 그런 연애를 하는 건 아니다. 엘라는 자신의 모든 지식과 힘을 동원해 사랑받기를 원한다. 그는 할머니 손에서 자랐는데 함께 차를 타고 철로를 지날 때마다 할머니가 "발을 들고 소원을 빌어라"라고 말씀하시곤 했다. 엘라는 항상, 심지어 당시에도 배우자에 관해 기도했다. 그의 가장 큰 꿈은 결혼해서 아이를 낳는 것이다. 그의 가장 큰 두려움은 영원히 혼자 있는 것이다. 엘라의 가장 큰 걱정은 40대가 된 이제 시간이 부족할지도 모른다는 것이다. 그래서 그는 새로운 남자들에게 마음을 열고 나서 위험 신호가 나타날 때도 무시하는 것이 습관이 되었다. 누군가가 부정직하거나 뭔가 잘못되었을 때, 직감이 자신에게 하는 말을 무시한다. 자신을 더 잘 대해주는 사람을 절대 찾지 못하거나 영원히 혼자 있게 될지도 모른다는 두려움 때문에 건강한 연인 관계의 시점을 훨씬 넘어서까지 관계를 유지한다. 그저 관계가 더 나은 쪽으로 바뀌기를 바라면서 말이다.

한 번은 정서적 학대를 당한 적이 있었다. 엘라는 8년 넘게 그 관계를 유지하며 계속 파트너를 위한 변명을 늘어놓고 그가 변하기만을 바랐다. 그가 아무도 엘라를 원하지 않을 거라고 말했을 때 엘라는 그 말을 믿기 시작했다. 엘라는 그의 삶 속에 자신의 상상 속 집과 미래를 지어 올리며 훤히 보이는 곳에 몸을 숨겼다. 결혼식 종소리와 아름다운 아기들까지 모두 볼 수 있었다. 하지만 그 안에서 자신의 집을 볼수록 엘라의 영혼 안에서는 자신이 점점 더 사라졌다. 꿈꾸었던 직업, 금전, 친구 집단이라는 면에서는 모두 성공했지만 엘라 인생의 가장 큰 목표는 낭만적인 사랑을 찾는 것이다. 조건 없이 자신을 사랑해줄 진정한 파트너를 찾는 것이다. 엘라의 영웅적인 사명은 언론이 그의 삶에 관해 말하는 가난을 극복하고 엄청난 직업적 성공을 거둔 소녀에 관한 사명이 아니다. 엘라가 생각하는 영웅적인 사명은 동화 속에 나올 법한 파트너를 만나 영혼을 충만하게 하는 사랑, 조건 없고 평생 지속되는 사랑을 하는 것이라고 오랫동안 믿었다.

"애들아, 나 지금 거기가 불난 것 같아. 그 사람은 진짜 거짓말쟁이야, 지금 내 사타구니가 불타고 있다고." 자, 이제 어떻게 이런 일이 일어났는지 엘라가 시작한 불타는 모험을 얘기해보자.

놀랍지 않게도 모든 일은 불꽃에서 시작되었다. 그의 프로필에는 홀아비이자 두 딸의 아버지라고 쓰여 있었다. 엘라는 그의 사진이 마음에 들어 즉시 데이트 앱에서 그를 수락했다. 그들은 메시지를 주고받은 후 전화 통화 일정을 잡았다. 가망 없는 낭만파들이 다 그렇듯, 엘라는 엄마가 없는 멋진 두 딸의 어머니가 되고 굉장한 이 남자의 아내가 되는 상상을 하지 않을 수 없었다. 그의 모든 희망과 꿈이 간단한 터치 한 번으로 문 앞까지 배달될 수 있었을까?

휴대폰이 울리고 화면이 켜지는 순간 엘라의 맥박이 빨라졌다. 자신감을 최대한 끌어모아 "여보세요"라며 전화를 받았다. 그는 뱃속에서 올라오는 듯한 깊은 목소리로 엘라에게 인사를 건넸다. 그 매력적인 남자는 그에게 희망을 주는 모든 걸 다 갖춘 듯한 분위기를 풍겼다. 그는 아내가 암으로 세상을 떠났고, 과거에는 치안 유지 업무에 종사했으며, 지금은 쌍둥이 딸을 키우면서 사업을 열심히 하고 있다고 말했다. 엘라도 쌍둥이었으므로 이 말은 엘라가 꿈꾸던 동화의 증거처럼 이 사람이 천생연분인 것처럼 느껴졌다. 그의 아이들을 키우고 그들의 삶에 생긴 구멍을 메운다는 생각은 놀라운 선물처럼 느껴졌다. 엄마가 없는 예쁜 두 딸의 엄마가 되는 것보다 더 고귀한 목적이 있을까? 그 환상이 뿌리를 내리면서 러브 스토리가 저절로 쓰이고 있었다.

그들의 전화 통화는 중립적인 장소에서 만나는 단계로 이어졌는데, 대개는 저녁 식사를 위한 레스토랑 같은 곳에서였다. 그리고 둘은 크게 한 걸음 나아가, 엘라가 그를 자기 집으로 초대했다. 엘라의 거실은 온통 하얀 가구와 하얀 카펫으로 꾸며져 있고, 거실을 극도로 깨끗하게 유지하려고 손님들에게 신발을 벗으라고 요구할 정도로 세심했다. 그가 엘라의 인테리어를 칭찬하고 규칙에 따르는 모습은 엘라의 심장을 두근거리게 만들었다. 그의 향수도 마찬가지였다. 엘라에게 그는… 미래의 남편 같은 냄새가 났다. 엘라의 집에 함께 있던 첫날, 그는 판매 전시장에 놓인 듯한 소파에 앉았는데 엘라의 맞은편 의자가 아니라 바로 옆자리였다. 적당한 부위가 찢어진 말쑥한 청바지와 폴로셔츠를 입고 자신감 넘치는 미소를 지으며 그는 긴 근육질의 팔을 뻗어 엘라의 무릎 위에 손을 얹고 얘기를 나누었다. 그가 엘라의 무릎을 부드럽게 문지르기 시작하자, 엘라는 그들이 무슨 얘기를 나누고 있었는지 거의 잊어버릴 뻔했다. 엘라가 기억도 안 나는 단어들이 입 밖으로 튀어나오는 동안 머릿속에서는 '키스해줘. 키스해줘'라는 생각만 계속 맴돌았다. 엘라는 먼저 다가가고 싶지 않았다. 누군가 자신을 원하는 감정을 느끼고 싶었다. 그때 일이 일어났다. 그가 몸을 숙여 엘라의 입술에 자신의 입술을 갖다 댔고, 곧이어 대단히 열정적인 키스가 이어졌다. 엘라는 온몸에 온기와 희망이 차오르는 것을 느꼈다. 엘라는 어쩔 수 없이 자신도 모르게 사랑에 빠졌다. 그는 그날 키스 외에는 아무것도 시도하지 않았다. 그는 신사였고, 엘라를 향한 감탄하는 그의 말은 그가 엘라를 너무나도 원하는 것처럼 들렸다. 그리고 상대가 자신을 간절히 원한다는 건 정말 기분 좋은 일이었다.

엘라는 새로 사귄 친구와 가까워지면서 그의 근무 일정이 평범하지 않다는 것을 알게 되었다. 산업용 세척제를 개발한 그는 보통 팀과 함께 그 제품으로 밤새 사무실을 청소했다. 엘라가 그에게 회사와 근무 일정에 관해 더 많이 물어볼수록 더욱 혼란스러워졌다. 누군가에게 어떤 질문에 대한 답을 받았지만 그 답을 충분히 이해할 수 없다고 느낀 적이 있지 않은가? 엘라는 그들이 서로를 알아가는 단계였기에 너무 강하게 밀어붙이고 싶지 않았다. 그때 위험을 알리는 붉은 깃발이 휘날리기 시작했다.

엘라가 저녁에 전화했을 때, 그는 전화를 받지 않았다. '그가 사장이라면 왜 전화를 못 받을까?' 엘라는 의아했다. 그는 직장에서 전화를 받기가 너무 어렵다고 말했다. 엘라의 마음은 그 설명을 받아들였지만 엘라의 직감은 받아들이지 않았다. 엘라는 아직 그의 집에 가본 적이 없었는데, 그것도 조금 이상하다고 생각했다. 그들이 몇 번 그의 집에 갈 계획을 세울 때마다 그는 직전에 계획을 바꿨다. 그러다 드디어 그의 집에 가기로 한 날, 그는 나타나지 않았다. 사실 그는 완전히 사라져서 며칠 동안 연락이 닿지 않았다. 마침내 연락이 닿았을 때는 고속도로에서 오토바이 사고를 당해 병원에 입원했다고 말했다.

이 소식을 들은 엘라가 즉시 말했다. "무슨 병원이요? 어디요? 당장 만나러 갈게요!"

그는 재빨리 말을 바꿔서 병원이 아니라 응급실에 있다고 대답했다.

"아, 구급차가 당신을 응급실로 데려갔나요? 아니면 고속도로에서 사고가 났을 때 누가 당신을 그리 데려다줬어요?"라고 엘라가 물었다.

"친구요." 그가 대답했다. 그런 다음 도로 옆에 서 있는 오토바이 사진을 엘라에게 문자로 보냈다. 하지만 오토바이에서는 사고의 흔적이 전혀 보이지 않았다. 스파이더맨 같은 직감이 사방에서 경고 신호를 보내고 있었다.

엘라는 과거의 컴포트존(모든 위험 신호를 무시하고 그에 대해 변명하는 것)과 자신이 사랑받을 가치가 있다는 새로운 앎과 믿음 사이에 크게 벌어진 협곡을 어떻게 건널지 몰랐다. 크게 벌어진 그 협곡은 무서운 곳이다. 그건 가장 두려운 것과 가장 원하는 것 사이에서 줄타기하는 것처럼 느껴질 수 있다. 엘라의 경우에는 영원히 혼자될지도 모른다는 두려움과 자신이 솔직하고 진정한 사랑을 받을 자격이 있다는 확신 사이의 줄타기다. 우리가 그 순간에 도달할 수 있음을 아는 것과 정말 그럴 자격이 있는지를 아는 것 사이의 줄타기다.

엘라는 첫 데이트를 하기 전에 상상했던 잠재적 미래를 잃을 준비가 되어 있지 않았기 때문에 자기 앎의 목소리를 무시했다. 엘라는 그가 거짓말을 하고 있다는 것을 알았다. 하지만 거짓말하는 사람들을 편안하게 받아들이는 오래된 습관은 불쾌한 진실을 말하는 내면의 목소리를 무시한 채 과거에 했던 대로 하고 싶어 했다. 엘라는 그를 계속 만났다. 그들의 관계는 계속 깊어져 성적으로도 친밀해졌다. 이 대목에서 엘라의 얘기를 짧게 줄이지는 않겠다. 엘라에 따르면 그들의 섹스는 어마어마하게 놀라웠다고 한다. 그냥 '좋아, 오늘 밤 일기에 꼭 써야겠어'라는 정도의 놀라움이 아니었다. 그건 세상을 뒤흔들 만큼 놀라웠고, '어디에 있다가 이제 나타났어, 여길 건드려야 절정에 도달하는지 어떻게 알았어, 당신은 섹스 학교를 열어야 해!'라고 말할 정도로 좋았다.

이렇게 놀라울 정도로 친밀한 만남이 쌓여갔지만 그의 얘기는 그렇지 않았다. 엘라는 그의 과거를 좀 더 깊이 파헤치기 시작했다. 그의 말과 진실이 일치해서 자신의 걱정이 틀렸음을 증명하기를 바라면서 말이다. 놀라운 경력과 인맥 덕분에 엘라는 사람들에 관해 알아내는 법을 알았고, 알아낼 줄 아는 사람들도 알았다. 엘라는 자신의 걱정이 틀렸음을 증명할 때까지 그가 결백하다고 가정하면서 조사하는 동안 그와의 관계를 지속했다.

오르가슴과 가망 없는 낭만적 성향으로 지탱하던 엘라는 몇 달 후 그와의 관계를 공식적으로 알리면서 두 사람은 서로에게만 전념하기로 약속했다. 그들은 데이트 앱에서 프로필을 삭제한 후 신뢰와 관계를 한 단계 더 발전시키기로 했고, 성관계를 할 때 피임하지 않았다. 그 후 낙타의 등을 부러뜨린 지푸라기, 아니, 건초더미를 태워버린 성냥불이 나타났다.

직감이 항상 자신에게 말하는 방식을 묘사한 오프라의 설명을 나는 좋아한다. 처음에는 속삭임의 형태로 묘사되는 경우가 많다. 만약 그 직감을 무시한다면, 그것은 당신의 머리를 '탁' 하고 치는 형태로 다가올 것이다. 그다음에는 벽돌이 나타난다. 당신이 여전히 그 직감을 무시한다면 벽돌로 된 벽 전체가 갑자기 당신 위로 무너지는 형태로 나타날 것이다. 그 벽돌로 된 벽은… 엘라를 갑자기 덮치기 직전이었다!

두 사람이 처음으로 피임하지 않고 성관계를 한 다음 날, 엘라는 거기가 끊임없이 타는 것처럼 느껴지기 시작했다. 엘라는 일시적인 증상일지도 모른다고 생각했지만 증상은 없어지지 않았다. 또 하루가 지나자, 엘라는 완전히 불이 붙은 것만 같았다.

엘라의 고귀한 마음은 그것이 질염이나 요로 감염이길 바랐지만, 직감적으로 전에는 경험하지 못했던 증상임을 알고 있었다. 엘라는 의사를 찾아갔고, 의사는 진찰하면서 배양균 검사를 했다. 그 후 전화가 왔다. 그건 요로 감염도 질염도 아니었다. 엘라의 새 친구는 엘라에게 본격적인 성병을 전염시켰다. 그는 엘라와의 약속처럼 한 여자만을 바라보지 않았다. '그래서 그가 섹스를 잘하는 거야. 엄청나게 하고 다니는 게 틀림없어'라고 엘라는 속으로 생각했다.

엘라는 너무 화가 났다. 그가 옮긴 성병 때문에 분노했고, 배신감을 느꼈다. 하지만 이런 사람이 그만이 아님을 주목하는 게 중요하다. 미국인의 절반 이상이 평생에 한 번은 성적으로 전염된 감염이나 질병에 걸린다. 실제로 연구 결과에 따르면 십 대 4명 중 1명이 매년 성병에 걸리고, 2명 중 1명은 25세 전에 성병을 앓는다고 한다. 많은 사람에게 성병은 조용히 앓아야 하는 고통의 근원일 수 있다. 너무 창피해서 아무도 그 문제를 말하지 않는다. 그래서 우리는 종종 자신을 회피하면서 성병을 마음속 깊이 묻어두어, 그것이 자신이 무가치하다는 정체성에 뿌리내리게 한다. 당신이 이런 사람이라면 지금 당장 내 말을 크고 분명하게 듣기 바란다. "당신은 지금 모습 그대로 충분히 가치가 있어요. 충분히 아름답고 충분히 온전해요. 당신은 충분히 사랑받을 자격이 있어요." 당신이 되돌리기를 바라는 일이 무엇이든, 없었던 일로 하고 싶은 경험이 무엇이든,

실수라고 느끼는 결정이 무엇이든, 결국 당신에게 부당하게 상처를 준 다른 이의 결정이 무엇이든, '당신의 가치'는 이중 어느 것과도 관련이 없다. 이것들은 모두 삶을 구성하는 부침의 일부이며, 나는 삶의 부침 중 일부가 유발할 수 있는 고통을 잠시 줄이려는 게 아니다. 하지만 이 사실을 확실히 알아야 한다. 이것들은 당신을 정의하지 않는다. 오직 당신과 당신의 창조주만이 당신을 정의할 수 있다.

내가 추호도 의심하지 않고 아는 것, 그리고 당신이 지금 마음 깊이 받아들이기를 기도하는 것은 이것이다. 만약 지금 이 말이 당신의 얘기라면 오늘이 바로 자신을 부끄러워하던 날들의 마지막 날이다. 오늘이 자신을 회피하는 걸 끝내는 날이다. 오늘이 자신이 부족하다고 생각하는 걸 끝내는 날이다. 오늘이 자신이 망가졌다고 생각하는 걸 끝내는 날이다. 오늘은 새로운 날이다. 오늘은 거짓에서 벗어나 진실로 들어가는 날이다. 오늘은 머릿속에서 벗어나 영혼으로 들어가는 날이다. 당신의 영혼과 창조주는 당신이 온전하고 아름답고 가치 있으며 충분히 구원받고 충분히 회복되었다는 사실을 알기 때문이다. 당신이 살아 있고 숨 쉬고, 멈출 수 없는 강력한 사랑의 힘이라는 걸 알기 때문이다. 그 어떤 사람도, 어떤 장소와 물건도, 과거의 실수와 축하할 만한 성공도, 어떤 오르막과 내리막도, 성병도 우리가 충분하고 '가치 있게' 타고났음을 바꿀 수 없다!

아무도 그런 얘기를 하지 않기 때문에 우리는 이런 경험을 하는 사람이 우리뿐이라고 생각하기 쉽다. 비슷한 경험을 한 사람과 이 글이 도움이 될 만한 사람을 알고 있다면, 이 글을 그들과 함께 읽거나 당신이 책을 읽고 나서 그들과 공유하길 바란다. 어떤 소녀도,

어떤 여성도, 어떤 사람도 자신이 가치 있음을 아는 데 뒤처져서는
안 된다!

당신의 자존감은 당신에 의해 결정된다.
당신이 누구인지 말해주는 누군가에게 의존할 필요는 없다.

-비욘세Beyoncé

　의사가 엘라에게 항생제를 처방하자, 며칠 만에 엘라는 타는 듯한 느낌에서 벗어났다. 하지만 그의 동화가 무너져 내리면서 훨씬 더 큰 고통을 느꼈다. 엘라는 광범위한 조사를 통해 그가 2명의 어린 딸을 두고 있는 것은 사실이지만, 죽었다는 아내에 관한 기록은 어디에도 없는 것을 알게 되었다. 엘라는 '홀아비인 척 거짓말하려고 사람이 그렇게까지 비굴해질 수 있을까?'라고 생각했다. 하지만 그의 아내가 죽었다는 증거를 찾을 수 없었지만, 죽지 않았다는 증거도 찾지 못했다. 그런데도 엘라는 그에게 전염된 성병을 포함해 이 모든 걸 해명할 이유가 있을지도 모른다고 여전히 생각하고 싶은 충동을 억누르지 못했다. 외부에서는 이런 일이 벌어지는 것을 보고 '안 돼~'라고 소리 지르기가 너무 쉽지만 사랑을 간절히 갈망한 나머지 우리 자신의 앎을 무시하기로 마음먹은 사람이 되기도 너무 쉽다.
　이 장의 첫 문장과 당신 주변 사람들의 중요성을 기억하라. 잊고 싶은 유혹을 느낄 때마다 당신이 누구인지, 당신의 가치는 무엇인지 상기시켜 주는 주변 사람들 말이다.

엘라가 얘기를 마쳤을 때 우리는 입을 벌린 채 아름답고 똑똑하고 강인하고 전사답고 상냥한 친구가 자기 가치를 큰소리로 의심하는 모습을 지켜보았다. "지금 내 거기가 심하게 타는 느낌이지만 그에게 해명할 기회를 한 번 더 줄까 해." 엘라가 말했다.

"뭐라고????? 안 돼애애애애애!!!!!!!" 테이블에 있던 모든 사람이 버럭 소리쳤다. 그는 사기꾼이 분명했고, 엘라의 거기를 불타오르게 하지 않았는가! (게다가 좋은 종류의 불도 아니었다.)

"안 돼애애애애!!!"

엘라의 마음은 가장 깊은 사랑을 갈망했고, 사랑하는 만큼 화답하지 않아 사랑에 굶주리게 하는 사람에게 계속 사랑을 주고 있었다. 그것이 그의 오래된 패턴이었고, 우리는 모두 엘라가 새로운 패턴을 향해 성큼 나아갔다는 것을 알았다. 그는 궤도에서 벗어나 있었다. 다시 궤도로 돌아가겠다고 결심할 때까지. 그리고 엘라는 다시 궤도로 돌아갔다. 친한 친구들에게 옆구리 찔려가며 내린 결정이었지만 말이다.

우리가 엘라에게 자신이 누구인지 누누이 상기시키자, 엘라는 관계를 끝내겠다고 결론 내렸다. 그리고 그에게 바로 끝났다고 말하기로 했다. 엘라가 "그가 전화하면 마음을 단단히 먹고 안 받을 거야. 절대 잊지 않도록 휴대폰 연락처에 저장된 그의 이름 옆에 사기꾼이라고 덧붙일까 봐"라고 말했다.

테이블에 앉아 있던 친구 중 하나가 엘라의 휴대전화를 달라고 하더니 휴대폰 연락처를 확인한 후 즉시 이름 아래에 있는 직함과 회사 이름란에 '사기꾼사기꾼 거기에 불남'이라고 바꿨다. 엘라는 웃음을 터뜨렸고, 우리 모두 함께 박장대소하며 깔깔거렸다. 그런 다음, 휴대폰을 돌려 보며 그의 새로운 직함에 웃음을 터뜨리다가 모두 처음으로 그의 얼굴을 보게 됐다. 침묵이 흘렀다.

"우와, 이 남자 '정말 섹시하구나 So Hot', 알겠어⋯." 친구 중 한 명이 자기도 모르게 내뱉었다.

"워워, 좋아. 감염은 얼마나 뜨~거웠어?" 다른 친구가 너무 웃어서 눈물을 흘리며 반농담조로 물었다. 그렇다, '사기꾼사기꾼'은 한 가지 이상의 의미로 HOT했다. 바보 같은 말장난이 계속되었다. 때로 상처받은 친구에게 최고의 약은 한바탕 신나게 웃는 것이기 때문이다.

엘라는 다 끝났다고 말하려고 그에게 전화했다. 엘라는 자신이 거짓말하는 사람보다 훨씬 나은 사람을 만날 자격이 있다고 말했고, 그가 두 딸에게 어떤 본보기를 보이고 있는지 생각해보길 바란다고 말했다. 그날 이후로 엘라는 그 남자와 다시는 통화하지 않았다.

누군가에게 당신이 받을 자격이 있는 것보다 못한 대우를 받아본 적이 있다면 단번에 그 관계를 끊기가 항상 쉽지만은 않다는 걸 알 것이다. 그리고 당신이 삶의 오래된 패턴을 바꾸는 데 전념하는 근본적인 이유, 즉 당신만의 이유는 과거로 돌아가려는 경향에 저항할 수 있을 만큼 강력해야 한다.

엘라가 자신을 사랑하겠다는 결심, 즉 그의 사랑을 받을 만한 사람들만 곁에 두겠다는 결심을 명확히 하기 전이라면 '사기꾼사기꾼'과의 관계를 계속 유지했을 것이다. 여러 해롭고 건강하지 못한 관계를 유지하며 세월과 희망을 잃었던 예전처럼 말이다. 그의 거짓말에도 불구하고 엘라는 자신의 직관을 무시하면서 그를 바꿀 수 있다고 스스로에게 말하며 관계를 유지했을 것이다. 엘라는 많은 사람이 자기 자신에게 해왔던 역대 가장 인기 있는 거짓말, 즉 그가 엘라를 위해 변할 거라는 거짓말을 한때 믿었다.

많은 치료와 노력을 통해 엘라는 성장했다. 엘라는 궁극적인 영웅의 여정이자 일생의 싸움은 먼저 영혼을 채워주는 무조건적인 사랑을 자신에게 주는 것임을 깨달았다. 다른 사람들과 그런 사랑을 교환하기 전에 말이다.

> 당신이 자신을 조건 없이 사랑할 자격이 있다고 믿지 않는다면,
> 다른 사람들에게 조건 없는 사랑을 찾거나, 주거나, 받거나,
> 그 사랑을 받을 자격이 있다고 믿는 것은 불가능하다.
> 우리는 우리가 갖지 못한 것을 줄 수 없기 때문이다.
>
> —메리앤 윌리엄슨 Marianne Williamson(미국의 작가이자 연설가, 정치 활동가)

이러한 앎이 주는 계시에는 장점이 있다. 내가 가장 좋아하는 고故 마야 안젤루 박사의 다음과 같은 명언처럼 말이다. "더 잘 알 때까지 최선을 다하고, 더 잘 알게 되면 더 잘해라." 엘라는 자신을 둘러싼 우리cage에서 벗어났다. 우리에는 이렇게 쓰인 커다란 표지판이 붙어 있었다.

나를 해치려거든 들어오세요. 그게 내게는 가장 편하니까요. 경고:
선의를 가지고 들어오면, 내가 당신을 친구로만 여길지도 몰라요.

이제 엘라는 자신의 가치를 구축하고 포용하는 개인적인 여정을 시작했다. 누군가에게 자신이 받을 자격보다 못한 대접을 받고 있을 때 그 사실을 더 빨리 알아차리는 사명이다. 자신이 다른 사람에게 주는 것만큼 사랑받을 자격이 있다고 결정하는 사명이다. 또한 그가 과거에 자신이 부족하다고 믿었다는 이유로 그가 받아야 할 것보다 못한 대우를 받아서는 안 된다는 걸 깨닫는 사명이다. 엘라는 이제 자신이 있는 그대로 사랑받을 자격이 있다고 믿기로 했다. 체중계에서 그의 몸무게가 특정한 숫자에 도달했을 때 사랑받을 자격이 있는 것이 아니다. 그가 야망을 덜 품었을 때가 아니다. 대화를 나누기 위해 자신의 빛이나 지성을 줄일 때가 아니다. 자신의 가치관과 일치하지 않는 사람들에게 '한 번쯤은 괜찮겠지' 하고 기준을 낮출 때도 아니다. 마음속으로는 진정한 사랑을 갈망하면서도 '아마 난 친구 이상의 관계는 될 수 없을 거야'라고 자포자기할 때 사랑받을 자격이 있는 것도 아니다. 엘라는 이제 앎의 문턱을 넘어섰다.

당신의 정서적 컴포트존

우리 모두는 인생에서 최대한 확실한 것을 얻으려는 강한 인간적 욕구를 갖고 있다. 확실성은 곧 편안함이다. 나는 이 장을 스티븐 퍼틱의 말로 시작했다. "예전에 당신에게 상처를 준 사람들 때문에 새로운 사람들의 사랑을 받아들이지 않고 있는가?" 나는 당신에게 지금 당장 이 질문을 생각해보라고 권하고 싶다. 때때로 우리는 사람들이 우리를 사랑하게 두지 않는다. 그게 건강한 우정이든, 친밀한 관계이든. 그 이유는 우리가 과거에 상처받았고, 다시 상처받을까 봐 두렵기 때문이다. 하지만 가장 흔한 이유는 아무도 말하지 않는다. 바로 학습되고 조건화되어 기본 설정이 돼버린 정서적 컴포트존에 머무는 것이 더 편하기 때문이다. 또는 그런 이유로 우리는 익숙한 유형의 사람들, 즉 과거 사람들만큼 우리를 부당하게 대하는 사람들과의 관계를 계속 추구한다. 우리는 익숙한 것에 끌린다. 우리는 행복보다는 '익숙함'을 택하게 설계되어 있다. 인간은 본능적으로 행복을 추구하도록 설계된 존재가 아니라, 편안함을 추구하도록 설계된 존재다. 행복해지고 싶다고 생각하지만 우리의 잠재의식은 편안한 곳, 즉 우리의 자존감을 가장 정확하게 반영하는 곳으로 돌아가기 위해 가능한 모든 것을 하도록 우리를 이끈다. 우리는 심지어 더 편안하게 느껴지는 관계로 돌아가기 위해 좋아질 수 있는 관계를 방해할 것이다. 가장 익숙하고 편안한 관계가 우리를 실망하게 하거나 우리를 부당하게 대하는 사람과의 관계일지라도 말이다.

엘라는 자신을 존중하지 않는 파트너들과 함께 있을 때 오히려 편안함을 느꼈다. 못한 대우를 받는 것이 자기 자신이 부족하다는 평가와 일치할 때, 우리는 그런 관계에 끌리게 된다. 나쁜 남자들이 우리 마음을 아프게 할 것을 알면서도 마음이 가는 이유다. 임상 심리학자 수잰 라흐만Suzanne Lachmann은 이렇게 지적한다. "낮은 자존감만큼 진실되고 호혜적인 관계를 맺는 능력을 방해하는 건 없다. 당신 자신이 충분히 괜찮다고 믿을 수 없다면 사랑하는 파트너가 당

신을 선택할 거라고 어떻게 믿겠는가?" 우리가 그런 상태에 갇혀 있을 때, 심지어 우리를 사랑하고 잘 대해주는 사람을 만나더라도 우리는 그들에게 끌리지 않고 무의식적으로 그들을 친구로만 대한다. 고통과 거절, 충분치 않음이 익숙하고 편안할 때 우리는 무의식적으로 그 익숙한 편안함을 가져다줄 누군가에게 끌릴 수 있다. 과거에 사람들이 당신의 자존감에 상처를 줬기 때문에 확실히 우리 안에 무가치하다는 느낌을 불러일으킬 사람들을 찾는 것이 가장 편안할 수 있다. 컴포트존에서 벗어나는 것은 위험하게 느껴질 수 있다. 우리가 있는 그대로 모습을 드러내고 '나는 있는 그대로 사랑받을 자격이 있다'고 큰 소리로 선언하는 것은 매우 불확실하게 느껴질 수 있다. 과거의 사람들과 다르게 보이는 새로운 사람들에게 마음을 여는 것은 처음에는 불편하게 느껴질 수 있다. 인식과 용기, 불확실성에 용감히 맞서는 자세는 오래된 패턴을 깨고, 익숙하게 느껴지는 것을 재정립하며, 궁극적으로 자신을 자유롭게 하는 열쇠가 되어준다.

엘라는 이제 새로운 여정을 시작했다. 그 삶에서 진정한 영웅의 여정이 시작됐다. 또한 믿음을 쌓기 위한 여정을 시작했고, 하나님께 '조금만 빨리' 그에게 운명지어진 짝을 데려와달라고 매일 기도한다. 모든 새로운 길들이 그렇듯 직선은 거의 없다. 장애물과 지그재그, 좌절과 우회, 잘못된 방향 전환으로 가득 차 있다.

엘라는 마땅히 누려야 할 아름답고 진정한 삶에 대한 확고한 이상을 품고 매일 점점 더 자신을 소중히 여긴다. 이제 그는 잠재적 파트너에게서 위험 신호를 발견했을 때 그에 대한 변명을 늘어놓지 않는다. 하지만 직원이든 고객이든 언론이든 친구든 가족이든, 매일 본능적으로 다른 사람의 욕구를 자기 욕구보다 우선시하느라 고군분투하고 있다. 하지만 이제 그는 자신이 훨씬 더 많은 것을 누릴 자격이 있다는 것을 알고 믿는다. 그리고 새로운 얘기가 편안해질 때까지 자신이 마땅히 누려야 할 것에 관한 얘기를 강화하는 데 집중한다.

> 원하는 것을 얻는 비결은 자신이 그것을 누릴 자격이 있다고 진심으로 믿는 법을 배우는 것이다.

엘라는 이제 다른 사람을 바꿀 수 없다고 자신에게 상기시킨다. 이제 그는 자신의 직관에 귀 기울이고 그 직관을 따르겠다고 스스로 다짐한다. 그리고 더는 자신과의 약속을 어기지 않겠다고 다짐한다. 그리고 어제보다 오늘 조금 더 자신을 사랑하고 있다. 오늘 그는 자신을 믿기로 결심한다. 그리고 이 다짐은 효과가 있다. 이제 나는 얼리샤 키스의 노래 〈걸 온 파이어〉를 떠올릴 때면 친구 엘라를 떠올린다. 아니, 그런 식으로는 아니다. '가장 의기양양하게, 멈출 수 없는 기세로 산 정상에 오르는' 엘라를 떠올린다.

자신만의 자존감을 확립하려고 노력할 때 기본 설정이 될 정서적 컴포트존과 당신이 우정이나 관계 속에서 매력을 느끼고 끌리게 될 대상과 요인도 진화할 것이다. 하지만 진화의 가장 중요한 부분,

즉 진화의 토대는 바로 자존감이다. 이런 방식으로 여정과 앎, 진정한 자신이 되는 과정이 한 번에 한 단계씩 꽃핀다. 당신이 가치 있음을 상기시키는 한 가지. 훤히 드러난 곳에 숨지 않겠다는 한 번의 결정. 원하는 것을 얻는 비결은 자신이 그것을 누릴 자격이 있다고 진심으로 믿는 법을 배우는 것이다.

최근에 같은 친구들과 다시 모였을 때, 나는 엘라에게 아직도 휴대폰에 그의 이름이 '사기꾼사기꾼 거기에 불남'이라고 적혀 있는지 물었다. 엘라는 그의 전화를 받지도 전화를 걸지도, 오랫동안 그의 연락처를 들여다보지도 않았다. 엘라는 연락처에서 그의 번호를 확인하고는 곧바로 웃음을 터뜨렸다. 그러고는 테이블에 있는 우리 모두에게 그걸 보여줬다. '사기꾼사기꾼 거기에 불남'이 여전히 그의 직함에 있었을 뿐만 아니라, 그의 이름을 대문자로 '사기꾼 감염자에게 절대 전화하지 말 것'이라는 여섯 단어로 바꾸어놓았다. 테이블에서 웃음소리가 터져 나왔고 바보 같은 농담이 다시 재생되면서 어른다운 겉치레가 모두 사라졌다. 잘 들어라. 자존감 회복을 위한 심리치료와 개인적 성장 및 자기애 훈련이 있지만 때로는 당신이 해야 할 일을 해야 한다. 잊어버리지 않도록 휴대폰의 연락처를 바꾸는 것처럼 말이다. 그러다가 우리는 모두 다른 무언가를 알아차렸다. 엘라가 그에게 특별한 벨 소리까지 지정해둔 것이었다. 그를 위한 새로운 이름 외에도 '개 짖는 소리'라는 벨 소리를 다운받아 그가 전화할 때 개 짖는 소리를 내게 했다. 그건 효과가 있었다! 엘라는 그 이후로 한 번도 그에게 전화를 건 적이 없었고 그러고 싶지도 않았다.

그리고 혹시 지금 엘라가 어떻게 지내고 있는지 궁금해할까 봐 말하자면 그는 난생처음 온전한 자신을 드러내며 데이트하고 있다. 엘라는 더 이상 자신을 버리지 않고, 자신을 잘 대해주는 잠재적인 파트너들을 친구로만 여기지도 않는다. 엘라는 자신만큼 열렬하고 순수하게 사랑하지 않는 사람에게 만족하지 않으려고 전념하고 있다. 그리고 나는 엘라가 그런 사람을 찾아낼 거라고 믿는다. 내 친구 엘라는 불타고 있다!

CHAPTER 8

거짓말: 나에겐 내놓을 특별한 게 없다

사람들이 자신의 망가진 모습을 직시하도록 돕는 건 쉽다.
그러나 사람들이 자신의 아름다운 모습을 직시하도록 돕는 것은 매우 어렵다.
— 작자미상

"좋은 아이디어는 모두 나와 있어. 내가 굳이 뭘 새로 시도해야 할 이유가 있을까?"

"왜 그가 나한테 관심을 보이겠어? 나한테는 딱히 특별할 게 없는데. 나보다 감정적 상처가 적은 사람이 훨씬 더 매력적이지."

"다른 사람들이 나보다 더 잘할 수 있기 때문에 나는 꿈을 좇지 않을 거야."

"내가 세상에 내놓을 뛰어나거나 새롭거나 기발한 아이디어는 아무것도 없어."

죄다 헛소리다! 할머니, 험한 말을 해서 죄송해요. 그냥 참을 수가 없었어요. … 하지만 그건 완전히 헛소리예요. 그리고 나는 매일 수많은 사람, 특히 소녀와 여성에게서 이런 말을 듣는다.

나 역시 오랫동안 그 말을 믿었다. 하지만 나는 수많은 경험으로 그것들이 사실이 아니라는 걸 깨달았다. 그 말들은 여전히 사실이 아니지만, 당신이 그것들을 믿는다면 당신에게는 사실이 된다. 하지만 그건 여전히 거짓말이다! 알겠다, 그만 진정하겠다.

우리가 믿는 이런 거짓말들 때문에 세상에 나오지 못하는 놀라운 아이디어와 공유할 사랑, 재능과 물건들을 생각하면 나는 분노와 흥분이 동시에 밀려온다. 세상은 당신의 아이디어와 생각, 목소리와 선물, 사랑과 우정, 제안들이 필요하기 때문이다. 어느 때보다도 지금 필요하다. 그러니 단호히 목적을 추구하려는 당신의 의지를 의심하게 만드는 흔한 거짓말 중 하나가 왜 사실이 아닌지 살펴보자. 그 거짓말은 다른 사람이 그걸 이미 했거나, 다른 사람이 당신보다 더 낫거나 매력적이기 때문에 당신은 그 일을 하거나 계속 노력하면 안 된다는 것이다.

> 아이디어와 재능을 펼치거나 세상에 이바지할 때 당신의 진정한 자아를 드러낸다면, 다른 누군가가 이미 그걸 했을 리는 없다.

세상에 당신은 하나뿐이라는 사실을 기억하라. 당신과 같은 방식으로 생각하고 느끼고 창조하는 사람은 없다. 그러므로 아이디어와 재능을 펼치거나 세상에 이바지할 때 당신의 진정한 자아를 드러낸다면, 다른 누군가가 이미 그걸 했을 리는 없다. 당신의 아이디어를 제시하고, 사업을 시작하고, 사랑을 나누고, 책을 쓰고, 생각을 공유하고, 진정성 있는 제품을 출시한다면 그건 전에 일어난 적 없는 일일 것이다. 그것은 기발하다. 그것은 새롭다. 그것은 세상에 하나뿐이다. 그리고 당신처럼 할 수 있는 사람은 아무도 없다. 그러기가 불가능하다. 더 무슨 말이 필요한가?

이것을 완전히 이해하고 믿는 것은 더 이상 훤히 보이는 곳에 숨지 않고, 당신의 아이디어와 재능, 재주와 예술, 생각과 목소리, 목표와 꿈의 가치를 완전히 받아들이고 그것을 온전히 표현하기로 하는 데 매우 중요하다. 타고난 모습대로 살지 못하게 자신을 설득하지 마라. 자기 삶을 돌아보며 '그래야 했어, 그럴 수도 있었어' 또는 '그랬더라면 좋았을 텐데'라고 말하고 싶지는 않을 것이다.

내가 거실에서 잇코스메틱스를 시작했을 때, 이미 수천 개의 화장품 회사가 있었기 때문에 절대 성공하지 못할 거라고 나 자신에게 말하기 쉬웠을 것이다. 그 아이디어는 이미 시중에 나와 있었다. 그리고 그건 사실이었다. 이미 수천 개의 화장품 회사가 있었지만 나만의 회사를 시작하지 않았다면 내 아이디어가 성공할 수 있을지 전혀 알지 못했을 것이다.

마찬가지로 사랑하는 반려자를 찾으려는 사람이 데이트 앱에 가입하지 않고, 자신이 미혼이라는 사실을 남들에게 알리지 않고, 다른 사람과 어울리거나 모임에 나가는 일도 피한다면 어떻게 될까? 단지 사랑을 찾는 훨씬 더 ○○(매력적인, 성공한, 괜찮은 등)한 사람이 많다는 이유로 말이다. 한 가지 확실한 결과는 그 사람은 원하는 연인을 찾지 못할 가능성이 크다는 것이다. 어떤 방에 들어가거나 친구들과 어울리기 전에 자신이 그곳에 있을 만큼 가치 있는 사람이 아니라고 생각하며 망설인다면 그런 부정적인 에너지를 지닌 채 걸어 들어가 결국 진정한 관계를 맺을 기회를 놓치게 된다. 참고: 우리는 스스로에게 주는 사랑과 수용만큼만 다른 사람에게서 받을 수 있다. 만약 어떤 셰프가 꿈에 그리던 레스토랑을 열지 않기로 결심한 이유가 다른 레스토랑들이 있고 이미 남들이 했기 때문이라면, 동네 사람들이 그 레스토랑을 발견하고 그의 할머니가 물려준 레시피에 열광할 기회를 놓치게 될지도 모른다. 당신이 아무리 작은 주제나 좁은 분야로 들어간다 해도 거의 항상 똑같은 일을 한 사람을 찾을 수 있다. 그렇다면 같은 음식을 제공하는 그렇게 많은 레스토랑이 잘 되는 이유는 뭘까? 그렇게 많은 화장품 회사가 성공하는 이유는 뭘까? 사회의 궁극적인 기준인 x, y, z에 맞지 않는 그토록 많은 사람이 여전히 연인을 찾는 이유는 뭘까? 같은 줄거리를 가진 그렇게 많은 로맨틱 코미디가 큰 흥행 수익을 올리는 이유는 뭘까? 비슷한 주제에 관한 그렇게 많은 책이 해마다 성공하는 이유는 뭘까? 사람마다 그것을 해내는 독특한 방식이 있기 때문이다. 오직 당신의 영혼만이 추가할 수 있는 비밀 재료가 있고 상품의 질을 위한 여지도 항상 있다.

최근에 나는 한 출판사 팀과 흥미진진한 논쟁을 벌이고 있었다. 그들은 세상에 독창적인 생각이 있는지 없는지를 놓고 의견을 주고받았다. 그렇다. 사람들은 신선하고 새롭게 느껴지는 얘기와 혁신을 생각해내고 있다. 하지만 우리의 정신과 영혼, 인간성에 관한 한, 정말로 독창적인 생각이 있을까? 아니면 그런 생각을 자신만의 독특한 방식으로 전달하는 독창적인 메신저만 있을까? 나는 많은 멘토에게서 큰 영향을 받는 축복을 누려왔고 그중에는 내가 한 번도 만난 적 없는 사람들도 있었다. 많은 사상가, 연구자, 자기계발 전문가, 영적 인도자, 작가, 목사, 크리에이터들이 삶의 교훈과 지혜를 풍부하게 갖추고 있었다. 그들의 책을 읽고 조언을 듣고 메시지를 듣다 보면 거의 모든 개념이 과거의 종교적·영적·심리학적 문헌으로 거슬러 올라갈 수 있다. 그들은 거의 언제나 문헌에 뿌리를 두고 있다. 하지만 그렇다고 해서 사상가들의 능력이 떨어지거나 인류와 세상에 미치는 영향력이 줄어드는 것은 아니다.

어떤 아이디어가 정말로 세상에 처음 나온 것이라면 그것은 놀라운 일이다. 하지만 그렇다면 그 아이디어가 인기를 얻기에 너무 이른 시기에 나온 건 아닌지도 걱정해야 한다. 나는 정말 기발한 아이디어들을 우리 회사 상품으로 시장에 처음 내놓았지만 시장이 준비되지 않았기 때문에 성공하지 못한 적이 있다. 그러고 나서 몇 년 후, 다른 회사들이 정확히 똑같은 아이디어로 제품을 출시해 큰 성공을 거두는 것을 지켜보기도 했다. 물론 처음으로 기발한 아이디어를 내놓는 것이 큰 성공을 거두는 경우도 많다!

이전에 시도한 적이 있는 아이디어지만 제품의 질을 개선해서 출시할 수 있다면 사람들이 그 제품을 받아들일 가능성이 크게 증가한다! 기존의 제품과 아이디어와 물건을 개선할 여지는 언제나 존재한다. **하지만 처음이든 더 개선해서 내놓든, 이들 중 어느 것도**

아이디어가 성공하기 위한 절대적인 요건은 아니다. 당신이 자신만의 해석과 감정, 비전과 아이디어, 의견과 함께 진정성 있게 내놓는다면 그것은 세상에 내놓은 기발한 선물이 된다. 그리고 감추기를 멈추고 그것을 내놓기로 하기 전까지는 그것이 어떻게 받아들여질지 절대 알 수 없다.

잇코스메틱스를 세우려고 애썼던 몇 년 동안 나의 목적은 항상 기존 제품보다 더 나은 제품을 만들고, 고객이 자신을 돋보이고 가치 있으며 충분하다고 느끼도록 도와주는 마케팅 메시지를 통해 그 제품을 포지셔닝하는 것이었다. 어떤 분야에서든 이미 존재하는 것보다 더 나은 제품을 만드는 것은 어려운 일이다. 그것은 종종 많은 시간과 개발 과정에서의 실패, 그리고 당신의 비전에 맞지 않는 버전에는 결코 타협하지 않겠다는 고집이 필요하다. 새로운 제품을 출시해달라고 소매 파트너들로부터 압력을 받았지만, 우리는 세상에 나와 있는 것보다 더 낫다고 진정으로 믿지 않는 한 어떤 제품도 새롭게 출시하지 않았다. 이 때문에 오랫동안 우리는 인기 있는 화장품 중 하나인 블러셔를 출시하지 않았다. 알다시피 블러셔는 보통 복숭아색, 분홍색, 자주색이며, 당신의 볼에 이미 있는 자연스러운 홍조를 강조하기 위해 가장 흔히 사용된다. 수많은 회사가 블러셔를 판매한다. 화학자들로 이루어진 우리 회사팀과 나는 아무리 열심히 노력해도 우리가 만든 제품이 이미 시중에 나와 있는 많은 제품보다 사실 더 나은 것 같지 않았다. 그래서 나 자신과 우리 팀과의 약속을 지키느라 해마다 블러셔를 출시하지 않았다. 그러던 어느 날, 치토스Cheetos 한 개가 상황을 바꿔놓았다. 그렇다, 밝은 주황색의 치즈 맛이 나는 과자 치토스 말이다. 어떻게 된 일인지 설명하겠다.

우리 회사의 제품 개발 과정은 매우 치열했고 그다지 전통적이지 않았다. 나는 고객들의 삶을 진정으로 개선할 수 있는 참신한 아이디어가 나오기를 기도하곤 했다. 그리고 그런 제품을 개발하기 위해 거의 모든 수단을 동원했다. 최대한 많은 고객의 목소리에 귀를 기울이고 배우는 것 외에도, 애리조나의 에너지 소용돌이*가 있는 장소에 모여 팀원들과 함께 제품 개발 워크숍을 여러 차례 진행했다. 그곳의 호텔과 회의실 안에는 에너지를 정화하고 끌어당기는 크리스털이 줄지어 장식되어 있었다. 내가 신과 내 앎을 충분히 신뢰하지 않아서가 아니라, 신 또한 에너지 소용돌이와 크리스털을 창조했을 테니 가능한 모든 방법을 써보자는 마음에서였다.

한 워크숍에서 나와 팀원들은 놀라운 몰입 상태에 있었다. 다가올 2년간의 제품 출시를 위한 아이디어들이 일주일 내내 우리 머릿속을 떠나지 않았다. 워크숍 마지막 날, 우리는 아직 개선할 방법을 찾지 못한 몇 안 되는 제품 중 하나인 블러셔에 초점을 맞추기로 했다. 회의실 곳곳에서 아이디어들이 쏟아져 나왔지만, 아무 소득이 없었다. 짐을 싸서 공항으로 향할 때쯤에는 우리 고객들이 블러셔를 사용하면서 우쭐한 기분을 느끼려면 공식적으로 1년을 더 기다려야 할 것 같았다.

• 다양한 신체적·정서적·영적 효과를 내는 에너지가 소용돌이치는 곳으로, 미국 애리조나 세도나에 있다.

> 우리는 스스로에게 주는 사랑과 수용만큼만 다른 사람에게서 받을 수 있다.

파울로와 함께 집으로 돌아오는 차 안에서, 나는 아직도 혁신적인 블러셔 아이디어를 생각해내지 못했다고 설명하면서 치토스를 먹고 있었다. 그러다가 주황색으로 얼룩진 손가락을 힐끗 내려다보았다. 파울로가 역겨워하지 않기를 바라며 손가락을 하나씩 입에 넣고 과자에서 묻은 치즈 가루를 핥았다. 운전 중이었던 파울로가 오렌지색으로 물든 내 손을 힐끗 내려다보는 걸 느꼈다. 내가 파울로에게 잔소리하지 말라고 말하려는 순간, 그의 얼굴에서 엄청난 깨달음이 찾아온 듯한 표정을 보았다. 그는 정말로 깨달음을 얻었다!

"파우더 블러셔는 어때? 아직 그런 건 없잖아! 치토스가 피부에 얼룩을 남긴다면, 파우더 블러셔도 틀림없이 가능할 거야!" 손가락에 묻은 치즈 가루를 핥아먹었다고 나를 나무라는 게 아니라, 파울로는 기발한 아이디어의 점들을 연결하느라 바빴다. 치토스가 굉장한 화장품 아이디어를 불러일으킬 수 있다는 걸 누가 알았겠는가?

기존에 시장에 출시된 블러셔의 큰 문제 중 하나는 오래가지 못한다는 점이다. 파우더를 볼에 바르고 몇 시간이 지나면 색이 희미해진다. 지속력 문제를 해결하기 위한 블러셔는 나와 있지만 모두 액체나 크림이며 바르기가 매우 복잡해서 잘 팔리지 않는다. 하지만 나는 다른 회사가 파우더 블러셔를 만든다는 말을 들어본 적이 없었다. 그순간 '치토스 가루에 얼룩을 남기는 성분이 있지만 먹어도 안전하다면 파울로의 말이 옳아. 파우더 블러셔를 만드는 것도 틀림없이 가능할 거야!'라는 생각이 들었다.

이건 엄청난 아이디어라고 파울로에게 말했다. 그리고 그 선물에 감사하는 기도를 올렸다. 곧바로 그 소식을 우리 팀과 공유하기 위해 달려갔고, 팀원들도 나만큼이나 흥분했다. 우리는 그렇게 해냈다!

우리는 두 개의 실험실과 화학자들로 구성된 팀과 함께 제품 개발 과정을 시작했다. 회사가 성장하던 이 시점에도 우리는 여전히 다른 유명 브랜드들에 비해 규모가 상대적으로 작았다. 1년 넘게 제품 개발에 매달리면서 셀 수 없이 많은 제조법에 퇴짜를 놓던 어느 날, 우리는 마침내 해냈다! 우리는 그것을 만들었고 구현했고 창조했다. 바로 최초의 파우더 블러셔였다!

이제 그것을 세상에 내놓는 재미있는 부분이 기다리고 있었다. 이 과정은 출간 한참 전에 콘텐츠를 미리 제작하는 모든 화장품 잡지사로 초기 샘플을 보내는 것으로 시작한다. 전통적 종이 잡지에 제품이 소개되려면(당시에는 그 기회가 복권에 당첨되는 것과 같았다), 그들에게 특집 기사가 발표되기 4개월에서 5개월 전에 샘플을 보내야 했다. 우리가 모든 잡지사에 샘플을 보내자, 그들은 열광했다. 우리는 화장품 잡지사 업계에서 큰 편집상 중 하나의 최종 후보자가 되었다는 소식을 들었다. 믿기지 않았다. 그러나 한편으로는 믿을 수 있었다. 파우더 블러셔는 정말 혁신적이었기 때문에 그럴 자격이 있었다. 당시 우리는 작은 회사였기 때문에 이 엄청난 명예와 그에 수반되는 언론의 관심을 받는다는 생각은 동화 같은 꿈이 실현되는 것처럼 느껴졌다.

몇 달이 지나고 마케팅 계획이 확정되었다. 출시 60일 전에 가까워지고 있을 때 전화 한 통을 받았다. 우리는 탐내던 상을 받지 못했다.

"뭐라고요? 왜요?" 나는 우리 홍보팀에게 물었다.

"그 잡지 편집장이 다른 브랜드가 같은 제품을 만들고 있다고 했어요. 게다가 그들의 제품이 더 빨리 출시될 거라고 하더군요. 두 회사가 같은 제품을 만들고 있기 때문에 어느 쪽에도 상을 줄 수 없다고 했어요."

나는 엄청난 충격을 받았다. 그때 속으로 생각했다. '도대체 어떻게 정확히 동시에 두 회사가 똑같은 아이디어로 제품을 만들 수가 있지? 절대 그럴 수가 없는데.'

그러다 그럴 수가 있다는 걸 알게 되었다.

우리와 제휴한 제조 연구실 중 한 곳이 우리의 아이디어와 제조법을 훨씬 더 큰 화장품 브랜드와 공유했던 것이다. 그 연구실은 주문받은 제품의 개수당 돈을 받았다. 따라서 방대한 고객층과 광범위한 소매 유통망을 지닌 훨씬 더 큰 화장품 브랜드가 (우리) 파우더 블러셔를 출시하면 연구실은 우리 제품이 출시되어 벌어들일 액수보다 훨씬 더 많은 수익을 올릴 수 있을 터였다.

그래도 괜찮았을까? 아니었다. 완전히 잘못됐고 완전히 망친 것일까? 그랬다. 내가 그들을 고소할 수 있었을까? 그랬다. 내가 그들을 고소할 금전적 여유가 있었을까? 아니었다.

　그래서 그냥 울기만 했다. 그리고 누군가가 먼저 우리 아이디어를 실행하고 있었기 때문에 그 아이디어가 우리에게 통하지 않을까 두려웠다. 더 나쁜 건 우리 회사가 그 회사를 따라 한 것처럼 보일 수도 있다는 점이었다. 그게 우리 아이디어였음에도 불구하고 말이다! 나는 완전히 망연자실했다. 우리 제조업자에게 완전히 배신당했다고 느껴서 너무나 의기소침했다. 나는 정말로 기발한 아이디어가 얼마나 희귀하고 특별한지 알고 있었기에 우리 아이디어가 다른 회사로 넘어갔다는 사실이 너무 속상했다. 직장에서 누군가가 당신의 아이디어를 훔치거나, 당신이 그들에게 먼저 알려준 아기 이름을 사용하거나, 수백만 가지 기타 방식으로 이런 일을 당한 적이 있다면 처음에는 그것이 예상치 못한 타격이나 배신당한 것처럼 느껴질 수 있다. 심지어 당신이 처음 만들어낸 아이디어를 바꾸거나 취소해야 할지 고민하게 될 수도 있다.

　우리는 당시 최선의 사업적 조치가 그대로 제품 출시를 밀고 나가는 것이라고 결정했다. 제조업체는 대형 브랜드의 출시를 우선시했고, 우리 제품이 포장 단계에 있는 동안 대형 브랜드는 전국 매장에 파우더 블러셔를 먼저 선보였다. 제품은 괜찮게 팔렸지만 날개 돋친 듯 팔리지는 않았다. 그런 다음 우리는 제품을 출시했다. 제품은 믿을 수 없을 정도로 잘 팔렸다. 그해 말 업계 보고서를 통해 작은 우리 회사가 훨씬 더 큰 회사보다 상당히 더 많은 수량을 판매했다는 사실을 알게 되었다. 우리는 제품을 약간 다르게 마케팅했고, 제품에 대한 우리의 메시지는 진정성이 있었다. 정확히 같은 제품이 이미 출시되었음에도 고객들은 우리의 메시지에 끌리는 것 같았다. 결국 고객들은 단지 어떤 제품인지가 아니라, 자신들이 가장 유대감을 느끼는 제품을 구매했다. 그건 커다란 교훈이 되었다. 그 이후로 이 교훈이 효과를 발휘하는 것을 여러 번 목격했다. 다른 누군가가 당신의 아이디어를 이미 출시했는지는 중요하지 않다. 이 경우에는 글자 그대로 그러했다. 아무도 당신처럼 그걸 해낼 사람은 없기 때문이다.

나는 삶과 인간관계, 그리고 사업적 측면에서 이와 관련된 수많은 사례를 경험했고 또 목격했다. 우리는 내놓을 특별할 게 없다고 생각하는 건 너무나 쉽다. 우리는 다른 누군가가 우리를 거부하기도 전에 자신을 거부한다.

다음 번에 당신이 인생에서든, 사업에서든, 인간관계에서든, 사랑에서든, 당신의 아이디어와 재능, 마음과 재주를 세상에 전할 자격이 없다고 느껴질 때마다 이 사실을 기억하라. 당신에게는 사실 우주에서 아무도 접근할 수 없고 그들의 방식에 추가할 수도 없는 비밀 재료가 있다. 당신만이 세상에 내놓을 가장 특별한 것을 지니고 있다. 그건 바로 '당신 자신'이다.

CHAPTER

9 거짓말: 나를 좋아하게 하려면 다른 사람의 비위를 맞춰야만 한다

다른 사람들의 비위를 맞추기 위해 산다면
당신만 빼고 모두 당신을 사랑할 것이다.
—파울로 코엘료Paulo Coelho

'시나몬 롤, 그만 쳐다봐. 난 네가 보이지 않아.' 나는 아일랜드 식탁에 놓여 있는, 오븐에서 막 꺼내 윗부분에 입힌 시럽이 끈적끈적하게 녹아내리는 시나몬 롤에 무의식적인 메시지를 투사하려고 애썼다. 내가 정말로 시럽이 녹고 있는지 알았다는 뜻은 아니다. 절대로 그걸 보고 있지 않았으니까. 시럽을 보거나, 더 최악의 경우 중앙의 소용돌이를 보게 된다면 나는 무너지고 말 것이다. 그렇다면 그건 큰 문제가 될 것이다. 시어머니가 나를 인정해주길 바랐기 때문이다. 어머님은 3미터쯤 떨어진 곳에 앉아계셨다. 나는 초인적인 힘을 발휘해 주방 조리대 중앙에 펼쳐져 있는 브로콜리와 샐러드, 베

리류에만 집중하려고 노력했다. '나를 유혹하지 마, 시니… 내가 하루 종일 네 생각만 할 거라는 걸 알잖아… 첫눈에 반한 사랑이란 걸 너도 알고 있겠지만 지금은 내가 우리 로맨스에 충실할 수가 없어. 나는 지금 브로콜리에 전념하고 있어. 브로콜리를 사랑하지는 않지만. 사실, 브로콜리랑 함께 있을 때는 아무 느낌이 없어. 하지만 지금은 내가 해야 할 일을 해야 해. 영원히 계속될 뻔했던 우리의 연애를 소중히 간직할게. 아예 사랑하지 않는 것보다는 사랑했다가 잃는 게 낫잖아.'

그때는 크리스마스였다. 나는 해마다 크리스마스에 많은 가족을 며칠 동안 집으로 초대한다. 우리는 모두 모여서 대대로 전해 내려오는 레시피를 공유하고 선물을 개봉하며 함께하는 시간을 소중히 간직한다. 파울로의 가족은 늘 우리와 함께했고, 많은 친구도 함께했다. 그중 가족이 없는 친구들도 있었는데, 그들 모두 우리에게 선택된 가족이 되었다. 우리 집은 향수를 불러일으키는 명절 분위기와 즐거움으로 가득 찬다. 식탁에는 쿠키와 손님 이름이 적힌 진저브레드 하우스*가 놓여 있고, 우리 엄마가 제일 좋아하는 시즈 캔디See's candies** 몇 박스와 다양한 종류의 음료가 끝도 없이 차려져 있다. 우리 시어머니 비비는 우리 딸 원더와 아들 와일더가 가장 좋아하는 만화 캐릭터가 그려진 티셔츠를 열성적으로 입고 있어서 손주들을 자석처럼 끌어당기신다. 어머님은 놀라울 정도로 절제력이 뛰

- 생강 쿠키를 집 모양으로 만든 간식.
- 미국의 초콜릿 제조 및 유통업체.

어나고 건강한 라이프스타일을 갖고 계신다. 어머님의 그런 모습에 나는 경외심을 느낀다. 어머님은 연어나 브로콜리 같은 음식을 매일 똑같이 드시고, 가공식품이나 단 음식은 거의 드시지 않는다. 게다가 매일 운동을 하셔서 놀라울 정도로 건강한 몸매를 유지하고 있다. 하지만 나는… 그렇지 않다.

내게 큰 도전 중 하나는 몸에 대한 의심을 극복하는 것이었다. 지금껏 아주 먼 길을 걸어왔지만 그건 앞으로도 평생 계속해야 하는 도전이다. 내 사명은 특정한 모습으로 보이길 원하는 것에서 특정한 감정을 느끼고 싶은 것으로 크게 바뀌었다. 자존감을 높이기 위해 열심히 노력하다 보니 마침내 현재 내 체형으로 자신에 대한 느낌을 결정하지 않는 지점까지 도달하게 되었다. 내 체형이 어떻든 나는 진정으로 가치 있다고 느낀다. 당신도 비슷한 경험을 해본 적이 있다면 그것이 얼마나 힘들게 얻은 승리인지 알 것이다. 그 말은 내가 맛있는 음식, 때로는 건강에 좋지 않은 음식을 먹고 싶더라도 더는 걱정하지 않는다는 뜻이다. 하지만 그건 이 얘기의 주제가 아니다. 이 얘기의 주제는 사람들을 즐겁게 하는 것이다. 이 경우에 내가 즐겁게 해줘야 할 사람은 바로 시어머니였다.

남편이 어머님 앞에서 건강에 좋지 않은 음식을 먹을 때마다 어머님은 부모로서 선의의 우려를 표현하며 남편에게 자제해야 한다고 매우 강경하게 말씀하신다. 남편의 멋진 점은 어머님의 잔소리를 신경 쓰지 않는다는 것이다. 정말 전혀 신경 쓰지 않는다. 파울로는 그저 어머님의 조언을 한 귀로 듣고 한 귀로 흘려버리며 자신이 원하는 건 뭐든 계속 먹는다. 내가 어머님 앞에서 건강에 좋지 않은 음식을 먹으면 어머님은 그냥 조용히 앉아 계신다. 하지만 분명 어머님은 나를 보셨기 때문에 나를 못마땅하게 여기실까 봐 걱정할 수밖에 없다. 나는 시나몬 롤보다 어머님의 인정을 더 간절히 원한다. 그래서 오늘은 브로콜리를 먹기로 한다. 오늘은 나를 숨긴다. 내가 뭘 원하는지를 드러내지 않는다. 내가 자유롭게 선택하는 것 같지 않다. 내 안에 깊이 뿌리 박혀 있는 다른 사람들의 비위를 맞추려는 또 다른 내가 본래의 나를 대체한다. 그 순간, 나는 진정한 내가 되는 것보다 사랑받고 싶은 마음이 크다.

사람들의 비위를 맞추려는 특성은 일반적으로 다른 사람의 인정을 얻기 위해, 혹은 갈등이나 비판을 피하려고 다른 사람의 비위를 맞추려 애쓰는 행동으로 묘사되지만, 그 과정에서 자신의 욕구와 필요를 희생한다. 다른 사람에게 지나치게 사과하거나 다른 사람의 생각을 과도하게 의식하고 경계를 설정하는 데 애쓰는 것처럼 보일 수도 있다.

사람들의 비위를 맞추는 것과 관련된 많은 문제에는 자신을 소홀히 하고 추가의 스트레스와 피로, 분노를 짊어지는 것이 포함된다. 또한 모든 사람의 비위를 맞추는 것은 불가능하므로 끊임없는 실패감을 느낄 수 있다. 진정한 모습대로 살지 못하는 것은 건강과 관계를 포함해 삶의 모든 측면에 영향을 미친다.

한 연구에 따르면 여성의 50퍼센트 이상과 남성의 40퍼센트 이상이 자신을 다른 사람의 비위를 맞추려는 사람이라고 말했다. 사람들의 비위를 맞춰야 한다는 이러한 강박은 삶의 많은 측면에서 나타난다. 여성의 70퍼센트 이상이 갈등을 피하려고 극단적인 방법을 사용하고, 70퍼센트에 달하는 여성이 자신의 욕구를 희생하면서 다른 사람의 욕구를 우선시한다고 말했다.

사람들의 비위를 맞추는 행동을 멈추는 법은 작은 단계부터 시작할 수 있다. 내면의 목소리에 귀 기울이는 법을 배우고 진실을 말하는 데 전념하고, 자신의 우선순위를 파악하고, 경계를 정하고, 거절을 연습하고 모든 사람의 비위를 맞출 수는 없다는 사실을 기억하고 혼자만의 시간을 보내고, 자신의 욕구를 우선시하는 데 전념하고 자존감을 강화하는 것부터 시작하면 된다.

나는 내게 빵빵한 엉덩이buns of steel가 필요하다고 생각하지 않는다.
그저 시나몬 롤buns of cinnamon이면 행복할 것이다.
– 엘런 디제너러스Ellen Degeneres(미국의 희극인, 텔레비전 진행자 겸 배우)

좋다. 다시 시나몬 롤로 돌아가보자. 그것은 아일랜드 식탁 너머로 말없이 내게 달콤한 말을 속삭이고 있다. 그해 크리스마스 날, 주방에서 30분이 지나고 한 시간이 지났을 때, 내 생각은 시나몬 롤을 얼마나 간절히 먹고 싶었는지에서 왜 먹지 않았는지로 흘러갔다. 어린아이도 아닌 사리분별력 있는 성인인 내가 왜 아직도 내가 아는 대로 살고 있지 않는 걸까? 우리 뇌에서 신경 경로를 만드는 이 뿌리 깊은 믿음은 심각한 문제라서 우리가 의도적으로 그것들을 재구성하는 여정을 시작하지 않으면 오래된 리듬으로 다시 빠지기 쉽다. 만약 내가 어머님으로부터 갈망하는 것이 사랑이라면, 어머님의 사랑을 온전히 받을 수 있는 유일한 방법은 있는 그대로의 나를 보여주는 것뿐이다. 만약 어머님이 겉으로 드러나는 내 대리인에게 사랑을 준다면 나는 그 사랑을 느끼고 받을 수 없을 것이다. 만약 그것이 내가 갈망하는 진정한 사랑이라면 나는 온전히 나 자신이 될 수밖에 없다. 어머님이 내 모든 점을 마음에 들어 하지 않더라도 말이다.

그래서 나는 시나몬 롤을 먹기로 했다.

시나몬 롤과 눈이 마주치자, 내면에서는 몰래 사귀는 두 연인이 닫힌 문 뒤에서 만나 서로의 품으로 뛰어드는 것 같은 강렬한 느낌이 들었다. 하지만 겉으로는 냉정하게 행동했다. 나는 아일랜드 식탁을 가로질러 팔을 뻗었다. 주걱을 움켜쥐고 신이 내려주신 선물을 들어 올려 나의 받침대, 즉 접시 위에 내렸다. 따뜻한 강처럼 고인 끈적한 시나몬 버터크림의 치즈 같은 시럽이 연에 매달린 줄처럼 접시에 길게 이어졌다. 나는 자신 있게 포크를 집어 들고서… 한 입 베어 물었다.

정확히 바로 그 순간 어머님과 눈이 마주쳤다. 어머님은 환한 미소를 지으며 손주들과 함께 있어서 얼마나 기쁜지 얘기하기 시작했다. 나는 혼란스러웠다. 어머님이 내 불복종을 알아차리지 못했나? 수치심이 느껴지는 침묵이 흐를 것으로 예상했었는데 어떻게 된 거지? 그런 일은 절대 일어나지 않았다. 어머님은 원더의 읽기 능력과 와일더의 예리한 유머 감각에 얼마나 놀랐는지 계속 얘기하셨다. 내가 시나몬 롤을 먹었는지에 관해 어머님은 신경조차 쓰고 있지 않았음을 깨달았다. 나는 내 불안감을 어머님에게 투영하고 있었다는 사실을 깨달았다. 시나몬 롤과 내 관계가 더 깊어지지 않자, 시나몬 롤의 치명적인 따스함이 점점 줄어드는 것 같았다.

다른 경우에도 내가 상황을 오해한 적이 얼마나 많았을지 궁금했다. 프랑스 태생의 미국인 소설가 및 수필가인 아나이스 닌_{Anaïs Nin}이 남긴 유명한 말이 있다. "우리는 사물을 있는 그대로 보지 않고, 우리의 생각대로 본다." 다시 말해 우리는 객관적으로 보고 있다고 생각할지라도 모든 상황에 자신의 신념과 경험, 트라우마와 불안감, 편견을 투영한다. 그 결과 우리는 존재하지도 않았고 실제로 일어나지도 않을 일들을 걱정하느라 소중한 시간을 낭비한다. 애초에 다른 사람들이 우리에 관해 생각조차 하지 않을지 모르지만, 우리는 남들이 우리를 어떻게 생각할지 걱정하느라 너무 많은 시간을 허비한다. 그런 다음 다른 사람들에게 투영하는 생각과 그들의 인정을 받을 수 있다고 생각하는 가정을 바탕으로 사람들의 비위를 맞추려고 노력한다. 종종 상대방도 자기도 모르게 우리에게 똑같은 행동을 하며 연결과 사랑이라는 목적으로 단절의 벽을 두 배로 늘린다. 이 상황에서 우리가 통제할 수 있는 유일한 부분은 우리가 상대방에게 드러내는 '우리 자신의 태도와 진심'뿐이다. 유일한 해결책은 그것을 더 잘 인식하고 용기를 끌어모아 다른 사람의 비위를 맞추는 행동을 그만두고 온전한 자신을 보이는 것이다. 그러기 위해서는 용기와 취약함이 필요하다.

시나몬 롤의 경우, 어머님이 그 롤을 먹기로 한 내 선택을 못마땅하게 여겼거나 그 문제로 나를 비난했다 하더라도 우리는 어떤 식으로든 더 가까워졌을 것이다. 부정적인 반응조차도 진정성 없이 동반되는 단절의 장벽보다는 훨씬 낫기 때문이다. 비록 긍정적이지는 않았을지라도 실제로 에너지를 주고받으면서 유대감을 느꼈을 것이다.

지금 당장의 나는 시나몬 롤을 좋아하는 사람이다. 브로콜리는 아니다. 물론 브로콜리를 좋아하고 싶다. 몹시 많이. 내 인생에는 브로콜리를 좋아하겠다는 커다란 목표가 있다. 식사 때마다 기본 설정으로 오레오를 먹지 않는 채식을 하겠다는 목표도 있다. (그렇다, 오레오를 먹더라도 채식주의자다. 맞다, 당신도 충분히 노력하면 그다지 건강하지 못한 채식주의자가 될 수 있다.) 하지만 지금 나는 브로콜리를 좋아하는 사람은 아니다.

당신이 시나몬 롤을 좋아한다면 그걸 먹어라. 그러다 브로콜리가 좋아질 때가 오면 브로콜리를 먹어라. 브로콜리를 좋아하는 데 성공했다면, 시나몬 롤 애호가들의 비위를 맞추겠다고 그 승리를 과소평가하거나 숨기지 마라. 철저하게 브로콜리의 광팬이 돼라.

☑ **주목할 점:** 사람들의 비위를 맞추려는 행동을 멈추는 방법에 대한 무료 보너스 가이드를 원한다면, WorthyBook.com/Resources을 방문하라.

CHAPTER 10
거짓말: 돋보이면 쫓겨날 것이다

세상을 위해 자신을 깎아내리려 하지 마라.
세상이 당신을 따라잡게 하라.
—비욘세

우리는 어릴 때부터 돋보이면 쫓겨날지 모른다는 여자들만의 규칙을 배웠다. 내 남편 파울로가 과장된 연기를 선보이는 프로 레슬링 경기에서 겪었던 부류의 쫓겨남을 말하는 게 아니다. 그는 그 경기에서 실제 프로레슬러들에게 합류해 관중석에 있던 자기 의자를 링 안으로 던져 넣는 것이 재미있겠다고 생각했다. 그렇다, 정말로 그런 일이 있었다. 그렇다, 파울로는 경기장에서 쫓겨났다. 그렇다, 어쨌든 나는 아직 그와 결혼 생활 중이다. 덧붙이자면, 파울로는 지금까지도 자신의 쇼맨십을 자랑스러워하며 의자를 던졌던 행동이 '당시에는 타당했다'라고 주장한다.

어린 소녀들은 너무 독립적이거나 너무 밝게 빛나면 사랑과 소속감을 잃을 위험이 있다고 배운다. 우리는 어떤 문제를 놓고 유대감을 쌓는 법을 배우고, 자신의 직관이 말해주는 대로가 아니라 집단의 합의를 바탕으로 결정하는 법을 배운다. 우리는 혼자서는 신뢰받을 수 없다고 배운다. 여자아이가 너무 똑똑하면 남자아이들에게 인기나 호감을 얻지 못한다고 배운다. 우리는 아주 조심스럽게 남들과 어울려야 한다고 배운다. 우리가 뛰어나면 사람들이 우리를 멀리하고, 우리가 두드러지면 미움받을 수 있기 때문이다.

우리는 이 모든 것을 어린 시절의 어리석음으로 쉽게 일축할 수 있다. 성 규범을 둘러싼 이러한 조건화된 신념이 성인이 되어서도 뿌리 깊은 패턴으로 남아 있는 경우를 제외하면 말이다. 우리가 그 신념을 인식하고 잊어버리지 못하면 그것은 우리를 위축시키고 숨게 만든다. 우리 자신을 믿지 못하게 하고 끝없이 성취감을 느끼지 못하게 한다.

런던에서 자란 내 친구 대니엘은 무슨 일이 있어도 학교에 결석하지 않는 것을 자랑스러워했다. 열 살부터 해마다 컨디션이 좋지 않은 날에도 등교했다. 한 번은 식중독에 걸렸는데도 개근 기록을 깨고 싶지 않다며 수업에 나갔다. 물론 창피하게도 수업 중에 몇 번이나 화장실로 달려가야 했다. 사춘기에 접어든 대니엘은 자신이 뛰어난 분야가 또래들 사이에서 항상 칭찬받지는 못한다는 사실을 알게 되었다. 그리고 친구들과 어울리기 위해서는 자신의 빛을 어둡게 해야 한다는 사회적 압력을 느끼기 시작했다. 열네 살 때 대니엘이 수년간 기록한 완벽한 출석률로 개근상을 받기 직전에, 친구들에게 놀림 받을까 두려워 스스로 수상을 방해했다. 그는 개근상을 타려고 수년간 노력했음에도 그 상을 받지 않으려고 아프지도 않았는데 아프다며 결석했다. 대니엘은 엄청난 성취로 돋보이면 사회적으로 배척당할까 봐 두려워서 모든 것을 내팽개쳤다. 다행히 대니엘의 상황은 바뀌었다. 오늘날 대니엘은 여성들이 대담한 야망을 받아들이도록 격려하는 임무를 띠고 자신의 온라인 커뮤니티를 통해 전 세계 수백만 명의 여성 앞에 매일 모습을 드러낸다.

사회적 규범에 갇히다

성공과 사랑받는 것 중 하나를 선택해야 했던 옛날부터 여성은 남들에게 사랑받기 위해 성공을 희생하는 법을 배웠다.

내가 어떤 여성을 '정말로 야심차다'라고 묘사할 때 가장 먼저 떠오르는 생각은 무엇인가? 그 여성이 따뜻하다고 생각하는가, 차갑다고 생각하는가? 그 여성이 어떻게 옷을 입는다고 생각하는가? 그 여성이 어떤 엄마라고 생각하는가? 당신은 그 여성을 좋아할까? 그 여성은 당신의 친구들과 어울릴까?

내가 어떤 남성을 '정말로 야심차다'라고 묘사할 때 가장 먼저 떠오르는 생각은 무엇인가? 같은 질문을 던져보자. 그 남성이 따뜻하다고 생각하는가, 차갑다고 생각하는가? 그 남성이 어떻게 옷을 입는다고 생각하는가? 그 남성이 어떤 아빠라고 생각하는가? 당신은 그 남성을 좋아할까? 그 남성은 당신의 친구들과 어울릴까?

최근의 사회과학 연구를 포함한 수십 년간의 연구 결과에 따르면 남성이 성공하면 사람들은 그를 더 좋아하고, 여성이 성공하면 일반적으로 그를 덜 좋아한다고 한다.

성별과 상관없이 인간으로서 우리의 가장 깊은 두려움은 모두 자신이 충분하지 않다고 두려워하는 것, 그리고 우리가 부족해서 사랑받지 못하리라고 두려워하는 것과 관련이 있다. 만약 우리가 남성이 성공할수록 그를 더 사랑하고 여성이 성공할수록 그를 덜 사랑한다는 성 규범을 영속화하고 있다면 어떤 일이 일어날 거라고 생각하는가? 그리고 실제로 무슨 일이 일어나고 있는가? 그리고 여러 세대에 걸쳐 무슨 일이 일어났는가? 여성은 훤히 보이는 곳에 숨어서 삶을 산다. 세상에 내놓을 수 있는 아이디어와 야망과 재능을 숨긴 채 자신의 정체성을 축소하며 살아간다. 우리가 이런 행동을 하는 이유는 사랑을 갈망하기 때문이다. 그러나 자신이 아닌, 또는 자신보다 못한 존재가 되어 사랑받는 것은 만족스럽지 않다. 진정한 자신이 되어야만 우리는 정말로 사랑받는다고 느낀다.

남성은 종종 영혼을 파괴하는 사회적 판단과 압박 속에서 성장한다. 그들은 직업적인 성공이 자신의 가치를 결정한다고 느끼게 되었다. 그래서 세상과 가족이 인정이라는 도장을 찍어주는 직업 뒤에 숨기 위해 자신의 열정과 아이디어, 재능을 희생한다. 남성은 종종 자신이 곧 직업이며, 충분히 멋지고 충분히 많은 돈을 벌 수 있는 직업을 갖지 못하면 뭔가 잘못되었다고 배운다. 남성도 여성처럼 훤히 드러난 곳에 숨는 법을 쉽게 배운다. 자신의 진정한 모습, 자신이 진정으로 원하는 것과 일치하지 않는 삶을 사는 법을 배운다.

우리가 쓰는 이런 가면은 타인을 보는 방식에 영향을 미치고, 종종 타인을 판단하는 방식에도 영향을 미친다. 어떤 공직에 2명의 후보자가 출마할 때, 한 사람은 남성이고 다른 한 명은 여성이라면 언론의 보도는 완전히 다르다. 그리고 주의를 기울인다면 대부분 가족의 저녁식탁에서 나오는 발언조차도 확실히 남성과 여성이 어떤 틀에 맞아야 한다는 뿌리 깊은 신념에서 비롯된 것임을 알아차릴 수 있다. 여성에 대해서는 훨씬 더 비하적이고 외모에 초점을 맞춘 발언을 자주 보고 듣게 될 것이다.

이것은 직장에도 적용된다. 특히 여성이 리더의 위치에 있거나 리더가 되려는 목표를 가지고 있을 때는 더욱 그렇다. 직장에서 확고한 결정을 내리거나 경영에 관한 행동을 취하거나, 판단을 내리고 팀에 지시를 내릴 때 여성은 공격적이고 냉정하며 호감 가지 않는 사람으로 불리는 경우가 많다. 같은 행동을 남성이 할 때는 자신감 있고 선견지명이 있는 사람으로 불린다. 여성 리더는 상사나 인사과에서 피드백을 받거나 연말 인사고과에서 '팀 플레이어가 아니다'라거나 '정치적이다' 또는 '지나치게 경쟁심이 강하다'라고 평가받는 경우가 많다. 이런 피드백을 받은 여성 리더는 한 걸음 물러서서 몸을 뒤로 빼고 자기 잠재력을 축소하게 된다. 이런 유형의 피드백은 비판처럼 느껴진다. 어릴 때부터 자신을 믿지 않는 법을 배웠기 때문에 그 피드백이 진실이라고 착각하기 쉽다. 이런 피드백을 받은 여성 리더는 앞서 나가려면 덜 결단력 있는 접근법을 취해야 한다고 생각하게 된다. 사실 이런 태도는 여성 리더의 잠재력에 해를 끼칠 수 있다.

일부 연구에 따르면 직장에서 남성은 미래의 잠재력을 바탕으로 승진하고, 여성은 과거의 성취를 기반으로 승진한다고 한다. 따라서 여성은 자신의 능력을 100퍼센트 입증할 때까지 승진하지 못하는 경우가 많다. 남성은 자기가 그 일을 해낼 수 있다는 자신감이 있다면 승진한다.

삶의 다른 영역에서도 이와 똑같은 기준을 적용하는 경우가 많다. 여성은 자신의 잠재력을 바탕으로 승진하지 않는다. 오히려 여성은 자기 잠재력을 발휘하지 못하도록 자신을 설득한다. 여성은 자신이 가치 있는 존재가 아닌 이유에 초점을 맞추고, 그 초점은 현실이 된다.

우리는 여성이 다른 무엇보다도 아이를 잘 키워야 한다고 배우기 때문에 여성이 유능할 때도 충분히 일을 잘한다는 인상을 주지 못한다. 게다가 여성이 탁월하게 잘하면 유능하다기보다는 제법 잘한다고 여겨진다. 우리는 무의식적으로 이런 생각이 괜찮다고 배운다. 왜냐하면 지적 능력과 성공이 여성의 호감을 떨어뜨린다는 사실을 기억하기 때문이다. 이러한 문화적 규범에 맞추려고 자신을 일그러뜨리면 우리는 결국 호감을 얻지만 성취감을 느끼지는 못한다. 호감을 얻지만 갈망한다. 호감을 얻지만 고통스럽다. 호감을 얻지만 분노한다. 호감을 얻지만 공허하다. 호감을 얻지만 사랑받지 못한다고 느낀다. 호감을 얻지만 숨는다. 호감을 얻지만 가치가 없다고 느낀다.

그러다 마침내 그 일이 일어난다. 어느 정도 나이가 들면 *숨는데 너무 능숙해져서 늘 두려워했던 목표를 달성하지만 우리 자신은*

완전히 사라지도록 조율한다. 숨는 것에서 완전히 보이지 않는다고 느끼는 것으로 바뀐다. 주변 사람들에게, 세상에게, 그리고 가장 충격적인 것은 우리 자신에게서조차 사라진다. 우리는 숨는 것에서 보이지 않는 존재처럼 느껴지고, 그 느낌은 곧 자신이 중요하지 않다는 감정으로 바뀐다.

우리는 스스로에게 너무 늙거나 매력이 없어서 눈에 띄지 않는다는 거짓말을 한다. 하지만 이것은 거짓말이 조금 더 새로운 거짓말로 진화한 것뿐이다.

사실 우리는 너무 오랫동안 스스로를 숨겨온 나머지 결국 우리 자신에게조차 보이지 않게 된다.

좋은 소식은 이것을 바꾸기에 너무 늦지 않았다는 것이다.

보이지 않는 존재에서 보이는 존재로

자기 운명에 비해 너무 작은 공간에
자신을 끼워 맞추려고 움츠러들지 마라.

-작자 미상

'내 기분은 정말 뭘까? 나는 정말 무엇을 원할까?' 마지막으로 가만히 이렇게 자문했던 때가 언제였는가? 마지막으로 다른 사람이 진정한 당신을 볼 수 있도록 허락했던 때가 언제였는가? 마지막으로 진정한 자신을 본 때가 언제였는가? 마지막으로 거리낌 없이 말하면서 자신의 목소리를 높였던 때, 의견을 밝히고 공유할 가치가 있는지 잠시도 의심하지 않고 생각을 표현했던 때가 언제였는가?

가끔 우리는 무슨 일이 일어나고 있는지 깨닫지 못할 때가 있다. 그저 살아 있다는 느낌이 들지 않고 유대감이나 성취감을 느끼지 못한다는 사실만 알 뿐이다. 자신이 어떻게 숨어 있고 어떻게 진정한 본성으로부터 단절되어 있는지를 깨닫는 것은 변화를 불러온다. 삶에서 손들기를 멈췄던 때를 떠올려보라. 자신의 존재를 움츠리면 주변 사람이 모두 더 편안해질 거라는 사실을 깨닫기 시작했을 때를 떠올려라. 당신이 실제로 무엇을 원하는지, 정말로 당신이 누구인지 아는 직관에 귀 기울이기 어렵다고 느끼기 시작했을 때를 떠올려라.

보이지 않는 존재에서 보이는 존재로, 눈에 띄지 않던 존재에서 눈에 띄는 존재로 바꾸기 위해서는 먼저 당신이 원하는 것을 결정해야 한다. 그다음에 자기 불빛을 어둡게 하고 소심하게 행동하는 것을 멈추겠다고 단계적으로 결심해야 한다. 자신을 바라보고 사람들이 자신을 볼 수 있게 허용해야 한다. 자신이 진정으로 느끼는 것과 원하는 것을 사람들과 공유해야 한다. 당신이 이 모든 것을 누릴 자격이 있다고 믿어야 한다.

아직 너무 늦지 않았다. 당신은 너무 늙지 않았다.
당신에게 최고의 날은 앞으로 다가올 날에 있다.

— 말리 론칼Mally Roncal(메이크업 아티스트이자 'Mally Beauty'의 창립자)

당신이 지금 너무 늦었다고 생각한다면 절대 너무 늦지 않았다고 내가 약속한다! 당신의 타이밍은 지금 이 순간이 딱 맞는 때다. 자존감을 쌓고 앞으로 나아가고, 목소리를 높이고 진정한 자신을 사랑하는 법을 배우고, 인생에서 원하는 것을 향해 나아가기에 너무 늦은 때란 없다. 변화에는 노력이 필요하다. 변화에는 불확실성이 따른다. 특히 주변 사람들이 어떻게 반응할지 모를 때는 더욱 그렇다. 하지만 당신의 정체성을 움츠리면 사랑을 얻게 될 거라는 오래된 거짓말과 믿음을 깨고 진정한 사랑과 소속감을 키울 유일한 방법은 있는 그대로의 자신이 되는 것임을 깨달아라! 이것은 삶의 모든 영역과 그 안에서 느낄 성취감을 근본적으로 바꿀 수 있다.

잠시 시간을 내서 당신이 훤히 보이는 곳에 숨고, 자기 재능을 깎아내리고, 재주를 억누르면서 세상과 공유하지 않았던 방식을 하나 이상 떠올릴 수 있는가? 그랬다면 그건 재능이 충분하지 않을까 봐 두려워서인가, 아니면 당신이 돋보여서 사람들을 불편하게 만들까 봐 걱정해서인가? 아니면 그들이 당신에게 등을 돌릴까 봐 걱정되기 때문인가?

당신은 눈에 띌 가치가 있다

자, 이제 함께 행동으로 옮겨보자. 오늘부터 당신의 진정한 모습대로 살아갈 한 가지 방법은 무엇인가? 훤히 드러난 곳에 숨지 않고 자신이 가치 있는 사람이라고 믿는 데 전념하기 위해 오늘 취할 한 가지 행동은 무엇인가? 당신만의 책 첫 문장을 쓸 것인가? 오늘은 휴식을 취할 것인가? 당신이 죄책감 없이 충분히 휴식을 취하고 회복할 가치가 있는 사람임을 알기 위해 노력할 것인가? 대담한 색깔의 옷을 입을 것인가? 마음을 터놓고, 경계를 설정하고, 진짜 감정을 공유할 것인가? 미래에 만들 회사의 도메인을 등록할 것인가? 용서하지 못했던 사람에게 전화해 용서한다고 말할 것인가? 그들이 한 행동이 옳아서가 아니라 당신이 자유로워지기 위해서 말이다. 내일 직장에서 그 아이디어를 공유할 것인가? 다리가 어떻게 보이든 반바지를 입을 것인가? 데이트 앱을 다시 사용할 것인가? 당신의 예술을 소셜 미디어에 올려 세상과 공유하기 시작할 것인가? 오늘, 더 이상 숨지 않기 위해 행동으로 옮길 한 가지 방법은 무엇인가? 그걸 선언하라! 그걸 선포하라! 젖 먹던 힘까지 다하라. 그다음 단계로 넘어가라. <u>당신은 있는 그대로의 모습 그대로 살 자격이 있다!</u>

우리의 가장 깊은 두려움은 우리가 부족하다는 것이 아니다.
우리의 가장 깊은 두려움은 우리가 측정할 수 없을 정도로 강력하다는 것이다. 우리를 가장 두렵게 하는 것은 어둠이 아니라 빛이다. 우리는 스스로에게 묻는다. "똑똑하고, 멋지고, 재능 있고, 굉장한 사람이 된다면 나는 어떤 모습일까?" 사실 그렇지 않은 당신은 어떤 모습인가? 당신은 신의 아이다. 소심하게 행동하는 것은 세상에 도움이 되지 않는다. 사람들이 당신 주변에서 불안감을 느끼지 않도록 소심하게 행동하는 것에서 우리가 깨우칠 교훈은 아무것도 없다. 우리는 모두 아이들처럼 빛나도록 만들어졌다.
우리는 우리 안에 있는 하나님의 영광을 드러내기 위해 태어났다.
그 빛은 우리 중 일부만이 아니라 모든 사람에게 있다.
자신의 빛을 빛나게 하면 우리는 무의식적으로 다른 사람도
그렇게 하도록 허락한다. 자신의 두려움으로부터 해방되면
우리의 존재는 저절로 다른 사람을 해방한다.

-메리앤 윌리엄슨

우리 자신의 힘과 빛을 두려워하는 것에 대한 유명한 메리앤 윌리엄슨의 인용구를 처음 읽었을 때, 나는 20대 초반이라서 그 말을 완전히 이해하거나 공감하지 못했다. 그러나 40대 중반이 된 지금은 그 말을 이해하고 또 이해한다. 나는 그렇게 살아왔다. 어쩌면 당신도 그랬을지 모른다.

그렇다면 바로 오늘이 사람들을 편하게 하기 위해 당신의 본모습을 움츠리지 않기로 결심하는 날이 될 것이다. 당신은 이제 자신의 빛을 스스로 어둡게 하거나 밝게 빛나는 것을 피하지 않을 것이다. 오늘이 바로 한 번에 한 가지 생각, 한 걸음, 말 한 마디, 한 가지 행동으로 자신만의 두려움에서 해방되겠다고 결심하는 날이 될 것이다. 있는 그대로 당당히 선 당신이 얼마나 강력하고 아름답고 가치 있는지를 보고, 인정하고, 받아들이며 진정한 자신으로 살아갈 자격이 충분히 있음을 당신 스스로 깨닫는 날이다.

CHAPTER

11 거짓말: 나는 사기꾼이고, 내 본모습으로는 부족하다

무엇을 두려워하든, 그것은 당신의 자유를 제한하는 경계를 만든다.
—어윈 라파엘 맥매너스 Erwin Raphael Mcmanus
(엘살바도르계 미국인 작가, 영화 제작자 겸 패션 디자이너)

"나는 영화 〈귀여운 여인〉에서처럼 어떤 남자가 거리에서 내 옆에 차를 세우고 나를 구해줄 거라는 환상을 갖고 있었어." 내 친구 라라는 멋쩍어하며 말했다. 함께 모여 점심을 먹던 우리로서는 처음 듣는 말이었다.

"뭐? 네가? 설마." 내 친구 제나가 불쑥 말했다.

"아, 그 영화 보고 나서 나도 완전히 몽상에 빠졌어." 나는 라라만 그런 게 아니라는 사실을 알려주려고 솔직하게 털어놓았다. "나도 그 남자가 우산 같은 걸 들고 나를 위해 건물 옆면 사다리로 올라오기를 바랐어. 또 파란색과 흰색이 섞인 여주인공의 스판덱스

옷도 갖고 싶었지!"

내 친구 줄리가 끼어들었다. "난 전업주부인 남편과 결혼해서 남편을 무엇과도 바꾸고 싶지 않지만, 그 영화를 본 후엔 다들 그런 시나리오가 펼쳐지는 삶을 상상하지 않았어?" 모두가 웃으며 동의했다.

"들어봐, 난 아무도 비난하지 않아. 만약 어떤 남자가 그런 차를 갖고 있고 생활비를 낼 능력이 있는데, 거기에 잠자리 기술까지 끝내준다면 그는 차 안에서 나랑 나란히 누워 하루 종일 나를 구해줘도 돼." 내 친구 해나가 말하자 모두가 웃었다.

라라가 우리 말을 잘랐다. "아니, 얘들아, 나는 정말 그런 목표를 갖고 있었어. 영화에서처럼 멋진 남자가 나를 찾아주길 바랐어. 그의 세계에 곧바로 들어가서 우리는 그 후로 행복하게 사는 거지. 그건 내가 추구하고 실현하려고 노력했던 진짜 목표였어."

"정말이야?" 깜짝 놀란 제나가 물었다. 라라는 가족에게는 든든한 존재였고, 성공한 직장에 다니고 있어 자신을 구해줄 남자를 원한다고는 상상도 못했다. 모든 농담에 귀를 기울이며, 그 후로 행복하게 살기 위해 '구원받으려는' 라라의 시도가 실현됐더라면 그의 인생이 얼마나 달라졌을까 하는 생각을 하지 않을 수 없었다.

어린 시절 우리는 책과 영화를 통해 우리를 구해주고 완성해줄 누군가가 필요하다고 배운다. 신데렐라는 요정 대모가 변신시켜 왕자와 결혼해 성으로 들어가고, 빨간 망토는 나무꾼이 늑대에게서 구해주며, 라푼젤은 탑에 갇힌 채 머리카락을 타고 올라온 왕자에 의해 자유를 얻는다. 백설공주와 잠자는 숲속의 공주는 왕자의 '진정한 사랑'의 키스로 깨어나며, 디즈니 애니메이션의 인어공주는 왕자의 키스로 목소리를 되찾는다. 이 모든 얘기들이 누군가가 나타났을 때만 우리가 비로소 온전하고 행복해질 수 있다는 사실을 가르친다. 우리는 혼자서는 부족하다는 것을 깨닫고 가만히 앉아 그들이 나타나기를 기다리거나 열정적으로 그들을 좇는다. 우리는 어릴 때부터 우리 내면에 갖고 있는 것만으로는 자신을 믿을 수 없다고 배운다. 그대로 자라 결국 우리는 자신을 믿지 못하는 성인 여성이 된다. 우리는 어릴 때부터 자신을 위해 행동하거나 선택하지 않더라도 다 잘될 거라고 믿는다. 우리보다 더 잘 아는 누군가가 우리를 구해줄 것이고, 그러면 더 이상 숨어 살지 않을 수 있을 거라고. 우리는 어릴 때부터 친절하고 온순하게 행동하는 법을 배우고, 우리가 온전히 살아 있음을 느끼며 가장 빛나는 미래를 맞이하게 되더라도 우리의 궁극적인 성공에 대해 다른 누군가의 덕분이라며 그에게 공을 돌린다.

우리가 혼자서는 충분하지 않다는 생각은 어른이 되면 가면 증후군의 형태로 나타나기 쉽다. 《옥스퍼드 영어 사전Oxford English Dictionary》에서는 성공이 자신의 노력 또는 기술의 결과로 정당하게 달성되었거나 자신이 성공할 만했다는 것을 믿지 못하는 지속적인 상태를 가면 증후군이라고 정의한다. 실제로 연구에 따르면 임원직에 있는 여성의 75퍼센트가 직업적인 면에서 가면 증후군을 경험한 적이 있다고 한다. 우리의 경험이 어떤 직위에서 필요한 자격 요건을 넘어서는 상황에서도 우리는 새로운 직업에 발을 들이든 타고난 재능을 발휘하든 자신이 사기꾼*이라고 느끼는 경우가 많다. 우리는 자신이 충분하다는 외부의 확인을 구하고, 자기 아이디어를 검증할 자격이 있다고 생각하는 사람을 찾고, 자기 가치를 인정해줄 연인을 찾는다.

우리가 그런 사람을 아직 찾지 못했거나 구원받지 못했다면 우리는 자신이 온전하지 않다고 믿는다. 그래서 우리 자신이 사랑이라는 사실을 깨닫지 못한 채 끊임없이 사랑을 찾아 헤맨다. 평생 사랑할 연인을 찾기 전에 먼저 자신을 사랑하는 법을 배워야 한다는 사실을 우리는 결코 배우지 못한다.

우리는 이미 '사랑 그 자체'인 존재라는 사실을 깨닫지 못하기 때문에 '잃어버린' 과거의 사랑을 슬퍼하고 되새기며 우리는 불완전하고 이제 우리 삶에 사랑이 없다고 스스로에게 말한다. 우리는 잃어버린 사랑이 건강하지 않다는 사실을 직관적으로 알면서도 지나치게 분석하며 "그 사람은 그래야 했어"와 같은 얘기를 스스로에게 말한다. 인생 코치이자 베스트셀러 작가인 내 친구 매슈 허시 Matthew Hussey가 말한 것처럼 "그때 그래야 했다면 그렇게 됐을 것이다"와 같은 진실을 깨닫지 못하기 때문이다. 우정과 유대감, 소속감을 갈망하는 것은 지극히 정상적인 인간의 본성이다. 그러나 우정과 유대감, 소속감을 갈망하는 것은 인생에서 온전해지거나 사랑받기 위해 다른 누군가가 필요하다고 느끼는 것과는 다르다.

● 가면 증후군 imposter syndrome에서 imposter가 사기꾼이라는 뜻임.

자신을 믿기

우리를 구해줄 왕자가 필요하다는 환상 외에도 직업적으로 우리를 구해줄 멘토가 필요하다고 상상하기도 한다. 야망 있는 여성들은 자기 인생에 정말 훌륭한 멘토가 있다면 무엇을 어떻게 해야 할지 알 거라고 자신에게 거짓말하는 경우가 너무 많다. 물론 현실의 왕자들이 그렇듯 멘토도 멋질 수 있다. 하지만 멘토에게서 당신의 힘이나 위대함을 발견할 수는 없다.

나는 멘토링의 힘을 전적으로 믿는다. 나는 사람들을 멘토링하면서 큰 기쁨과 성취감을 느낀다. 그리고 내 인생에 들어와 있는 멘토들을 깊이 소중히 여긴다. 하지만 당신의 마법은 '당신' 안에 있다는 사실을 깨닫는 것이 중요하다. 멘토나 연인과 있을 때는 어떻게든 활발하고 소중하고 가치 있는 존재가 되기 위해 다른 누군가에게 의존할 필요가 없다. 내가 이 교훈을 깨닫고 완전히 받아들이기까지는 오랜 시간이 걸렸다. 어쨌든 나는 20대 대부분의 시간 동안 리처드 기어Richard Gere가 언제라도 내 옆에 차 세우기를 내심 바랐다. 하지만 그 영화의 결말에서 그 자신을 구하고 리처드도 자신을 구하도록 영감을 준 사람은 줄리아 로버츠였다. 우리는 백마 탄 왕자님이나 멘토 혹은 다른 누군가의 형태로 답이 나오기를 기다리는 대신 두 팔 벌려 우리 삶으로 들어오는 그들과 그들의 조언을 환영할 수 있다. 하지만 궁극적으로는 우리 자신과 우리의 본능과 경험을 믿어야 한다. 자신과 자신의 직관을 신뢰하는 법을 배우고 나면 더는 사기꾼이 된 것 같은 기분이 들지 않을 것이고, 다른 누군가의 직관이 당신을 이끌어주길 바라지 않게 될 것이다.

☑ **주목할 점:** 자신의 직관을 키우는 데 도움이 되는 추가 자료는 WorthyBook.com/Resources에서 확인할 수 있다.

신뢰할 수 있는 친구나 가족, 동료, 심지어 데이터와 정보에 의존하는 멘토링은 의사결정에 도움이 될 수 있지만, 당신이 이 중 하나 또는 전부에만 의존하면 자신을 신뢰하는 법을 배우는 데 실제로 방해가 될 수도 있다. 그렇게 되면 당신은 무엇을 어떻게 해야 할지를 다른 사람이 더 잘 알고 있다고 느끼는 가면 증후군에 갇힐 수 있다. 또한 당신 혼자서는 알 자격이 없다고 느낄 수 있다.

나는 인생의 멘토들에게서 받는 조언을 매우 중요하게 생각하지만, 실제로는 삶에서 그들의 조언을 따르는 만큼이나 그 조언에 반하는 결정을 내릴 때도 많다. 그리고 멘토들은 그 사실을 알고 있다. 그들의 조언을 따르지 않을 때는 내 직감이 다른 말을 하고 있다고, 나는 그 말을 믿을 거라고 그들에게 알려준다. 나는 멘토든 다른 사람이든 내가 받는 모든 조언을 내 앎, 즉 직감의 필터를 거친다. 이 필터링 과정에서 나는 '그래, 그 지혜가 너에게 맞아' 또는 '아니야, 그 지혜는 어떤 사람에게는 훌륭한 조언이지만 네가 지금 따르기에는 옳지 않아'라고 말하는 직감을 얻는다. 내가 할 일은 그 앎에 점점 더 귀를 기울이고 그것을 신뢰하는 것이다.

직감을 발전시키고 자신의 앎을 들을 수 있도록 평온해지는 법을 배우는 것은 우리가 평생에 걸쳐 쌓아올리는 기술이다. 근육과 마찬가지로 이러한 능력은 사용할 때마다 점점 더 강해지고 근육 기억˙도 늘어난다. 직감을 신뢰하다 보면 잘못된 결정을 내린 것처럼 느껴질 때가 반드시 있다. 하지만 나는 직감이 절대 틀리지 않다고 믿게 되었다. 직감은 우리가 원하지 않는 결과를 가져올 수도 있다. 그 결과는 매우 잘못된 것처럼 느껴질 수 있다. 하지만 나는 모든 실망에는 배우거나 다시 배워야 할 교훈이 담겨 있다고 항상 믿는다. 우리가 가야 할 곳에 필요한 힘과 회복력을 기르는 교훈이다.

우리가 직감을 믿는데 그 직감이 '틀렸다'고 해도 실제로 틀린 것이 아니다. 그것은 우리가 원하지 않는 결과와 우리가 배워야 할 교훈을 가져다줄 뿐이다.

당신의 직감을 발전시키고 자신을 신뢰하는 법을 배우는 것은 삶의 모든 영역에서 매우 중요하다. 특히 당신이 다른 사람에게 조언을 구하는 것을 좋아하거나 삶에서 적극적으로 멘토를 찾는 사람이라면 더욱 그렇다. 멘토는 당신의 경험을 뒷받침하고 가치를 더하는 데 도움을 줄 수 있지만, 그들이 당신을 완성해주지는 않는다는 사실을 기억하라! 당신 내면에는 필요한 모든 것이 이미 있기 때문이다. 당신의 직관이라는 필터를 이용해 다른 사람의 조언과 경험을 당신의 삶에 최적화하라. 그것이 당신에게 맞는지 아닌지 알 수 있는 유일한 방법이다.

• 특정 신체 활동을 반복함으로써 그 활동을 수행할 때 나타나는 신체의 생리적 반응.

멘토를 찾는 데 매우 효과적이었던 몇 가지 간단한 팁이 있다. 첫 회사를 키우던 몇 년 동안 나는 놀라운 멘토들을 많이 만나는 축복을 누렸다. 그중 누구도 우연히 내 삶에 들어오지 않았다. 나는 그들 모두를 쫓아다녔다. 15분 동안 커피 한 잔을 마시기도 했고, 답장조차 받지 못한 채 수년간 그들에게 메모와 이메일 및 업무 업데이트를 보냈다. 하지만 희망에 찬 멘티로서 내가 의도적으로 했던 한 가지는 나 자신에게 묻는 것이었다. '그들이 필요한 건 무엇이고 나는 어떻게 그들을 도울 수 있을까?' 이 질문은 정말 판도를 바꾸는 것이다. 멘토링을 바랄 때 잠재적인 멘토에게 필요한 것 중 내가 내놓을 건 하나도 없다고 생각하기 쉽지만, 그건 거의 항상 사실이 아니다.

여윳돈이 거의 없었던 여러 해 동안 나는 멘토들에게 커피나 점심을 가져가도 되겠느냐고 물어보곤 했다. 나는 그들이 주는 조언이 무엇이든 나에게 고정돼 있지는 않을 것임을 알려주었다. 나는 그 조언을 미래에 최대한 많은 여성과 공유하기로 계획했다. 멘토들을 포함해 모든 사람은 자신보다 더 큰 무언가에 영향을 미치고 기여할 때 만족을 느낀다. 나는 그들이 너그럽게 내준 시간의 관리인이 되어 그들의 영향력을 키우는 데 그 시간을 사용하겠다고 약속했다. 나는 가능한 모든 방법으로 그들 옆에 있겠다고 약속했다. 그들에게 영감을 주는 인용문을 보내기도 하고, 그들이 힘든 하루를 보내고 있을 때 바보 같은 춤을 추거나 노래를 부르는 영상을 보내 웃게 하기도 했다. 나는 말 그대로 그들의 삶에 가치를 더할 수 있는 모든 방법을 제공하겠다고 약속했다. (나는 돈이 없었기 때문에 언제나 무료였고, 나중에도 여전히 무료였다. 이것들이 잠재적 멘토들이 탐내지만 얻지 못하는 유일한 것이라는 사실을 알게 되었기 때문이다.) 그들은 이 중 어떤 것도 거의 받아들이지 않았지만, 거의 항상 결국에는 나의 멘토 요청을 수락했다. 그들은 내가 이 원칙을 이해하고 있다는 것을 알기 때문이다. 단순히 그들에게 당신의 가치를 더해주기만 바라는 것이 아니라 공감 능력을 갖추고 있을 때, 그리고 다른 사람들에게 가치를 더하는 것이 얼마나 중요한지를 알 때, 당신이 추구하는 일에서 성공할 가능성이 훨씬 더 높아진다.

> 우리가 직감을 믿는데 그 직감이 '틀렸다'고 해도 실제로 틀린 것이 아니다. 그것은 우리가 배워야 할 교훈을 가져다줄 뿐이다.

또한 멘토에게 연락하려 할 때는 그들에게 시간을 요청하기 전에 먼저 숙제부터 해야 한다. 그들이 쓴 책이 있다면 먼저 읽어라. 멘토는 그 자체로 강력한 에너지를 전파하는 존재지만, 당신이 할 진짜 중요한 숙제는 온라인에서 그들이 쓴 책이나 자료를 미리 확인해 진심을 보여야 한다.

당신은 당신 인생의 VIP다

올해 강연 행사에서 나는 한 시간 동안 기조연설을 한 후 청중들과 함께 무대 위에서 사진을 찍고 있었다. 행사 주최 측은 VIP 티켓을 구입한 모든 사람에게, 즉 청중의 약 10퍼센트가 연사들과 함께 사진을 찍도록 주선했다. 다음 날 나는 인스타그램에서 그날 VIP석에 없었던 애비라는 여성으로부터 다음과 같은 메시지를 받았다.

"행사에서 전해주신 메시지에 정말 감사드립니다. 제 열여덟 살 짜리 딸 그레이스와 저는 아이오와에서 비행기를 타고 갔어요. 저는 싱글맘이고 그레이스 밑에 열다섯 살짜리 여동생도 있어요. 두 아이는 중앙아프리카공화국에서 고아로 살다가 5년 전에 하나님께서 우리에게 데려다주셨지요. 세 영혼의 기도에 대한 응답이죠. 그레이스는 자기 사업을 하고 싶어 하고, 자신이 가치 있는 사람이라는 믿음을 갖기 위해 노력하고 있어요. 그 아이는 명확히 그 이유를 알고 있어요. 지금 위층에서 동영상을 만들면서 계획을 엄청나게 실행에 옮기고 있네요. 우리는 행사에 VIP로 참석하지 않았기 때문에 당신을 만날 수 없어서 그레이스가 매우 실망했어요. 그 아이는 거절을 신의 보호라고 여길 준비가 아직 되어 있지 않거든요(그날 내 연설에서 한 말을 인용함). 하지만 저는 그레이스가 나중에 VIP 줄에 서서 당신에게 직접 감사 인사를 전하기 위해 성장하고 꿈을 성취할 거라고 믿어요. 당신의 메시지에 하나님을 포함한 것도 고맙습니다. 제 딸들에게 당신보다 나은 멘토를 찾을 수는 없을 거예요. 우리는 당신을 봅니다, 진정한 당신을요.… [하트 이모지]"

눈물이 흘렀다. 나는 휴대폰 인스타그램 DM에서 이 메시지를 읽으며 그의 강인함과 품격을 음미했다. 싱글맘인 애비는 자기 인생의 VIP다. 그에게는 VIP 티켓이 필요하지 않았다. 자신과 딸들에 대한 그의 믿음은 딸들에게 줄 수 있는 가장 훌륭한 멘토십의 본보기였다. 이 하나의 DM으로 애비는 아무런 요청 없이 내가 매우 중요하다고 생각하는 것 이상의 일을 했다. 그는 지름길을 찾지도 않았고 아무것도 요구하지 않았다. 그저 지금 딸이 위층에서 자신이 꿈꾸는 사업을 하고 있다고 말했다. 그것이 코바늘로 뜨개질한 귀걸이, 옷, 핸드백, 팔찌, 컵 받침이라도 애비는 내내 딸을 격려하고 있었다. 그는 또한 사람들에게 가치를 더하는 것의 중요성을 이해했다. 애비가 보낸 이 메시지에서 그는 내가 그날 연설한 내용이 그와 그의 딸에게 보이고 들리고 중요하다는 사실을 알려주었다. 이 사실을 나와 공유하는 것은 그가 내게 가치를 더하는 일이다. 가장 귀중한 종류의 가치다. 그는 자신과 딸들이 이 사실을 깨닫고 자신과 그들의 믿음을 신뢰할 거라는 자신감이 있다. 그리고 그는 아무것도 요구하지 않고 메시지를 보냈다. 단지 자신의 경험을 공유하고 고맙다고 말하려는 의도로 보낸 것이다.

나는 거실에 앉아 눈물을 흘리며 상상했다. 희망과 꿈을 품은 그의 딸이 위층 자기 침실에서 영상을 찍으며 그의 사업을 알리려고 애쓰는 모습을 말이다. 나는 즉시 애비의 인스타그램 프로필을 찾아 딸의 사업과 관련된 링크를 뒤졌다. 결국 그걸 찾아냈다! 그리고 당연히 나의 첫 번째 행동은 명절 선물 쇼핑이었다! 그렇다, 나는 한바탕 쇼핑하며 여동생에게 줄 코바늘로 뜬 사랑스러운 해바라기

컵 받침을 샀다. 그런 다음 내가 쓸 스마일 도안의 컵 받침도 골랐다. 나는 귀걸이와 가방에 감탄했고, 쇼핑하면서 신이 났다.

그런 다음 애비에게 답장을 보냈는데, 다음은 그 메시지에서 발췌한 것이다.

"안녕하세요, 애비. 메시지 정말 감사합니다! 진정으로 중요하고 유일한 VIP석은 하나님의 VIP석이고, 당신과 그레이스, 둘째 딸은 그분의 VIP입니다!!! 그리고 그레이스는 멋진 엄마라는 두 번째로 강력한 VIP석을 차지했네요. 그 멋진 엄마가 시간을 내서 제게 아름다운 메시지를 써주셨으니까요! 감사합니다!!! 저는 오늘 아침 그레이스의 사이트에서 몇 분간 크리스마스 선물 몇 개를 골랐습니다. 그리고 여기 제 이메일 주소도 보내드릴게요. 당신과 딸들이 다음 라이브 행사의 VIP 티켓을 확실히 받으실 수 있게 선물해 드리고 싶습니다. 오늘 당신에게 사랑을 보냅니다. 메시지도 정말 감사합니다! 제이미."

그의 진심 어린 답장은 딸과 그들의 얘기에 관해 약간의 새로운 정보를 더해주었다. 애비는 자기 삶의 VIP이자 영웅이다. 그는 딸들에게 어떻게 자기 삶의 VIP와 영웅이 될 수 있는지를 몸소 보여주고 있다.

어떤 사람들은 자기를 구해줄 파트너나 잠재적인 배우자를 찾는다. 어떤 사람들은 멘토가 되어줄 사람을 찾는다. 하지만 두 경우 모두 당신의 꿈을 이루어줄 누군가를 기다리고 있는 것이다. 우리는 어릴 때 동화에서 배운 덫에 빠져 나중에 어른이 되어서도 반복하게 되는 그 믿음에 빠지지 않도록 주의해야 한다. 혼자서는 소심하게 행동할 수밖에 없고, 한 사람이 우리 삶에 들어와 우리를 구해주고 인생을 온전히 살아가는 데 필요한 것을 줄 때까지 기다려야 한다는 생각을 버려라. 매력적인 왕자님, 믿기지 않을 만큼 훌륭한 멘토, 당첨된 복권은 모두 실현된다면 신나는 일이고 우리 삶에 들어온다면 굉장한 가치를 더해줄 것이다. … 하지만 어디를 가든 당신은 그대로다. 어떤 연인을 만나든 당신은 여전히 '당신'을 데리고 다닌다. 멘토가 어떤 조언을 해주든 '당신'은 여전히 '당신'을 데리고 다닌다. *당신의 앎은 다른 누구의 조언보다 더 강력하다.*

지금 당장 행동하고 자신을 믿어라. *기꺼이 쓰러지고 다시 일어나고, 실패하고 배우며 성장하는 것은 누군가 당신 삶에 들어와 다음 단계를 알려주기를 기다리는 것보다 더 강력하다.* 당신은 영웅을 기다릴 필요가 없다. 지금 이 순간 당신 안에는 자기 자신을 가장 진실하고 고귀한 모습으로 살아가는 데 필요한 모든 능력과 힘이 이미 존재한다. 왕자와 멘토, 복권 당첨과 행복한 깜짝선물이 삶에 들어올 때, 그것은 모험과 함께온 선물일 뿐이다. 하지만 그건 모든 답이 기다리고 있는 마법의 방으로 당신을 안내하는 VIP 티켓은 아니다.

당신의 앎이 바로 그 티켓이다. 당신의 앎을 키워라. 노력과 회복력이 길이다. 용기를 내어 그 길을 걸어라. 당신의 영혼은 마법의 방이다. 그 안에 머무르고, 그것을 믿어라. 당신이 바로 VIP라는 것을 깨달을 때, VIP 티켓도 필요 없다. 당신이 바로 영웅임을 알게 될 때, 누군가를 기다릴 필요도 없다.

CHAPTER

12 거짓말: 있는 그대로의 나는 사랑받지 못할 것이다

당신은 자신의 얘기와 자기만의 진실로 걸어 들어갈 수 있고,
자기 가치를 구걸하며 자신의 얘기 밖에서 살 수도 있다.
— 브레네 브라운Brené Brown (미국의 연구원이자 교수, 작가)

"생일 축하합니다, 새앵일 추우욱카아합니다… 사아랑하아는 오프라… 생일 축하합니다아아아아아." 나는 영혼의 깊은 곳에서 우러나오는 즐거움을 담아 원래 음에 가깝게 최선을 다해 노래를 불렀다. 그러고는 휴대폰의 발송 버튼을 눌렀다.

"방금 오프라에게 보낸 거 아니지?" 내가 자기를 웃기려고 한 게 틀림없다는 듯 파울로가 물었다.

"음성 메시지로 오프라에게 방금 보냈는데?"

"농담이지?" 그가 무심하게 말했다.

"아니, 방금 보냈다고, 진짜로!"라고 내가 대답했다. 그의 입이

떡 벌어졌지만, 그는 걱정스럽고 못마땅한 표정을 감추려고 애썼다. 우리 가족은 생일을 맞은 사람이 누구든 진심으로 〈생일 축하합니다〉라는 노래를 꼭 불러줬다. 모두가 완전히 몰입해 불렀지만 거의 모두의 음이 맞지 않았다. 그 노래는 결국 악기 연주를 시작한 첫날 어린이 오케스트라의 연주와 울부짖는 하이에나 무리의 소리가 섞인 것처럼 들릴 수 있다. 듣기에는 불쾌하지만 그 노래는 사랑에서 나온다. 그것이 우리 가족이 하는 의식이다. 그래서 나는 사랑하는 친구들과 가족을 위해 그 전통을 이어간다(그들은 참 운이 좋다, 하하).

"정말로 보냈어?" 그가 다시 물었다.

"그래." 나는 자신 있게 대답했지만 이내 결정을 후회하기 시작했다.

"당신도 알겠지만 오프라는 막 아델을 인터뷰했고 아델의 콘서트장에서 생방송으로 촬영했잖아."

맞다, 그의 말도 일리가 있었지만 나는 굴복할 준비가 되어 있지 않았다. "오프라와 진정한 우정을 계속 쌓으려면 나는 진짜 나다운 모습을 보여줘야 해"라고 내가 지적했다.

그는 조금도 주저하지 않고 재치 있게 받아쳤다. "그래, 하지만… 이렇게 빨리?"

자신이 가치 있다고 느끼기 위해 다른 사람의 비위를 맞춰야 한다는 거짓말에 대해 앞서 얘기했다. 그 말은 우리가 다른 사람들이 우리에게 원하는 대로 행동하고, 그들이 바라는 사람이 되려 한다는 뜻이다. 그러나 이 거짓말에는 논의해야 할 중요한 반전이 있다. 그것은 있는 그대로의 우리, 즉 독특하고 별나고 진정한 우리 모습으로는 사랑받지 못할지도 모른다는 두려움이다.

우리가 진정한 자아를 드러내면 사람들이 우리를 사랑하지 않을 것이라는 두려움은 매우 인간적인 두려움이다. 친구와 연인, 동료와 가족, 심지어 자녀들이 당신의 진정한 모습을 알면 그전과 똑같이 사랑하지 않을까 봐 걱정한다면 당신만 그런 것이 아니다.

대부분의 연구에 따르면 솔직하지 않은 행동, 심지어 완벽주의적인 행동은 어린 시절에 발달한다고 한다. 이때 우리는 소속감을 얻기 위해 자기 욕구와 필요를 무시하고 사람들의 기대와 요구를 충족시키는 데 전념하는 법을 배운다. 칭찬받지 못하는 부분은 감추고, 칭찬받는 부분에 힘을 싣는 법을 배운다. 우리는 성인이 되어서도 이러한 패턴을 이어간다. 문제는 이러한 패턴 때문에 우리가 공허함과 단절감을 느끼다 결국 가장 갈망하는 방식으로 사랑받지는 못한다고 느낀다는 점이다.

《메리엄 웹스터 사전Merriam-Webster Dictionary》은 '진정한authentic'이라는 단어를 '자신의 성격, 영혼, 혹은 특징에 거짓이 아닌 진실한'이라고 정의한다. 연구에 따르면 아이들은 자신의 진정한 모습 그대로 보이고 사랑받는다고 느낄 때 기쁨과 자신감을 느낀다. 그리고 자신의 진정한 모습 그대로 사랑받고 받아들여지지 않는다고 느낄 때 우울하고 불안정함을 겪는다. 한 연구에 따르면 십 대 소녀의 25퍼센트가 사진을 보정하지 않으면 자신이 충분히 예뻐 보이지 않는다고 말하고, 하나의 사진을 게시하기 위해 평균 14장의 셀카를 찍는다고 한다. 이것은 일상생활에서 점점 더 많은 부분을 차지하고 있는 첨단 기술의 세계에서 끊임없이 마주하는 과제다.

우리는 있는 그대로 사랑받고자 하는 깊은 인간적 욕구가 있다. 우리가 되어야 하는 모습의 버전이나 사실과 다른 일부의 모습이 아니라 진짜 우리 모습 그대로 온전히 사랑받고 싶어 한다. 그리고 사랑을 얻기 위해 진실하지 않은 모습을 보이는 것은 사실 소용없는 짓이다. 진정한 사랑을 그런 식으로 얻을 수는 없기 때문이다. 하지만 우리는 날마다 끊임없이 노력하고 또 노력한다. 커피를 마시면서 남을 험담하고, 학부모 모임에서 억지 미소를 짓고, 데이트 앱에는 필터링된 프로필을 올린다.

일부는 심리학자들이 동종 선호homophily라고 부르는 행동을 하는 경우도 있다. 자신과 비슷한 사람들과 어울리려고 하는 것이다. 하지만 그러려면 많은 이들이 잠재적인 친구 집단(학교에서 인기 있거나 멋진 아이들을 기억하라)을 목표로 삼고, 그 집단에 어울리고 받아들여지기 위해 자신의 행동을 바꿔야 한다. 이러한 행동을 하는 사람들은 대부분 이런 패턴을 평생 이어간다. 그들은 남의 비위를 맞추려 애쓰고, 완벽주의에 빠지고, 배우자가 원하는 사람이 되려고 하고, 부모님과 선생님이 바라고 자랑스러워할 모습을 보인다. 좋은 부모라고 부를 만한 역할을 하고, 친구들 무리와 어울리기 위해 커피를 마시며 남을 험담한다. 사랑과 소속감에 대한 이런 갈망은 너무 깊어서 우리는 다른 사람들에게 받아들여지기 위해 자신의 가치관과 성격에 어긋나는 행동을 할 때가 많다. 하지만 연구에 따르면 이런 전략이 인기를 얻는 데 도움이 될 때조차 실제로는 행복감을 떨어뜨린다고 한다. 우리가 자신의 진실성에 어긋나는 삶을 살고 있기 때문이다. 다시 말해, 이럴 때의 우리는 진정한 자신이 아니다.

> 진정한 사랑과 소속감을 얻으려고 자신의 진정한 모습을 바꾼다면 절대 그것을 얻을 수 없다.

우리는 자신의 일부를 숨긴 채, 편집되고 억압된 모습으로 자신을 세상에 드러낸다. 가끔은 건강하지 못한 상황에서 안전과 보호를 위해 이런 전략이 필요할 때도 있다. 하지만 인간관계, 사랑, 삶에서 가장 갈망하는 많은 목표를 이룰 때, 진정한 자신을 숨기는 행동은 우리가 상상하는 것만큼 미묘하거나 성공적이지 않다. 우리는 매일 '사랑을 위해 숨길 것이다'라고 쓰인 거대한 표지판을 들고 세상에 모습을 드러낸다. 하지만 이 표지판은 절대 효과가 없다. 같은 표지판을 들고 있는 사람들만 끌어당길 뿐이다. 당신이나 상대방이 자신의 꾸며진 버전을 보여주는 결혼이나 우정에 놓여 있다면, 그 관계는 거의 항상 진정한 감정적 유대감의 깊이가 부족할 것이다. 그리고 성취감을 느끼지 못하고 무언가가 빠진 듯 느낄 것이다. 다시 말하지만, 진정한 사랑과 소속감은 오직 당신의 진정한 모습으로 사랑받을 때만 느낄 수 있다. 진정한 사랑과 소속감을 얻으려고 자신의 본모습을 바꾼다면 절대 얻을 수 없다. 진정하지 않은 자신에게 사랑이 주어졌을 때, 그것은 당신의 내면에서 사랑으로 인식되거나 계산되지 않는다.

《보그》와 내 등산화

나는 운동을 좋아하지 않는다. 사실 운동하는 게 두렵다. 최근 몇 년 동안 나는 운동에 대한 사고방식을 완전히 바꾸려고 노력했다. 가치 있는 사람이 되기 위한 나의 길에는 아주 많은 자기 의심과 몸에 대한 의심을 극복하는 과정이 포함되어 있다. 남들과 다르다면 좋겠지만 사실 나도 거의 평생 체중 감량이라는 목표로 운동하는 데 집중했다. 신체적·정신적 건강과 활력을 위해서나 단순히 기분이 좋아지려고 운동하는 게 아니었다.

몇 년 전, 엄마를 돌보느라 집에 있었던 시간보다 병원에서 더 많은 시간을 보낸 지 1년이 지났을 때, 내가 여전히 움직일 수 있다는 것이 얼마나 큰 선물인지 깨달았다. 내가 원하면 걷거나 달리거나 팔짝팔짝 뛸 수도 있었지만, 엄마는 아무리 간절히 원해도 이제 그럴 수 없었다. 우리 엄마 니나는 평생 나의 슈퍼히어로였다. 아무리 많은 의사가 와도 엄마가 회복되지 못할 거라고 똑같이 말할 것을 알았지만, 병상에 누워 계신 엄마를 보니 하늘이 무너지는 것 같았다. 그 모습을 보면서 나는 건강과 움직일 수 있는 능력에 대한 선물에 대해 다시 한번 감사하게 되었다. 매일 아침 산책할 때마다 **나는 자신에게 이렇게 말했다. "해야 해서 하는 게 아니야. 할 수 있어서 하는 거야." 나는 아침 산책을 선물로 받아들이기로 했다. 이 조언은 삶의 거의 모든 영역에 적용할 수 있다.**

2022년 말, 나는 건강과 활력에 집중하기 위해 몇몇 친구들과 함께 일주일의 등산 및 건강 수련회에 참가를 신청했다. 참가자

20여 명 중 절반 정도는 체중 감량을 위해, 나머지 절반은 건강을 회복하거나 단순히 도전을 위해 참석했다. 우리는 매우 엄격한 채식 식단을 제공받았고, 매일 아침 일찍 차를 몰고 산속에 있는 다양한 등산 코스로 이동해 매일 4시간씩 등산했다. 오후에는 매번 출석을 기록하는 운동 수업을 들었다.

처음 시설에 도착했을 때, 나는 야외에 '발 관리' 구역이 있다는 사실을 알아차렸다. 등산 가이드들이 매일 아침 등산을 시작하기 전에 참가자들이 각종 젤을 바르고 젤 패드와 붕대를 발에 감싸는 걸 도와주었다. 너무 과하지 않나 싶었지만, 실제로 등산해보니 그렇지 않다는 걸 깨달았다. 둘째 날이 되자 발과 발꿈치, 발가락에 다들 물집이 잡히고 피부가 찢어졌다. 평소 산을 타지 않는 사람이 하루에 4시간씩 등산한다는 건 장난이 아니었다. 20명으로 이루어진 그룹이 하나로 된 긴 식탁에 둘러앉아 우리가 도대체 무엇을 신청한 건지 회의를 느끼며 고통스러워하는 모습을 볼 수 있었다.

하루하루가 지날수록 더 힘들어졌다. 셋째 날, 친구 리아와 나는 두 남자와 함께 무리 뒤쪽으로 처져서 힘겹게 언덕을 오르고 있었다. 몇 시간 후, 이미 흙으로 범벅이 된 리아와 새로 사귄 두 친구, 그리고 나는 불안정한 바위 위에서 발목을 삐끗하지 않으려고 등산 지팡이를 마치 아기들이 애착하는 담요처럼 꼭 붙잡는 데 집중했다. 우리 넷은 물을 마시러 잠시 멈추고 풍경을 감상하면서 같이 얘기하고 유대감을 쌓고 함께 웃었다. 그러다 두 남자인 에드워드와 알렉이 결혼했다는 사실을 알게 되었다. 그들은 결혼기념일을 기념하기 위해 이곳에 왔다고 했다. 에드워드는 신발이 너무 불편해 알렉과 신발을 바꿔 신었다. 나는 등산용품점에서 산 등산복 상하의를 매치해서 입고 있었다. 그 옷을 입으면 어떻게든 프로 등산가로 변신할 수 있겠다고 생각했지만, 전혀 어울리지 않았다. 매일 2시간쯤 지나면 온통 흙투성이가 된 채 땀에 흠뻑 젖었다. 에드워드와 알렉은 믿을 수 없을 정도로 유행에 민감한 옷을 입고 있었지만, 그들의 스타일조차 매일 우리를 뒤덮는 흙과 땀을 견디지 못했다.

리아와 나는 대부분 사람보다 더 느렸지만, 우리는 그걸 인정했고 축하하기까지 했다. 우리는 완전히 느려지기로 했다. 그것이 다치지 않고 신체적으로 우리가 할 수 있는 최선이었기 때문이다. 매일 4시간의 등산이 끝나면 리아와 나는 기뻐서 펄쩍펄쩍 뛰었고, 그다음에는 온전히 축하하려고 트워킹•을 추기 시작했다! (우리가 어떻게 최고의 동작을 할 수 있었는지는 이 책 뒷부분에서 설명할 것이다. … 할머니, 그 장은 건너뛰세요.)

육체적으로는 탈진했지만 경치와 상쾌한 공기는 정말 환상적이었다. 자연은 정말 치유력이 있어서 그 속에 있다는 건 내게 매우 귀중한 선물이었다.

알렉은 나, 에드워드, 리아보다 훨씬 더 야망이 큰 등반가였기 때문에 에드워드에게 새로운 친구가 2명 생겼다는 사실을 알자마자 등산객 무리의 맨 앞줄에 합류했다. 그날 이후로 에드워드, 리아, 그리고 내가 맨 뒤에 가는 게 매일 반복되는 관행이 되었다. 우리는 늘 선두 그룹보다 30분은 느렸지만 그 누구보다 최선을 다했다.

• 상체를 숙인 자세로 엉덩이를 흔들며 추는 성적으로 자극적인 춤.

이 경험에서 가장 특별한 점은 산속에서는 휴대폰 수신이 되지 않는다는 것이었다. 그래서 4시간 동안 나와 에드워드, 리아는 서로에게 온전히 집중했다. 나는 우리가 무슨 일을 하는지 서로 신경 쓰지 않고 심지어 전혀 알 수도 없다는 점이 좋았다. 우리는 가볍거나 피상적인 대화를 나누지 않았다. 우리는 먼저 신체적 고통에 관해 호소하면서 이런 걸 신청하다니 우리가 얼마나 제정신이 아니었는지를 말하며 친해졌다. 그런 다음 우리의 대화는 가족과 삶의 경험, 우리가 극복한 역경으로 넘어갔다. 새로운 친구 에드워드와 친한 친구 리아와 함께 집중할 수 있는 시간, 친밀한 시간을 보내는 건 선물 같았다. 일주일에 걸친 여행의 둘째 날부터 마지막 날까지 나는 너무 지쳐서 거의 샤워도 할 수 없었다. 그보다 나빠 보일 수는 없다고 생각했다. 내가 원하는 건 침대에 쓰러지는 것뿐인데, 샤워에 필요한 에너지를 끌어내는 것조차 힘든 일이었다. 하지만 나는 주로 친구들을 위해 샤워했다. 샤워하면서 땀과 산에서 달고 온 흙이 배수구를 따라 흘러내리는 걸 지켜보았다.

그날 밤, 나는 저녁을 먹으러 가서 에드워드와 리아 옆에 있는 의자에 앉았다. 나의 등산 소울 메이트들이었다. 식탁 맞은편에 앉은 누군가가 에드워드에게 "직업이 뭐예요?"라고 물었고, 그는 "패션계에서 일해요"라고 대답했다.

그러자 그는 "정확히 무슨 일을 하세요?"라고 물었다.

나는 에드워드가 자기 일에 관해 알리고 싶어 하지 않는 걸 알아차렸지만, 그 이유는 몰랐다. 나는 그가 그저 현재에 집중하고 싶을 뿐, 일 생각은 하고 싶지 않아서라고 짐작했다. 잠시 후 그가 "저는 영국《보그》의 편집장입니다"라고 말했다.

그는 "우와! 진짜요?"라고 소리치더니 "당신이 누군지 알겠어요! 세상에, 굉장하네요. 당신이 우리와 함께 여기 앉아 있다니!"라고 말했다.

나는 리아와 에드워드를 번갈아 쳐다보았다. 그리고 내가 입고 있던 옷을 보았다. "지금까지 그걸 몰랐다니 정말 다행이네요." 내가 웃으며 말했다.

나는 사람들에게 "내 메이크업은 보지 마세요!"라고 말하곤 했다. 화장품 회사를 설립했다는 이유로 나에게 메이크업에 관한 의견이 있을 거라고 생각해서였다. 하지만 나는 수년간 메이크업을 보면 일이 떠올랐기 때문에 누구의 메이크업에도 관심을 기울이지 않았다. 이것은 치과의사가 칵테일파티에서 당신의 치아를 평가하고 싶지 않은 것과 같다. 이 경우에도 나는 (아마도 자기 보호를 위해서였을 테지만) 에드워드가 내 복장에 신경 쓰지 않는다는 신념을 유지하기로 했다. 땀과 흙으로 범벅되고 위아래가 어울리지도 않고, 발수 기능이 있는 투박하지만 실용적인 등산복 때문에 나는 확실히 《보그》와는 어울리지 않아 보였다.

마지막 날, 에드워드와 리아, 그리고 나는 다시 무리의 뒤에서 산에 오르고 있었다. 매일 우리는 '다시 만나니 기분이 너무 좋네요'●를 노래 불렀다. 매일 아침 그들과 함께 있으면 집에 있는 듯한 편안함을 느끼기 시작했다. 우리는 얘기를 나누고 또 나누었다. 그러

● Peaches&Herb가 부른 〈Reunited〉의 가사.

던 중 에드워드 앞에서 구글 검색을 하다가 《타임》지 표지에 실린 그의 얼굴과 전 세계 모든 패션쇼에서 맨 앞줄에 앉아 있는 그를 본 나는 "에드워드!"라고 소리쳤다. 에드워드는 내게 무슨 일을 하느냐고 물었고, 나는 잇코스메틱스에 관한 얘기를 들려주었다. 그리고 리아는 자신의 보석 및 핸드백 회사인 발렌시아 키™를 설립하게 된 일을 들려주었다. 나는 그가 모델에서 편집자로, 그리고 어떻게 세계 최고 패션 잡지의 편집장이 되었는지에 이르기까지 그의 모든 여정을 알게 되었다. 그의 첫 번째 책인《눈에 띄는 남자A Visible Man》가 그달 말에 출간될 예정이라는 사실도 알게 되었다.

수련회가 끝난 후에도 우리는 계속 연락을 주고받았고, 에드워드는 리아와 나, 그리고 친구 재키를 할리우드에서 열리는 그의 책 출간 행사에 초대했다. (재키 역시 이 수련회에 참석했었지만, 땀 한 방울 흘리지 않은 채 FITKITTY CULTURE™**를 입고 우리보다 훨씬 앞에서 등산했다.) 행사장에 들어서자 셀 수 없이 많은 유명인과 슈퍼모델들이 에드워드 주위로 떠들썩하게 몰려들었다. 에드워드는 흠잡을 데 없는 옷을 입고 있었고, 실내가 어두웠지만 절대 선글라스를 벗지 않았다. 화려한 광경이었다. 며칠 전 우리 모두 흙과 땀, 승리로 뒤덮였던 것과는 사뭇 달랐다. 세계 최고의 슈퍼모델들이 행사장에 몰려들었다. 슈퍼모델 신디 크로퍼드Cindy Crawford와 그의 딸인 슈퍼모델 카이아 거버Kaia Gerber와 나는 사업을 시작하는 일을 얘기하며 친

●● 여성용 스포츠웨어 브랜드.

해졌다. 리아와 재키, 그리고 나는 에드워드가 축하받는 모습을 지켜보며 가장 즐거운 시간을 보냈고, 그를 영혼까지 알게 된 선물을 받았기 때문에 진심으로 그를 위해 기뻐했다. 다른 파티 참석자와 몇 번의 대화를 끝낸 후 에드워드는 우리 옆을 지나가다가 멈춰서 크게 안아주었다. 내가 강연하는 행사에서 파울로나 가까운 친구, 가족들이 청중석에 있을 때면 내가 하는 것처럼 말이다. 그와의 깊은 유대감은 성취감을 느끼게 해줬다.

에드워드, 알렉, 리아와 나는 가까운 친구 사이로 지내고 있다. 가끔 생각한다. 내가 에드워드를 만났을 때 그가 영국 《보그》의 편집장이라는 사실을 알았더라면 우리가 그렇게 깊은 우정을 쌓을 수 있었을까? 내가 좀 더 '멋져' 보이고 싶다거나, 좀 더 세련되거나 더 '유행에 민감하게' 보이고 싶다는 유혹을 뿌리치기가 너무 어려웠을까? 아니면 모든 사람이 항상 에드워드에게서 뭔가를 원하기 때문에 그와 거리를 두고 대화를 시작하지 말아야 한다고 자신에게 말했을까? 그랬다면 나는 100퍼센트 진정한 나의 모습을 보여주지 못했을 것이다. 그리고 에드워드가 내가 뷰티 산업에 종사한다는 사실이나 둘 다 아는 공통의 친구가 있다는 사실을 알았더라면 그렇게 취약하고, 지치고, 땀에 젖고, 피곤한 모습을 보일 수 없었을 테고, 자신의 진정한 모습을 온전히 공유하지도 못했을 것이다. 우리 둘 다 이 모든 유혹에 저항해서 진정으로 깊은 유대감을 맺었을 거라고 생각하고 싶다. 하지만 내가 확실히 아는 건 우리가 가식도, 두려움도, 어떤 식으로든 받아들여지려는 노력도 하지 않았기 때문에 진정한 우리 모습으로서 유대감을 형성했고 오래 지속되는 깊은 우정을 맺을 수 있었다는 것이다.

진짜를 드러내라

사람들은 당신을 당신의 직업으로 인식하는가, 아니면 당신이 어떤 사람인가로 인식하는가? 당신의 직업이 당신을 드러내는 방식에 영향을 미치도록 내버려두는가? 다른 사람의 직업에 대한 당신의 인식이 그들과 친해지려고 얼마나 노력할지에 영향을 미치는가? 당신이 '그저' ○○(빈칸을 채워라) (전업 주부거나, 고졸이거나, 혹은 직업적으로 특정한 위치에 있는) 사람이라고 자신에게 하는 얘기가 다른 사람들 앞에서 평소와 다른 모습, 더 소심한 모습으로 행동하게 하는가? 당신이 너무 젊거나 너무 늙거나, 키가 너무 크거나 작거나, 적합한 지역이나 가족 출신이 아니거나 적합한 학교에 다니지 않았거나, 적합한 경험이나 배경이 없다는 얘기가 당신이 자신을 드러내고 사람들과 친해지는 데 방해가 되는가? 우리는 자신을 보호하거나 사람들이 우리를 더 좋아하게 만든다고 생각하기 쉽다. 하지만 실제로 우리를 진정으로 알지 못하게 하고, 우리 자신이 다른 사람들과 유대감을 쌓지 못하게 방해하고 있다.

당신이 진정한 자신의 일부만 보이거나 자신과 완전히 다른 모습을 보일 때, 당신은 인간적인 유대감을 억누르고 있다. 진정한 자신의 일부 또는 전부를 숨기는 것은 단절이라는 장벽을 만들고, 이는 당신을 외롭게 만들 수 있다. 지금 우리는 외로움이 최고조에 달하는 사회에 살고 있다. 단절의 감정은 역대 최고 수준이다. 기술과 빠르게 진화하는 인공지능은 우리를 더욱 소외시킬 뿐이다.

우리는 사랑받을 가치가 있는 사람이 되려면 편집된 자신의 모습을 보여줘야 한다고 생각하지만, 사실은 정반대다. 당신이 진정한 당신이 아니라면 가장 깊고 진실한 사랑을 할 수 없다. 내가 부족하다고 느끼는 순간에도 이 오래된 거짓말을 잊고 용기를 내어 진정한 자신의 모습을 드러내는 것은 매일의 훈련이자 평생의 탐구다. 한 번에 하나씩 위험을 무릅쓰고, 한 번의 진정한 순간에 자신을 드러내라. 심지어 한 친구에게 온 마음을 담아 큰 소리로 불러주는 노래라도 좋다.

감사하게도 오프라는 내 노래에 질겁하지 않았다. 나는 오프라가 내 진정성에 기분이 좋아졌기를 바란다. 오프라는 누구보다도 나를 잘 알고 있고, 사랑과 유대감으로 가는 길은 진정한 모습을 드러내는 것임을 알고 있다. 심지어 〈생일 축하합니다〉 노래를 맞지 않는 음으로 온 힘을 다해 부르는 형태라도 말이다.

CHAPTER

13   거짓말: 한번 붙은 꼬리표는 영원하다

식물에게 친절하게 건네는 말이 식물의 성장에 도움이 된다면
사람에게 친절한 말을 건넬 때 어떤 일이 일어날지 상상해보라.
- 작자 미상

우리는 꼬리표 뒤에 숨고, 꼬리표 때문에 숨는다. 한때 누군가가 준 꼬리표를 우리는 그대로 붙이고 있다. 자신에게 붙였던 꼬리표, 이제는 기술의 발전으로 온라인상에서 낯선 사람이 준 평가라는 꼬리표까지도 우리는 붙이고 있다. 어린 시절 놀림 받거나 괴롭힘을 당하며 왜 우리가 부족한지 들었던 때부터, 한때 친척이 붙여주었던 꼬리표와 한때 누군가에게 불렸던 이름이 마음속에서 끊임없이 계속 되풀이 되고 있다. 성인이 되어서는 전 애인이 우리에게 가스라이팅해서 믿게 한 꼬리표를 달고 있고, 사랑에 대한 욕구가 우리를 속여 그 꼬리표를 내면에 뿌리내리게 했다. 거울을 볼 때마다 스

스로에게 하는 말부터 일이 뜻대로 풀리지 않을 때마다 사운드트랙처럼 끊임없이 반복하는 꼬리표까지 다양하다. 공유 차량 기사에게 받은 평점, SNS에서 다른 누군가가 우리를 '인정'해줬다는 체크 표시, 우리 게시물에 달리는 이모지 댓글들은 우리의 생각이나 창작물을 어떻게 받아들이고 평가하는지를 드러내며, 마치 그것에 꼬리표를 붙이는 것처럼 작용한다. 팔로워 수와 '좋아요' 숫자도 이 모든 것이 우리가 대중적으로 얼마나 '인기 있는' 사람인지에 대한 공개된 평가로 기능한다. 우리가 온라인에 비치는 모습에서는 '성공한'이나 '행복한'이라는 꼬리표를 얻기가 매우 쉬워졌지만, 현실에서는 '실패자'나 '외롭다'는 꼬리표를 달고 있다는 것을 알고 있다. 가짜 꼬리표와 진짜 정체성을 혼동하기가 너무 쉬워서 조심하지 않으면 가짜 꼬리표가 우리의 정체성에 영향을 미치도록 허용하게 된다. 당신에게 붙은 꼬리표와 스스로 믿고 있는 자신의 꼬리표는 당신의 인생 전체에 영향을 미친다. 그런 꼬리표를 없애고 당신의 가치에 맞는 새로운 꼬리표를 선택하겠다고 결심하면 변화가 일어난다.

꼬리표는 어떻게 뿌리를 내릴까?

인생의 모든 것은 우리가 그것에 부여하는 의미이자 그것에 관해 자신에게 하는 얘기, 그리고 종종 우리가 그것에 붙이는 꼬리표일 뿐이다. 그리고 충분히 반복하거나 강화하면 우리는 그 의미, 즉 꼬리표가 실제로 진실이라고 믿기 시작한다. 예를 들어, 누군가가 내게 "제이미, 넌 똑똑하지 않아"라고 말하면 나는 그 말이 내 안에 뿌리내리도록 내버려두고 그 말에 대해 계속 생각한다. 그러면 다음에 내가 똑똑하지 않다는 신념을 강화하는 일이 일어날 때마다 그 말을 신경 쓰기 시작할 것이다. 우리가 어떤 대상에 부여하는 의미는 그 대상을 확실히 믿는 것으로 바뀔 수 있다. 또는 우리 자신에 대해서도 마찬가지다. 우리 뇌의 망상 활성계reticular activating system, 즉 RAS는 이런 일이 일어나는 속도를 배가시킨다.

우리 뇌의 RAS는 주변의 모든 자극 중 99퍼센트 이상을 걸러내 우리에게 중요한 것에 집중할 수 있게 도와주는 거대한 필터와도 같다. 예를 들어, 지금 이 순간에도 우리 주변에는 수백만 가지의 자극이 존재한다. 공기의 냄새, 몸의 어떤 부위든 만질 때 느껴지는 촉감, 벽의 질감과 색깔, 방 안 빛의 색조 등 모든 장면과 냄새, 소리가 지금도 당신을 둘러싸고 있다. 하지만 우리 뇌의 RAS는 그 대부분을 차단해서 당신에게 중요한 것, 혹은 당신이 중요하다고 생각하는 것에 집중할 수 있게 해준다. 그래서 지금 당신은 이 책의 페이지나 초콜릿 칩 쿠키를 얼마나 먹고 싶은지에만 집중하고 있을지 모른다. 하지만 당신은 주변에 존재하는 수백만 가지의 다른 가능성에는 주의를 기울이지 않고 있다. 당신의 RAS가 당신이 중요하다고 생각하는 것을 제외한 모든 것을 걸러내고 있기 때문이다. 망상 활성계는 우리의 생존을 돕기 위해 이런 일을 한다.

RAS를 묘사하기 위해 자주 사용되는 전형적인 사례가 자동차 구매 과정이다. 당신이 파란색 혼다 자동차를 사서 몰고 나가면, 갑

자기 몇 달간은 어디서나 파란색 혼다가 보인다. 파란색 혼다는 전에도 항상 그 자리에 있었지만 당신에게 중요하지 않았기 때문에 알아차리지 못했다. 이제 당신은 파란색 혼다 자동차를 가지고 있기 때문에 도로에서 파란 혼다를 지날 때마다 당신의 RAS가 그 차에 주의를 기울이게 한다.

꼬리표에도 동일한 효과가 있다. 일단 꼬리표가 뿌리를 내리면 당신은 그걸 믿게 된다. '나는 똑똑하지 않아'라는 꼬리표를 예로 들어보자. 나의 RAS는 주변에서 내가 똑똑하지 않다는 증거를 찾아 강조함으로써 그 믿음을 강화할 것이다. 내가 실수를 저지를 때마다 나의 RAS는 '너는 똑똑하지 않아'라는 사실을 상기시키며 그 사실에 주의를 기울이게 한다. 내가 뭔가에 대한 답을 모를 때마다, 누군가가 온라인 댓글에서 내 의견에 동의하지 않을 때마다, 또는 아이디어를 공유해야 할지 말아야 할지 고민할 때마다 나의 망상 활성계는 '너는 충분히 똑똑하지 못해'라는 사실을 상기시킬 것이다. 만약 내가 특별히 똑똑한 말을 하면 그 말을 그다지 많이 기억하지 못할 것이다. 하지만 실수는 어떨까? 나의 RAS는 그 실수를 강렬하게 확대할 것이다. 우리가 미처 깨닫기도 전에 이런 부정적인 꼬리표들은 뿌리 깊은 믿음이 되고, 충분히 반복되면 그 뿌리 깊은 믿음 또는 꼬리표들은 우리 정체성의 일부가 된다. 당신이 초점을 맞추는 것은 증폭된다. 당신의 RAS가 그것을 확실히 해준다.

마찬가지로 당신이 자신에게 혹은 다른 누군가에게 힘을 실어주는 꼬리표를 붙이기로 마음먹었다면, 충분한 반복으로 그것은 믿음이 될 수 있다. 그리고 당신의 정체성과도 결부된다. 이 2가지 시나리오는 매우 중요하다. 우리는 우리가 믿는 대로 되기 때문이다.

꼬리표의 힘

꼬리표는 강력하다. 우리가 힘을 실어주는 꼬리표를 믿는다면, 그것은 우리의 정체성과 자존감을 긍정적으로 형성하는 데 도움이 될 수 있다. 이와 관련된 좋은 예는 앞서 언급했던 내 소중한 친구 에디에게서 찾을 수 있다. 에디가 어렸을 때 그의 인생을 바꿔놓은 꼬리표가 붙게 된 결정적인 순간이 있었다. 에디는 집에서 알코올 중독자인 아버지와 힘겨운 시간을 보내고 있었고, 학교에서는 작다는 이유로 괴롭힘을 당하고 있었다. 반 친구들은 그를 '에디 스파게티'라고 부르며 놀렸다. 초등학교 1학년 때 담임이었던 스미스 선생님은 에드의 자존감이 낮다는 것을 알고 있었다. 그래서 에드는 선생님이 그의 인생을 영원히 바꿔놓을 무언가를 계획했다고 믿는다. 어느 날 수업 시간에 학생들은 학년을 통과하기 위한 시험을 보고 있었다. 그때 한 남자가 교실로 들어와 스미스 선생님이 있는 반 뒤쪽으로 걸어갔다. 그는 "스미스 선생님, 이 반에서 가장 똑똑한 학생이 누구인지 알려주십시오. 반 대표로 그 학생의 시험 점수를 사용하고 싶습니다"라고 말했다.

에디는 스미스 선생님이 이렇게 말하는 것을 들었다. "그렇다면 에디 마일렛이죠. 저기 앉아 있는 학생 보이나요? 저는 에디를 뽑겠습니다. 에디가 가장 똑똑하니까요." 스미스 선생님은 어린 에디가 자기 말을 들을 수 있다는 걸 알고 있었다. 선생님의 말씀을 들었을 때, 에디의 눈은 반짝였고 얼굴에는 커다란 미소가 떠올랐다. 그는 속으로 '선생님이 나를 뽑았어. 나는 가장 똑똑한 학생이야'라고 생각했던 걸 기억한다.

그 남자는 이렇게 말했다. "좋아, 에디 마일렛. 우리와 함께 갔으면 좋겠구나." 그는 에디를 영재 학생들이 시험을 보는 특별한 교실로 데리고 갔다. 에디는 자존감이 낮아 힘들어하고 있었지만, 그날 그를 믿어준 선생님은 그가 똑똑할 뿐만 아니라 특별하고 가치 있다고 생각하게 했다. 그리고 선생님은 기꺼이 전체 학생 중에서 에디를 돋보이게 했고, 그를 가장 똑똑한 학생이라고 선언했다. 그리고 에디는 그런 꼬리표가 뿌리내리도록 했다. 어떤 날은 선생님이 에디에 관해서 했던 말이 그가 의지할 수 있는 전부가 되기도 했다. 에디는 그 말을 마음속에 자랑스럽게 간직했다. 에디는 가족 내 대물림되는 중독의 악순환을 끊기로 결심하면서 자랐다. 그리고 자신이 특별히 똑똑하고 재능 있는 사람들로 가득한 교실에 속해 있었다고 믿기로 다짐했다. 현재 그는 엄청난 사업적 성공을 거두었고, 오늘날 팟캐스트 〈에드 마일렛 쇼The Ed Mylett Show〉와 소셜 플랫폼, 책을 통해서도 매일 수백만 명의 사람들에게 자기 자신을 믿도록 영감을 불어넣고 있다. 에디는 평생 스미스 선생님을 수천 번 이상 생각했고, 오늘날까지도 선생님이 그에게 강력한 씨앗을 심어주기 위해 그 남자를 교실로 들어오도록 준비했다고 믿는다. 그리고 지금 그는 다른 사람들이 자기 자신을 믿도록 돕는 일에 평생을 바치고 있다.

내가 이 책을 쓰던 당시 에디는 집필 중이던 책《당신에 관해 말해줄게요 Let Me Tell You About You》에서 꼬리표와 정체성에 관한 심오한 도구를 공유한다. 그것은 수십 년 전 초등학교 선생님이 그에게 가르쳐준 재능에서 영감을 받은 것이다. 그는 매일 자녀들에게 이렇게 말한다. "너에 관해 말해줄게." 그리고 나서 자신이 누구인지에 관해 힘을 실어주는 단어와 꼬리표를 아이들에게 말해주고, 그 말이 깊은 자존감의 형태로 뿌리내릴 수 있도록 한다. 예를 들어, 그는 매일 딸 벨라에게 이렇게 말한다. "벨라-부, 너에 관해 말해줄게. 너는 똑똑하고 친절하고 너그러우며 아빠랑 똑 닮은 눈을 가졌어. 나는 너를 믿고 사랑해."

에디는 최근 딸이 다니는 대학교의 신입생 기숙사를 방문했다. 그날 딸의 기숙사 방을 나설 때, 딸의 친구들이 그곳에 있었다. 그가 작별 인사를 하자, 딸의 친구 중 한 명이 소리쳤다. "벨라에 관해 벨라에게 먼저 말해주지 않으실 거예요?" 그 말을 들은 에디는 눈물이 터져버렸다. 에디는 벨라가 눈을 흘기거나 그것이 그에게 얼마나 큰 의미인지 깨닫지 못했던 날에도 매일 그런 말을 해줬던 게 뿌리내렸다는 사실을 깨달았다. 벨라는 그것이 얼마나 의미 있는 일인지 친구들에게 얘기할 정도로 소중히 여기고 있었던 것이다. 에드는 벨라의 손을 잡고 말했다. "벨라, 너에 관해 말해줄게…." 그리고 벨라가 지닌 아름다움과 힘에 관해 진실한 말을 쏟아냈다. 에드의 얘기는 내게도 영감을 줘서 나는 딸 원더와 아들 와일더에게도 매일 이런 얘기를 한다.

힘을 빼앗는 꼬리표

그 반대도 사실이며 안타깝게도 흔한 일이다. 주변 사람들이 우리에게 힘을 빼앗는 꼬리표를 붙일 때 우리는 그 꼬리표를 수십 년 동안 붙이고 있는 경우가 많다.

선의의 가족과 친구들이 우리를 놀리는 꼬리표를 붙일 때, 그들은 그 꼬리표가 얼마나 쉽게 뿌리내릴 수 있는지 모른다. 미처 깨닫기도 전에 우리는 사람들에게서 들은 힘을 빼앗는 꼬리표를 내면화했고, 더 흔하게는 우리가 자신에게 붙인 힘을 앗아가는 꼬리표도 내면화했다. 우리는 이런 꼬리표가 우리를 규정한다고 생각한다. 다른 사람들도 우리 꼬리표를 본다고 생각한다. 이런 꼬리표는 그저 말일 뿐이고 기껏해야 시대에 뒤떨어지고 최악의 경우 완전한 거짓말이지만, 우리 본모습을 사라지게 하고 무가치하다고 느끼게 할 힘을 지니고 있다.

거짓말: 나는 내 꼬리표다.

진실: 당신의 꼬리표는 영원하지 않다. 꼬리표는 일시적이다. 당신은 힘을 빼앗는 거짓된 꼬리표를 없애고 그것을 당신에게 도움이 되는 진실하고 힘을 주는 꼬리표로 대체할 수 있다!

나는 단 한 번의 만남으로 잉태되었고, 두 사람은 다시는 만나지 않았다. 내 존재는 태어난 날 곧바로 입양되기 전까지 비밀에 부쳐졌다. 내 출생 얘기에 '원치 않은', '비밀' 또는 '실수' 혹은 '버려진'과 같은 꼬리표를 붙이고 싶은 유혹을 받을 수도 있지만, … 내가 아는 진실은 하나님이 나를 절대 떠나지 않았다는 것이다. 내가 믿기로 선택한 것, 내 존재의 모든 면에서 알고 있는 것은 하나님이 나에게 가장 크고 특별하며 아름다운 꼬리표를 달아주셨다는 것이다. '원했던', '충분한 것 이상의', '내 소중한 딸', '멋지게 만들어진', '부름을 받은', '자격 있는', '가치 있는'이라는 꼬리표와 더불어 나는 이마에 '선택받은'이라고 쓰인 커다란 도장이 찍힌 것을 상상할 수 있다. 하나님은 우리 모두에게도 이와 똑같은 도장을 찍어주셨다는 사실을 안다. 그리고 이 꼬리표들은 사실이다.

하지만 자신에 대한 믿음은 하룻밤 사이에 생긴 것이 아니다. 오래된 꼬리표를 나 자신에 관해 말하고 믿는 새로운 꼬리표로 대체하는 방법을 배우려고 지속적으로 노력했다. 나는 딸로서, 친구로서, 엄마로서, 사랑하는 연인으로서, CEO로서, 심지어 내 몸과 체형에서까지 소속감을 느끼기 위해서는 새로운 꼬리표를 믿어야 한다는 걸 알고 있었다.

당신은 자신에게 어떤 꼬리표를 붙였으며, 그중 여전히 붙이고 다니지만 사실이 아닌 꼬리표는 무엇인가? 아마도 '충분하지 않다', '자격이 없다', '나쁜 엄마', '너무 많은 실수를 했다', '왕따', '실패자', '무능하다'와 같은 꼬리표일 것이다. 오늘 당신에게 알려줄 소식이 있다. 그런 꼬리표는 거짓일 뿐만 아니라 영원하지도 않다. 고정된 것도 아니다. 당신 자신이 붙였거나, 어린 시절의 누군가나 가족 또는 상처받은 사람이 당신에게 붙인 꼬리표는 모두 포스트잇 메모처럼 만들어졌다. 붙어 있는 것처럼 보이지만 그건 얇은 풀이 붙어 있을 뿐이다. 따라서 제거할 수 있다. 그리고 오늘이 바로 당신의 발목을 붙잡고 있는 오래된 꼬리표를 떼어버리고 진정한 당신의 모습을 온전히 가장 잘 표현하는 삶을 살기로 결심하는 날일이다.

새로운 꼬리표

당신이 자신에게 붙이고 뿌리내리게 한 꼬리표는 무엇인가? 당신은 어떤 꼬리표 뒤에 숨어 있는가? 나는 당신에게 인식과 힘을 가져오도록 의도된 꼬리표를 붙이는 연습을 하라고 권하고 싶다. 새로운 꼬리표를 만드는 데 필요한 건 자신에게 진정으로 솔직해지는 것뿐이다. 이것은 외면의 당신과 내면의 당신 사이의 진실과 반성의 연습이다. 아래에 세 개의 열이 있다. 더 많은 공간이 필요하다면 당신의 일기장, 종이, 또는 집에 있는 컴퓨터에 이 표를 다시 만들어도 좋다.

☑ **주목할 점:** WorthyBook.com/Resources에서 꼬리표에 관한 무료 워크시트를 다운받아 인쇄할 수 있다.

첫 번째 열에는 당신이 자신에게 붙인 꼬리표 중 힘을 빼앗는 것을 적어보라. 당신이 믿는다는 사실을 아무에게도 알리지 않을 거짓 꼬리표를 적어라. 당신이나 다른 누군가가 당신에게 붙인 고

힘을 빼앗는 꼬리표	이 꼬리표를 믿는 것은 당신에게 어떤 대가를 치르게 했는가? 당신 삶의 모든 영역에서 어떤 영향을 미쳤는가?	힘을 주는 새로운 대체 꼬리표/믿음

통스러운 꼬리표는 당신이 믿고 싶은 거짓말이다. 아마 그것들은 '실패자', '사랑스럽지 않다', '자격이 없다', '재미있지 않다', '겁쟁이', '매력적이지 않다', '너무 늙었다', '너무 어리다', '가치가 없다', '망가졌다', '거절당했다', '망설인다', '충분히 똑똑하지 않다'와 같은 꼬리표일 것이다. 당신의 성격, 성취 수준, 나이, 능력, 신체, 잠재력, 과거와 같은 삶의 특정 부분에 적용되는 꼬리표로 생각하면 도움이 될 수 있다.

이제 중간 열을 살펴보자. 이것이 오늘 당신이 할 일 중 가장 어렵지만 아마 가장 중요한 일일지 모른다. 각각의 꼬리표 옆에 그 꼬리표가 당신 삶에서 어떤 대가를 치렀는지 쓰기를 바란다. 그것 때문에 관계에서 어떤 대가를 치렀는가? 그 꼬리표를 믿는 것이 당신의 직업이나 야망에 어떤 대가를 불러왔는가? 그 꼬리표가 당신의 기쁨에 어떤 대가를 치르게 했는가? 그런 다음 더 깊이 들어가보자. 예를 들어, 그 꼬리표가 당신에게 그 일에 대가를 치르게 했을 뿐만 아니라 그다음에 그 일을 하겠다는 자신감도 앗아갔는가? 또는 그 꼬리표가 관계에서 당신의 목소리를 억누르게 했고, 그 대가가 눈덩이처럼 불어나 친구들에게까지 자기주장을 펼치지 못하게 했는가? 각각의 꼬리표는 표면적으로 당신에게 어떤 대가를 치르게 했는가? 예를 들어, 당신이 인생에서 가장 소중하게 생각하는 사람들 앞에 드러내는 모습이나 본보기가 되는 방식에 어떤 대가를 치렀는가? 이 질문에 답하는 데 몇 분, 몇 시간, 심지어 며칠이 걸릴 수도 있다.

이 연습을 처음 했을 때 내 인생이 바뀌었다. 내가 자신에게 붙인 꼬리표, 혹은 누군가가 나에 관해 말했고 내가 믿기로 선택한 꼬리표는 나를 더 작게 느끼게 했고, 결국 내가 본모습보다 못하다고 믿게 했다는 사실을 깨달았다. 그리고 가장 상처가 되는 꼬리표는 내가 자신에게 붙인 꼬리표라는 사실을 알게 됐다.

우리를 무력하게 만드는 각각의 꼬리표가 우리 삶에서 어떤 대가를 치르게 했는지 생각해보면 눈이 번쩍 뜨인다. 그것들은 당신이 꿈을 좇는 데 걸림돌이 되었는가? 그것 때문에 건강하지 못한 관계를 유지했는가? 그것 때문에 친구가 당신을 부당하게 대하도록 내버려두었는가? 그것 때문에 목소리를 내지 않았는가? 그것 때문에 거울을 보지 않았는가? 그것 때문에 삶의 기쁨과 열정을 잃었는가? 그것 때문에 당신의 생각을 남들과 공유하지 않았는가? 그것 때문에 사람들 앞에서 수영복을 입지 않았는가? 그것 때문에 파티장 바깥에 서 있거나 무대에서 절대 춤을 추지 않는가? 당신이 자신에게 '가치 없다'라는 꼬리표를 붙였다면, 그로 인해 삶에서 이미 어떤 대가를 치르고 있는가?

마지막으로, 세 번째 오른쪽 칸에는 각 꼬리표를 대체할 수 있는 믿음을 적어보자. 당신이 아는 것은 당신의 내면과 본질에 관한 진실이다. 창조주나 당신의 가장 친한 친구가 당신에 관해 할 법한 말이다. 무엇보다 당신의 영혼 깊은 곳에서 진실이라고 믿는 것이다. 낡은 꼬리표 대신 새로운 꼬리표를 써보는 것이다. 만약 당신의 낡은 꼬리표가 '매력적이지 않다'면 당신의 새로운 꼬리표는 '신의 이미지로 멋지게 만들어졌다' 또는 '아름답다'일 것이다. 만약 당신의 낡은 꼬리표가 '사랑스럽지 않다'면 당신의 새로운 꼬리표는 '사랑받을 자격이 있다'이거나 '조건 없이 사랑스럽다' 또는 '사랑에 대한 사랑으로 만들어졌다'일지 모른다. 만약 당신의 낡은 꼬리표가 '부족하다' 혹은 '결함이 있다'라면 새로운 꼬리표는 '승리한다' 또는 '회복력 있다'일 것이다. 만약 당신의 낡은 꼬리표가 '나쁜 엄마'라면 새로운 꼬리표는 '사랑하는 엄마'일 것이다. 당신의 새로운 꼬리표는 당신이 누구인지를 보여주는 진실이다. 당신의 새로운 꼬리표는 진정한 당신, 즉 타고난 모습 그대로의 '당신'이다. 사람들의 비위 맞추기, 증오와 상처, 비난과 자기 의심, 그리고 세상이 당신에게 어떤 사람이 되라고 가르치기 전의 당신, 타고난 그대로의 진짜 당신이다.

우리는 가치를 둘러싼 자기 정체성에 관해 자기에게 들려주는 깊은 얘기를 무시하고 묻어버릴 수 없다. 그 얘기들은 계속 모습을 드러내며 점점 더 크게 소리 낼 것이기 때문이다. 하지만 우리가 그 얘기들을 인정하고 마주하기 시작할 때 그 힘은 서서히 약해지기 시작하고 우리는 그것들이 진실이 아님을 깨닫기 시작한다. 우리 영혼은 이미 그것들이 진실이 아니라는 걸 알고 있었기 때문이다. 우리가 믿지 않으려고 노력할 때 그것들은 계속 줄어든다. 우리의 삶과 생각, 정체성에서 그것들의 권위는 계속해서 줄어든다.

생각의 재구성, 즉 힘을 빼앗는 낡은 꼬리표를 새롭고 진실한 꼬리표로 바꾸는 데 도움이 되는 몇 가지 팁이 있다. 한 이론에 따르면, 부정적인 생각이 뿌리를 내리기 전에 그것을 가로채서 긍정적인 생각으로 대체할 수 있는 시간이 17초라고 한다. 일상생활에서 낡은 꼬리표가 떠오르면 즉시 그 생각을 가로채서 새롭고 진실한 꼬리표로 대체하라. 새롭고 진실한 꼬리표의 진실성을 반드시 느껴야 한다. 더 이상 상기시킬 필요가 없을 때까지 가능한 한 자주 그렇게 하라. 그것이 제2의 천성이 되고 습관이 될 때까지 계속하라.

포스트잇 메모지나 종이에 낡은 꼬리표를 모두 적어 보는 것도 도움이 된다. 그런 다음 꼬리표를 불태우거나 조각조각 찢어서 버리거나 변기에 넣고 물을 내려서 영원히 사라지게 하는 의식을 실시하라.

힘을 주는 새로운 꼬리표를 감사 일기에 쓰거나 포스트잇에 써서 컴퓨터 모니터나 옷장, 휴대폰, 자동차 등 하루 중 가장 많이 보는 장소에 붙여라. 매일 아침 이를 닦을 때 볼 수 있도록 지워지는 마커나 화장품으로 욕실 거울에 새로운 꼬리표를 적어라. 완전히 사실인 것처럼 써라. 예를 들자면 이렇다. '나는 가치 있다', '나는 다정한 엄마다', '나는 똑똑하다', '나는 재미있는 사람이다', '나는 아름답다'.

이 새로운 꼬리표가 뿌리를 내릴 때까지 창의적인 방식으로 강화하라. 그 꼬리표 중 하나를 올해의 단어로 만들어라. 새로운 꼬리표 중 한두 개를 휴대폰의 일상적인 알람으로 설정해라. 그러면 알람이 울려 휴대폰을 들여다볼 때마다 새롭고 진정한 꼬리표를 상기하게 될 것이다. 당신이 가장 좋아하는 옷 태그 안쪽에 지워지지 않는 마커로 새로운 꼬리표를 적어라. 옷을 입을 때마다 그 꼬리표를 보는 사람은 당신밖에 없을 것이다. 그 꼬리표들의 목록을 책상 위에 놓아둬라. 좀 더 극단적인 방법을 원한다면 힘을 주는 꼬리표 중 가장 중요한 꼬리표를 팔찌에 새기거나 문신으로 새겨라. 당신은 긍정적인 단어들을 강화할수록 이 단어들이 어디에나 있다는 사실을 알게 될 것이다. 당신의 RAS가 확실히 그렇게 하도록 도울 것이다. 그리고 소셜 미디어에 새로운 단어와 꼬리표를 떠올리게 하는 사진을 올린다면(포스트잇에 써서 거울에 붙였든, 문신을 했든) 꼭 나를 태그해주기를 바란다. 사람들이 오래된 꼬리표를 지우고 새로운 꼬리표를 믿게 하도록 나도 그 사진을 다시 올릴 것이다! 시각적으로 상기시키는 것은 강력한 도구다. 당신은 이 책도 하나의 도구로 사용할 수 있다. 책을 다 읽고 나면 이 책을 매일 볼 수 있는 곳에 놓고 당신이 가장 좋아하는 교훈, 도구, 요점, 그리고 가장 중요하게는 당신의 가치를 떠올려라. 거실 커피 테이블, 욕실 선반, 사무실 책상 등 어디에 책을 놓든 시각적으로 상기시키는 것이 당신의 목표 달성에 강력한 변화를 만들 수 있다는 연구 결과가 있다.

힘을 빼앗는 꼬리표는 온몸에 거짓말이 적힌 배지를 달고 다니는 것처럼 무겁게 느껴진다. 이런 배지를 영원히 없애는 것은 진실과 자유처럼 느껴진다. 힘을 실어주는 진정한 이름표를 받아들이는 것은 에너지처럼 느껴지고 날개 밑에서 당신을 들어 올리는 바람처럼 느껴진다.

꼬리표는 만들어진다. 그리고 만들어지지 않을 수도 있다. 아예 없앨 수도 있다.

당신은 자신만의 정체성을 만드는 사람이다. 당신은 당신 삶이라는 얘기의 주인공이다. 주인공에 관한 묘사는 다른 누구도 아닌

당신에게 달려 있다. 나는 삶에서 가장 중요한 기술 중 하나가 자신과 소통하는 기술을 터득하는 것이라고 믿는다. 당신이 자신의 얘기를 바꾸고 당신에게 붙여진 꼬리표를 바꿀 때, 당신의 삶 역시 바꿀 수 있다.

Worthy

3부

변화하기

: 당신의 여정-
흔들림 없는 자존감과
조건 없는 자기애 구축하기

CHAPTER

14 성취감의 비결: 자존감은 곱하기다

때로 삶의 다음 단계는 성취가 아니라 정렬일 때도 있다.
- 브렌던 버처드Brendon Burchard (작가이자 동기부여 강연자)

지금 당신의 인생에서 진정한 성취감을 느끼고 있는가? 아니면 무언가 부족하다고 느끼는가? 무엇이 부족한지 확실하지 않지만 '이게 전부인가?'라는 질문을 하고 있지 않은가? 혹은 '지금까지 내가 이룬 모든 걸 보면 행복해야 하지 않나? 그런데 왜 난 행복하지 않을까?' 하고 혼잣말하고 있을지도 모른다. 혹은 '감사해야 할 것이 너무 많아서 세상에 전부 가졌다고 말해야 하는데 내면에서 더 많은 것을 갈망하는 마음을 떨칠 수가 없어. 내가 아무리 많은 것을 얻고 더 많이 쌓아도 이 갈망은 충족되지 않아'라고 생각할지도 모른다. 아니면 '내가 모든 걸 가졌지만 여전히 성취감을 느낄 수 없다면 난 고마움을 모르거나 이기적인 사람인 게 틀림없어'라고 생각할 수도 있다. 지금 당신이 느끼는 감정, 마음속 깊은 곳에서 느끼는 삶의 성취감에 관한 진실하고 솔직한 답을 찾으려면 이 장에서는 당신이 왜 그렇게 느끼는지, 그리고 그에 관해 어떻게 해야 하는지 알려주는 암호를 풀어야 할 것이다.

지금부터 논의할 도구는 내 인생 전체를 근본적으로 바꿔놓았기에 이 도구를 당신과 공유하게 되어 매우 기쁘다. 이 도구는 내가 그토록 많은 목표를 달성했음에도 왜 공허함을 느꼈는지 이해하는 데 도움이 되었고, 진정한 성취로 가는 길을 향해 전속력으로 달릴 수 있게 도와주었다. 안전벨트를 매라. 잠시 교실로 돌아간 것 같은 기분이 들 테니 말이다. 하지만 걱정하지 마라. 내가 도와줄 것이다! 이 장이 조금 진지하게 느껴질 수도 있지만, 우리는 소심하게 굴려고 여기 온 게 아니라 진정한 자존감을 쌓기 위해 왔다. 그리고 약속하건대, 그 뒤에는 훨씬 더 재미있는 일들이 있을 것이다. 우리는 몇 페이지 동안 교실에 앉아 있는 기분이 들겠지만 내가 당신 바로 옆자리에 앉을 것이다. 필요하다면 내 노트를 공유할 것이고, 화장실로 달려가거나 간식을 먹고 돌아와야 한다면 당신 자리를 남겨둘 것이다. 교실 앞에 있는 선생님은 당신의 앎과 영혼이며 그것은 살아 있는 최고의 선생님이다. 그리고 수업이 끝나고 종이 울리면 우리는 이 아름다운 평생의 여정을 함께 하는 학습 파트너가 될 수 있다. 당신도 함께하겠는가?

성취감을 위한 4가지 열쇠

자존감은 진정한 성취감을 위한 절대적인 요건이지만, 강한 자존감만으로는 삶에서 가장 높은 성공과 행복을 느끼기에 충분하지 않다. 여기에는 몇 가지 다른 요소들이 필요하다. 궁극적인 성취감을 위해서는 자신감, 성장, 기여도 필요하다 지금까지 자존감과 자신감에 관해 많은 내용을 살펴보았지만, 궁극적인 성취감을 위해서는 성장과 기여도 중요하다.

성장을 위한 욕구는 다양한 형태로 나타날 수 있다. 새로운 취미를 시작하거나, 책을 읽거나, 심리치료를 받거나, 새로운 도전을 하거나, 기존의 열정을 발전시키려고 지속적으로 노력하는 것 등이다. 성장할 때 당신은 기쁨과 활기를 느낄 수 있다. 또한 삶에서 대부분의 성장은 내적 및 외적으로 기술과 역량, 특성을 길러주고 결국엔 자신감을 키우려고 추구하는 데서 온다.

궁극적인 성공과 행복, 성취감을 얻기 위해서는 기여하고 있다는 느낌도 필요하다. 다른 사람들, 대의, 혹은 자기 자신을 넘어서는 더 큰 무언가에 기여하고 있다는 느낌 말이다. 연구에 따르면 자원봉사를 하는 사람은 자기 삶에 더 만족하고, 정신적으로 그리고 전반적으로 더 건강하다고 한다. 기여하려는 욕구는 삶에서 여러 가지 형태로 충족될 수 있다. 단순히 사람들에게 그들이 눈에 띄고 중요하다는 것을 알려주는 것에서부터 당신의 시간, 돈, 아이디어를 기부함으로써 다른 사람을 돕는 것까지 다양한 형태가 있다.

자신감, 성장, 기여는 궁극적인 행복과 성취감, 의미와 기쁨을 얻기 위한 인간의 근본적인 욕구다. 나는 자신감, 성장, 기여에 관해 책을 한 권씩 쓸 수도 있지만, 여기서 핵심과 초점은 그것들이 어떻게 자존감과 연결되는지에 있다.

암호 해독하기: 진정한 성취감 방정식

자존감, 자신감, 성장, 그리고 기여에 관한 산더미 같은 연구를 바탕으로, 잇코스메틱스 여정에서 함께해온 수백만 여성과 수없이 교류하며 얘기와 경험을 공유하는 실제 연구를 통해, 그리고 믿을 수 없는 조언자들의 멘토링을 통해, 나는 삶의 진정한 성취감을 얻기 위한 획기적인 방법으로 이 방정식을 도출해냈다.

먼저 당신의 현재 삶에서 3가지 요소, 즉 자신감, 성장, 기여의 수준을 추정하라. 그런 다음 이 요소들의 총합에 당신의 자존감을 곱하라. 그러면 현재 당신이 느끼는 성취감의 수준이 어느 정도인지 알 수 있을 것이다. (수학을 좋아하지 않는 사람들에게 당부한다. 현재 당신의 삶에 이걸 적용하기 위해 굳이 수학이 필요하지는 않다!)

이 책의 서두에서 나는 이런 말을 했다. **삶에서 당신은 가능하다고 믿는 만큼 올라가는 것이 아니라, 스스로 가치 있다고 믿는 수준까지 추락하게 된다.** 과학적으로 뒷받침된 수많은 연구와 조사는 삶의 전반적인 성취감에서 자존감, 자신감, 성장, 기여의 중요성을 보여준다. 하지만 진정한 성취감을 위한 가장 중요한 요소는 바로 자존감이다. 자존감은 곱하기다. 자신감, 성장, 기여의 총합을 당신의 자존감 수치와 곱하면 진정한 성취감의 수치를 알 수 있다. 당신이 높은 자신감을 느끼고 있고, 성장하고 있으며, 사회에 의미 있게 기여하고 있다고 해도 자존감이 전혀 없다면 성취감을 느끼지 못할 것이다. 자존감은 곱하기이므로 0에 무엇을 곱하든 0이기 때문이다. 자존감 없이는 삶에서 진정한 성취감을 느낄 수 없다. 당신의 자신감, 성장, 기여 중 일부 혹은 전부를 다양한 수준으로 가질

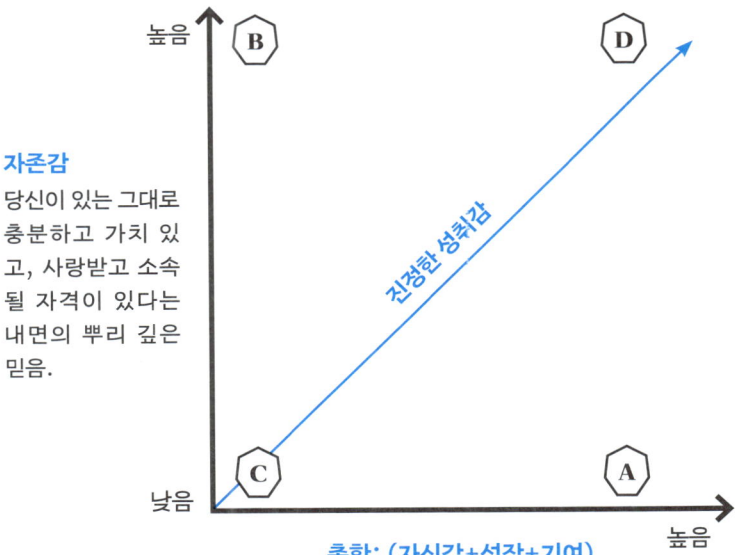

수 있다. 하지만 자신이 가치 있다고 느끼지 않고는 진정한 성취감을 느낄 수 없다.

'진정한 성취감 방정식' 그래프에 있는 4가지 사례를 살펴보고 지금 당신의 삶은 어떤 위치에 있는지 얘기해보자. 그리고 당신이 어디에 있고 싶은지 탐색하라! 다음 4가지 사례에 관해 '진정한 성취감 방정식' 그래프를 참고하여 각각 어디에 있는지 시각적으로 살펴라.

A는 외부에서 엄청난 성공을 거둔 사람이다. 그들은 배우고 성장하기 위해 스스로 도전하고 있으며 남들에게 도움이 되는 일을 하고 있다. 그들은 성공한 듯 보이고 겉으로는 이상적인 삶을 사는 것 같지만, 끊임없이 성취감을 느끼지 못한다. 많은 완벽주의자와 높은 성취도를 보이는 사람들이 이 영역에 해당하는데, 그들은 무엇인가 빠진 것 같거나 자신이 부족하다고 느끼는 이유를 이해하지 못한다. 그들은 아무리 많이 성취해도 절대 충분하지 않으며 진정한 행복이나 성취감을 느끼지 못한다.

B는 깊은 마음의 평화와 가치, 사랑을 느끼지만 자기 기술과 능력에서 유능하다거나 자신 있다고 느끼지 못한다. 그들은 만족할지 모르지만 자신감을 쌓고 성장하며 자신 이외의 사람들에게 기여하는 데서 오는 진정한 성취감과 기쁨을 느끼지 못한다.

C는 낮은 자존감과 낮은 자신감을 갖고 있다. 그들은 성장하기 위해 자신에게 도전하지 않으며, 아주 사소한 방식이라도 사람들을

도울 방법을 생각하지 못하고 오로지 자신만 생각할 가능성이 높다. C는 삶에 깊은 만족을 느끼지 못한다.

D는 진정한 성취감을 느낀다. 그들은 타고난 자존감이 강하며 자신이 높은 수준의 기술과 특성이 있다고 믿는다. 그들은 항상 성장하고 배우며 새로운 것을 시도하기 위해 자신에게 도전할 가능성이 높다. 그리고 그들은 자신의 행복과 성취감에만 머물지 않는다. 그들은 타인에 대한 공감 능력이 높으며, 따뜻한 말 한마디를 비롯해 크고 작은 다양한 방식으로 도움의 손길을 건네며 타인을 돕고자 한다.

자, 이제 인생을 바꿀 재미있는 수학 수업을 시작해보자! 그래프에서 당신의 위치를 확인하기 위해 지금 당장 이 방정식을 당신의 삶에 적용해보자. 현재 당신의 성취감 정도를 시각적으로 표현하기 위해 나는 이 방정식을 단순화했다.

아래 4가지 핵심 영역에서 현재 당신의 솔직한 평가를 바탕으로 1점부터 10점까지 점수를 매긴 다음, 네 영역의 왼쪽 빈칸에 각각 점수를 적어라.

_____ **자신감** (외적인 자질, 역량, 특성을 바탕으로 자신을 어떻게 평가하고 가늠하는지, 인생의 도전에 맞서는 자기 능력, 도전하고 단호히 목표를 추구해 성공하려는 자신의 의지를 얼마나 확고히 믿는지.)

_____ **성장** (내적·외적으로 자기 기술, 역량, 특성, 열정을 쌓아 올리는 일.)

_____ **기여** (자신의 시간, 재능, 에너지, 자원을 타인, 대의명분, 자

신을 넘어선 더 큰 무언가에 쏟는 것.)

_____ **자존감** (자신이 있는 그대로 충분하고, 사랑받고 소속될 자격을 타고났다는 내면의 뿌리 깊은 믿음.)

이제 그래프에서 자신의 위치를 확인하기 위해 숫자를 대입해보자.

1단계: 아래 빈칸에 자신감, 성장, 기여 점수를 적고 더해서 총합을 낸다. 총합은 0에서 30 사이여야 한다.

_____ + _____ + _____ = _____
자신감 점수　**성장 점수**　**기여 점수**　　**총합**

2단계: 1단계에서 얻은 **총합**을 아래 그래프의 가로축에 표시하라.
3단계: 위에서 나온 자존감 점수를 여기에 써라. _____
4단계: 1부터 10 사이의 이 숫자를 아래 그래프에서 세로의 '자존감' 축에 표시하라.

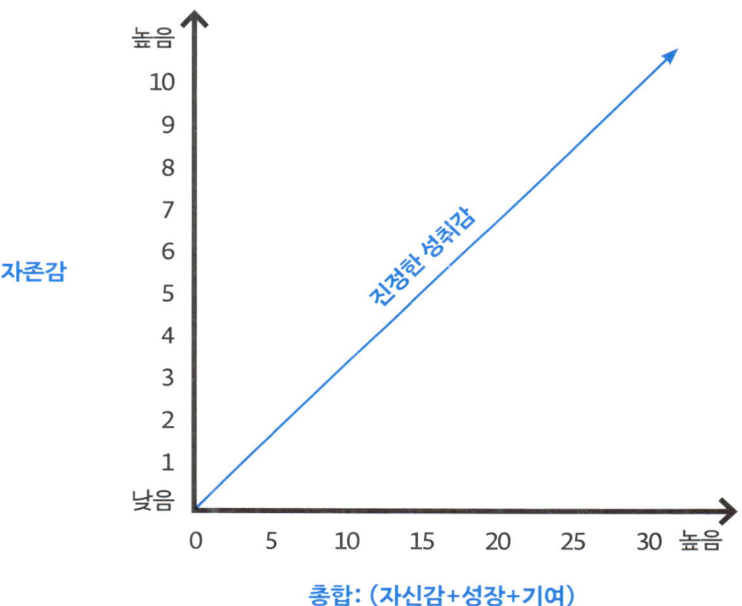

지금, 이 그래프에서 자신의 위치를 확인하면 '진정한 성취감 방정식'에서 당신의 현재 성취감의 수준을 빠르고 단순하게 시각적으로 확인할 수 있다. 점수가 화살표 선보다 높거나 낮을 수 있지만 그래도 괜찮다. 하지만 그래프의 위쪽과 오른쪽에 가까울수록 성취감의 수준이 더 강력하다.

☑ **주목할 점:** 그래프에서 자신의 위치를 빠르고 쉽게 파악할 수 있는 시각 자료를 사용하고 있지만, 이 방정식을 더 자세히 알고 싶다면 WorthyBook.com/Resources를 방문하기 바란다.

오늘 이 그래프에서 자신의 위치를 확인하고 놀랐는가? 아니면 정확하다고 느끼는가? 기대보다 낮은 점수를 받았다고 느낀다면 두려워하지 말고 힘을 얻어라. 이 그래프는 당신이 현재 어디에 있는지 인식하게 하는 도구일 뿐이다. 또한 당신이 원하기만 하면 성취감을 주는 삶을 향해 나아갈 수 있는 흥미로운 기회가 얼마든지 있다는 것을 알려주기도 한다. 우리는 모두 진행 중인 존재들이며 강한 자존감을 쌓는 길은 평생의 여정이다.

자존감은 곱하기라는 것을 기억하라. 자신감, 성장, 기여 면에서 자신에게 매우 높은 점수를 줄 수 있지만 자존감이 1~2점에 머물러 있다면 삶의 전반적인 성취감이 매우 낮게 느껴질 수 있음을 주목하라. 자존감 없이 다른 모든 것을 가졌다 해도 진정한 성취감을 느끼기에는 충분하지 않다. 직업에서는 성취감을 느낄 수 있지만 진정한 자아에서는 그렇지 않다. 당신은 대중의 눈이나 가족과 다른 사람에게 보이는 모습에서는 성취감을 느낄 수 있다. 하지만 깊은 내면의 타고난 자존감이 없다면 항상 무언가가 부족하다고 느낄 것이고 삶에서 진정한 성취감은 결국 느끼지 못할 것이다. 항상 당신이 하는 일과 성취한 일이 절대 충분하지 않다고 느끼거나 자신이 충분치 않다고 느낄 것이다. **당신의 자존감이 0처럼 느껴진다면 성취감 점수는 0이다.** 중요한 것은 자존감이 없다면 깊은 공허감을 느낄 것이라는 점이다. 낮은 자존감은 당신이 성취감을 최소한으로만 느낄 것이라는 뜻이고, 높은 자존감은 성취감을 배가시킨다.

이 그래프는 이 책에 소개한 방법들을 실천하고 흔들리지 않는 자존감을 쌓기 위한 여정 속에서 자주 살펴보면 좋을 훌륭한 도구다. 나는 이 그래프를 다시 살펴볼 때마다 이전과는 다른 사람이 되었음을 깨닫는다. 또한 삶의 4가지 요소, 특히 자존감의 토대에 집중함으로써 느리지만 확실하게 진정한 성취감의 길로 조금씩 올라가고 있다는 것도 알게 된다.

여기 가장 중요한 열쇠가 있다. 이 열쇠 없이는 결코 삶의 궁극적인 성취감을 경험하지 못할 것이다. 바로 지금, 당신은 있는 그대로 진정으로 가치 있는 사람이다. 이걸 믿는다고 해서 당신이 삶에서 원하는 모든 것을 계속 열정적으로 추구하지 않는다는 뜻은 아니다. 당신이 그것들을 실제로 얻었을 때 그것을 즐길 수 있고, 얻지 못했을 때도 여전히 성취감을 느끼며 흔들리지 않는 가치를 느낀다는 뜻이다. 당신은 목표를 달성했는가? 엄청난 이정표를 세웠는가? 항상 바라던 것(관계나 아이들이나 집이나 목표 체중이나 직업)을 얻었는가? 마침내 꿈이 이루어졌는가? 사람들을 돕는 데 시간과 재능을 쏟았지만 여전히 공허함을 느꼈는가? 아니면 그것이 당신이 바랐던 궁극적인 성취감을 주지 않았는가? 그렇다면 그 이유는 자신감이 높아질 때 느끼는 황홀감, 성장에서 느끼는 만족감, 기여에서 오는 즐거움을 느끼면서도 그 이면에서는 여전히 자존감이 부족하기 때문일 것이다. 자존감은 **진정으로 성취감을 주는** 개인적 성공, 사업적 성공, 경제적 성공, 영적 성공, 사랑의 성공, 그리고 삶에서의 성공을 성취하는 데 있어 배수의 역할을 하는 가장 중요한 단 하나의 요소다.

CHAPTER

15   당신은 자기 모습을 보고 있는가?

사랑받는 것은 따뜻한 느낌이다. 자신을 사랑하면
자기 안에 태양 전체가 있는 것처럼 느껴진다.
– 빌리 차파타 Billy Chapata (짐바브웨 출신의 베스트셀러 작가)

"불이 났어요. 당장 대피하세요. 이 화재 경보는 실제 상황입니다." 호텔 직원의 목소리는 제정신이 아닌 것 같았다. 화재경보기가 한동안 멈추지 않고 울렸기 때문에 프론트 데스크에 두 번째로 전화를 걸었던 참이었다.

"뭐라고요? 아까는 아니라면서요….." 그제야 지금은 직원에게 왜 몇 분 전에 화재경보기가 잘못 울렸으며 걱정할 필요가 없다고 나를 안심시켰는지 따질 때가 아니라는 걸 깨달았다. 이제 어떻게 해야 할지 결정할 시간이 몇 초밖에 남지 않았다. 이건 내가 걱정해야 할 일인가, 아니면 화재경보기가 잘못 울린 사소한 문제인가? 나는 머리에 여전히 헤어롤을 만 채로 런던 호텔 7층에 있는 내 방문을 열었다. 그날은 우리 회사의 영국 런칭 행사 날이었고, 이미 지각하기 직전이었다. 사람들이 복도를 뛰어다니고 있었다. 복도를 따라 몇 걸음 내려가다가 나는 절대 잊지 못할 장면을 목격했다.

모퉁이를 돌아서 복도를 따라 네 개의 엘리베이터가 있는 곳까지 내려가자 층 전체가 연기로 가득 찼다. 네 개의 엘리베이터 문 밑으로도 연기가 나오는 것 같았다. 나는 즉시 생존 모드로 들어갔다. 완전히 충격받았지만 동시에 매우 집중했다. 나는 가능한 선택지들을 생각해냈는데, 그중 일부는 즉시 제거해야 했다. 우리는 7층에서 뛰어내릴 수 없었다. 너무 높으니까. 엘리베이터를 탈 수 없는 것도 분명했다. 나는 복도를 양방향으로 훑어보며 계단을 찾았다. 표지판이 보이지 않았다. '어딘가에 틀림없이 있을 거야.' 나는 방으로 달려가서 방에서 준비하고 있던 친구 리아에게 소리쳤다. "가자! 당장 나가야 해!"

그러면서 노트북을 집어 들었는데, 돌이켜보면 어처구니없는 짓이었다. 당장 움켜쥘 수 있는 다른 유용한 물건들이 있었기 때문이다. 이를테면 신발 같은 것 말이다! 리아와 나는 아무 생각 없이 서둘러 방을 나갔다. 같은 층에 있던 비서 제가가 복도로 나와 우리와 합류했다. 파울로는 빵집에서 아침을 사 오겠다며 20분 전에 호텔을 나갔기에 안전할 것으로 생각했다. 우리는 서둘러 복도를 걸어갔다. "내가 출구를 찾을게." 내가 말했다. "빨리 방마다 문을 두드리면서 불났다고 소리 질러!" 연기로 가득 찬 복도와 엘리베이터를 본 리아의 표정을 절대 잊지 못할 것이다. 연기는 구름처럼 자욱하게 피어올랐지만 천장이 아니라 바닥에서 30센티미터 정도의 높이에 떠 있었다. 정말이지 영화에서나 볼 법한 장면이었다. 리아는 입을 다물지 못하고 그 자리에 얼어붙었다. 얼어붙었다는 말은 리아가 꼼짝도 하지 않았다는 뜻이다. 사방을 둘러보았지만 계단을 가리키는 표지판은 어디에도 보이지 않았다.

한 여성이 복도를 따라 비명을 지르며 달려오더니 우리에게 어떻게 빠져나가느냐고 물었다. 복도 끝에 커다란 창문이 보였고, 일단 그곳에 도달해야 한다는 것을 직감했다. 다른 선택은 없었다. 우리 넷은 서둘러 앞으로 달려갔다. 리아가 내 손을 잡은 채 조용히 바로 뒤를 따랐다. 평소에 나는 주변 사람들의 에너지에 적절히 대응하는 편이지만, 이번에는 주위 사람들이 비명을 지르는데도 완전히 무감각했다. 마치 생존 본능이 극도로 활성돼 있는 것 같았고, 내 몸이 다른 모든 것보다 생존을 위한 정보에만 집중하도록 모든 시스템을 재편한 것처럼 보였다. 이런 경험은 난생처음이었다. 나는 생존에 도움이 되지 않을 것 같은 주변의 모든 것을 완전히 차단했다.

창문에 다다르자 커다란 손잡이가 있었다. 손을 뻗어 창문을 열었다. 창문 밖에는 철제로 된 발판이 있었다. 우리는 맨발로 창문을 빠져나가 비상계단에 올라섰다. 비상계단은 건물 외부에 용접된 금속 계단이었다. 쥐 죽은 듯한 고요함 속에서 우리는 계단을 내려갔다. 사람들이 뒤따랐다. 일곱 층을 내려오자, 계단 끝에는 공사장의 돌무더기가 있었다. 맨발로 날카로운 바위와 금속 더미, 바닥에 떨어진 잔해를 밟았을 때, 나는 리아의 손을 다시 잡았다. 우리는 팔짱을 끼고 그곳을 지나 수백 명의 구경꾼들이 모여 있는 거리로 갔다.

건물을 다시 올려다보니 호텔 꼭대기 전체에 불이 붙어 있었다. 꼭대기 층 위로 새까만 연기가 자욱하게 피어올랐고, 불꽃이 3미터에서 6미터까지 하늘로 치솟았다. 그 순간 리아와 나는 거리에 맨발로 선 채 서로를 붙들었고, 눈이 마주치자 둘 다 흐느끼기 시작했다.

생존 모드

그때의 경험을 되돌아보면 우리가 모두 얼마나 다른 반응을 보였는지 떠오른다. 호텔에 있던 사람 중에는 공황 상태에 빠진 사람도 있었고, 비명을 지르는 사람도 있었으며, 리아처럼 얼어붙은 사람도 있었다. 그리고 나와 같은 경험을 한 사람이 얼마나 더 있었을지는 모르겠다. 목숨이 위태롭다고 느껴 거의 기계적인 생존 모드로 곧장 들어가 숨죽인 채 문제를 해결하는 데에만 온 신경을 집중하는 사람들 말이다.

나는 생존을 위해 세상과 단절되었다. 평소에는 공감 능력이 뛰어난 사람이었던 나는 연기가 올라오는 바닥이 얼마나 무서운지를 완전히 떨쳐버렸고, 주변 사람들의 패닉과 두려움, 나 자신의 두려움도 떨쳐버렸다.

이런 생존 모드는 호텔 화재 상황에서 내게 분명히 도움이 되었다. 하지만 내가 매일 그 모드로 살아간다고 상상해보라. 그건 이상적이지 않을 것이다. 하지만 나는 인생 대부분을 정확히 그렇게 살아왔다. 나는 그 상황에서 살아남기 위해 무엇을 해야 하는지, 어떤 사람이 되어야 하는지를 기본 설정으로 삼았다. 인정을 받기 위해서, "착한 아이"라는 말과 나중에는 "잘했어"라는 말을 듣기 위해서. 생존 모드에 있다는 것은 나 자신의 필수적인 부분을 희생한다는 것을 의미했다. 사람들이 내가 더 나은 사람이라고 생각하기를 바라면서 스스로 부족하다고 생각하는 내 일부를 숨겼다. 나의 일부와 그것 때문에 취약하게 느끼는 내 감정을 묻어버리고, 나는 결국 내 인생 대부분 동안 진정한 유대감, 친밀감, 삶의 가장 고귀하고 온전한 경험으로부터 숨었다.

생존 모드는 아주 쉽게 우리가 일상적으로 살아가는 방식이 될 수 있다. 그것은 우리의 기본적 감정 상태이자 기본 설정과 같은 컴포트존이 될 수 있다. 그것은 우리가 생존하거나 그 순간 삶을 최적화하기 위해 우리가 되어야 한다고 생각하는 사람이 되도록 이끈다. 그 순간 우리의 관계를 최적화하기 위해 우리가 되어야 한다고 생각하는 사람. 우리의 마음, 소속감, 자부심, 직업, 인정, 사랑을 얻는 곳을 보호하기 위해 우리가 되어야 한다고 생각하는 사람 말이다. 그리고 우리가 되어야 한다고 생각하는 사람의 모습을 지속적으로 유지할 때, 우리는 진정한 자신과 단절된 삶을 살게 된다. 이 과정이 오래 지속되면 우리는 진정한 자신과 정말 단절되기 시작할지 모른다.

우리가 스스로 가치 있는 사람이 아니라고 생각하기 때문에 단절되기를 선택하거나 지속적인 생존 모드로 살겠다고 선택하는 방식은 많다. 우리는 바쁘게 사는 데 몰두한다. 끊임없이 압도당하는 상태로 산다. 단절되고 무감각해진다. 진정한 우리의 모습과 우리가 원하는 것과는 거리를 둔 채 진실하지 않거나 진정성 없는 삶을 살기도 한다. 우리는 미소를 지을 수 있고, 심지어 방 전체를 즐겁게 할 수도 있다. 그러면서도 자신과 타인, 자신과 주변 환경, 심지어 우리의 머리와 마음 사이에 상상의 벽을 유지한다. 우리는 겉으로 드러나는 일대일 대화는 물론이고, 심지어 상대방과 깊이 친밀해지는 순간조차 쉽게 집단이나 군중으로부터 단절될 수 있다.

> 당신은 진정으로 자신과 연결되어 있으며, 자신을 알고 있는가? 당신은 자기 모습이 보이는가?

이러한 단절의 장벽은 우리를 보호하는 생존 전략처럼 느껴질 수 있다. 물론 이 벽은 다른 사람이나 장소에 대해 불편하고 불안하거나 불신이 들 때를 포함해 많은 상황에서 건강한 방식으로 우리에게 도움이 되기도 한다. 그러나 우리 자신을 포함하여 진정으로 연결되기를 갈망하는 장소와 사람들에게서부터 우리를 분리하면서 단절의 장벽을 기본 설정으로 삼는다면, 우리의 정서적·신체적 행복에 상당한 타격을 입을 수 있다.

사람들과의 연결은 흔히 고려되는 주제이지만 우리 자신과의 연결은 그리 흔하지 않다. 그러니 우리의 관심을 외부에서 내부로 돌려보자. 당신은 진정한 자기 모습을 자기에게 드러내고 있는가? 당신은 자신과 진정으로 연결되어 있으며, 자신을 알고 있는가? 당신은 자기 모습이 보이는가?

단절의 값비싼 대가

지금까지 이 책에서 우리가 논의했던 모든 거짓말을 생각해보라. 이런 거짓말대로 살면 결국 우리는 자신이 어떤 사람인지, 어떻게 느끼는지를 거짓으로 들려주게 된다. 다른 사람을 행복하게 하기 위해서든, 사랑받기 위해 연기를 해야 한다고 믿기 때문이든, 그들이 우리의 진짜 모습을 본다면 우리를 좋아하거나 사랑하지 않을 거라고 생각해서든, 우리가 너무 지나치거나 부족하다고 믿어서든, 우리가 거절당하거나 탄로 날까 봐 두려워서든, 남들에게 좋은 인상을 주고 싶어서든 또는 많은 기타 이유에서든 말이다. 이 거짓말들은 모두 다른 사람들과의 단절과 자신으로부터의 단절을 만들어내고, 그로 인한 대가는 심각하다.

단절로 이어지는 행동들은 대부분 우리의 마음속에서 이해할 수 있는 것들이다. 그리고 우리가 생존하고 자신을 보호하기 위해 이러한 믿음을 몸의 회로와 결합하면 이러한 행동들이 모두 정당한 전략처럼 느껴질 수 있다. 우리는 모두 사랑받고 소속되기를 갈망하고 그러지 못할까 봐 두려워한다. 우리가 종종 깨닫지 못하는 것은 우리가 진정한 자신이 아닐 때 실제로 진정한 사랑과 소속감을 느끼지 못한다는 사실이다. 그것은 불가능하다. 우리는 사랑과 소속감의 허울은 가질 수 있지만, 진정성 있게 참여하지 않으면 그것은 진실하고 충만한 진짜 연결이 아니다.

당신이 자신과 맺는 관계도 마찬가지다. 자신과 진실하고 친밀한 관계를 맺는 유일한 방법은 자신의 진짜 모습을 온전히 보고, 인

정하고, 포용하는 것이다. 그리고 자신이 그럴 자격이 있다고 믿는 것이다. 당신이 진정한 자기 모습과 일치하지 않거나 단절되어 있을 때, 당신은 사람들로 가득 찬 방에서조차 쉽게 외롭고 소외된 느낌을 받을 수 있다. 심지어 가족과 함께 차를 타고 이동하는 동안에도, 친한 친구와 커피를 마시는 동안에도, 파트너와 함께 침대에 누워 있는 동안에도, 거울 속에 비친 자기 모습을 바라보는 동안에도 외롭고 소외된 느낌을 받을 수 있다. 단절은 당신 자신과의 단절일지라도 값비싼 대가를 치르게 된다.

온라인상에 아마 당신이 봤을지도 모르는 인기 있는 영상이 있다. 양육자가 아기와 눈을 마주치지 않을 때 아기가 어떻게 반응하는지를 보여주는 영상이다. 그 영상에서 양육자는 의도적으로 사랑스러운 작은 아기를 무시하기 시작한다. 처음에는 사랑스러운 아기가 어리둥절한 표정을 짓는다. 그다음에는 슬픈 표정을 짓기 시작한다. 시간이 조금 지나고 양육자가 여전히 아기와 눈 마주치기를 거부하면 아기가 고통과 두려움, 깊은 슬픔을 느끼기 시작하는 모습이 보인다. 아기의 눈에는 절망의 눈물, 버려질까 봐 두려워하는 눈물이 차오른다. 시간이 조금 지나고 양육자가 눈 마주치기를 계속 거부하면 아기는 감정적 고통의 징후를 더 많이 보이기 시작한다. 마침내 아기는 울기 시작하면서 괴로워한다. 그 영상은 당신의 심금을 울려 당장 화면 속으로 뛰어 들어가 아기를 팔에 꼭 껴안고 달래주고 싶게 만든다. 그 영상을 본다면 울지 않기가 어렵다.

우리 모두는 이 아기와 똑같은 것이 필요하다. 우리는 눈에 띄어야 한다. 가치 있는 존재가 되어야 한다. 사랑받아야 한다. 눈앞에 있는 아기의 존재를 인식하지 않으려는 자기 모습을 상상할 수 있는가? 이 달콤하고 소중한 영혼을 무시하던 어떤 감정이 일어날까? 의도적으로 이런 행동을 하는 것은 상상할 수 없을 것이다. 아기의 처지에 놓인 자기 모습을 상상하는 것도 고통스럽다. 눈에 띄고 사랑받고 자신의 존재와 안전을 확인받으려는 갈망, 그 관심이 거부당했을 때 생기는 두려움을 상상하면 고통스럽다.

하지만 당신은 매일 자신의 영혼을 이런 식으로 대하고 있지는 않은가? 눈에 띄고 사랑받고 인정받을 가치가 있는 깊은 욕구를 무시하면서 살아가는가? 자기 품에 안기면 안전하다고 안심하며 당신에게는 당신만 있으면 된다고 생각하면서? 창조주가 당신 안에 있고, 당신 편이며, 당신을 보고 사랑한다고 안심하면서? 지금 당신의 욕구와 나의 욕구는 연결되기를 원한다는 면에서 아기의 욕구와 다른가? 아니다. 우리는 그 아기만큼 사랑과 연결이 필요하다. 우리는 감각을 마비시킨 채 연결을 끊고, 단절하고, 사랑과 연결 없이도 살아남는 법을 이제 막 배웠다. 왜냐하면 우리 대부분은, 그리고 우리 이전 세대들은 이런 욕구를 스스로 충족시키는 법을 배운 적이 없기 때문이다. 우리는 철이 들고, 성숙하게 행동하고, 이타적인 사람이 되고, 감정을 잘 다스리고, 힘을 내고, 강인해지고, 일을 하고, 다른 사람을 돌보라고 배웠다.

우리는 욕구, 특히 감정이나 영혼에서 우러나오는 욕구를 나약함으로 분류하는 법을 배웠다. 우리는 종종 감정적 욕구가 전혀 없는 것을 강인함과 동일시하는 법을 배웠다. 우리는 가족이든 외모든 직업이든 외적인 성취를 성공으로 여기는 법을 배웠다. 하지만 이러한 외적인 성취는 진정한 자아를 공유하면서 눈에 띄고 사랑받는 데서 오는 연결의 욕구를 채우지 못한다. 가장 중요한 것은 이러한 욕구를 자신이 자신에게 충족시켜야 한다는 점이다. 그리고 다른 사람과 진정한 관계를 맺기 위해서도 이러한 욕구를 주고받아야 한다.

다음 질문으로 넘어가보자. 만약 당신이 스스로를 직접 들여다보지 않는다면 당신에게 무슨 일이 일어나고 있는 걸까? 당신이 자신을 보고 있지 않다면? 끊임없이 바쁘게 살고 있거나 생존 모드에 있다면? 자신과 다른 사람에게 자신을 무시하거나 숨기고 있다면? 자신의 영혼을 아이와 눈을 마주치지 않는 양육자처럼 대하고 있다면, 아기와 똑같은 감정을 내면에서 느끼면서도 '사랑'이라고 적힌 셔츠를 입고 그걸 증명하려는 듯 미소 지으면서 그 마음을 세상과 자신에게서 숨기고 있지는 않은가?

단절은 질병이다.

- 브루스 D. 페리 박사 Dr. Bruce D. Perry

단절은 트라우마의 한 형태다. 자신과 다른 사람에게서부터 단절된 채 살고 있다면, 사람들과 함께 있으면서도 여전히 외롭고 고립되고 보이지 않는다고 느낄 수 있다. 정신과 의사이자 신경과학자인 브루스 D. 페리 박사는 저서 《당신에게 무슨 일이 있었나요?》

에서 "유대감이 부족한 상태는 신체적·정신적 건강 문제를 일으킬 위험이 있는 불행이다"라고 말한다. 또한, "외로움과 고립은 스트레스 반응 체계를 민감하게 만들 수 있으며, 그로 인해 트라우마를 일으킬 수 있다"라고 설명한다.

단절된 삶은 때로 우리를 보호할 수 있지만, 진정한 인간관계와 공동체를 포기하게 만든다면 이런 종류의 트라우마를 일으킬 수도 있다.

일상생활에서 기술, 스마트폰, 컴퓨터의 역할이 커지면서 우리는 어느 때보다도 나쁜 소식과 비극을 포함해 더 많은 정보에 노출되었다. 페리 박사는 우리 삶에서 일어나는 이런 종류의 스트레스가 현대적인 형태의 트라우마라고 지적한다. 스트레스를 조절하는 한 가지 방법은 인간관계와 공동체를 통해서다. 부정적인 사건을 사람들과 논의하고 공유하면 그것을 달래고 조절하고 처리하는 데 도움이 된다. 그렇게 할 수 없을 때, 스트레스가 우리 삶에서 끊임없이 발생할 때, 스트레스는 고통과 트라우마로 바뀔 수 있다.

소셜 미디어와 기술은 이런 단절과 분리를 더 쉽고 흔하게 만든다. 우리는 대면 대화를 이메일과 문자로 대체한다. 전화 통화를 음성 메시지로 대체한다. 그리고 우리의 말은 결코 실시간으로 상대방의 말과 연결되지 않는다.

우리는 사람들을 확인하는 대신 소셜 미디어에 그들의 최근 게시물을 보면서 그들이 잘 지내고 있으니 굳이 확인할 필요가 없다고 잘못 추정한다. 우리는 데이트 앱에 자신이 가장 잘 나온 모습을 올리면서 데이트 상대 후보의 프로필이 사실일까 궁금해한다. 아니면 그들의 실물이 사진과 같을지 궁금해한다. 우리는 부적절한 우버 운전자나 잘못된 음식 배달과 같은 경험에서 느끼는 진짜 피드백은 침묵한다. 그들로부터 우리 계정에 좋은 평가를 받고 싶기 때문이다. 우리는 실제로 느끼는 감정 대신 하루 중 하이라이트를 소셜 미디어에 게시한다. 우리는 스크롤을 내리며 사람들이 엄선한 하이라이트 게시물과 무대 뒤 우리의 실제 삶을 비교하면서 종종 자신이 열등하다고 느낀다. 그렇게 우리는 점점 더 자신이 열등하다고 느끼면서 점점 더 외로워지는 쪽으로 서서히 발전한다. 그리고 우리 중 많은 이들은 외롭지 않다고 세상과 자신을 거짓으로 안심시키려고 행복한 사진을 게시하면서 외로움에 대처하는 습관을 갖게 되었다. 그러면서 단절의 폭은 넓어진다.

우리 중 많은 이들이 자신을 숨긴 채 살아간다. 진짜가 아닌 모습을 보이거나, 생존 모드에 빠져 진짜 감정이나 진정한 자신의 모습과 단절된 채 살아간다. 우리는 스케줄로 달력을 가득 채우고 일에 몰두하거나, 우리 자신과 아이들, 다른 사람의 일상과 그날 그날의 일상 속 문제에 빠져서 무감각해진다.

우리가 스스로 설정한 생존 수단은 종종 우리가 가장 좋아하는 방법, 즉 감각을 무디게 하는 행동으로 드러난다. 예를 들면, 일에 몰두하기, 음식, 물질, 기술, 쇼핑, 게임, 혼자서든 사람들과 함께이든 훤히 보이는 곳에 숨기 등이다. 이런 활동들은 우리의 감정, 재능, 꿈, 욕구를 동시에 묻어버린다. 숨거나 무감각한 상태로 진정성 없이 삶을 살아갈 때 우리는 즉각적인 고통을 덜 느낄 수 있지만 그것은 단기간일 뿐이다. 우리는 부정적인 것들로부터 자신을 보호할 수 있지만, 동시에 우리의 목적, 기쁨, 창의성, 생명력을 활용하지 못하게 스스로 방해한다. 우리의 삶을 되돌아보고 진정으로 삶을 즐겼는지 생각했을 때 장기적인 고통은 틀림없이 훨씬 더 클 것이다. 우리는 삶을 헤쳐나가지만 삶을 의미 있게 만들지는 못한다.

당신은 삶을 그저 헤쳐나가기 위해 사는가, 아니면 의미 있게 사는가?

자존감에 이르는 5가지 강력한 지름길

이제 자존감을 쌓는 지름길인 5가지 강력한 도구를 알아보자. 이 책의 모든 부분과 마찬가지로, 당신은 그중 하나 또는 전부가 자신에게 와닿는지 영혼으로 느끼게 될 것이다. 만약 그렇지 않다면 그냥 건너뛰어도 좋다. 나는 내가 가치 있는 사람이라고 믿으며 더 성취감을 느끼고 연결된 삶을 살기 위한 탐구에서 5가지 강력하고 효과적인 지름길을 발견했다.

지름길#1: 외면을 보기와 내면을 보기

만약 당신이 자신을 사랑하는 데 어려움을 겪고 있고 자기가 인식한 결점에만 초점을 맞추고 있다면, 그것을 뒤집을 강력한 지름길이 있다. 바로 주변 사물의 아름다움과 긍정적인 면을 사랑하고 인정하기 시작하는 것이다. 주변의 모든 것에서 의도적으로 좋은 면을 보기 시작하면 그것이 사고방식이 된다. 마음의 방식이 된다. 습관이 된다. 결국 당신에게 흘러 들어갈 것들이 당신의 긍정적인 면, 강점, 좋은 면, 아름다움을 보기 시작하도록 마음을 프로그래밍하는 방법을 재구성하는 것이다.

> 당신은 삶을 그저 헤쳐나가기 위해 사는가, 아니면 의미 있게 사는가?

최근의 한 영향력 있는 연구에 따르면, 전체 응답자의 91퍼센트와 십 대 응답자 중 93퍼센트가 부정적인 자기 대화가 기쁨을 느끼는 데 방해가 되는 주요 장애물이라고 답했다. 울타 뷰티Ulta Beauty●가 의뢰한 '조이 스터디Joy Study'에 따르면, 설문에 응한 5,000명 이상의 사람에게서 부정적인 자기 대화가 너무 흔하게 나타났음에도 불구하고 67퍼센트의 사람들이 그것이 자신의 사고방식 중 상당 부분을 차지하기 때문에 스스로 부정적 자기 대화를 하고 있다는 사실조차 알아차리지 못한다고 말했다. 또한 응답자의 대다수는 부정적인 자기 대화를 극복하고 어려운 상황에서 회복할 수 있는 도구와 자원이 부족하다고 답했다. 부정적인 자기 대화로 힘들어하는 사람을 알고 있다면 이 자존감 향상 팁이나 이 책을 그들과 공유하기를

● 미국의 화장품 매장 체인.

바란다. 우리만 그러리라고 생각했던 많은 것들이 사실 대다수의 사람도 마찬가지라는 걸 깨닫게 되면 덜 외롭고 진정으로 더 충분하다고 느끼는 법을 배우는 다음 단계로 나아갈 수 있다.

수치심과 멸시로 가득한 환경에서는 자기애가 자라나고 번성할 수 없으므로, 자신에 관해 스스로에게 하는 말과 생각을 알아차리는 것이 매우 중요하다. 식물조차도 부정적인 말을 들으면 자라지 못한다는 연구 결과도 있다. 밥그릇에 담긴 밥에게 긍정적인 말을 하느냐 부정적인 말을 하느냐 아니면 완전히 무시하느냐에 따라 밥이 아름답게 발효되거나, 곰팡이가 나서 썩기 시작한다는 실험도 있다. 끊임없이 자신에 관해 부정적인 말이나 생각을 하면 진동 에너지가 낮아지고 희망과 낙관주의, 기쁨이 파괴된다. 하지만 너무나도 많은 사람이 너무 오랫동안 감정적으로 자신을 자책해왔기 때문에 부정적인 말을 하는 습관을 깨기가 쉽지 않다. 당신을 둘러싼 사람, 장소, 사물의 좋은 면과 긍정적인 특성에 의도적으로 초점을 맞추는 것은 이 문제를 해결하는 강력한 도구가 될 수 있다.

자존감을 높이고 자신을 사랑하기 시작할 때, 그것은 삶의 모든 문제를 해결할 가장 빠른 방법이 된다. 당신이 내보내는 진동과 당신이 상황에 반응하는 방식이 완전히 바뀌기 때문이다. 중요한 면에서 이와 반대되는 상황도 설명해 보겠다. "우리는 세상을 있는 그대로 보지 않고, 자기 모습대로 본다"라는 유명한 격언이 있다. "상처받은 사람이 사람들에게 상처 준다"라는 말도 있다. 두 격언은 같은 결론에 도달한다. 자기 자신을 사랑하지 않는 사람과 내면이 행복하지 못한 사람은 세상을 있는 그대로 브지 않는다는 것이다. 자기 자신을 사랑하지 않고 내면이 행복하지 못한 사람은 다른 사람을 진심으로 사랑하거나 그들을 위해 기뻐할 확률이 훨씬 낮다. 내면에서 늘 자책하는 사람은 주변을 둘러보며, 외부에 보이는 모든 것이 잘못되었다고 생각할 가능성이 훨씬 높다. 그들은 줄기 위에 놓인 장미를 보지 못하고 가시만 보면서 세상에 가시가 얼마나 많은지 불평한다. 그들은 뉴스를 보고 불평하거나 인터넷에서 트롤troll●을 쓰며 다른 모두를 가시로 찌른다. 이런 사람들은 자기애가 부족한 경우가 많다. 이런 마음 상태는 시간이 지나면서 마음속에 깊은 신경 경로를 형성해 자기혐오가 그들의 컴포트존으로 자리 잡는 지경에 이른다.

만약 당신이 내면을 더 사랑하는 방법을 알고 싶지만, 자신의 가장 좋은 면을 보고 자신을 사랑하는 데 어려움을 느낀다면, 여기 '굉장한' 방법이 있다. 내가 위에서 말한 모든 것을 뒤집는 것이다! 내 말뜻은 이렇다.

당신은 사물을 있는 그대로 보는 것이 아니라 당신 자신이 어떤 사람인가에 따라 본다. 이 말은 사실이다. 그리고 그 반대도 사실이며 똑같이 효과적이다. 당신 자신을 '있는 그대로' 보려 애쓰는 대신 사물을 있는 그대로 바라보며 그 안에서 긍정적인 면을 찾기 시작할 수 있다. 잠시 멈춰서 다시 한번 읽어라. 내 말은 이런 뜻이다. 첫 번째 단계는 당신 주변의 상황을 긍정적인 시각으로 보기 시작하는 것이다. 줄기 위의 가시를 보는 대신 장미와 그 아름다움을 보고 사

● 남의 화를 부추기는 메시지나 선동적인 댓글.

랑하라. 당신은 진실을 보고 있다. 단지 그 진실의 다른 부분에 초점을 맞추고 있을 뿐이다. 당신이 의도적으로 주변 상황의 '긍정적인' 면에 초점을 맞추기 시작하면 뇌에 새로운 신경 경로가 형성되기 시작할 것이고, 결국 필연적으로 자신의 '긍정적인' 면을 보고 집중하게 될 것이다. 또한 당신이 집중하는 것은 현실이 된다. 그것은 전염된다. 따라서 당신이 아침에 일어날 때 '아, 피곤해'라고 생각하는 대신 '와, 따뜻하고 보송보송한 이불을 느낄 수 있고, 부드러운 베개에 머리를 누일 수 있고, 안전한 공간에서 눈을 뜨고 일어날 수 있어서 나는 정말 축복받았어. 이 얼마나 아름다운가!'와 같은 생각에 집중하라. 차 문을 열 때마다 짜증 나게 하는 차 문에 생긴 흠집에 집중하는 대신 차를 소유하고 운전할 수 있는 특권과 자유를 누리는 것이 얼마나 축복인지에 초점을 맞춰라. 자녀의 짜증 나게 하는 행동을 보는 대신 그들의 소중한 작은 입술과 뺨을 보면서 다시 오지 않을 자녀의 어린 시절 중 한순간을 즐겨라. 우스꽝스럽게 들릴 수도 있지만 설거지하다가 짜증이 나면 스펀지의 발명에, 그리고 세제 거품이 쉽게 나는 편리함에 감탄하라. 그렇게 보기로 마음먹으면 모든 것이 아름답다.

　이건 훌륭한 접근법이기는 하지만 단순히 긍정적인 생각을 하라는 말은 아니다. 이 책은 당신의 삶과 자기 자신을 사랑하는 방식을 바꿔줄 과학적으로 뒷받침되는 도구에 관한 것이다. 당신이 의도적으로 주변 환경에서 사랑과 아름다움을 보는 연습을 하고 내면에서 자책을 멈춘다면 필연적으로 당신 내면에서 사랑과 미를 보기 시작할 것이다. 그것이 당신의 패턴과 습관이 되어 결국 인생을 경험하는 기본 방식이 된다. 당신이 집중하는 것은 점점 커지고, 감사하는 것에는 더 감사하게 된다. 따라서 당신 주변의 것들과 내면의 것들을 감사히 여기는 법을 배우면 모든 것이 바뀐다. 당신이 주변에 있는 것들의 가치를 인식하고 인정할 때, 당신 내면에 있는 가치를 확대하기 시작한다. 당신이 주변의 아름다움을 더 많이 인식할수록 자기 내면에 있는 아름다움을 더 많이 볼 수 있을 것이다.

지름길#2: 글쓰기와 가치

일기 쓰기를 연습하거나 시작할 계획이라면 내가 발견한 특별한 도구가 있다. 이 도구는 특히 자기 가치를 높이는 지름길이다. 인생에서 긍정적이든 부정적이든 어떤 사건이나 경험에 관해 일기를 쓸 때, 그 글 옆에 날짜를 적고 6개월 후 다시 살펴봐라. 이렇게 할 때, 특히 어려운 일이나 부정적인 경험에 관해 쓸 때는 시간을 두고 의도적으로 곰곰이 생각한 후에 그 사건이나 상황에서 배운 것, 거기서 얻은 좋은 점을 적어도 한 가지 이상 적어라. 그것이 교훈이든 그 경험으로부터 성장한 방법이든 말이다. 또는 단순히 그 과정에서 쌓은 힘이나 그걸 겪으며 얻은 지식도 좋다. 이 과정은 1년 후에도 반복할 수 있다. 이는 과거의 경험을 더 긍정적인 경험으로 재구성하는 동시에, 당신이 어려운 일을 극복할 수 있다는 확신을 굳건히 하는 데 도움이 된다. 또한 그 경험이 당신을 규정하거나 당신의 내면 깊이 있는 정체성에 영향을 미치지 않는다는 사실을 확실히 알게 해준다.

지름길#3: 더 높은 의도, 더 높은 자존감

우리는 말이나 행동 뒤에 숨겨진 의도를 고려하지 않고 말하고 행동하는 경우가 많다. 시간을 들여 진정으로 생각하고 다시 집중하면 우리 자신의 의도가 강력한 자존감으로 가는 지름길이 될 수 있다. 말과 행동에 대한 의도가 좋을 때, 그리고 자신의 좋은 의도를 인식할 때, 당신의 자존감은 더 강해진다. 내면 깊은 곳에서 대개 좋은 사람은 좋은 것을 누릴 자격이 있다고 우리는 믿기 때문이다. 우리는 좋은 사람이 가치 있다고 믿는다. 그리고 누군가가 대개 좋은 사람인지 아닌지는 그 사람의 의도를 바탕으로 판단하는 경우가 많다. 그들의 의도가 긍정적인지 부정적인지, 그들이 도움이 될지 해가 될지, 그들이 배려심 있는 사람인지 아닌지를 판단한다. 이것은 우리가 자신을 판단하는 방식이기도 하다. 따라서 크고 작은 방식으로 우리가 하는 행동과 말 뒤에 숨겨진 좋은 의도에 초점을 맞추는 근육을 키우면 더 강한 자존감으로 곧바로 이어지는 지름길을 찾을 수 있다. 여기서 핵심은 주의를 기울이고 자신을 인식하는 것이다. 자신의 좋은 의도를 알아볼 때마다 상상 속에서(혹은 실제로) 자기 등을 토닥여주자. 그러면 온종일 거짓말을 늘어놓는 부정적인 자기 대화보다 긍정적인 자기 대화가 서서히, 하지만 확실히 더 크고 진실하게 들릴 것이다.

지름길#4: 당신은 남들에게 보이고, 들리고, 이해받을 자격이 있다

오프라는 25년간 〈오프라 윈프리 쇼Oprah Winfrey Show〉를 진행하면서 수많은 미국 대통령과 세계적으로 유명한 슈퍼스타를 포함한 수천 명의 게스트를 인터뷰했다. 그들은 한 가지 공통점을 가지고 있었다. 그들은 자신이 누구든, 대중에게 얼마나 존경받는 사람이든 관계없이 인터뷰가 끝날 때 오프라에게 몸을 기울여 "오늘 어땠어요?"와 같은 질문을 던졌다. 오프라의 표현을 빌리자면, 그들은 "나를 봤나요? 내 말을 들었어요? 내가 하는 말이 당신에게 중요했나요?"라는 질문에 대한 확증이 필요했다.

자신이 누군가의 눈에 띄고, 들리고, 이해받을 자격이 있다고 느끼고 싶은 욕구는 우리 정체성의 핵심이다. 그리고 이 모든 것은 우리 자신을 보고, 듣고, 이해하는 데서 시작된다.

만약 당신 자신을 바라보는 일이 힘들다면 해결책 중 하나는 다른 누군가의 진정한 모습을 바라보는 것이다. 거울 속 자신의 눈을 보는 일이 힘들고, 자신의 아름다움이나 가치, 자기 자격을 인식하는 일도 힘들다면, 다른 사람에게 당신이 그들을 본다는 것을 알려라. 우리는 그들의 말을 듣는다. 그리고 그들이 하는 말은 우리에게 중요하다.

나는 인생에서 필요한 것을 얻으려 할 때, 특히 그걸 얻으려고 고군분투하고 있을 때, 가장 빠른 방법 중 하나가 먼저 주는 것임을 알게 되었다. 그렇다, 처음에는 이것이 직관에 어긋나는 것처럼 보일 수 있고, '그게 필요한 사람은 난데, 어떻게 그걸 줄 수 있지?' 하고 생각할지도 모른다. 하지만 그것은 강력한 효과가 있는 도구다.

이것은 뉴턴의 운동 제3 법칙과 같다. 즉 자연의 모든 작용이나 힘에는 동등한 힘으로 상반되는 반응이 있다는 것이다. 당신이 누군가 다른 사람을 진정으로 볼 때, 당신도 반작용으로 남들에게 보인다.

커피숍에 있는 낯선 사람이나 마트 계산대 앞에 서 있는 다른 사람에게도 이걸 적용할 수 있다. 쉽게 실천할 방법은 눈을 마주치고 간단히 인사하는 것이다. 아니면 그들의 하루가 어떤지 물어보는 것이다. 아니면 당신이 알아차린 것에 관해 진심으로 솔직하게 칭찬하는 것이다.

사실 우리는 이 세상에 만연한 외로움으로 고통받고 있다. 다른 사람을 진심으로 보고 인정하는 시간을 가질 때, 그날 하루를 통틀어 유일하게 눈을 맞춘 사람일 경우가 많을 것이다. 그가 존재하고, 중요하며, 눈에 띄고, 가치 있는 사람이라는 사실을 그에게 상기시켜 주는 유일한 사람일 수도 있다. 그리고 다른 사람을 볼 때 당신도 타인의 시선을 받는다고 느끼기 시작한다. 먼저 아름답고 강력한 방식으로 그 사람의 시선을 받는다. 그러면 결국 더 쉽게 자신을 바라볼 수 있다.

지름길#5: 당신의 영혼으로 가는 창문과 거울

마지막으로 거울을 들여다보며 자신의 눈을 바라보며 진정한 자신을 본 적이 언제인가? 마지막으로 배우자나 사랑하는 사람과 눈을 마주하고 그 시선을 오래 유지한 건 언제인가? 당신이 그들을 보고, 그들이 당신을 보는 순간 말이다. 누군가가 우리의 눈을 깊이 들여다보고 진정한 자신을 볼 때 우리의 영혼에는 어떤 일이 일어난다. 특히 우리가 자기 눈을 들여다볼 때는 더욱 그렇다. 자기 눈을 충분히 오래 들여다보면 물리적인 것은 보이지 않게 되고, 그보다 훨씬 더 깊은 곳과 연결되기 시작한다.

잠시 시간을 내어 당신의 삶에서 연인이 될 가능성이 있는 사람에게 마음을 빼앗겼던 순간을 떠올려보라. 그러면 그 사람의 얼굴이나 몸을 아무 문제 없이 볼 수 있을 것이다. 하지만 그 사람이 당신과 눈을 마주하고 그의 눈길이 당신의 눈에 머물고 있을 때, 당신은 완전히 다른 강도의 느낌과 감정을 받게 될 것이다. 그 접촉은 당신이 시선을 돌릴 정도로 압도적일 수 있다. 당신이 진정으로 자기 눈을 들여다볼 때 혹은 다른 사람이 진심으로 당신과 눈을 마주할 때, 그 눈빛은 표면적인 시야를 뛰어넘어 영혼까지 뚫고 들어와 연결되기 때문이다.

막 사랑이 싹트는 사람과의 눈 맞춤은 기쁨일 수 있지만, 진정으로 당신 자신과 당신이라는 아름다움을 보는 것이 훨씬 더 강력한 사랑이다.

당신이 자신을 사랑하는 방식은
사람들에게 당신을 사랑하라고 가르치는 방식과 같다.
— 루피 카우르 Rupi Kaur(인도 출신의 캐나다 시인이자 삽화가)

연결의 진정한 연습을 촉진하기 위해서는 먼저 자신과 '진심으로' 연결되는 법을 배우는 것이 매우 중요하다. 진정한 당신이 되는 것이다! 이제 당신을 진정으로 '바라볼' 시간이다. 당신의 기적 같은 가치 전부를 말이다.

미러 워크

자신과 진정한 연결을 촉진할 한 가지 방법은 미러 워크Mirror Work를 실천하는 것이다. 이 방법은 40여 년 전, 변화를 끌어내는 상징적인 스승이자 작가이며 자기애 전문가인 고故 루이즈 헤이Louise Hay에 의해 처음 만들어졌다. 미러 워크는 자신에게 긍정적인 확언을 말하면서 거울 속의 자신을 바라보는 연습이다. 긍정적인 확언을 오랫동안 혹은 아주 잠시 큰 소리로 말해도 되고, 조용히 말해도 된다. 헤이는 미러 워크를 "자신에게 줄 수 있는 사랑스러운 선물 중 하나"라고 말한다. 이 연습의 목표는 자신과의 연결을 강화하고, 내면의 비판자를 극복하고, 자신을 사랑하는 법을 배우고, 자신에 관한 긍정적인 확언을 믿도록 돕는 것이다. 미러 워크를 처음 들어보는 사람이라면 약간 이상하거나 어쩌면 바보 같다고 생각할 수도 있다. 하지만 헤이가 미러 워크를 만든 이후로 수십 년이 지난 지금, 과학도 그 효과를 입증하며 이를 뒷받침하고 있다. 당신의 생각이 얼마나 강력한지 보여주는 셀 수 없이 많은 연구와 당신 자신에게 하는 말 외에도, 2017년《긍정 심리학 저널Journal of Positive Psychology》에 발표된 한 연구는 미러 워크가 연민 어린 자기 대화의 효능과 심박 변이도•를 높인다는 사실을 발견했다. 다시 말해, 미러 워크는 당신의 마음과 영혼을 치유하는 데 도움이 될 수 있다.

삶에서 외로움을 자주 느낀다면 미러 워크를 통해 자신과 깊이 연결되는 법을 배우는 것이 외로움을 극복하기 위한 근본적이고 변혁적인 첫걸음이 될 수 있다. 우리가 타인과 맺는 관계의 깊이는 자신과 맺고 있는 관계의 깊이만큼만 가능하기 때문이다.

그렇다면 미러 워크란 무엇이며, 어떻게 효과를 발휘하는 것일까?

먼저 거울을 찾아라. 휴대폰 카메라는 효과가 없다. 카메라 렌즈를 들여다보거나 화면에 비친 자신의 얼굴을 볼 때는 실제로 직접 눈을 마주할 수 없기 때문이다. 자신과 직접 눈을 마주 볼 수 있는 진짜 거울이 필요하다. 크든 작든 상관없고, 욕실이나 자동차에 있는 거울도 괜찮다. 헤이의 가르침에 따르면 먼저 자기 눈을 들여다보면서 보이는 것을 바라보라고 조언한다. 자기 모습이 보이는가? 그냥 집중하라. 당신은 정말로 자기 모습이 보이는가? 단순히 물리적인 형태가 아니라 영혼이 보이는가? 그런 다음 그냥 숨을 쉬어라. 다음으로 자신과 눈을 맞추면서 이름을 말하고 "난 널 사랑해. 정말, 정말로 널 사랑해"라고 말해라. 그다음 "○○(당신의 이름), 난 널 사랑해. 정말, 정말로 널 사랑해"라고 말하면 된다.

이것이 당신이 처음으로 미러 워크를 시도하는 순간일 수도 있

• 심장이 끊임없이 변화하는 환경에 맞춰서 대응할 수 있는 능력.

다. 아마 과거에는 거울을 보는 것을 피하고 싶은 일이었을 수도 있다. 아니면 거울 속 당신에게서 결점과 단점을 찾아내려는 유혹을 느껴왔을 수도 있다. 진정한 미러 워크는 이 모든 것을 바꾸는 연습이다. 그러므로 "○○, 난 널 사랑해. 정말, 정말로 널 사랑해"라고 말할 때 헤이의 가르침의 목표는 방치되었을 당신의 내면 아이와 연결되는 것이라고 말한다. 그리고 사랑받기를 간절히 원하지만 오랫동안 사랑받지 못했던 내면 아이와 연결되기 시작하면, 당신은 이전보다 더 깊은 차원으로 자신을 돌보기 시작할 것이다. 헤이는 이 말이 너무 어려우면 "○○, 나는 너를 좋아하는 법을 배울 거야"라고 말하는 것으로 시작할 수 있다고 조언한다. 그런 다음 거기서부터 나아가면 된다.

<u>한 연구에 따르면, 여성의 70퍼센트와 소녀의 80퍼센트가 자신을 돌보는 데 시간을 투자할 때 자신감과 긍정적인 기분을 더 많이 느낀다고 한다.</u> 미러 워크는 자기 돌봄을 실천할 수 있는 강력한 방법이 될 수 있다.

거울을 보자마자 부정적인 자기 대화가 들린다면 그것은 당신이 거쳐온 오래된 사고방식일 뿐이다. 이런 생각을 인정하고 놓아버린 다음 다시 눈을 들여다보며 "난 널 사랑해. 정말, 정말로 사랑해"라고 말하라. 또한 "○○, 난 널 사랑하고 널 받아들일게"라고 말해도 된다. 자신을 사랑하고 받아들일 때 연결의 수문이 활짝 열릴 수 있다.

아름답다는 것은 자기 자신이 된다는 뜻이다.

다른 사람들에게 받아들여질 필요는 없다.
당신은 자신을 받아들여야 한다.

- 틱낫한 Thich Nhat Hanh

"○○, 난 널 사랑해. 정말, 정말로 널 사랑해"라고 말할 때 처음에는 그 말이 사실처럼 들리지 않거나 이상하게 느껴질 수도 있다. 하지만 그 말은 매우 강력하다. 이 연습을 삶에 적용하기 시작할 때, 매일 아침 거울 앞에서 "난 널 사랑해. 오늘 널 위해 뭘 할 수 있을까?"라고 말하는 것을 아침 일과에 추가할 수 있다. 그런 다음 자신이 느끼는 감정에 귀를 기울여라.

거울 앞에서는 용서하는 연습도 할 수 있다. 먼저 자기 눈을 들여다보면서 "너를 용서할게"라고 말하라. 심지어 당신은 구체적으로 이렇게 말하고 싶을지도 모른다. "나는 건강하지 못한 생활 패턴을 오랫동안 고수해온 너를 용서할게", "자신에게 상처가 되는 말을 하는 너를 용서할게", "네가 과거에 저지른 실수를 용서할게", 그리고 마지막에는 자신에게 "나는 너를 용서하고 또한 용서받았어"라고 말하라. 어떤 미러 워크를 하든 마지막에는 자신에 대한 사랑과 인정을 강화하고 싶을 것이다.

거울 속에서 다음과 같은 확언을 해도 좋다. "나는 너를 봐. 너를 믿어. 너를 사랑해. 너는 가치 있는 사람이야." 거울에 그런 확언을 써도 좋다. 커다란 거울이 있다면 그 앞에 앉을 수 있으니 좀 더 오래 머물 가능성이 높다. 자신에게 '오늘 너를 행복하게 하려면 내가 뭘 할 수 있을까?'와 같은 질문을 해보자.

연구 결과는 우리가 의미 있는 노력에 관해 구체적인 칭찬을 하면 이익을 얻는다는 걸 알려준다. 따라서 우리는 자신에게 그런 칭찬을 해주면 된다. "오늘 회의에서 네 발표는 놀라웠어. 긴장했는데도 말이야"와 같은 구체적인 말을 해보자. 혹은 "넌 그 프레젠테이션을 위해 철저히 조사했어. 네가 정말 자랑스러워!"와 같은 말을 해보자. 또는 "오늘 아이들과 있을 때 냉정을 잃지 않고 2분간의 타임아웃•을 가진 건 잘한 일이야"와 같은 말을 해보자. 이런 종류의 자기 피드백은 자기 인식을 높이고 자존감을 강화하는 데 도움이 될 수 있다.

미러 워크의 힘을 이해하는 과학은 여러 형태로 나날이 확대되고 있다. 미국의 작가이자 팟캐스트 진행자인 내 친구 멜 로빈스_{Mel Robbins}는 저서 《굿모닝 해빗》에서 매일 거울 속에 비친 자신을 바라보며 자신과 하이파이브를 하는 단순한 행동이 어떻게 뇌에서 도파민을 분비하고 행복감을 높여주는지 설명한다. 이 단순한 습관은 현재 전 세계 수백만 명의 팬을 모았으며, 그들은 매일 이 연습을 그들의 삶에 통합하고 있다.

과학이 긍정 확언과 미러 워크의 긍정적인 효과를 따라잡으면서 미국 전역의 부모들은 자녀들이 어릴 때부터 이런 습관을 가르치기 시작했다. 틱톡이나 인스타그램에서 간단히 검색해보면, 거울을 응시하며 자신에게 열정적으로 격려와 긍정의 말을 반복하는 어

• 아이와 감정적으로 격해진 상황에서 화를 스스로 가라앉힐 시간을 주는 것.

린이들의 동영상을 어디서나 볼 수 있다. 이런 영상들은 귀여워서 입소문이 났지만, 그 과정에서 자존감을 높이는 중요한 도구가 되기도 한다.

어른들은 대부분 미러 워크를 실천하며 자라기는커녕 미러 워크를 들어본 적도 없다. 만약 당신이 이런 사람이라 해도 지금 당장 미러 워크의 힘을 삶에 적용하기에 아직 늦지 않았다. 당신 안에 항상 존재하는 내면 아이와 관련된 일이라도 말이다.

내면 아이에 관해 내가 쓴 만트라는 내 삶이 가치 없다고 느꼈던 마음을 치유하는 데 도움이 되었다. 그리고 이 만트라를 당신과 공유할 수 있어서 영광이다. 먼저 당신의 눈을 깊이 들여다보라. 그러면 내면 아이가 보이기 시작할 것이다. 다음으로는 이걸 생각해보자. 우리는 아기와 아이들을 생각할 때 그들이 자동으로 사랑받을 가치가 있고, 그 사랑을 힘들게 얻을 필요가 없다는 사실을 본능적으로 믿는다. 그런데 왜 우리는 자신에 관해서는 규칙을 바꿀까? 우리는 어떻게든 사랑을 힘들게, 종종 조건부로 얻어야 한다고 언제 결정했을까? 당신의 삶에서 세상은 언제 바뀌어 당신에게 사랑을 얻어야 한다고 말하기 시작했는가? 사랑을 얻어야 한다는 압박은 부모들이 쓴 선의의 가면 속에 있었을까? 좋은 아들이나 딸이 돼라는 기대를 전달함으로써 좋은 부모를 흉내 내려 할 때? 아니면 책이나 문화적 압력을 통해서였을까? 아니면 비교가 대세가 되었을 때였을까?

당신이 아기였던 시절로 돌아가보자. 아기였을 때의 자신을 아기처럼 안고 있다고 상상해보자. 도움이 된다면 당신이 아기였거나 어린아이였을 때 찍은 사진을 거울에 붙여도 좋다. 그리고 마음이 내키면 사진이나 거울에 비친 당신의 눈을 들여다보면서 두 팔로 자신을 꼭 안아줘도 좋다. 예를 들어서 이렇게 말해보자. "난 너를 사랑해. 넌 태어난 날부터 사랑받을 자격이 있었고, 지금 이 순간에도 있는 그대로 충분히 사랑받을 자격이 있어. 네가 했던 어떤 일도, 앞으로 하게 될 어떤 일도 널 사랑받을 자격이 없게 하는 건 아무것도 없어. 너는 가치 있고, 온전하고, 충분히 자격 있는 사람이야. 난 널 사랑하고, 널 보고 있어. 넌 내게 너무나 중요해. 넌 너무 소중해. 넌 충분해. 넌 있는 그대로 가치가 있어. 난 널 사랑해. 넌 사랑받고 있어. 넌 사랑받을 자격이 있고, 사랑을 줄 자격이 있어. 너는 바로 '사랑' 그 자체야. 사랑해."

당신이 특정한 신앙을 실천하는 사람이라면 기도도 미러 워크에 포함할 수 있다. 내가 가장 좋아하는 방법은 내 눈을 들여다보면서 신이 나를 바라보는 방식대로 나 자신을 바라본다고 상상하는 것이다. 나는 신의 형상으로 만들어졌다는 사실을 아는 것이다. 충분히 가치 있게 말이다.

어떤 형태로든 미러 워크를 통해 자신과 더 깊이 연결되는 연습을 삶에 통합하려면, 한 번에 30초 만이라도 천천히 시작하면 된다. 그런 다음 한 번에 5분에서 10분 정도까지 점차 늘리면서 연습하면 된다. 어려운 규칙도 없고 옳고 그른 방법도 없다. 그저 자신에게 적합하다고 느껴지는 것만 믿으면 된다. 미러 워크 시간을 이용해 매일 긍정 확언을 하거나 배경음악으로 긴장을 풀어주는 음악을 틀어

놓고 그저 자신과 눈을 맞추며 자신을 바라보면 된다. 용서나 수용에 초점을 맞추는 연습 등 위에 언급한 몇 가지를 포함할 수 있도록 연습 시간을 늘려도 좋다. 자신과 앞으로의 나날을 격려하는 말을 할 수도 있다. "넌 할 수 있어. 신이 널 선택하셨어. 삶은 항상 너를 위해 펼쳐지고 있어. 너는 완전히 능력 있고 가치 있게 태어났어." 당신은 또한 미러 워크를 눈 맞춤 이상으로 발전시켜서 거울에 비치는 자기 몸을 바라보며 찬양할 수도 있다. 오래된 비난의 사운드트랙이 흘러나오기 시작하면 즉시 그 소리를 잠재우고 다시 친절하고 사랑스럽고 '진실한' 확언으로 돌아가자.

우리 자신을 보고, 듣고, 이해하고, 연결하고, 사랑하는 법을 배울 때 삶의 모든 측면이 바뀐다.

> 매일 아침 일어나서 어제보다 조금 더 자신을
> 사랑하기로 결심한다면 그 작은 부분들이 누적될 것이다.
> –루이즈 헤이

☑ **주목할 점:** 미러 워크, 배경음악으로 쓸 플레이리스트, 매일 연습할 확언에 관한 추가 자료는 WorthyBook.com/Resources에서 확인할 수 있다.

CHAPTER

16 자기만의 이유를 알았거든 여성들이여, 날아올라라

원하는 것을 얻을 분명한 길이 보이지 않으면,
스스로 그 길을 개척해야 할 때도 있다.
-민디 케이링 Mindy Kaling (배우이자 스탠드업코미디언, 작가, 제작자)

"당신은 우리와 우리 고객에게 적합하지 않습니다. 안 되겠습니다."
그 고통스러운 거절이 결정적인 계기가 되었다. 지난 2년간 잇코스 메틱스를 창업하기 위해 수백 번의 거절을 겪은 뒤였지만, 이번에는 다시 거절당하지 않기를 간절히 바랐다. 파산 직전에 있던 나는 날마다 자기 의심에 빠지지 않으려고 온 힘을 다해야 했다. 나는 어떤 신호, 나와 회사의 비전을 믿어줄 누군가, 긍정적인 계기, 내가 계속 나아가야 할 방향을 알려주는 암시를 원했다.

그 전화를 받기 전에 나는 "예스"라는 응답을 받는 모습을 반복적으로 상상했다. 나는 우리 제품을 라이브 TV 쇼핑 채널 QVC에서 방송하고 싶었다. 라이브 방송에 출연할 수 있다면, 우리 제품이 얼마나 훌륭하고 실제로 얼마나 효과적인지를 보여주고 증명할 수 있다는 사실을 직감으로 알았다. 그래서 "당신은 우리나 우리 고객에게 적합하지 않아요. 안 되겠습니다"라는 말은 내게 복부를 후려치는 고통스러운 펀치 같았다.

당신은 자신이 뭔가 해야 할 일을 알고 있지만 아무도 당신의 생각에 동의하지 않는 것 같았던 때가 있는가? 혹은 당신이 간절히 바라며 아무리 노력해도 도무지 현실이 따라주지 않는 그런 순간이 있는가? 어쩌면 당신은 누군가와의 관계를 갈망하며 용감하게 데이트 앱에 사진을 올렸을지 모른다. 심지어 첫 번째나 두 번째 데이트는 많이 하면서도 그 이상의 관계로는 진전되지 않는 것 같을 수도 있다. 어쩌면 당신은 용기를 내서 당신의 재능, 제품, 아이디어를 세상에 내놓았지만 사람들에게 받아들여지지 않았을 수도 있다. 아무도 '그것을 이해하지' 못하고, 아무도 '당신을 이해하지' 못한 것처럼 느껴졌을 것이다. 이런 일이 생기고, 특히 반복되면 그만두기가 아주 쉬워진다. 그것이 우리가 필요한 것을 가지고 있지 않다는 증거라고 판단하기 때문이다. 우리의 직감은 틀린 게 분명하다고 생각한다. 그리고 조심하지 않으면 이런 생각은 '우리는 그것을 가질 자격이 없다'는 핵심 신념으로 바뀌고, 결국 당신의 정체성이 돼 버릴 수 있다.

QVC로부터 고통스러운 거절을 당한 후, 나는 이불을 뒤집어쓴 채 터져 나오는 눈물을 사흘이나 억누르지 못했다. 도저히 이해가 안 됐다. '왜 내 직감은 내가 이 일을 해야 한다고 말하는 걸까? 가만히 앉아서 명상하거나 기도할 때, 나는 내가 이 일을 해야 한다는 생각에 마음의 평화를 느껴. 하지만 내 주변의 모든 것과 모든 사람은 정반대로 말하고 있어.'

그날 아침 나는 일기장에 이 글을 적었다. 마치 신이 내려주신 다운로드 파일처럼 펜에서 종이로 흘러나왔다. "자기만의 이유를 알았거든 여성들이여, 날아올라라." 나는 상기시킬 필요가 없을 때까지 이 글을 매일 읽었다.

당시 내 꿈의 이유는 나 자신보다 훨씬 더 컸다. 나는 평생 화장품 광고와 TV에 나오는 이미지들을 좋아하며 자랐지만, 마음속 깊은 곳에서는 항상 그 이미지 때문에 내가 충분하지 않다고 느꼈다. 회사를 시작했을 때 나는 훨씬 더 큰 비전을 품고 있었고, 당시에는 아무도 그 비전을 믿지 않는 것 같았다. 나는 모든 연령, 체형, 피부색, 사이즈의 실제 여성들과 피부 문제가 있는 여성들을 모델로 삼고 싶었다. 나는 진심으로 그들이 아름답다고 말하고 싶었다. 그 이유는 내게 지극히 개인적인 것이었다. 포토샵으로 수정한 아름답다고 여겨지는 가짜 이미지 때문에 끊임없이 내가 부족하다고 느끼는 고통을 끝내고 싶었기 때문이다. 나는 어린 소녀들이 그런 이미지를 보고 자신을 의심하게 되는 일이 없도록, 그리고 여전히 자신을 의심하는 성인 여성을 위해 화장품 업계의 '아름다움'의 정의를 바꾸고 싶었다. 그 이유는 내게 깊고 의미 있는 것이었다. 그래서 QVC에서 받아들이기 힘든 거절을 당했을 때, 꿈을 포기하고 싶은 유혹에 휩싸였다. 그 순간, 나는 그 단어들을 일기장에 적었다. 내가 하는 일이 나 자신보다 훨씬 더 큰 일이라는 사실을 상기시킬 필요가 있었기 때문이다. "자기만의 이유를 알았거든 여성들이여, 날아올라라"라는 말은 글자 그대로 내가 침대에서 일어나 계속 앞으로 나아가게 도와주었다. 내가 그 일을 하는 이유가 그 일이 얼마나 힘든지, 얼마나 큰 노력이 필요한지보다 훨씬 더 중요했기 때문이다.

당신의 이유

나는 크든 작든 모든 목표와 꿈에 깊고 강력한 이유를 부여해야 한다고 믿는다. 그렇게 하면 목표를 달성할 가능성이 훨씬 높아지기 때문이다. 목표가 '콜레스테롤 수치를 20포인트 낮추고 싶다'와 같은 눈에 보이는 목표든, '매일 더 행복하고 현재에 충실해지고 싶다'와 같은 질적 목표든 마찬가지다.

당신이 충분하고 진정으로 '가치 있다'고 믿는 법을 배우는 과정에서 시간을 내어 그걸 믿고 싶어 하는 자기만의 깊이 있고 개인적인 '이유'를 진정으로 이해하는 것이 매우 중요하다.

날개를 펼치고 가치를 향해 날아가기 위해서는 결단력이 필요하다. 가치를 향한 투쟁을 굳건하게 하는 메시지를 우리는 평생 배웠다. 조건화된 신념 체계의 무게를 짊어지는 것은 날개에 납 풍선을 달고 날려고 하는 것처럼 느껴질 수 있다. 자기만의 이유를 아는 것은 날개를 밀어 올리는 바람 같은 역할을 한다.

인생의 큰 목표나 꿈, 비전이 있을 때 그것이 무엇인지 명확하게 아는 것만으로는, 심지어 그것을 위해 행동하는 것만으로는 충분하지 않다. **자기만의 이유를 알아내는 것은 꿈이 실현될 가능성을 높여주는 중요한 비밀 요소다.** 자기만의 이유는 지금 하는 일을 하려는 매우 개인적인 이유이며, 당신이 원하는 것을 왜 원하는지를 말해주는 이유다. 당신의 이유는 당신에게 연료처럼 작용하는 의미와 목적을 준다.

> 희망을 유지하려면 비전이 필요하다. 그리고 당신의 이유가 비전의 역할을 한다.

나는 삶의 모든 영역에서 수많은 목표와 꿈을 이루기 위해 나만의 이유에 의지해왔다. 용감하게 목표와 꿈을 추구하는 것은 거의 항상 어려운 일이다. 우리가 어디로 가는지, 왜 가는지에 대한 명확한 비전이 없으면 그 과정에서 포기하거나 아예 시작하지 않기가 훨씬 쉽다. QVC에서 다시 거절당했을 때 엄청나게 고통스러웠던 순간과 내가 얼마나 낙담했었는지 떠올려본다. 내가 어떻게 QVC 역사상 가장 큰 화장품 브랜드를 만들게 되었는지, 어떻게 1,000번이 넘는 TV쇼의 생방송에 직접 출연하게 되었는지. '그 모든 일이 정말 쉽게, 아예 일어나지 않았을 수도 있었구나' 하고 생각하게 된다.

이것은 대부분의 사람이 인식하지 못하거나 건너뛰는 단계다. 그것이 얼마나 중요한지 모르기 때문이다. 사람들은 어떻게 해야 하는지 아는 것만으로도 충분하다고 생각하지만 실제로는 그렇지 않다. 그래서 많은 사람이 목표를 쉽게 포기한다. 그들은 목표를 달성해야 하는 의미 있는 이유를 찾지 못했다. 그냥 달성해야 하는 것이 아니라 반드시 달성해야 하는 이유를 말이다. 목표에 대한 강력한 이유는 당신이 낙담했을 때 의지할 수 있는 버팀목이 된다. 이유는 당신의 동기와 의욕을 계속 지속하게 하는 연료가 될 수 있다. 그 이유로 당신은 지금 하는 일을 왜 계속해야 하는지를 알 수 있다.

> 당신이 어떤 사람인지 깨닫고, 그 깨달음에 일치하는 삶을 살아라.
> – 돌리 파튼

이제 나는 당신이 '가치 있음'을 믿기 위해 개인적으로 노력해야 할 이유를 찾도록 돕고 싶다.

위의 사례에서처럼 심각한 거절을 당한 후 이불 안에서 울고 있었지만, 내가 '왜 이 일을 해야 하는가'를 알고 있었기 때문에 계속 나아가기로 결정하는 데 도움이 되었다. 우리는 희망을 유지하려면 비전이 필요하다. 그리고 그 비전의 역할을 해주는 것이 바로 당신의 '이유'다. 침대에서 울고 있던 그 순간을 돌이켜 생각해볼 때, 만약 내가 이유에 의지하지 않고 QVC의 "안 되겠습니다"라는 거절을 최후의 결정타였다고 판단했다면 내 인생은 완전히 달라졌을 것이다. 나를 의심하는 다른 이의 생각이 머릿속에서 자기 의심으로 바뀌도록 내버려두었을 것이고, 결국 내 운명에서 벗어날 수 있을지 의심하게 될 것이다. 나는 내 뜻대로 되지 않을 때도 내가 하는 일을 왜 하는지 알고 있었기에 그 이유를 다시 일어나 계속 나아가기 위해 의지할 도구로 삼았다. 거절당하고 몇 년이 지난 후에도 나는 매일 아침 일어나 그 이유를 떠올리곤 했다. 나는 화장품 업계를 바꿀 수 있다고 믿으며 아침에 눈을 떴고 '모든 소녀와 여성들이 오늘 계속 나아가기 위해 내가 필요하다'고 생각하며 눈을 떴다.

당신이 충분하다고 믿기 위한 당신의 여정을 생각하라. 그리고 당신이 가장 큰 희망과 가장 원대한 꿈을 가질 자격이 있다고 믿는다면 당신이 그렇게 되고 싶은 이유를 생각해보길 바란다. 당신의 진정하고 심오한 이유는 무엇인가?

아마도 그 이유는 자신을 배신하면서 사람들의 비위를 맞추는 법을 배우는 대물림되는 악순환을 당신 대에서 끝내고 아이들을 위해 더 나은 부모가 되려는 결심일 수 있다. 아마 그 이유는 궁극적으로 사람들이 자신의 가치를 믿도록 돕는 목표가 있기 때문일지 모른다. 어쩌면 과거에 당신과 비슷한 트라우마나 좌절을 경험한 사람들을 돕는 것일 수도 있다. 힘든 일을 하는 법을 배우는 살아있는 본보기가 돼 사람들이 무엇이 가능한지 보고 자신에게도 가능하다고 믿게 하는 것일 수도 있다. 자신을 조건 없이 사랑하는 법을 배우는 것일 수도 있다. 그래서 사람들을 끌어당겨 친밀한 관계나 우정 속에서 조건 없는 사랑을 주고받을 수 있도록 말이다. 당신이 자기 예술이나 아이디어, 얘기를 세상에 내놓을 수 있는 자신감과 회복력을 키우고 싶어서일지도 모른다. 또한 당신의 자녀들도 그렇게 할 자격이 있음을 믿게 하고 싶어서일지 모른다. 당신의 목소리를 내는 법을 배워서 그것이 사람들에게 들릴 가치가 있다고 결정하기 위해서일 수도 있다. 그리하여 같은 기회를 얻지 못한 사람들을 대변할 수 있도록 말이다. 어쩌면 그 이유는 당신만의 '가치 서클'을 만들어 사람들과 유대 관계를 맺고 그들을 고양하기 위해서일 수도 있다. 또한 그 이유는 매우 단순할 수 있다. 당신이 충분히 자신감 있고 진정한 당신이 될 만한 가치가 있다는 사실을 아는 것, 바로 그 자체로 다른 사람들도 그들 자신으로 살아갈 용기를 줄 수 있다.

나는 매일 아침 감사 일기를 쓰고 목표도 자주 적는다. 실제 목표를 종이에 적는 것은 강력한 효과가 있지만, 나는 전통적인 목표 쓰기 연습에 2가지를 추가하고 싶다.

첫째, 나는 내 목표가 이미 사실이고 이미 일어난 일인 것처럼 적는다. 예를 들어, '나는 매일 아침 일찍 일어나서 명상하고, 적어도 30분간 걷고 싶다'라고 쓰는 대신에 '매일 아침 일찍 일어나서 명상하고, 30분씩 걷는다'라고 적는다. 혹은 '언젠가 나는《뉴욕타임스New York Times》베스트셀러 작가가 될 것이다'라고 쓰는 대신 '나는《뉴욕타임스》베스트셀러 작가다'라고 적는다. 또는 '나는 휴식을 우선시하는 법을 배울 것이다'라고 말하는 대신 '난 휴식을 무엇보다 우선시한다'라고 적는다. 이미 일어난 일인 것처럼 적으면 당신의 뇌와 몸이 그 일이 일어날 것이라고 믿게 하는 데 도움이 되고, 당신은 그에 따라 더 쉽게 행동할 수 있다.

둘째, 각각의 목표 옆에 그 목표를 달성해야 할 구체적이고 의미 있는 이유를 적는 것이다. 당신이 각각의 목표를 기필코 달성해야 하는 이유, 당신의 내면에 깊이 뿌리내린 진정한 이유를 적으면 상황을 완전히 새로운 차원으로 끌어올리고 당신의 꿈이 실현될 가능성을 높일 수 있다. 그것은 강력한 목표 설정과 같다. 왜냐하면 당신이 원하는 것에 의미와 감정을 부여할 때, 그것은 더 이상 머릿속 생각에 그치지 않고 몸으로 느껴지고 진심으로 연결되는 무언가가 되기 때문이다.

목표에 충분한 의미와 감정을 부여하면 그 목표가 실현될 가능성이 기하급수적으로 증가한다.

당신의 이유는 의미와 감정이다. 방법을 아는 것만으로는 충분하지 않다. 많은 사람이 건강에 좋은 음식을 먹는 방법을 알고 있지만 먹지는 않는다. 우리는 운동하는 방법을 알고 있지만 운동을 하지는 않는다. 당신은 방법과 이유를 결합해야 한다. 이유는 매우 개인적인 것이므로 아무리 힘든 역경이 닥쳐도 당신을 가로막는 것은 아무것도 없다.

그렇다면 **왜 한 번뿐인 아름다운 삶에서 당신은 자신이 가치 있는 사람임을 진정으로 믿는 법을 반드시 배워야 하는가?** 가능한 한 많은 시간을 들여 이 문제를 고민하고 명확하게 이해해야 한다. 당신은 즉시 답을 알 수 있을지도 모른다. 아니면 글을 쓰거나 기도하거나 명상할 시간이 필요할 수도 있다. 그리고 일단 자기만의 이유를 파악했다면 자주 다시 살펴보라. 시간이 지나면서 이유도 진화한다는 사실을 알게 될 것이다. 일단 알고 나면 이유는 좌절을 겪을 때 의지하고 앞으로 나아가는 임무를 수행할 때 연료로 사용할 수 있는 매우 귀중한 도구가 될 것이다.

자기만의 이유를 알았거든 여성들이여, 날아올라라.

☑ **주목할 점:** WorthyBook.com/Resources에서 이유와 목표 설정 워크시트를 무료로 다운받을 수 있다.

CHAPTER

17

서클 또는 우리

꿈꾸지 않는 사람들에게 당신의 꿈을 얘기할 때는 조심해라.
– 트렌트 셸턴

쇠뿔도 단김에 빼자. 친구와 사랑하는 사람을 포함해 당신 곁에 가장 많이 있는 사람은 당신의 서클circle인가, 우리cage인가?

당신에게 무엇이 더 옳게 느껴지는지 알 수 있는 몇 가지 방법이 여기 있다.

당신의 이너 서클inner circle과 함께 있을 때 어떤 감정이 느껴지는지 생각해보라. 잠시 눈을 감고 물어보라. 그들이 당신에게 힘을 주는가? 그들은 내게 진심으로 가장 좋은 것을 원하는가 아니면 그

- 가족, 친구, 동료를 포함해 삶에서 가장 신뢰하는 사람들.

들이 생각하는 가장 좋은 것을 원하는가? 그들이 당신을 사랑으로 이끄는가?

아니면 그들은 당신의 힘을 빼앗는가? 그들은 내가 그들의 기대에 부응하기를 바라는가? 그들이 당신을 두려움으로 이끄는가?

그들이 당신을 있는 그대로 사랑해줄 거라는 믿음 속에서 당신의 모든 모습을 공유하는가? 아니면 그들이 당신을 비판하거나 부끄러워하거나 덜 사랑하지 않도록 당신의 일부를 숨겨두는가?

당신과 친한 사람들은 정치적·사회적 문제에 관해 다양한 믿음을 가지고 있으며 서로를 지지하는가? 아니면 당신에게 그들의 믿음을 강요하는가?

그들은 당신을 지지해주고 희망을 주는 서클처럼 느껴지는가? 당신을 크게 포옹해주고, 당신을 받쳐주는 손과 당신이 올라설 수 있는 어깨가 되어 당신을 더 높이 들어 올리는가? 아니면 그들은 '기대'라는 우리처럼 느껴지는가? 당신을 짓누르고 구속하는 그 우리의 문에는 '소속감'이라는 오해의 소지가 있는 팻말이 걸려 있지는 않은가? 정답은 당신 몸이 먼저 느낄 수 있을 것이다.

> 항상 소금 맛이 나기 때문에 그것이 바다인 줄 아는 것처럼
> 깨달음은 항상 자유의 맛이기 때문에 우리가 그것을 인식할 수 있다.
> – 붓다 Buddha

당신의 이너 서클은 포옹처럼 느껴지고 자유의 맛이 나야 한다. 당신이 숨을 내쉴 수 있는 곳이어야 한다. 당신이 문제를 일으키고

잘못을 저지르고 울부짖을 수 있는 곳이어야 한다. 그렇게 하더라도 당신에게서 사랑을 앗아가지 않는다는 확고한 확신이 있어야 한다.

강력한 지지 서클은 당신이 있는 그대로 가치 있고 충분하다는 사실을 사랑하고 받아들이고 상기시킴으로써 당신의 가치를 강화한다. 우리는 그 반대다. 우리는 당신이 소속감, 이해, 인정, 사랑을 바라며 자기 모습을 변화시키거나 숨기고 싶게 한다.

당신의 현재 서클

가장 가까운 서클에 관해 말하자면, 사람들 대부분은 자신을 둘러싼 집단을 의도적으로 선택하지 않는다. 우리는 주변 환경이나 양육 환경에 의해 우리를 둘러싼 사람들이 결정되도록 내버려두는 경우가 너무 많다. 그런 경우 우리는 환경의 산물이 된다. 우리 환경에 있는 집단은 가족이든, 동료 집단이든, 같은 반 친구든, 직장 동료든, 우리의 기본 서클이 된다.

당신이 가장 자주 얘기를 나누고, 조언을 구하고, 여가 시간을 함께 보내는 사람들을 생각할 때 당신은 그들을 존중하고 존경하는가? 그들은 당신이 가고 싶은 곳에 도달했는가? 그들은 당신에게 영감을 주고 감성이 풍부하며, 당신이 인생에서 열망하는 자질을 지니고 있는가? 당신이 당신 몸을 돌보고 싶은 대로 그들은 자기 몸과 건강을 돌보는가? 그들은 다른 사람들과 자신을 조건 없이 사랑하는가?

만약 지금 앉아서 생각해보니 가족이든 친구든 아니면 둘로 구성된 현재의 관계가 우리cage처럼 느껴진다고 생각하지만, 그들을 사랑하기에 버리고 싶지 않다면 걱정하지 마라. 그것이 유일한 선택지는 아니다. 사실 우리는 대부분 좋은 사람들로 둘러싸여 있다. 하지만 그들은 기본 설정으로 우리에게 주어진 존재들이므로 우리가 앞으로 관계 역학을 바꾸지 않으면 우리의 성장을 방해할 수 있는 사람들이다. 만약 현재의 서클이 우리cage에 더 가깝다고 느껴져 삶을 다르게 살고 싶다면, 당신이 진정으로 타고난 사람으로 성장하고 싶다면 이 사실을 인식하여 이러한 관계들이 발전할 수 있는 건강한 방법을 찾아야 한다. 다시 말해, 삶에서 새로운 관계를 형성함으로써 건강하고 힘이 되는 이너 서클을 성장시켜야 한다.

> 당신의 이너 서클은 숨을 내쉴 수 있는 곳이어야 한다. 당신이 문제를 일으키고 잘못을 저지르고 울부짖을 수 있는 곳이어야 한다. 그렇게 하더라도 당신에게서 사랑을 앗아가지 않는다는 확고한 확신이 있어야 한다.

다름은 우리를 단합시킬 수도, 분열시킬 수도 있다

소셜 미디어와 오늘날 우리가 정보를 받아들이는 방식을 포함해 정치적 지형과 기술의 진화를 고려할 때, 대부분의 사람이 가족의 저녁 식사 자리, 친구들의 문자 메시지, 휴일 모임에서 완전히 새로운 차원의 분열에 직면한다. 사랑하는 사람들이 뜨거운 주제를 놓고 벌이던 건전한 논쟁이 서로 다른 견해에 대한 분열과 편협함으로 바뀌는 경우가 많다. 이는 새로운 유형의 우리$_{cage}$가 만들어지고 있는 것으로, 그 우리에는 '복종하고 동의하라. 그러지 않으면 배제될 것이다'라는 팻말이 붙어 있다.

우리$_{cage}$는 가까운 가족과 친구들을 넘어, 이제는 당신이 믿는 것을 믿는 사람들하고만 시간을 보내라는 사회적 압력을 수반한다. 그렇게 하지 않는다면 당신은 무시당하고 배척당하거나 배제될 위험에 처할 것이다. 오늘날의 캔슬 컬처에서 우리는 종종 사람들이 자신과 다른 믿음을 가진 사람들과 시간을 보낸다는 이유로 부끄러워하거나 비난받는 모습을 본다. **우리는 생각이 같은 사람들하고만 어울리라는 압력을 받는다. 하지만 중요한 건 마음이 같은 사람들과 어울리는 것이다.** 마음이 매우 넓은 사람 중 일부는 논란의 여지가 있는 문제에 관해 당신과 매우 다른 생각을 가질 수도 있다. 마찬가지로, 어떤 문제에 관해 당신과 의견이 일치하는 사람 중 일부는 자신 이외의 존재를 사랑하는 사고방식, 도덕, 사랑이 결핍되었을지 모른다. **정치, 종교, 사회 문제에 관해 당신과 완전히 다른 견해를 가진 사람들과 시간을 보낸다고 해서 당신이 그들에게 동의한다는 뜻도 아니고, 당신이 나쁜 사람이라는 뜻도 더더욱 아니다.** 이는 당신이 더 깊이, 더 넓게 인간을 이해하게 된다는 것을 의미하며, 당신이 가진 단 하나의 소중한 삶에서 사랑을 통해 인간성을 회복하는 데 도움을 줄 수도 있다는 뜻이다.

생각이 꼭 같지는 않더라도 마음이 같은 사람들과 시간을 보내라.

나는 나와 다른 방식으로 투표하고, 살고, 사랑하는 사람들과 시간을 보내는 것을 매우 중요하게 생각한다. 가장 격렬한 논쟁을 불러일으키는 많은 주제에 관해 나와 의견이 다른 사람들 말이다. 내가 그들에게 전혀 동의하지 않을 수도 있지만, 그리고 사실 우리가 서로 동의할 수 없기 때문에 그들 모두는 나를 발전시킨다.

당신이 인간을 이해하지 못한다면 인류라는 전체를 절대 이해할 수 없고, 따라서 인류에 영향을 미칠 수도 없다. 그리고 당신이 이미 당신의 관점 안에 있는 사람들하고만 시간을 보낸다면 절대 더 많은 사람을 당신의 관점으로 끌어들일 수 없다.

우리는 지금 처음이 될 용기를 내는 것이 어느 때보다 중요한 시대에 살고 있다. **당신은 가족이나 또래 집단에서 더 많이 사랑하고 더 적게 비판할 처음이 될 수 있다. 다르다는 이유로 사람들을 무시하지 않고 가장 먼저 견해를 밝히면서 의도적으로 그 다름을 축하할 최초가 될 수 있다. 자신을 무디게 만드는 가장 빠른 방법은 당신에게 동의하는 사람들하고만 시간을 보내는 것이라는 사실을 가장 먼저 깨닫는 사람이 되는 것이다.**

가족이나 또래 집단이 다름에 잘 대처하지 못한다면 그들을 경시하기 전에 크게 한 걸음 물러서라. 그리고 사람들 대부분은 정보를 얻는 새로운 방식이 자신에게 어떤 영향을 미치는지 알지 못한다는 사실을 인정하라. 우리는 검증된 저널리즘에서 진입 장벽이 없고 누구나 참여할 수 있는 온라인 정보로 빠르게 변화했다. 구글에서 인기 있는 명언을 검색하면 여러 사람이 인용한 수천 개의 그래픽을 즉시 확인할 수 있다. 누가 처음 그 말을 했는지 실제로 증명할 수 있는 사람은 아무도 없다. 인터넷의 폭발적인 성장과 진입 장벽의 부재가 결합해 출처가 제각각인 정보들로 넘쳐나는 세상을 만들어냈다.

수십 년간 뉴스를 신뢰했던 사람들이 이제는 온라인 정보의 검증되지 않은 출처를 신뢰하면서 그 둘의 차이를 알지 못한다. 극도로 혼란스러운 정보 흐름 상황에 기름을 붓는 격으로 소셜 미디어 알고리즘은 반대 의견을 보여주지 않은 채 당신의 믿음을 강화하는 기사와 광고, 제품과 사람들을 더 많이 제공한다. 우리는 우리의 견해를 뒷받침하는 '팩트'만 보게 되고, 이 '팩트'는 소셜 미디어 피드와 뉴스 피드, 이메일 수신함과 스마트폰으로 들어간다. 이에 따라 사람들은 정보와 사건에 관해 극도로 편향된 시각을 갖게 된다.

데이빗 핀처 감독의 〈소셜 네트워크〉와 같은 영화들이 이런 문제들을 조명하는 데 도움을 주고 있지만, 새로운 도전 과제들은 누구도 따라잡을 수 없을 정도로 빠르게 축적되고 있다. 인공지능은 우리 삶의 모든 부분에 빠르게 스며들고 있다. 일부 온라인 인플루언서들은 '좋아요', 댓글, 참여 등을 조작하려고 봇bots•을 사용하고 있으며, 영상 기술은 사람의 얼굴과 몸매를 눈으로는 전혀 알아차릴

• 특정 작업을 반복 수행하는 프로그램.

수 없을 정도로 편집할 수 있게 되었다. 우리가 전체적으로 보는 것이 더는 사실이 아닐 수도 있다. 하지만 이 공간은 상거래와 공동체의 미래이기도 하다.

> 생각이 꼭 같지는 않더라도 마음이 같은 사람들과 시간을 보내라.

그러니 당신의 가족, 또래 집단, 동료들이 어느 때보다 분열되어 있고 그들과 함께 보내는 시간이 예전보다 더 우리처럼 느껴진다고 해도 놀라지 마라. 그리고 그렇게 느끼는 사람이 당신만이 아니라는 사실도 잊지 마라. 그것을 인식하는 것이 이 모든 상황에서 당신이 어떤 역할을 하고 싶은지 결정할 때 중요하다. 그래야 우리에 갇힐 위험을 감수하지 않을 수 있다.

당신의 서클이 당신에게 맞지 않는다는 점을 빼고는 잘못이 없을 때

✳

때로는 다정하고 친절한 가족과 친구도 당신의 꿈을 방해할 수 있다. 좋은 의도를 가진 사람들과 거리를 두는 것은 당신에게 분명히 해로운 사람들을 버리는 것만큼이나 어려울 수 있다. 내 말은 우리 모두 사랑과 소속감을 갈망한다는 뜻이다. 소속감을 느끼는 것은 기분 좋은 일이다. 누군가가 나를 필요로 하고 원한다는 건 기분 좋은 일이다. 하지만 그 감정은 나의 빛을 어둡게 하거나, 진짜 나 자신이 되는 길을 포기하는 대가로 치러서는 안 된다.

너무나 많은 사람이 사회에 적응하는 대가로 처음이 될 소명을 놓치고 있다. 소심하게 행동하거나 자신의 빛을 어둡게 하거나, 사람들과 어울리려고 정체성을 바꾸고 싶은 유혹은 우리에게 좋은 일만 있기를 바라는 사람들에게 둘러싸일 때와 마찬가지로 우리가 건강하지 못한 서클에 속해 있을 때도 쉽게 일어난다. 하지만 우리는 그들의 기준에 좋은 일이라고 믿는 것이 실제로 우리에게 좋은 일은 아니라는 것을 안다. 만약 당신이 자신의 일부로만 보인다고 느끼거나, 어떤 서클에 속하려고 당신의 꿈과 생각, 의견과 야망을 억누르고 있다면 그것은 우리cage와 마찬가지라서, 그곳을 떠나기 어려울 수 있다. 어쩌면 당신은 수용, 휴식, 즐거움이 필요하다는 것을 알고 있고 당신의 가족은 그런 것들을 잘하는 유일한 서클일지 모른다. 그래서 당신은 일종의 휴식, 즐거움, 받아들여지는 느낌, 가치 있다는 느낌, 충분히 훌륭하다는 느낌을 얻으려고 그 컴포트존에 머문다. 하지만 그것은 당신이 필요로 하고 또한 당신이 얻을 수 있는 서클 중 일부일 뿐이다. 그 예가 내가 앞서 털어놓았던 아빠에 관한 얘기다. 아빠는 돈을 많이 번다는 이유로 내가 헬스클럽에서 계속 일하기를 원했다. 나의 영혼은 내가 꿈을 좇아야 한다는 것을 알았지만 말이다.

당신은 지금의 삶이 그럭저럭 괜찮고, 편하고, 안전하고, 특별히 아프지 않다는 이유로 스스로를 설득해 가장 진실하고 가장 고

귀한 자신의 모습을 외면한 채 살아가고 있진 않은가? 혹시 '이 정도면 됐지 뭐'라는 생각을 하면서 자신이 겨우 그 정도만의 가치라고 믿고 있는 건 아닌가?

만약 지금 당신이 속한 서클이 진실한 자신의 모습을 축소하는 것처럼 느껴진다면, 당신만의 진실과 소명대로 살지 말라고 자신을 설득하는 대가를 치러야 한다면, 이제는 당신의 서클을 재평가할 때다.

당신 주변의 평화를 유지하기 위해서 당신 내면의 평화를 희생해서는 안 된다.

큰 그림으로 본 사랑

가족이나 친구가 우리를 온전한 모습으로 사랑하지 않거나 받아들이지 않는다고 느낄 때, 사랑받기 위해 그들의 기대에 순응해야 한다고 느낄 때 그들을 향한 분노가 쌓이기 쉽다. 분노는 다른 사람이 우리를 대하는 방식에서 느끼는 비통함과 울분이다. 하지만 분노를 붙들고 있으면 분노를 느끼는 사람만 상처받을 뿐이다. 분노는 유혹적이지만 낮은 파동의 선택이고, 용서가 더 나은 선택이다. 용서는 그들이 한 일, 그들이 우리에게 말하고 우리를 대했던 방식이 괜찮다고 인정하는 것이 아니다. 용서는 그저 우리가 더는 그들에게 주의를 기울이지 않거나 에너지를 소모하지 않기로 결정하고 우리 자신을 자유롭게 하겠다는 뜻일 뿐이다. 사람들은 자신이 가진 자원과 능력으로 최선을 다하고 있을 뿐이다. 이러한 이해는 내가 분노에서 벗어나고 공감을 얻는 데 도움이 되었다.

당신이 주변 사람들을 판단 없이 바라보는 길에 들어서면 모든 힘은 그들에게 있는 것이 아니라 당신 안에 있다는 것을 깨닫게 된다. 당신은 현재 서클 안에 있는 사람들과 어떤 관계를 맺을지 결정할 수 있으며, 또한 앞으로 그 관계를 어떻게 성장하고 발전시키고 싶은지 결정할 수 있다.

여기서 당장 배워야 할 중요한 교훈이 있다. 당신이 성장하고, 변화하고, 발전하고, 치유한다고 해서 당신의 서클이나 우리에 있는 사람들도 그렇게 하고 싶다는 뜻은 아니다. 당신은 변화를 원하지 않는 사람을 변화시킬 수 없다. 자유로 가는 길의 일부는 그들에 대한 당신의 기대치를 내려놓고 그들을 있는 그대로 사랑하는 것이다. 그런 다음 그들과 맺고 싶은 가장 좋고 건강한 경계와 관계를 설정해 발전시키는 것이다. 당신은 그들이 당신의 이너 서클에 있길 바라는가, 아우터 서클outer circle에 있길 바라는가, 아니면 둘 다 원치 않는가?

기억하라. 당신이 가족 중에서 처음으로 삶의 더 많은 것을 원하거나, 현재 상황에 도전하거나, 위험을 감수하거나, 당신 자신과 당신의 아이디어와 재능에 돈을 걸거나, 대물림되는 악순환을 깨뜨리거나, 다르게 생각하거나, 다르게 투표하거나, 다르게 사랑할 때, 당신은 개척자다. 그러나 개척자로 산다는 것은 외로울 수 있다. 너무 외로워서 많은 사람이 소속감을 유지하기 위해 다른 사람들에게 순응하기를 선택한다. 하지만 소속되기 위해 자신이 어떤 사람인지를 바꾸거나 순응할 때 얻는 소속감은 사실 '진짜 나'가 소속된 것이 아니다. 그건 거짓된 소속감이다. 결국 진정한 자신이 되지 않으면 소속감에서 비롯되는 진정한 사랑과 성취감을 느낄 수 없다.

이너 서클과 아우터 서클

두 개의 서클을 상상해보자. 하나는 이너 서클, 하나는 아우터 서클이다. 둘 다 중요하다.

이너 서클은 당신이 가장 가까워지기로 선택한 사람들이다. 당신의 날개를 떠받치는 바람과 같은 사람들이다. 당신이 더 높은 곳으로 날도록 영감을 주는 사람들이다. 당신의 비밀을 공유하는 사람들이다. 당신에게 자기 두려움을 투사하지 않는 사람들이다. 그들 자신뿐만 아니라 당신을 위해서도 가장 좋은 일만 있기를 진정으로 바라는 사람들이다. 당신을 아끼고 돌보는 사람들이다. 당신과 당신의 의견, 희망, 야망, 도전, 별난 점들을 사랑의 렌즈로 바라보는 사람들이다.

당신의 아우터 서클도 당신이 아끼고 사랑하는 사람들이다. 하지만 그들의 신념 체계, 습관, 감정의 전개는 상황에 따라 당신의 삶에 우리cage 같은 느낌을 만들 수 있다. 그들은 당신을 키워준 가족일 수도 있고, 당신과 함께 자랐던 친구들이나 직장 옆자리에 앉아 있는 동료일 수 있다. 그들은 당신이 정말 좋아하지만, 특정한 상황에서만 시간을 보내고 싶어 하는 사람들일지 모른다. 그들은 매일 함께 운동하는 걸 좋아하지만 당신의 비밀을 절대 믿고 털어놓을 수 없는 사람들일 수 있다. 또는 휴일에 만나고 싶지만 당신이 그들과 시간을 보낼 때마다 에너지가 떨어지는 것을 느끼고, 그들을 편안하게 하려고 당신의 일부를 숨기는 사람들일 수도 있다. 그들은 당신이 깊이 사랑하고 아끼는 사람들일 수도 있고, 정말 친절하고 사랑스러울 수도 있다. 하지만 판단과 두려움, 제한된 능력이라는 렌즈를 통해서만 당신의 의견, 희망, 야망, 도전, 별난 점을 볼 수 있을 뿐이다.

이 두 서클 모두 당신을 둘러싸고 당신에게 소속감을 준다. 하지만 당신은 그들에게 매우 다른 수준의 접근권과 우선순위, 신뢰, 취약성, 시간을 줄 수 있다. 두 서클, 그리고 그 안에 있는 사람들은 우리cage가 아니라 서클처럼 느껴야 한다. 때로는 누군가가 서클처럼 느껴졌지만 가까워지면 우리로 바뀔 때가 있다. 따라서 그들과 건강하고 사랑스러운 관계를 맺으려면 그들은 아우터 서클에 머물러야 한다. 그리고 당신의 삶에 유독한 에너지를 계속 불러오는 사람이 있다면 그들은 어느 서클에도 머물러서는 안 된다. 그들이 아우터 서클의 바깥에 있을 때 우리는 가능한 한 건강한 거리를 유지하면서 그들을 사랑할 수 있다.

함께하는 사람들이 당신의 여력을 고갈시킨다면, 그들은 당신이 감당할 수 없는 무게다.

당신을 지지해줄 적절한 사람들만 있다면

당신은 무엇이든 할 수 있다.

- 미스티 코플랜드Misty Copeland(아메리칸 발레시어터에 소속된 발레 댄서)

크게 한 걸음 물러서서 당신을 키워준 사람들을 포함해 당신 주변에 있는 사람들을 바라보라. 아무런 판단 없이 당신에게 진실하게 느껴지는 것이 무엇인지 살펴보라. 당신이 본받고 싶은 본보기처럼 느껴지는 사람도 있을 것이고, 경고처럼 느껴지는 사람도 있을 것이다. 그들 주변에 있을 때 당신의 모든 기쁨을 앗아가는 것처럼 느껴지는 사람도 있을 것이다. 또 어떤 이들은 함께 있으면 당신 안의 기쁨이 가득 채워지는 것처럼 느껴지는 사람도 있을 것이다. 그냥 관찰하면서 당신에게 미치는 영향을 느끼기 시작하라. 당신이 이너 서클과 아우터 서클을 설계하고 재배치하는 과정을 시작할 때 관찰과 인식은 매우 중요하다. 날개에 납 풍선을 단 채로는 당신의 소명이라는 높이까지 날아오를 수 없다.

파란 슬러시, 치토스, 그리고 감정의 잔여물

파란색 슬러시 음료는 혀에 파란 잔여물을 남긴다. 치토스는 손가락에 주황색 잔여물을 남긴다(그리고 당연히 잇코스메틱스의 오리지널 파우더 블러셔는 당신의 볼을 돋보이게 하는 분홍색 얼룩을 남긴다). '감정적 잔여물' 이론은 사람들의 감정이 물리적 환경에 흔적을 남긴다고 설명한다. 이 흔적은 사람들에게 영향을 미칠 수 있고 감지될 수 있다고 한다.

다시 말해, 당신이 함께 시간을 보내는 사람들의 에너지와 분위기가 잔여물처럼 당신에게 달라붙는다. 물리적으로 볼 수 있는 파란색이나 주황색 잔여물과 달리 감정적 잔여물은 눈에 보이지 않지만 확실히 느낄 수 있다. 그리고 한두 시간 만에 씻겨나갈 수 있는 파란색이나 주황색 잔여물과 달리 감정적 잔여물은 훨씬 더 오래 지속될 수 있다. 당신이 의식하지 못하고 의도적으로 피하지 않는다면 감정적 잔여물은 영원히 지속될 수도 있다.

> 당신은 당신 주변의 평화를 지키고 싶은가, 아니면 마음속 평화를 지키고 싶은가?

한 명 이상의 사람들이 있는 방에 들어갔을 때 당신의 진동이 바뀌는 것을 느낀 적이 있는가? 그 방에서 나왔을 때 그 느낌을 떨쳐버리기 힘들었던 적이 있는가? 그것이 감정의 잔여물이다.

마찬가지로, 누군가와 함께 있을 때 그들 덕분에 훨씬 더 활기차고 즐거우며 살아 있다는 느낌을 받은 적이 있는가? 아니면 당신을 보고 듣고 이해하고, 감정적으로 안아주는 것 같은 사람과 있어본 적 있는가? 이것들은 모두 당신이 사람들과 함께 있을 때 느끼는 감정적 잔여물이다.

때때로 이런 감정적 잔여물이 아주 사소한 것일 수 있다. 하지만 시간이 지나면서 그것들이 당신에게 어떤 감정을 불러일으키는지를 관찰하는 게 중요하다. 남편인 파울로와 내가 데이트를 시작했을 때 한번은 주차장을 걷고 있었다. 서로 껴안고 작별 키스를 나누던 중 입술이 닿는 바로 그 순간, 불꽃이 튀는 게 눈에 보였다. 아마 일종의 정전기 때문이겠지만, 나는 그걸 계시라고 믿었으므로 정말 흥분했다. 파울로와 나는 그 계시가 믿기지 않았다. 우리는 사랑이 막 싹트는 기쁨을 느끼는 어린 학생들처럼 설렘으로 들떴다. 나중에 우리는 그 흥분된 순간을 가족 중 한 명에게 말했는데, 그는 아무런 반응도 보이지 않았다. 그의 맥 빠지는 반응에 우리의 에너지도 즉시 무너져버렸던 게 기억난다. 지금까지도 나는 그 가족을 몹시 사랑하지만 흥분되는 일이나 바보 같은 일이 일어났을 때 내가 전화하는 이너 서클의 일원은 아니다. 그렇다고 내가 그 사람을 덜 사랑한다는 뜻은 아니다. 단지 내가 윙윙거리는 기쁨의 에너지를 느낄 때, 그것이 주는 선물과 진동을 의도적으로 보호하고 있다는 뜻이다.

감정적 잔여물을 인식하는 것은 중요하다. 에너지가 전염성이 있다면 당신 주변에 있는 에너지의 종류와 노출의 빈도를 조정하는 것이 삶의 모든 측면에 영향을 미칠 수 있기 때문이다. 당신이 느끼는 감정적 잔여물을 인식하는 것은 당신의 이너 서클과 아우터 서클 안에 누가 있기를 바라는지, 또는 누가 서클 근처에는 없기를 바라는지를 결정할 때 유용한 도구가 될 수 있다.

경계

건강한 경계선을 설정하고, 의도적으로 누가 당신에게 어느 정도 접근할 수 있는지 결정하고, 그들에게 얼마나 많은 시간과 관심을 쏟을지 결정하는 것은 두려울 수 있다. 특히 당신에게 사람들의 비위를 맞추려는 성향이 있어서 모두가 행복하기를 바란다면 더욱 두려울 수 있다. 하지만 한 걸음 물러서서 당신의 건강과 기쁨에 가장 중요한 것들을 우선순위에 두어야 한다. 당신은 당신 주변의 평화를 지킬 것인가, 아니면 마음속 평화를 지키고 싶은가?

> 당신은 이미 너무 많이 치유되었으므로,
> 이제는 접근해도 되는 사람에 대한 기준치를 높이지 않을 수가 없다.
>
> -캐시 헬러Cathy Heller(유명한 교사, 팟캐스트이자 저자)

브레네 브라운은 아이들에게 '촛불을 끄는 사람들'을 주변에 두지 말라고 가르쳤던 얘기를 들려준 적이 있다. 그는 비유를 사용하여 우리 각자의 내면에 불꽃이 있고, 이 불꽃이 우리의 정신, 영혼, 빛이며, 그 불꽃을 밝게 빛나도록 축복하고 지켜주는 사람들을 주변에 두는 것이 중요하다고 말했다. 그 불꽃을 보호하는 사람들, 자기 삶에 우리의 빛을 있는 그대로 받아들일 공간을 남겨두는 사람들 말이다. 그는 아이들과 사람들에게 정반대 부류의 사람들, 즉 '촛불을 끄는 사람들'을 주변에 두지 말라고 조언한다. 더 나쁘게 말하자면, 당신의 빛이 빛날 가치가 없다고 당신을 설득하거나 당신의 불꽃이 저절로 꺼졌다고 말하는 사람들을 멀리해야 한다고 말한다.

경계를 정하는 것은 당신의 불꽃을 꺼뜨리려는 바람이나 숨결을 차단하는 것과 같다.

사람들의 비위를 맞추려고 거짓말하고 싶은 유혹을 느낄 때 당신의 진짜 감정을 말하기 시작하는 것도 경계의 한 형태일 수 있다. 진심이 아니지만 '예스'라고 말하고 싶은 유혹을 느낄 때 '노'라고 말하는 것도 경계일 수 있다. 그것이 당신의 진짜 감정이기 때문이다. 부모님께 그들이 한 모든 일에 감사하지만, 당신의 손주는 다른 방식으로 양육하겠다고 말하는 것도 경계일 수 있다. 다른 사람들이 여전히 원한을 품고 있더라도 당신의 가족 중 처음으로 용서하는 사람이 되는 것도 경계일 수 있다. 당신이 신뢰하는 사람에게만 당신 삶의 일부를 공유하는 것도 경계일 수 있다. 당신의 야망을 비난하는 사람이 아니라 축하할 사람들에게만 야망을 털어놓아 마음의 평화를 지키는 것도 경계일 수 있다. 이너 서클의 구성원과 잠재적 구성원들에게 더 많은 시간을 의도적으로 할애하고, 아우터 서클 구성원과 보내는 시간을 줄이는 것도 경계일 수 있다.

당신이 경계를 설정하는 것을 문제 삼는 사람도 있을 수 있지만, 진짜 문제는 그들이 아직 치유하고 깨닫는 경험을 한 적이 없다는 것이다.

당신이 경계를 설정하는 것에 화를 내는 사람들은

당신이 경계를 설정하지 않아 이득을 보는 사람들뿐이다.

-브라이언 와이너Brian Weiner(광고 및 마케팅 회사 'The Illusion Factory'의 CEO)

당신은 거의 항상 건강한 경계를 위한 필요성을 인식해야 하고, 그에 따라 경계를 결정하고 실행해야 한다. 또한 경계를 유지하는 것이 평생의 과제라고 해도 놀라지 마라. 특히 우리를 양육한 사람들에게 사랑과 소속감을 찾는 것이 삶의 대부분 동안 기본 설정이 되었을 때는 더욱 그러하다. 그들이 우리의 상황을 알지 못하고 이해하지도 못할 때조차도 우리는 그들에게 조언을 구한다. 그들에게 우리의 욕구를 충족시킬 능력이 없을 때조차 우리는 그들에게서 편안함과 소속감을 찾는다. 그리고 그들과의 관계는 다양할 정도로 상호적일 수 있으므로 당신이 새롭게 설정한 경계가 저항에 부딪힌다고 해도 놀라지 마라. 인간으로서 우리의 가장 깊은 두려움은 우리가 충분하지 않아서 사랑받지 못할 거라는 두려움이다. 당신이 성장하고 변화하고 새로운 사업을 시작할 때 친구나 가족은 자신이 충분하지 않다고 느끼거나 더는 당신의 사랑을 받을 자격이 없다고 느낄 수 있다. 따라서 새롭고 건강한 경계를 만들기 위해 노력할 때 이를 이해하면, 그들의 잠재적인 저항에 우아하게 맞설 수 있다.

> 경계를 설정하는 것은 사람들에게 배신처럼 느껴질 수 있다. 하지만 경계를 설정하는 법을 배우지 않는 것은 거의 항상 당신 자신에 대한 배신이다.

명절을 보내려 집으로 돌아갈 때, 또는 아우터 서클의 또래 집단과 어울릴 때 자기도 모르게 경계를 느슨하게 풀 수도 있다. 우리가 집으로 돌아가거나 옛 친구들과 있을 때, 또는 우리의 위대함을 보지 못한 오래된 장소나 환경으로 돌아갈 때, 가면 증후군을 느끼거나 다시 가치 없다는 느낌에 빠져들 수 있다. 여기가 바로 위험 지대다. 위험 지대에 있을 때는 사람들의 예측과 제한적 사고, 제한적 능력을 과도하게 의식해야 한다. 그렇지 않으면 오래된 행위와 행동, 오래된 패턴에 빠지기 시작할 것이고, 최악의 경우 자신의 가치에 관한 오래된 정체성과 신념에 빠지게 될 것이다. 당신은 이미 빠져나와 떨궈 놓은 오래된 뱀 허물이나 소시지 껍질 속에 자신을 다시 집어넣는 것 같은 기분이 들기 시작할 것이다.

당신은 건강한 경계를 실행할 수 있다. 사과하지 않고 자신의 진짜 기분을 말하고, 진심으로 싫을 때 싫다고 말하고, 진심으로 좋을 때만 부탁을 승낙하면 된다. 사람들에게 그들의 시간만큼 당신의 시간도 소중히 여겨달라고 부탁하고 타인과 자신의 욕구를 공유하면 된다. 지나치게 설명하지 말고, 단호하고 친절하게 행동하자.

> '노'는 완전한 문장이다.
> – 작자 미상

이 과정은 불완전할 가능성이 높다. 그 과정에서 발을 헛디디거나 장애물에 부딪히거나 좌절이 있을 수도 있지만 계속 나아가라. 그리고 기억하라. 경계를 설정하는 것은 사람들에게 배신처럼 느껴질 수 있다. 하지만 경계를 설정하는 법을 배우지 않는 것은 거의 항상 당신 자신에 대한 배신이다.

당신의 서클과 '선택된 가족'을 구성하라

당신이 성장하고 진화하면서 현재의 이너 서클이 상상했던 것보다 더 아름답다고 생각할지 모른다. 혹은 몇 번의 조정과 새로운 단계 설정을 거쳐 이너 서클과 아우터 서클을 수정해왔을 수도 있다. 지금까지 살면서 함께 했던 가족, 또래 그룹, 동료들은 이너 서클과 아우터 서클에서 크고 작은 역할을 했을 것이다.

당신의 서클이 2명이든 5명이든 그들은 반드시 적합한 사람이어야 한다.

사람들은 치유와 개인적인 성장을 추구하기 시작할 때, '선택된 가족'이라는 개념을 채택한다. 이는 당신이 가장 가까운 가족이라고 생각하는 사람들이 당신이 자랄 때 함께 했던 사람들과 같지 않을 수도 있다는 뜻이다. 그들은 당신과 혈연관계가 아닐 수도 있다. 그들은 살면서 만난 사람 중 가족과 같은 깊은 유대감, 친근함, 친밀감이 느껴지는 사람일 수 있다. 당신은 선택된 가족으로 여기는 친구들에 대한 깊은 애정을 묘사할 때 흔히 사용하는 애칭을 사용하기도 한다. 예를 들면 '다른 아빠에게서 태어난 자매'나 '다른 엄마에게서 나온 형제'와 같은 표현이다. 선택된 가족은 당신이 명절이나 중요한 모임을 함께 보내는 사람들일 수 있고, 선택된 가정에는 당신이 자랄 때 함께했거나 당신이 태어난 가족의 전부 혹은 일부가 포함될 수도 있다. 선택된 가족은 정확히 당신이 가족으로 선택한 사람들이다.

> 당신의 서클이 2명이든 5명이든 그들은 반드시 적합한 사람이어야 한다.

우정도 이런 식으로 새롭게 쌓을 수 있다. 어릴 적부터 가장 가까운 친구들이 지금의 당신과는 잘 맞지 않는다고 느껴져 사이가 멀어졌을 수도 있다. 그래도 괜찮다. 성인이 되어서도 새롭고 친밀한 우정을 쌓을 수 있다. 진정한 친구는 자신의 희망과 꿈이 아닌 당신의 희망과 꿈을 기준으로 당신에게 최선인 것을 원한다.

훌륭한 이너 서클이 최고의 삶을 사는 데 그토록 중요한 이유 중 하나는 그 안에 있는 사람들이 당신의 위대함을 상기시켜 주기 때문이다. 당신의 재능, '당신'이라는 아름다움과 힘을 상기시킨다. 왜냐하면, 가장 유명하고 대중에게 찬사받는 사람들조차 자신이 얼마나 소중한지를 잊을 때가 있기 때문이다.

실제로 나는 내 이너 서클에 있는 사람들이 나에 관해 말해준 가장 친절한 말과 확언의 목록을 가지고 다닌다. 그리고 내 가치를 잊은 채 충분하지 않다고 느끼는 순간마다 그 목록을 꺼내어 몰래 읽는다.

당신을 과거가 아닌

미래로 끌어당기는 사람들과 시간을 보내라.

– 작자 미상

코끼리와 당신의 이너 서클

나는 스토리 작가이자 사상적 지도자인 젠 해트메이커Jen Hatmaker가 이너 서클이 당신에게 어떻게 나타나는지를 설명한 얘기를 좋아한다.

젠은 인생에서 매우 힘든 시기를 보내고 있었다. 그때 친한 친구가 젠에게 암컷 코끼리들이 원을 그리며 서 있는 사진 한 장을 보냈다. 코끼리들은 모두 바깥을 바라보며 뒤통수와 꼬리를 원 중앙으로 향하게 서 있었다. 처음에 젠은 친구가 왜 코끼리 사진을 보냈는지 혼란스러웠다. 친구는 야생에서 어미 코끼리가 새끼를 낳거나 코끼리가 다쳤을 때 서클에 있는 암컷 코끼리들이 모두 어미나 다친 코끼리를 가운데 두고 등을 돌린 채 원형으로 에워싸고 있는 거라고 설명했다. 이 코끼리들은 서클에서 가장 취약한 개체를 포식자와 그보다 더한 위해로부터 보호하기 위해 가운데 있는 어미 코끼리나 다친 코끼리가 보이지 않도록 서로 바짝 붙어 있다. 그런 다음, 냄새를 가리고 어떤 공격자든 쫓아내려고 발을 쿵쿵 구르며 흙을 찬다. 이 코끼리들은 사랑하는 개체가 취약한 상태에 있을 때 누구든 그 개체를 공격하려면 먼저 그 개체의 이너 서클을 통과해야 한다는 분명한 신호를 보낸다.

젠은 새끼 코끼리가 태어나면 자매 코끼리들이 갓 태어난 아기 코끼리의 피부를 보호하려고 흙을 발로 차서 아기 위로 뿌린다고 설명한다. 그다음에는 새로운 생명과 자매애, 그리고 젠의 말을 빌리면, '적과 역경으로 가득한' 가혹한 세상에 태어난 아름다운 존재를 축하하는 영광스러운 음악을 울부짖는다. 코끼리들이 이런 대형을 취하는 모습은 아름다운 이너 서클의 힘을 훌륭하게 표현한 우화다. 서클은 우리 편이 되어주고, 우리가 약하거나 취약할 때 우리를 보호한다. 서클은 우리가 새로운 아이디어를 떠올리고 새롭게 승리를 쟁취할 때 큰 소리로 축배를 들어준다. 우리는 때로 서클의 한가운데서 보호를 받기도 하고, 때로는 우리가 사랑하는 취약한 이들을 맹렬히 보호하는 서클의 일부가 된다. 젠 해트메이커에게서 이 비유를 처음 들었을 때 나는 눈물을 흘렸다. 진실처럼 느꼈기 때문이다. 우리가 이런 유형의 친구, 가족, 사랑하는 사람을 이너 서클의 일부로 받아들일 때, 그리고 마찬가지로 그들에게 힘든 일이 있을 때 우리가 옆에 있어준다면 그것은 가장 아름다운 감정이다.

> 진정한 친구는 자신의 희망과 꿈이 아니라 당신의 희망과 꿈을 기준으로 당신에게 최선인 것을 원한다.

그리고 우리 서클에 있는 사람들이 우리를 위해 나타나거나, 우리를 지지해주거나, 우리의 가장 큰 잠재력을 응원해줄 거라고 믿을 수 없을 때, 우리는 공허하고 단절된 느낌을 받을 수 있다. 당신의 타고난 모습 그대로를 사랑하고 소중하게 여기는 이너 서클과 아우터 서클에게 힘을 부여하면 당신의 가치를 강화할 수 있다.

여기서 장점은 당신의 얘기가 항상 펼쳐지고 있기 때문에 당신은 서클을 만들고 계속 구성할 수 있다는 점이다. 당신의 하나뿐이고 웅장하고 아름다운 남은 삶 동안 말이다. 그리고 당신은 그 서클 안에서 어떤 모습을 보이고 싶은지 결정할 수 있다.

친구들과 사랑하는 사람들을 포함해 당신이 함께 시간을 보내기로 선택한 사람들은 서클에 더 가까운가, 우리cage에 더 가까운가?

나는 이 책을 쓰는 동안 친구를 잃었다. 그의 팔에는 미국의 사업가이자 철학자인 존 셰드John Shedd가 남긴 유명한 말이 새겨져 있었다. "배는 항구에 있을 때 안전하지만, 그러려고 배가 만들어진 것은 아니다." 나는 항상 이 말을 좋아했다. 이 말은 우리 모두가 아름다운 정신과 영혼을 가지고 태어났는지를, 그리고 세상이 절실히 필요로 하는 엉뚱하고 상상력 넘치는 생각들과 아이디어들로 가득 차 있다는 사실을 상기시켜 준다.

당신은 조용한 항구나 우리cage와 비슷한 서클 안에서 안전할 수 있지만, 당신은 그러려고 만들어진 존재가 아니다. 당신은 바다를 용감하게 항해하면서 피부에 튀는 바닷물과 돛을 가득 채우는 바람을 느끼도록 만들어졌다. 당신은 마음속 꿈을 성취하는 힘든 노력에 필요한 모든 요소를 갖춘 채로 만들어졌다. 당신은 파도를 견디도록 만들어졌다. 당신은 태양에 흠뻑 젖도록 만들어졌다. 당신은 미지의 바다를 항해하고, 당신의 이름이 새겨진 영광스러운 모험을 축하하도록 만들어졌다. 당신은 당신의 의견을 말하고 위험을 감수하고 문화를 바꿀 자격이 있다. 당신은 괴롭히는 사람들에게 맞서고, 당신의 용기를 활용하고, 용기를 끌어낼 여유가 없는 다른 사람들을 위해 목소리를 낼 자격이 있다. 스스로 서클이라고 부르는 우리에 갇혀 있지 마라. 소명에서 자신을 차단하지 마라. 당신의 영혼과 세상은 당신만이 줄 수 있는 것이 필요하다.

당신이 모든 서클에 속할 자격이 있고, 우리에 갇혀 있을 필요가 없다고 결정하려면 의도와 확신이 필요하다. 남들이 당신에게 빛을 어둡게 하라고 말할 때조차 자신을 믿으려면 용기가 필요하다. 그리고 당신과 같은 사람이 아무도 없을 때, 진정한 당신으로 살려면 엄청난 용기가 필요하다. 당신을 가두는 우리가 마음에는 편안하게 느껴질지 모르지만, 당신의 영혼은 당신이 자유롭게 날기 위해 태어났다는 것을 알고 있으며 응원하고 축하해주는 서클을 가질 자격이 있다는 것도 안다. 당신의 여정에서 날개 밑을 떠받치는 바람과 같은 역할을 하는 서클 말이다.

☑ **주목할 점:** WorthyBook.com/Resources에서 가치 서클 Worthy Circle에 가입하거나 자기만의 서클을 만드는 방법을 자세히 알아보자.

CHAPTER

18 지나치게 노출되고
미성숙한

당신이 하지 않으면 어떤 것도 효과가 없다.
— 마야 안젤루

나는 흔히 예상하는 정장 대신 잠옷처럼 편안한 핑크색 니트 드레스를 입었다. 그리고 드문드문 박힌 모조 다이아몬드 장식에 그 편안함이 가려진 것에 기뻐했다. 비록 내가 막 들어설 공간과 그 공간에서 나눌 대화의 일부로 보이지 않더라도, 나는 내 본모습이 되기로 마음먹었다. 하지만 이것이 세상에서 가장 유명한 래퍼를 만난 처음이자 유일한 기회가 될 줄은 몰랐다. 나는 '포브스 400' 행사에 참석했다. 그 행사는 《포브스》가 자선 분야에서 가장 영향력 있는 인물 400명을 기리는 자리였다. 놀라운 행사였고, 나는 영광스럽게 그곳에 초대받을 때마다 많은 자극을 받는다. 참석자들의 아이디어와 뛰어난 지성은 인류를 돕는 헌신과 더불어 경외심을 불러일으킨다.

이 특정한 해의 행사는 뉴욕에서 열렸다. 우리는 혁신적인 아이디어와 계획을 논의하며 하루를 보냈고, 칵테일파티와 라이브 공연으로 행사를 마무리했다. 내 친구 한 명이 예전에 이 래퍼와 함께 일한 적이 있어서 우리를 소개해주고 싶어 했다. 2초 정도 인사만 건넬 거라 예상했고, 내가 누군지 전혀 모를 거라고 확신했다. 하지만 그가 악수하자마자 내게 "당신의 인포머셜informercial•이 정말 마음에 들어요"라고 말했다. '뭐라고?'

"그래요? 우리 광고를 보셨어요?" 나는 깜짝 놀라서 물었다. '진짜 피부 문제가 있는 진짜 여성들에게 메이크업하는 장면을 보여주는 TV 인포머셜을 왜 보고 있었던 거지?' 그가 인포머셜을 자세히 살펴봤다고 설명하면서 그 광고의 성공을 축하하는 동안 나는 집중해서 그의 말에 귀 기울이려고 애썼다. "네, 당신이 제품을 포지셔닝하고 고객이 당신의 화장품에 유대감을 갖게 한 방식이 아주 훌륭했어요." 그가 말했다. 나는 그에게 감사를 표했고, 우리는 잠시 더 얘기를 나누다가 헤어졌다.

그를 만나고 나서 가장 먼저 떠오른 생각은 **어떤 사람이 성공한 건 결코 우연이 아니라는 것**이었다. 모든 형태의 성공은 거의 항상 단서를 남긴다. 그리고 그 단서 중 하나는 "당신이 하지 않으면 어떤 것도 효과가 없다"라는 고故 마야 안젤루 박사의 말에 가장 잘 나타나 있다.

• 어떤 주제에 관해 길게 정보를 제공하는 방식의 TV 광고.

나는 수십 년의 경력을 가진 세계적으로 유명한 래퍼가 내 TV 광고를 본 것에 놀랐다. 하지만 나도 모든 분야에서 성공한 모든 유형의 사람들을 연구한다는 것이 떠올랐다. 그들이 왜 성공했는지 그 패턴을 인식하고 배우는 걸 좋아하기 때문이다. 그는 단지 재능이 있어서가 아니라 평생 연구하며 발전에 전념했기 때문에 자기 분야에서 매우 성공했을 가능성이 높다. 그는 자신을 더 발전시키기를 바라며 어느 분야든 탁월함을 볼 때마다 그것을 연구하는 데 전념했다. 그가 오랫동안 경력을 유지할 수 있었던 것은 아마도 부분적으로는 그의 발전이 자신의 '노출'과 평행하게 이루어졌기 때문일 것이다.

우리는 즉각적인 만족을 찬양하는 문화 속에 살고 있다. 젊은 세대 전체가 첫 인턴십을 마치기 전에 화려한 직함이 있는 지위로 승진하기를 기대한다. 나는 야망에 찬성하지만 당신이 당신의 잠재력, 성장, 가능성, 꿈을 관리하는 사람이라는 사실을 이해하는 것이 매우 중요하다.

나는 포괄적이고 긍정적인 말들로 가득 찬 수많은 책을 읽었지만, 그 책들은 정말로 진실되게 행동하는 부분은 건너뛰고 있다. 하지만 진짜 중요한 부분은 진실하게 행동하는 것이 정말로 진실한 결과를 얻을 방법이며, 그것이 바로 이 책의 주제다. 이 장의 목적은 당신을 깎아내리는 것이 아니다. 나는 당신의 가장 큰 희망과 원대한 꿈을 이루는 데 필요한 모든 것을 당신이 내면에 지금 당장 가지고 있다고 약속한다. 나는 당신이 그 모든 것을 가질 자격이 있다고 약속한다. 하지만 성공 공식에는 대부분의 사람이 건너뛰고 싶어 하는 중요한 요소가 하나 있다. 지속적인 자존감과 자신감을 키우는 방법을 포함해 궁극적인 목표를 진정으로 달성하기 위해서는 그 과정에서 자신만의 추진력을 만들어내는 기술을 개발하고 세밀하게 조정해야 한다. 나는 이 책에서 당신과 함께할 것이며 당신 편이 돼주겠다고 약속했다. 그러니 정말로 진실하게 행동하는 것에 관해 얘기해야겠다. 자, 그러면 시작해보자.

노출의 전문가

소셜 미디어에서 엄청난 인기를 누리거나 지식이 풍부하거나 영감을 주는 사람을 팔로우했다가, 어느 날 그들이 사실 자기가 말한 것을 실제로 해본 적이 없다는 걸 깨달은 적이 있는가? 그들은 그저 그것을 말하는 데 아주 능숙할 뿐이다.

기술의 세계가 초고속으로 진화함에 따라 더 이상 진입 장벽이 없어졌고, '전문가'나 '권위자'가 되는 데 필요한 자격도 없어졌다. 이로 인한 이점 중 하나는 기업가, 크리에이터, 제품 발명가, 예술가들이 '예스'나 '노'라고 말하는 중개인에게 의지하지 않고도 자신의 작품을 직접 세상에 내놓을 수 있다는 것이다. 그들은 자신의 제품이나 발명품, 예술품을 유통하거나 홍보할지 말지를 결정하기 위해 어떤 회사에 의존할 필요가 없다. 여기에는 더 많은 이점이 있다. 하지만 몇 가지 큰 단점도 있다.

인기나 인기를 키울 수 있는 능력만 있는 사람들은 이제 자신이 선택한 주제가 무엇이든 그에 관한 전문 지식을 공유할 수 있다. 과거에는 인기 있는 사람이 어떤 제품이나 서비스를 홍보하기 위해 고용되었지만, 그 제품이나 서비스는 종종 모든 규제와 안전 규정을 준수해야 하는 기성 기업을 통해 이루어졌다. 지금은 인기 있는 사람들이 지식, 경험, 인프라, 또는 안전과 규제 준수에 관한 이해 없이 자신의 제품이나 서비스를 판매한다. 한번 생각해보자. 당신은 최근에 소셜 미디어에서 홍보하는 상품을 구매하면서 그 상품이 안전하고 검증되었으며 신뢰할 만한 출처에서 나온 것인지 고려하지 않았던 적이 있는가?

한때는 신문이나 TV에 실린 평론가의 리뷰 한 줄이 매우 큰 영향력을 발휘했던 시절이 있었다. 사람들은 평론가들이 해당 산업에 대한 깊이 있는 지식을 갖고 있다고 믿었다. 따라서 어떤 비평가가 레스토랑이나 영화, 책에 별 5개짜리 리뷰를 줬다면 사람들은 그 리뷰를 신뢰하고 제품을 샀다. 그리고 평론가의 명성은 수십 년간의 신뢰를 바탕으로 세워졌기 때문에 그들의 리뷰 하나에는 자신의 명성을 걸 만큼 무게가 있었다. 하지만 이제 사람들은 TV와 신문을 덜 보고 덜 읽는 대신 온라인에서 더 많은 정보를 얻는다. 경험이나 자격이 있든 없든 이제는 거의 모든 사람이 목소리를 내는 평론가가 되었다.

텔레비전 뉴스 기자로 일하던 시절, 내가 기사에 썼던 모든 단어는 팩트 체크가 필요했다. 만약 실수해서 그것이 시청자들에게 진실로 전달된다면 그 실수 때문에 해고될 수 있었다. 방송국은 즉시 카메라 앞에서 정정 방송과 시청자에게 사과를 해야 했다. 마찬가지로 기자로서 우리는 어떤 것에 관해서도 의견을 표현하는 것이 철저히 금지되었다. 우리의 임무는 사실만을 보도하는 것이었다. 어떤 종류의 의견도 해고 사유가 될 수 있었다. 나는 TV 방송국에서 일하면서 동료들이 수십 년의 경험을 쌓은 후에도 사실에 기반한 보도를 통해 시청자들이 더 잘 알 수 있도록 하는 데 자부심을 느끼는 것을 직접 목격했다. 오늘날 온라인에는 끝도 없이 많은 기사가 올라오고, 수많은 웹사이트가 팩트 체크가 거의 되지 않은 채 검증되지 않은 출처로 가득한 뉴스를 내보낸다. 지금은 누가 먼저 어떤 인용문을 말했는지 확인하기가 거의 불가능하다. 수많은 웹사이트가 모든 인용문의 '원래' 출처를 다양하게 주장하고 있기 때문이다.

우리와 아이들이 팔로우하는 온라인의 '전문가들'은 이제 많은 면에서 지나치게 노출되고 미성숙한 사람들이다. 전문가나 제품, 기업이 인기를 얻으면 그들의 팔로워 수와 그에 따른 제품 판매가 증가한다. 온라인에서 활동하는 사람들은 스스로 전문가라고 생각하고 지식이나 경험 없이 사람들의 정신적·신체적 건강, 안전, 사업, 인간관계와 삶에 영향을 미치는 조언을 내놓는다. 지식이나 경험 없이 엄청난 인기만 있다면 소비자들에게 큰 위험이 따른다.

지금은 인터넷에서 사라진 진입 장벽에는 우리가 잘 인식하지 못하거나 널리 알려지지 않은 이점들이 많다. 잇코스메틱스를 만들 때 우리는 많은 소매 파트너의 엄격한 안전 기준, 규제 기준, 품질 관리 기준을 준수해야 했다. 우리는 FDA 라벨 지침과 안전 지침을 준수하는 것은 물론, 광범위한 알레르기 및 안전 검사를 시행해야 했다. 하지만 요즘은 온라인상에서 새로운 화장품들이 쏟아져 나오고 있고, 그 브랜드가 유명 인플루언서나 셀럽과 연결되어 있다면 그 제품은 불티나게 팔린다. 문제는 많은 회사가 아무런 규제를 받지 않고(안전성 테스트조차 전혀 거치지 않는다는 뜻이다) 제품을 유통하고 있으며, 소비자들은 자신의 얼굴과 몸에 실제로 무엇을 바르고 있는지 전혀 알지 못한다. 이 문제는 건강보조제나 식품 업계에서는 훨씬 더 심각하다. 왜냐하면 이 경우, 소비자들은 검증되지 않은 제품을 직접 섭취하고 있기 때문이다.

물론 이 모든 것을 감독하는 정부 기관들이 존재한다. 하지만 감당해야 할 범위가 너무 넓고, 유명인의 사진을 붙여 소비자들에게 직접 판매하는 기업들의 속도에 대처할 인프라를 갖추고 있지 않다. 겉보기에 멋지고 믿을 만해 보이는 웹사이트를 갖추고 수백, 심지어 수천 개의 가짜 리뷰를 자동으로 생성해 제품을 홍보하는 일도 너무나 쉽다. 그 결과 소비자들은 자신이 구매하는 제품이 지나치게 노출되고 미성숙했다는 사실을 아무도 모른 채 제품을 구매하게 된다. 이는 소비자의 건강과 안전을 위험에 빠뜨린다.

이러한 문제는 조언과 서비스의 범주에서도 마찬가지다. 인플루언서든, 사상적 지도자든, 어떤 분야의 '전문가'든, 그들의 인기와 커뮤니티가 자신의 실제 경험과 지식, 그리고 진정한 전문 지식보다 더 빠르게 성장하면 어려운 상황에 놓이게 된다. 그들이 동영상 조회, 광고, 판매 프로그램, 온라인 이벤트, PPL 등을 통해 돈을 벌기 시작하면서 악순환이 이어진다. 그들은 모든 게시물에서 '좋아요'와 조회 수를 높게 유지해야 광고 수익과 스폰서가 계속 들어올 수 있다. 하지만 수십 년에 걸쳐 전문 지식을 습득해 명성을 쌓아 올린 전문가와 달리, 새로운 세상에서 그들은 확고한 지식과 경험 없이도 그런 명성을 쌓아 올릴 수 있다. 그 결과 그들은 이제 지나치게 노출되고 미성숙한 상태가 된다. 게다가 젊은 세대든 나이든 세대든 일약 스타가 된 인물들을 지켜보는 많은 사람들은 '전문성을 얻기 위해 힘들게 노력할 필요가 없다'고 믿으며 성공과 돈은 꽤 쉽게 얻을 수 있다는 착각에 빠지게 된다.

그 이면에는 결혼 관련 온라인 강좌를 판매하는 연인 관계 및 연애 전문가들이 자신들이 홍보해온 모습을 지키려고 실제로는 건강하지 못한 관계를 유지하는 사례들이 있다. 사랑과 치유 전문가로 자칭하는 이들 중에는 자신이 치유의 여정을 이제 막 시작했을 뿐이며, 아직 자신을 사랑하는 법을 배우지 못했다는 사실을 숨기는 사람들이 있다. 그들은 아직 연구되거나 검증되지 않았으며 스스로 경험해보지도 않은 아이디어를 홍보한다. 기술과 필터, 화려한 웹사이트의 벽 뒤에서는 이런 사실을 감지하기 어려울 수 있다.

요즘처럼 기술을 통해 소비자에게 직접 판매(D2C) 방식이 보편화된 세상에서는 많은 사람이 아주 빠르게 노출되면서 주목받게 된다. 이럴 때 성공의 맛을 보고 나면, 그걸 더 많이 얻고 싶어지는 함정에 쉽게 빠진다. 또는 "쇠뿔도 단김에 빼야 한다"는 생각에 사로잡혀 그 성공을 지속할 수 있는 기반이나 체계가 충분한지는 뒷전으로 미루게 되는 것이다. 명성이나 돈, 또는 당신을 찬양하는 사람들을 거절하기란 정말 어렵다. 단기적인 성공이 많은 균열과 약점이 있는 토대 위에 세워졌다는 사실을 알면서도 그 성공을 거절하기는 쉽지 않다. 투자자, 상사, 팀, 동료, 파트너, 가족, 소셜 미디어 팔로워들의 비위를 맞추고 싶은, 단기적인 성공의 유혹을 뿌리치기는 그만큼 힘든 일이다.

> 자신을 사랑하지 않으면, 사랑에서도 지나치게 노출되고 미성숙할 것이다.

수백 번의 거절과 잦은 파산 고비를 견디며 잇코스메틱스를 세우던 초창기 시절, 매출이 올라가기 시작하면서 상황이 완전히 바뀌었다. 몇 년 동안 나를 거절했던 모든 소매점이 갑자기 나를 원했다. 그 무렵 멘토 중 한 명이 그 가속도를 조절하는 방법에 관해 강력한 조언을 해주었다. 그는 인기와 수요가 빠르게 증가한 다른 브랜드들에 관해 몇 가지 얘기를 들려주었다. 그들은 자신의 제품을 취급하고 판매하고 싶어 하는 모든 사람과 계약을 맺고 모든 노출을 승낙했다. 하지만 그들의 팀이 운영, 재무, 안전, 품질 관리, 법률, 고용, 마케팅, 교육 지원을 포함해 성공에 필요한 모든 측면을 제공할 수 없었기 때문에 그들은 소매 파트너에게 제때 제품을 공급하지 못했고 결국 소매점에서 판매가 중단되었다. 그는 우리 회사의 인프라가 따라잡기도 전에 너무 많은 성장을 허용하면 모든 것이 무너질 수 있다고 말했다.

　몇 년 동안 거절만 당하다가 수요가 늘어났기 때문에 나는 마침내 나를 원하는, 물밀듯이 밀려드는 새로운 소매업자들을 거절하기 어려웠다. 사람들이 나를 원한다는 건 기분 좋은 일이다. 하지만 내가 그들의 매장에 너무 빨리 들어가면 당시 회사의 인프라 수준에 비해 지나치게 노출될 위험이 크다는 사실도 알고 있었다. 또 잇코스메틱스 제품이 그들의 매장에 들어가자마자 성공적인 매출을 올리지 못하면 환영받았던 만큼 빨리 쫓겨날 거라는 사실도 알고 있었다.

　나의 멘토는 "화장품 시장에서의 승리는 완벽한 실행에 달려 있다"라는 메모를 내게 써주었다. 그의 말은 우리가 발전을 유지하고 성공하려면, 회사의 발전이 노출 속도를 확실히 따라잡아야 한다는 것이었다. 그래서 우리는 갑자기 우리 제품을 출시해달라는 수많은 소매업자들의 요구를 모두 거절하기로 했다. 대신 처음부터 우리를 믿어주고 '포용성'과 '모든 사람의 고유한 아름다움을 찬양하겠다'는 비전을 공감했던 '울타 뷰티' 같은 소매업체들에게 제품을 공급하는 데 집중했다. 우리는 팀과 인프라를 구축해나갔고, 마침내 울타 뷰티의 고급 부문에서 최고의 자리에 오르기까지 열심히 노력했으며, 우리의 발전이 수요를 따라잡을 때까지 기다렸다가 다른 소매업체로 확장했다. 나의 멘토는 **'자신의 가속도를 관리하는 사람이 돼라'**는 중요한 교훈을 내게 가르쳐주었다. 오늘날까지도 나는 우리 사업에서 장기적인 성공을 거두기 위해서는 단기적인 승리에 '노'라고 말하는 것이 중요하다고 믿는다. 또한 우리의 노출이 발전과 건강한 비율로 들어맞아야 한다는 사실을 예리하게 인식해야 한다고 믿는다.

오늘날 많은 기업이 홍보와 광고, 소셜 미디어 플랫폼의 성장 등의 형태로 노출에 모든 돈을 쓰고 있지만, 온라인상의 많은 '전문가'들처럼 개발에는 돈을 전혀 쓰지 않는다. 세상의 박수갈채를 받고 성공과 노출을 동일시하면 지나치게 노출되고 미성숙한 쪽으로 이어지는 미끄러운 비탈길에 빠져들기 쉽다. 하지만 장기적으로 사업은 지속되지 않을 것이고, 예술도, 아이디어도, 유명인도 노출에만 초점을 맞추고 개발을 무시하면 오래가지 못할 것이다.

이 교훈은 개인적인 삶과 연인 관계에도 적용된다. 사랑처럼 보이는 것을 거절하기는 어렵다. 자신을 진정으로 사랑하는 법을 아직 배우지 못했는데도 사랑하는 파트너를 찾는 일을 우선순위에 두고 싶어진다. **당신 자신을 사랑하지 않으면 사랑에서도 지나치게 노출되고 미성숙할 것이다. 자신이 미성숙할 때, 자기 자신에 대한 사랑이 부족해 보이는 사람에게 자기도 모르게 끌릴 가능성이 높다.** 혹은 당신이 자신을 사랑하는 것보다 더 많이 당신을 사랑하는 사람에게 끌릴 가능성이 높다. 이 경우에는 당신이 그 사랑을 방해하거나 둘의 관계가 오래가지 못할 것이다. 루이즈 헤이는 사랑하는 연인이나 친구를 찾고 있다면 그들에게서 원하는 모든 특성을 글로 써야 한다고 처음으로 가르쳤다. 글로 썼다면, 당신이 그런 특성을 가진 사람이 되는 데 온전히 집중하라. **우리가 다른 사람들에게 갈구하는 사랑은 우리 자신을 얼마나 사랑하는지를 반영하기 때문이다.**

나는 수년간 수만 명의 기업가 및 사상가와 선물 같은 만남을 통해 그들 삶에서 공통적인 패턴과 주제를 발견했다. 사람들이 사업, 재능, 평판의 형태로든, 또는 지속적이고 사랑하는 연인 관계를 형성할 수 있는 능력의 형태로든, 장기적이고 지속 가능한 성공을 이룰 때 그것은 결코 우연이 아니다. 그들이 이미 얼마나 큰 성공을 거뒀든, 그 성공은 거의 항상 근면과 지속적인 발전에 대한 헌신 덕분이다.

자신을 지나치게 노출하고 미성숙하도록 내버려두는 것은 가면 증후군이나 부조화의 감정과 함께 빠르게 역효과를 낼 수 있다. 우리가 허세를 부리거나 지어내는 방식으로 자신을 드러낼 때 우리는 자신이 아닌 다른 사람인 척하는 것이다. 사람들 옆에서 안내자 역할을 하면서 파트너나 가이드로서 그들을 이끌어도 괜찮지만, 당신이 아는 것보다 더 많이 알고 있다고 주장해서는 안 된다. 당신이 "이게 내가 겪은 경험이에요"라고 진심을 담아 말할 수 있다면 그 경험이 무엇이든 진실일 때는 아름답다. 하지만 진정한 여정이 아닌 영광을 우선시한다면 그 여정은 오래가지 못할 것이다.

> 당신이 진정한 여정이 아닌 영광을 우선시한다면 그 여정은 오래가지 못할 것이다.

주목해야 할 점이 있다. 지나치게 노출되고 미성숙한 것은 꿈을 좇을 '준비가 되지 않았다'는 흔한 변명과는 매우 다르다. 당신은 언제나 진실한 모습을 드러낼 준비가 되어 있다. 여기서 좀 더 자세히 살펴보자. 자신이 준비되었다고 믿는다는 건 지금 비행기를 조종할 수 있으니 훈련받지 않고 비행기 조종석에 올라타도 된다는 뜻은 아니다. 준비되었다고 믿는 건 당신이 조종사가 될 자격이 있고 그 꿈을 좇을 준비가 되어 있다는 뜻이다. 자격이 없다는 것은 거짓말 수 있지만, 한편으로는 측정 가능한 사실일 수도 있다. 자격이 없다는 말은 우리가 자신에게 하는 거짓말처럼 보일 수 있다. '나는 내 얘기를 책에 담을 자격이 없다, 제품을 발명할 자격이 없다, 사업을 시작할 자격이 없다, 조건 없는 사랑을 찾을 자격이 없다.' 모두 거짓말이다. 하지만 측정 가능한 사실적 자격에 관한 한 '내가 훈련을 받은 적이 없으니 비행기를 조종할 자격이 없어'라는 말은 진실이다. 여기서 자기 인식이 매우 중요하다.

사람들은 자기가 더 자격이 있다고 남들에게 거짓말을 하면서 자기 자신에게는 자격이 없다고 거짓말한다. 가치와 자신감을 쌓기 위해서는 자신의 발전과 경험이 자신의 행동 또는 자신에 관해 세상에 들려주는 얘기와 얼마나 비슷한지 예리하게 인식해야 한다. 그것들이 일치할 때 당신은 자유로워지고 힘을 갖게 된다. 그것들이 일치하지 않을 때 당신은 가식적인 삶을 살게 된다. 그리고 그런 삶은 절대 지속되지 않는다. 대부분의 사람은 성공할 때까지 성공한 척하지 않았고, 기회가 올 때까지 계속 준비했다.

당신의 발전은 당신의 운명으로 이어진다

당신이 계속 나아갈 때 투지는 재능처럼 보이고,
노력은 천재처럼 보이기 시작한다.

-어윈 라파엘 맥매너스

어려운 일을 해내는 것은 중요하다. 노출이 더 재미있을 때도 당신의 발전에 집중하는 것은 중요하다. 자신과의 약속을 지키는 것은 중요하다. 스스로 발전을 이루는 것도 중요하다. 그렇다고 행운이나 은총, 신성한 약속, 기적을 얻지 못한다는 뜻은 아니다. 그런 일이 일어나면 자신이 그런 일을 해낼 자격이 있다고 더 쉽게 믿게 된다는 뜻이다. 자신이 그런 일을 해낼 자격이 있다고 믿는 가장 큰 이유는 당신이 자신의 모습을 드러내고 열심히 노력하고 최선을 다하고, 계속 성장하고 발전하고 있다는 사실을 알기 때문이다.

> 사람들은 자기가 더 자격이 있다고 남들에게 거짓말하면서 자기 자신에게는 자격이 없다고 거짓말한다.

완전한 자신감을 가지고 목표와 꿈을 추구하는 것을 망설이지 마라. 당신이 자신의 발전과 여정에서 노출을 관리하는 사람이라는 사실만 확실히 기억하라. 당신의 소명에 중요한 영역을 발전시키지 못하면 자신의 성공을 방해할 위험이 있다. 자신의 가속도를 관리하는 사람이 돼라. 당신의 노력과 훈련, 발전의 수준을 높일 필요가 있는 영역을 평가하라. 이는 기술을 개발하거나 일상적인 습관을 들이거나, 사고방식을 개발하거나 당신의 가치를 높이거나, 트라우마를 치유하는 길을 시작하거나 단순히 더 많은 경험을 쌓는 것을 의미할 수 있다. 당신의 영혼은 어떤 영역이 부족하다고 느끼는지 알 것이다. 그리고 그 영역을 개발하기 시작하면 기분이 좋아질 것이다. 당신의 가치를 받아들인다고 해서 당신의 가장 큰 희망과 원대한 꿈이 기적적으로 이루어지는 것은 아니다. 그 과정에서 자신의 발전을 인식하고 전념하는 것이 중요하다. **당신의 외적 노출과 성공이 내적 발전의 성공과 얼마나 일치하는지 자주 확인하라.** 그것들을 일치시키는 것이 흔들리지 않는 자신감과 자존감을 쌓고 유지하는 비결이다.

CHAPTER

19 변화

한겨울, 나는 내 안에 불굴의 여름이 있음을 깨달았다.
―알베르 카뮈Albert Camus

당신이 영감을 주는 책, 자기계발서, 변화를 불러오는 책을 읽었거나 인터넷이나 팟캐스트에서 그런 종류의 콘텐츠를 접해본 적이 있다면 변화의 여정을 애벌레와 나비에 비유하는 작가나 연사를 한 명 이상 들어봤을 것이다. 대부분의 사람은 애벌레가 고치를 만들고 나면 아름다운 나비가 된다는 사실을 알고 있다. 이런 비유는 많은 종류의 변화 경험을 묘사할 때 흔히 사용된다. 그리고 변화의 경험은 이런 비유만큼이나 상세하다. 하지만 가장 크고 중요한 부분은 내가 한 번도 들어본 적 없는 탈바꿈의 일부다.

이것은 좋은 부분이다. 가장 현실적이그 생생하며 적용할 수 있는 부분이다. 당신이 지금껏 살아오면서 겪었거나 현재 겪고 있을 수도 있는 부분이다. 탈바꿈이 일어나는 동안 애벌레는 고치 안의 액체 속으로 완전히 녹아든다. 그렇다, 완전한 액체가 된다. 애벌레는 결국 발전하고 변화한다. 날개가 형태를 갖추고 고치를 뚫고 나와 모습을 드러낸다. 우리는 얘기의 끝에서 애벌레가 아름다운 나비로 날아오르는 모습을 상상하지만, 사실 여기서 애벌레는 엄청나게 연약한 단계에 접어든다. 엄청난 고난의 단계이자 생존 가능성이 위태로운 단계다. 마치 액체화가 힘들지 않았던 것처럼 애벌레는 고치에서 날개가 젖어서 날 수 없는 상태로 나온다. 애벌레는 땅에 떨어지거나 포식자에게 공격당하기가 매우 쉽다. 이는 생존하기 가장 어려운 단계다. 애벌레가 무사히 살아남아 날개가 마르고 펼쳐지면 날개를 펄럭일 수 있고 미래를 향해 날아갈 수 있다.

우리가 인생에서 변화의 시기를 거치다 보면 무너지고 액체화되는 것처럼 느껴지기 쉽다. 그 단계를 무사히 통과하더라도 날개가 젖어 있다면 우리는 날개가 온전히 만들어졌는지 또는 추락하거나 날려고 할 때 날개가 우리를 잡아줄지 확신할 수 없다. 우리가 젖었다고 느낄 때, 실제로 우리를 날지 못하게 막는 친구나 지인들에게 상처받기 쉽다. 우리가 겪고 있는 변화의 여정을 이해하지 못하거나 우리를 재단하는 사람들을 만날 수도 있다. 그들은 우리가 나비라는 사실을 전혀 이해하지 못할지 모른다. 그들이 평생 애벌레로 살아갈 수도 있기 때문이다.

> 그들이 평생 애벌레로 남는다면 당신이 나비라는 걸 이해하지 못할 것이다.

보통 나비가 알을 낳으면, 그중 100개의 알 중 한두 개만이 살아남아 나비가 된다. 자연은 포식자, 질병, 제초제, 살충제와 함께 나머지 98퍼센트를 죽인다. 이것은 우리의 자기 의심과 문화적으로 조건화된 신념 체계가 우리를 순응하게 하고, 우리의 위대함을 의심하면서 소심하게 살게 하는 방식과 크게 다르지 않다. 대부분의 사람은 숨어서 지내며, 절대 꿈을 좇지도 않고, 결코 가치 있다고 느끼지 못하며, 자신을 온전히 표현하지도 못한 채 살아간다.

나는 나비를 만날 때마다 그 아름다움에 그저 감탄만 하지는 않는다. 나는 나비가 지금 이 자리에 날아오기까지 거쳐왔던 모든 과정을 움직이는 기적이라고 생각한다. 100개의 알 중 살아남는 한두 개가 되는 불가능에 어떻게 도전했는지도 생각한다. 나비가 완전히 액체로 변하는 과정을 어떻게 이겨냈는지, 그리고 탈바꿈을 끝낸 후 날개가 말라서 펼쳐질지 확신도 못한 채 젖어 있는 연약한 날개로 어떻게 고치에서 나왔는지를 기억한다. 우리 눈앞에 나비가 나타나는 바로 그 순간, 수많은 역경과 연약함을 견뎌낸 나비는 완전한 영광을 누린다.

나는 나비를 볼 때마다 경외감과 경이로움, 기쁨을 느낀다. 나비의 사진을 찍어서 휴대폰 폴더에 넣어두었다가 가장 힘들었던 변화의 시기를 겪은 후에야 가장 아름다운 시기가 찾아오는 경우가 얼

마나 많은지 상기하고 영감을 얻고 싶을 때마다 그 사진들을 다시 찾아본다. 우리가 보는 나비마다 얘기가 있고, 그것은 아마 당신과 나의 얘기와 크게 다르지 않을 것이다.

당신은 날개가 마르도록 자신에게 유예기간을 주고 인내심을 베풀고 있는가? 당신은 변화의 경험을 이해하지 못할 수도 있는 사람들에게 유예기간을 주고 인내심을 베풀고 있는가? 당신은 자기 날개가 아직 마르지 않았을 때 스스로에게 의문을 품거나 필요한 것을 갖고 있지 않다고 느끼는가?

> 변화는 점진적이고 때로는 조용하다. 그러나 일어나고 있다.
> 변화가 일어나고 있다고 나는 장담한다.
> – 글레넌 도일

과거가 어떻든 우리는 인생의 역경을 이겨낼 수 있다. 100개의 알 중에 탈바꿈에 성공한 한두 마리의 나비가 그랬듯이 말이다. 당신이 인생에서 만나거나 알고 지낸 100명을 떠올릴 때, 그중 한두 명만이 그들의 영혼을 가장 고결하고 진실하게 표현하는 길을 향해 용감하게 나아갔다고 해도 과언이 아니다. 당신은 날개를 활짝 펼치고 태어난 모습 그대로 온전한 영광을 누리며 날아오르는 한두 명의 보기 드문 사람이 될 것인가? 아니면 그렇지 않은 98명 중 한 명이 될 것인가? 나는 당신이 용감하게 날아오를 수 있는 100명 중 한두 명이 되는 데 필요한 것을 지니고 있다고 진심으로 믿는다. 만약 당신이 현재 삶의 어떤 영역에서 액체화 과정을 겪고 있는 누군가를 알고 있다면 그들과 이 얘기를 나눠라. 전망을 갖고 그 전망에 희망적인 의미를 부여하는 것은 매우 강력한 힘을 발휘한다.

글레넌 도일은 자신의 회고록 《언테임드: 나는 길들지 않겠다》에서 다음과 같은 간단한 한 문장으로 깨달음을 공유해 전 세계 사람들에게 영향을 미쳤다. "나는 아이들을 위해 이 결혼 생활을 유지하고 있었지만, 아이들이 나중에 결혼해서 이렇게 사는 걸 원할까?" 나는 이 책을 읽은 후 결혼 생활을 끝내기로 결심한 사람들을 실제로 알고 있다. 글레넌의 진실은 그들 내면에 있는 진실에 불을 붙였다. 그들은 불행한 부부 관계를 유지하고 있었다. 그것이 아이들에게 최선이라고 믿었기 때문이다. 그것은 결코 그들이 아이들에게 보여주고 싶었던 결혼 생활의 본보기가 아니었다. 글레넌처럼 이 깨달음을 마주한 사람들은 자기 생각과 오랜 믿음을 바꾸고, 결국 다른 선택을 했다. 당신에게 훌륭한 연인 관계를 누릴 자격이 있고, 당신의 아이들도 그런 관계의 본보기를 볼 자격이 충분하다고 결정하는 것은 말처럼 쉬운 일이 아니다. 기혼이라는 꼬리표를 버리려면 강한 자존감이 필요하다. 사회는 결혼을 기대하고 축하하며, 어떤 가정과 공동체에서는 이혼을 실패로 여긴다. 더 이상 당신에게 맞지 않는다고 느껴지는 신념을 잊기 위해서는 대단한 용기와 힘, 저항, 변화를 추구하는 노력이 필요하다. 아이들이 본받지 않기를 바라는 결혼의 정의를 보여주기보다 건강하지 못한 결혼을 용감하게 끝내는 것이 승리라고 믿어야 한다.

지금까지 우리는 삶의 궁극적인 성취로 가는 비밀을 풀고 그 핵심 요소가 '자존감, 자신감, 성장, 기여'임을 얘기했다. 글레넌의 개인적 발전의 시기에는 이 4가지 요소가 모두 포함되어 있다. 그런 이유로 그의 인생을 바꾸는 결정과 변화가 확실히 액체화하는 과정으로 믿을 수 없이 고통스러웠지만, 그 고통은 궁극적으로는 성취로 이어졌다. 글레넌은 강한 자존감을 느끼며 그 변화를 시작했다. 결혼했든 결혼하지 않았든 자신이 있는 그대로 가치 있는 사람이라는 사실을 알았기 때문이다. 그런 다음 용기를 이용하고 불확실성을 받아들임으로써 성장의 계절을 용감하게 맞이했다. 이 과정은 자연스레 자신감을 키워준다. 글레넌은 자녀들이 본받지 않았으면 했던 자신의 결혼 생활이 자녀들이 미래에 스스로 세울 기준에 영향을 미칠 수 있다는 사실을 깨달았고, 자신을 넘어서 더 큰 결정을 내리기로 했다. 그의 삶에서 엄청난 성장과 변화의 이 시기는 궁극적으로 그의 삶에 평화와 행복과 성취감을 가져다주었다. 외부에서 큰 그림으로 바라보면 궁극적인 성취감을 가져다주는 모든 요소가 있었다는 사실을 알 수 있다. 바로 자존감, 자신감, 성장, 기여였다.

내 친한 친구 중 한 명인 리아는 많은 면에서 처음이 되면 어떤 변화가 일어나는지를 얘기해주었다. 필라델피아의 험한 동네에서 자란 리아는 어린 시절 가족과 함께 노숙자 쉼터와 저소득층을 위한 공영 주택을 전전하며 살았다. 리아의 엄마는 리아와 동생들이 더 나은 삶을 살기를 바랐지만 그런 삶을 보여줄 수는 없었다. 엄마는 리아에게 항상 말했다. "네가 처한 곤경이 네 운명을 결정하지는 않아." 리아가 자라면서 주변 사람들은 환경의 한계를 받아들이기 시작했지만, 리아에게는 자신을 위한 다른 계획이 있었다. 리아는 가족 중 처음으로 대학에 진학하고 언젠가 사업을 시작하는 꿈을 꾸기 시작했다. 리아가 엄마에게 이러한 대담한 생각을 얘기하자, 수년간 리아를 격려했던 엄마는 리아의 꿈을 즉시 차단했다. 엄마는 리아에게 대학에 가는 것은 불가능하며 그런 데 돈을 쓸 여유가 전혀 없다고 말했다. 하지만 리아는 포기하지 않기로 마음먹었다.

> 우리의 가장 큰 승리는 가장 힘들었던 변화의 시기를 거친 후에 찾아오는 경우가 많다.

리아는 어린 소녀였을 때부터 십 대 후반에 이르기까지 자신에게 들려오는 긍정적인 말에 집중하고, 그 말이 가치를 둘러싼 자신의 정체성에 뿌리내리게 하겠다고 의도적으로 결심했다. 리아는 부정적이고 두려운 말을 거부했다. 또한 신이 우리의 가치에 관해서 하는 말에 기대고 그 말을 믿기로 했다. 나를 포함해 많은 사람들이 이 사실을 인식하지 못했고 훨씬 나중에야 그렇게 할 수 있게 되었지만, 리아는 자신의 주변 환경에서 자기 가치를 믿는 처음이자 유일한 사람이었다. 그리고 그 이후에 펼쳐진 그의 길은 우리에게 영감을 준다.

리아는 여러 가지 일을 하면서 돈을 벌어 결국 대학을 졸업했다.

그는 가족과 확대가족 중에서 처음이자 현재까지도 유일하게 대학에 진학한 사람이 되었다. 리아의 어머니는 늘 리아에게 "너는 반짝이는 아이야, 네 안에는 빛이 있어"라고 말했다. 리아는 어머니의 말을 믿고 보석을 디자인하기 시작했다. 여러 해 동안 좌절과 거절을 겪으며 고군분투한 끝에 리아는 마침내 보석과 핸드백을 파는 라이프스타일 브랜드인 '발렌시아 키™'를 선보이게 되었다. 그리고 몇 년 동안 거절을 당하다가 마침내 QVC의 더 파인드The Find라는 전국적 경쟁에서 선발된 후에야 '예스'라는 대답을 얻게 되었다. 리아는 수천 명의 참가자 중에 선발되어 미국 전역의 1억이 넘는 가구에 생방송으로 그의 제품을 선보였다.

리아는 노숙자에서 시작해 1억 가구 이상에 생방송으로 제품을 파는 사람이 되었다.

리아는 처음이 되었다.

그리고 리아가 마지막은 아닐 것이다. 리아는 계속 전 세계를 대상으로 기조연설을 하고 발렌시아 키에 관해 입소문을 내기 위해 매일 열심히 일한다. 그는 또한 자신이 자랐던 곳과 같은 노숙자 쉼터로 돌아가서 그곳에 있는 어린아이와 여성에게 무엇이 가능한지 그 본보기를 몸소 보여준다. 리아는 어머니의 말을 빌려 사람들에게 '그들이 처한 곤경이 그들의 운명을 결정하지 않는다'는 사실을 보여주고 싶어 한다.

리아는 여전히 좌절과 어려움을 겪고 있지만, 삶을 즐기고 진정으로 성취감을 느낄 수 있다. 글레넌처럼 자존감, 자신감, 성장, 기여를 결합해서 성취감에 도달할 수 있었기 때문이다. 리아는 자신이 있는 그대로 귀중하고 가치 있으며 희망과 꿈을 가질 자격이 있다고 믿기로 했다. 그런 다음 기술과 경험을 쌓기 위해 열심히 노력했고, 이는 자신감을 키워주었다. 리아는 자존감과 자신감을 추구하면서 엄청난 성장을 이뤘다. 리아는 자신이 자란 곳과 같은 노숙자 쉼터에 있는 여성에게 도움을 줌으로써 자신을 넘어 사람들에게 도움을 주며 기여하고 있다. 리아는 여전히 스타트업 방식으로 사업을 운영하고 있으며, 언젠가는 자신이 원하는 회사가 될지 확신할 수 없지만 그가 느끼는 성취감의 수준은 어느 때보다도 높다.

사실 리아의 빛이 너무 밝게 빛나서 QVC는 올해 그에게 그들의 새로운 쇼를 공동 진행해달라고 요청했다. 나는 리아의 날개가 아직 마르는 중이라 생각하며, 그 날개가 미래에 얼마나 넓게 펼쳐질지, 그 위에 그려진 무늬들이 얼마나 아름다울지, 그리고 그 날개가 그를 얼마나 높이 날게 할지 정작 그 자신도 모를 거라고 짐작한다.

> 당신이 처한 곤경이 당신의 운명을 결정하지는 않는다.
> –린다 키 Linda Key (리아의 돌아가신 엄마)

높이 날아오르는 것에 관해 말하자면, 내 친구 프레더릭은 변화의 길에서 다양한 방식으로 이런 조건을 충족한다. 프레더릭은 어릴 때부터 다른 가족들과 마약을 팔기 시작했다. 그것이 그를 둘러싼 서클 안에서 날아갈 수 있는 가장 높은 곳이었다. 프레더릭은 결국 군대에 들어갔다. 삶의 모든 부분이 겉으로는 당당해 보였지만, 뒤에서는 부업으로 마약을 계속 팔았다. 결국 그의 마약 사업은 규모가 커졌고, 프레더릭은 훨씬 더 큰 꾸러미의 마약을 파는 중개인이 되었다. 그는 한 곳에서 마약을 받은 다음 종종 외딴곳으로 차를 몰고 가서 신원을 알 수 없는 사람을 만나 마약을 건네주곤 했다. 사업이 확장됨에 따라 프레더릭과 그의 네트워크는 중개인의 역할을 다른 방식으로 해결하기 시작했다. 그들은 마약 꾸러미를 몇몇 특정한 우편 번호로 배송하기 시작했고, 그런 다음 대형 배송 회사에서 일하는 배달 기사들의 네트워크에 수수료를 지불했다. 배달 기사들은 마약 꾸러미를 가로채 자기들의 배달 트럭에 실었고, 추적당하지 않도록 포장에 적힌 주소와 다른 주소로 배달했다. 프레더릭은 자기가 사는 도시 주변에 있는 여러 우편함 가게●에서 물건을 받아 각각의 꾸러미를 배송했는데, 매번 다른 발신자 이름과 주소를 사용했다. 결국 우편함 가게 주인들에게 의심스러운 눈초리를 받을까 봐 두려워지기 시작했을 때, 직접 우편함 가게를 사서 문을 열었다.

 가게 주인이 된 프레더릭은 소포가 배송될 준비가 될 때마다 컴퓨터로 발신자의 이름과 주소를 수동으로 바꿀 수 있었고, 그 과정을 확실히, 더 잘 통제할 수 있었다. 그중 한 명이 붙잡혀서 경찰에 제보하기 전까지는 말이다. 프레더릭은 주요 마약 밀매 조직의 일원으로 체포되어 5년 동안 교도소에 수용됐다.

 교도소 안에서 이십 대의 대부분을 보내는 동안 프레더릭은 외부 밀수품을 막으려는 조치 때문에 가족들이 수감자들과 소통하기

● 우편함과 택배에 관련된 서비스를 제공하는 작은 가게.

386

가 어렵다는 사실을 깨달았다. 그리고 아무리 오랜 시간이 지나도 상황은 나아지지 않았다. 프레더릭은 액체화되고 변화하는 시기, 인생에서 가장 위대한 시기를 보내면서 자신의 고통을 목적으로 바꾸기로 결심했다. 또한 어쩌면 인생에서 최악의 날들이 앞으로 펼쳐질 인생 최고의 날을 위한 기폭제가 될지도 모른다고 생각했다.

프레더릭은 자신의 삶을 재평가하고 감옥에서의 의사소통 문제를 해결하는 작업을 동시에 시작하기로 결심했다. 프레더릭이 석방되었을 때, 그는 피전리Pigeonly라는 회사를 시작했다. 이 회사는 수감자들에게 오는 우편물을 스캔한 다음 인쇄해서 그들에게 신속하게 전달한다. 이 서비스는 교도소 측에는 잠재적 밀수품의 번거로움을 덜어주고, 수감자들에게는 사랑하는 사람들과 훨씬 더 효율적으로 연결해준다. 프레더릭은 현재 피전리의 CEO로서 매우 노련하고 인기 있는 투자자들로 구성된 이사회를 두고 있고, 그의 회사는 수백만 달러의 가치를 지니고 있다. 프레더릭은 친절하고 관대하며 다정한 친구이기도 하다. 그리고 그는 가족 중에서 처음으로 자신의 삶을 변화시킨 사람이다. 프레더릭은 자신이 그 일을 실현하기 위해 열심히 노력하고 투지를 발휘할 자격이 있다고 믿는 첫 번째 사람이 되었다. 프레더릭은 눈에 보이는 모든 나뭇잎을 먹어 치우는 애벌레였고, 완전히 액체화된 고치 안에 있었으며 날개가 젖은 채로 고치에서 나와 취약한 시기를 이겨냈다. 그는 자신의 과거 때문에 미래로 나아가지 못할까 봐 걱정했지만, 자신이 날 자격이 있다고 믿기로 결심했고 그렇게 될 때까지 계속 날개를 펼쳤다.

변화의 여정

✴

변화의 여정에서 우리의 자존감은 언제나 우리가 날 수 있는 상한선이 된다. 그러므로 자존감을 계속 키워나가겠다는 평생의 목표를 받아들이는 것이 매우 중요하다. 내 친구 중에는 성취욕이 강한 가정에서 자란 사람들이 있다. 그들은 무엇이 '되는지'가 아니라 어떻게 '하는지'만 알았고, 스스로 쉴 자격이 있다고 믿는 법을 배우려고 일부러 노력해야 했다. 그들은 자신이 하는 일이 아니라 있는 그대로의 자신이 충분하다고 믿으려 노력해야 했다. 인간이 하는 일이 아닌 인간이 되는 것이 어떤 것인지 배우려 노력해야 했다. 내 친구 중에는 가족들에게 진정한 자아를 숨기고 있었기 때문에 신체적으로 심각한 건강 문제를 겪었던 사람들이 있다. 그들이 마침내 온전한 자신의 모습을 드러내고 진실을 공유하기 시작했을 때, 그들의 신체 건강은 회복되었다. 그것이 과거에 자신이 숨기던 진실을 밝히는 것이든, 부모님이 간절히 바랐던 직업을 갖고 싶지 않다고 털어놓는 일이든, 아니면 다른 많은 사례를 통해서든 말이다. 용기 있게 자신의 가치를 받아들이고 구축한 다음, 그 가치와 일치하게 살아가는 일에는 역경이 없을 수 없다. 하지만 우리가 삶에서 시작하는 변화의 진정한 성공은 단순히 변화의 결과만이 아니다. 그것은 우리가 그 과정에서 구축하는 강인함과 회복력이다.

당신이 가족이나 가까운 동료 집단에서 처음으로 변화의 여정을 받아들이기 시작했을 때, 그리고 변화가 당신의 길에 뿌리내리기 시작할 때, 때로는 주변 사람들에게 그 변화를 설명할 수 없을 때도 있다. 그리고 당신이 아무리 노력해도 그들은 변화를 이해하지 못한다. 그리고 때로는 당신의 변화를 사람들과 소통하기가 어려울 수도 있다. 특히 당신의 말이 아직 변화를 따라잡지 못했을 때는 더욱 그렇다. 만약 당신이나 당신이 아는 누군가가 변화의 시기를 겪고 있다면(혹은 그 시기에서 벗어나라고 자신을 설득한다면), 이 책이나 이 안에 담긴 도구들을 공유하기 바란다. 변화하는 도중 액체화되고 취약해지는 단계를 그들만 겪는 것이 아니라는 사실을 알려 주기 바란다. 때로는 우리가 혼자가 아님을 아는 것만으로도 우리 자신을 믿고 우리의 타고난 가치를 포용하는 길로 계속 나아갈 수 있다.

삶에는 너무나 많은 것들이 존재한다. 문화적으로 조건화된 신념 체계부터 동료 집단, 우리가 아직 버릴 만큼 특권을 누리지 못했지만 언젠가는 버리기로 결심한 것들까지, 우리를 애벌레로 만들고, 먹잇감이 되는 환경으로 몰아넣고, 경로에서 벗어나게 하고, 날개를 가질 자격이 없다고 믿게 만드는 것들이 있다. 이런 일들이 당신에게 일어날 때는 변화의 단계를 기억하라. 성장과 변화에는 종종 액체화와 취약성이 따른다는 사실을 명심하라. 그러려면 용기를 내고 불확실성을 받아들여야 한다.

당신은 진실을 믿고 알고 실천하는 100명 중 한두 명이 될 수 있다. 당신은 가장 영광스러운 날개를 펼칠 자격이 충분하다. 당신은 날기 위해 태어났다.

Worthy

4부

깨닫기

: 당신은 가치 있다.
가치는 당신 안에 있고,
가치가 바로 당신이다

CHAPTER

20 달나라로 가는 티켓

가장 어려운 것은 행동하겠다는 결심이다.
나머지는 끈기뿐이다.
– 아멜리아 에어하트 Amelia Earhart (최초로 대서양을 횡단한 여성 비행사이자 작가)

나는 커피를 마시며 친구 제이슨에게 말했다. "나는 올인했다가 나중에 잘못된 로켓을 만들고 있다는 걸 깨닫게 될까 봐 두려워." 제이슨은 징징거리는 내 말을 참을성 있게 들어주었다. "나는 계속 희망하고 실현하려고 노력하면서 그다음에는 명확해지기를 기도해. 정확히 어떤 방향으로 가야 하는지 알고 싶어. 나는 일단 가면 올인하니까."

나는 2년 넘게 직업적으로 중요한 결정을 고민하고 있었지만, 여전히 어떤 방향으로 가야 할지 확신이 서지 않았다. "그냥 알게 될 거라는 느낌이 들어. 그 방향이 옳다면 분명히 알게 될 거야. 그러니까 아직 완전히 분명하다는 느낌이 없다면 준비가 안된 게 틀림없어."

제이슨은 그날 내가 얼마나 막막했는지를 보고받게 될 줄 몰랐지만(운 좋게도, 하하), 그다음에 일어난 일은 신이 계획한 순간처럼 느껴졌다.

"너한테 줄 게 있는데, 설명이 좀 필요해." 제이슨이 호주머니에서 네모난 투명 아크릴 상자를 꺼내며 말했다. 상자 안은 파란 벨벳이 안감으로 받쳐져 있었고, 중앙에는 네모난 쌀알 크기의 작고 반짝이는, 금색과 은색이 섞인 물질이 빛을 반사하고 있었다.

"1961년에 존 F. 케네디 대통령이 의회 연설에서 미국이 최초로 인류를 달에 착륙시키고 지구로 귀환시키겠다는 대담한 계획을 발표했어. 그리고 10년 안에 그 계획이 실현될 거라고 선언했지. 그는 어떻게 그런 일이 가능할지 전혀 몰랐어. 그저 신념으로 선언하고, 그 비전에 대한 모든 사람의 지지를 모으기로 했을 뿐이야. 어쨌든 그는 오직 비전만 가지고 앞으로 나아가라고 지시한 셈이야."

나는 그가 정확하게 얘기하는 세부 사항을 알고 있다는 듯 고개를 끄덕이며 사실은 내 기억이 얼마나 흐릿한지 감추려고 애썼다. 나는 계속 귀를 기울였다.

"그러고 나서 1969년 7월에 그들이 해낸 거야! 인류 역사상 가장 위대한 업적 중 하나로 나사NASA의 아폴로 11호가 달에 착륙했지. '인간에게는 작은 한 걸음이지만, 인류에게는 거대한 도약'이라고 했던 말 기억 나지?"

"물론이지." 나는 고개를 끄덕이며 말했다.

"이 상자 안에는 아폴로 11호 사령선에서 가져온 실제 포일 조각이 들어 있어. 캡톤kapton• 포일 중 임무를 수행하다 날아간 조각이야. 이걸 너에게 주고 싶었어. 왜냐하면, 제이미, 너는 달에 갈 수 있으니까. 어쩌면 너는 방법을 모르고 아직 모든 답을 알지 못할 수도 있지만, 어쨌든 앞으로 한 걸음 발을 떼기만 하면 돼."

나는 제이슨의 눈을 들여다보다가 울기 시작했다. 내 모습에 그는 몹시 당황했을 것이다. 제이슨은 내가 다른 모두를 위해 강하게 행동하고, 할 수 있는 최선을 다해 남들을 돕는 모습에 익숙했다. 하지만 그 순간, 그는 자신이 나를 돕고 있다는 사실을 깨달았다. 얼마나 놀라운 선물인가. 나는 그의 말을 정확히 이해했다. 다음 행동을 하기 위해 완전히 명료해질 때까지 기다릴 필요가 없었다. 그저 신념을 가지고 한 걸음 내딛기만 하면 됐다. 옳다고 느껴지는 다음 단계를 신뢰하기만 하면 됐다. 나는 아폴로 11호의 포일 조각이 든 상자를 매일 볼 수 있도록 내 침실의 특별한 선반에 올려놓았다. 나는 내 영혼을 채우거나 영감을 주거나 힘을 주는 사람, 감정, 기억, 교훈을 떠올리게 하는 시각적인 요소를 주변에 두는 것이 중요하다고 굳게 믿는다.

> 나는 매일 배우고 있다. 내가 지금 있는 곳과 가고 싶은 곳 사이에서 두려움이 아닌 영감을 얻을 방법을.
>
> – 트레이시 엘리스 로스Trace Ellis Ross (미국의 배우, 모델, 코메디언 겸 사회자)

• 다양한 온도에서 안정적으로 유지되는 폴리이미드 필름.

믿음의 도약

당신은 실제로 어떤 일을 하기 전에, 정확히 무엇을 어떻게 해야 할지 알기 위해 명료해지기를 기다린 적이 있는가? 앞으로 나아가기 전에 모든 것을 알아야 한다고 생각하는가? 또는 완벽하게 할 수 없다면 아직 준비가 안 됐다고 생각하는가? 완벽은 존재하지 않는다. 완벽주의는 동경의 대상이 아니라 그 반대다. 완벽을 기다리는 것은 불가능하므로 완벽주의는 우리가 앞으로 나아갈 준비가 되지 않은 이유를 끊임없이 정당화한다. 당신이 할 수 있는 현명한 일을 모든 일을 철저하게 준비하고 미리 문제를 해결하고, 앞으로 다가올 모든 문제를 시도하기 전에 해결하는 것으로 생각하는가? 나는 이모든 것을 이행하지 않는다. 조심하지 않으면 우리가 스스로에게 성공을 위한 확실한 전략이라고 말하는 것들이 우리를 갇혀 있다고 느끼게 하고, 여전히 그 일을 하지 않았던 며칠, 몇 주, 몇 달, 몇 년을 되돌아보게 할 수 있다. 아직도 제품을 만들지 못했던 때, 아직도 사업을 등록하지 않았던 때, 아직도 특별한 사람에게 친구 이상의 존재가 되는 것에 관심이 있다고 말하지 않았던 때, 아직도 그 연인 관계가 당신에게 맞지 않는다고 말하지 못했던 때, 아직도 사랑하는 사람에게 전화를 걸어 화해를 구하거나 친구에게 둘의 우정에 새로운 경계가 필요하다고 말하지 않았던 때, 삶의 문제를 해결하느라 너무 바빠서 문득 그렇게 살고 싶지 않았을 때, 우리는 여전히 갇혀 있는 느낌을 받게 된다.

> 완벽주의는 동경의 대상이 아니라 오히려 그 반대다. 완벽을
> 기다리는 것은 불가능하므로 완벽주의는 우리가 앞으로 나아
> 갈 준비가 되지 않은 이유를 끊임없이 정당화한다.

    때때로 우리는 우주가 우리에게 답을 가져다주기를 기다린다. 마법처럼 문이 열리기를 기다린다. 우리는 충분히 집중해서 그것을 상상하고 비전 보드에 오랫동안 붙여두면 그것이 나타날 것으로 생각한다. 아니면 그것을 위해 기도하고 창조주에게 그것을 우리 삶에 가져다 달라고 요청했는데도 그것이 일어나지 않으면 우리에게 의도되지 않았던 거라고 결론 내린다. 우리는 친구와 사랑하는 사람들에게 하나님께서 지금 당장 그런 일이 일어나지 않기를 원치 않는 게 틀림없다고 말한다. 아니면 그들이 바라는 일이 일어나지 않을 때 그들에게도 같은 조언을 한다. 나는 실현과 기도의 힘을 둘 다 진심으로 믿지만, 둘 중 하나가 활성화되기 위해서는 거의 항상 한 가지 중요한 요소를 추가해야 한다는 것도 배웠다. 바로 **행동**이다. **우리의 역할은 가만히 앉아서 기다리는 것이 아니다. 우리가 해야 할 일은 행동하는 것이다. 우리가 원하는 것을 향해 한 걸음 나아가는 것이다. 그 한 걸음은 지금 이 순간, 가장 옳은 다음 걸음으로 느껴지는 걸음이어야 한다.** 어떤 걸음이 옳은지 잘 모르겠다면 가만히 멈춰 내면의 목소리에 귀를 기울여라. 그런 다음 가장 옳다고 느껴지는 다음 걸음을 내딛어라. 첫걸음을 내딛고 나면 다음에 어디로 가야 할지에 대한 확신을 얻게 된다.

모든 것이 하나님께 달린 것처럼 기도하라.
모든 것이 당신에게 달린 것처럼 일하라.

― 성 아우구스티누스Saint Augustine

믿음의 발걸음을 내딛음으로써 기적의 에너지를 우주로 보낼 수 있다. 우리는 모든 답을 얻기도 전에 그 걸음을 내딛음으로써 우리에게 믿음이 있다는 것을 창조주에게 보여줄 수 있다. 우리가 스스로 모든 답을 얻었다면 믿음이 필요하지 않았을 것이다.

나는 여러분이 다음과 같이 생각하기를 바란다.

자기 의심과 자기 믿음은 아직 일어나지 않은 일을 실현하기 위해 같은 양의 에너지를 필요로 한다.

우리는 자기 의심과 비관적인 생각, 두려움을 느낄 수도 있고, 한편으로는 희망과 믿음, 신념을 가질 수도 있다. 이런 감정들은 보이지 않는 무언가를 향해 똑같은 양의 자신감을 필요로 한다. 아직 일어나지 않은 일, 아직 되지 않은 일에 대해서도 마찬가지다. 그리고 우리는 어떤 쪽에 에너지를 쏟을지 선택할 수 있다. 아무 일도 일어나지 않았기 때문이다. 어느 것도 증명되지 않았기 때문이다. 자기 의심과 비관적 생각, 두려움이 있을 때는 아직 일어나지 않은 일에 대한 것임을 기억하는 것이 중요하다. 그것은 우리가 걱정하는 미래, 자신 없는 일, 또는 우리가 할 수 있다고 믿지 않는 일에 대한 것이다. 이 모든 것은 증명되지 않았다. 다른 한편으로 우리는 희망을 품기로 마음먹을 수 있다. 믿음과 신념을 가지기로 결심할 수 있다. 그렇다. 어쩌면 이런 것들도 증명되지 않았을지 모른다. 하지만 그것들은 같은 양의 에너지를 소모한다. 그리고 **우리가 어느 쪽에 에너지를 쏟느냐에 따라 우리의 삶 전체를 바꿀 수 있다.**

> 자기 의심과 자기 믿음은 아직 일어나지 않은 일을 실현하기 위해 같은 양의 에너지를 필요로 한다.

인간으로서 우리는 모두 의심과 두려움 같은 것에 에너지를 쏟도록 만들어졌다. 하지만 우리에게는 희망과 믿음, 신념 같은 것을 향해 의도적으로 에너지를 옮길 힘도 있다. 우리가 희망과 믿음, 신념에 의도적으로 에너지를 쏟을 용기를 낼 때, 그것은 말 그대로 우리의 삶 전체와 주변 사람들의 삶을 바꿀 수 있다.

거대한 약진

당신이 무언가를 원할 때
온 우주가 당신이 그것을 성취하도록 돕는다.

– 파울로 코엘료

옳다고 느껴지는 다음 단계에 들어서면 주변을 둘러보라. 풍경에 주목하고, 새로운 관점에서는 바람이 어떻게 느껴지는지 보라. 이 새로운 장소에서는 주변에 누가, 어떻게 모습을 드러내는지 관찰하라. 일단 다음 단계로 넘어가고 나면 정확히 적절한 때에 새로운 사람들이 당신의 삶에 들어온다고 해도 놀라지 마라. 새로운 사람들, 심지어 다시 연락하는 오랜 친구나 동료가 생길 것이다. 아니면 꿈, 직감, 넛지• 또는 난데없이 일어난 공공연한 사건의 형태로 당신에게 찾아오는 신호가 있을 수 있다. 심지어 당신과 공유해야 할 것 같은 생각이 떠올랐다며 당신에게 전화하는 친구들도 있을 것이다. 열린 마음으로 그것을 보고 받아들여라. 때로 그 신호는 속삭임의 형태로, 때로는 누군가가 당신에게 아폴로 11호의 포일을 건네는 형태로 찾아올 수도 있다. 각 단계가 이전 단계와 다르게 느껴진다고 해서 놀라지 마라. 혹은 각각의 단계를 밟을 때마다 새로운 사람이 된 것 같은 기분이 든다고 해도 놀라지 말라. 수많은 실수로 느껴지는 순간이나 시기가 있을지 모른다. 하지만 상황이 정확히 예상대로 전개된다면 **어떤 단계도 실수가 아니다. 그 단계는 당신을 다음 목적지로 데려다 줄 수도 있고, 다음 올바른 교훈으로 인도할 수도 있다.**

각 단계의 결과가 어떻든 간에, 그것은 그곳에 머무르며 훨씬 오래 망설이는 데서 오는 괴로움과 갈망, 후회보다도 항상 더 아름답고 만족스럽게 느껴질 것이다.

기꺼이 실수를 저지르는 것이 중요하다.
최악의 상황이래 봤자, 기억에 남는 사람이 되는 것뿐이다.

• 쿡 찔러서 주의를 환기시키는 행위.

- 사라 블레이클리

　내 친구 제이슨이 아폴로 11호에서 나온 포일 조각이라는 놀랍도록 의미 있는 선물을 준 날, 나는 지난 2년간 명확한 신호를 바라며 고민 중이었던 문제에 관해 결정을 내리기로 했다. 나는 첫걸음을 내디뎠고, 그다음에는 옳다고 느껴지는 다음 걸음을 내디뎠다. 6개월 후, 나는 내가 기대했던 속도에 근접했는지조차 확신할 수 없는 상황에 놓였다. 나는 조금 지쳐가고 있었다. 아직 완전히 갇히지는 않았지만, 거의 갇힌 기분이었다.

　그때 어떤 강연 행사에 참석했는데, 나의 또 다른 친구이자 살아 있는 전설인 존 맥스웰John C. Maxwell을 만났다. 우리는 무대에 오르기 전에 대기실에서 인사를 나누었다. 맥스웰은 내게 "집에서 당신에게 줄 선물을 가져왔어요"라고 말했다. 존은 지금까지 75년의 삶 동안 60권이 넘는 책을 썼고, 그 책들은 전 세계에서 3500만 부 이상 팔렸다. 그는 나를 만날 때마다 늘 책을 선물해주었는데, 그 안에는 특별한 메시지가 적혀 있었다. 나는 그 책들을 소중히 간직하고 있다. 그때 그는 책 크기만 한 포장된 상자를 꺼내 내게 건넸다. 상자를 여는 순간 그것이 책이 아니라는 걸 깨달았다. 그것은 펜이 들어 있는 상자였다. 특별판 JFK 몽블랑Montblanc 펜이었는데, 존 F. 케네디 대통령의 아폴로 우주선 프로그램에 담긴 희망과 꿈을 위해 설계되고 헌정된 펜이었다. 나는 펜의 금색 끝부분에 새겨진 아폴로 11호 달 착륙선의 이미지를 재빨리 알아차렸다. 내 친구 제이슨이 주었던 우주 포일 조각이 떨어져 나왔던 우주선이었다.

그런 다음 존이 확신에 차서 말했다. "제이미, 당신은 달에 갈 수 있어요. 당신은 달 탐사선 같은 사람이에요. 당신은 큰일을 하기 위해 태어났어요." 너무 놀라 입이 떡 벌어지면서 눈물이 핑 돌았다. 얼마나 놀라운 뜻밖의 순간이었는지 모른다. 내게 목표를 상기시켜 줄 무언가가 딱 필요했던 순간이었다. 나는 앞으로 열 걸음 앞에서 정확히 어떻게 움직여야 할지 몰랐고, 다음 걸음이 어떻게 진행될지도 예측할 수 없었다. 하지만 내가 할 일은 나 자신을 믿고, 옳다고 느껴지는 다음 걸음을 내딛고, 그다음 걸음을 옮기는 것이었다. 나는 달에 갈 수 있고, 당신도 그럴 수 있다. 우리는 그저 올바른 다음 걸음을 계속 내딛기만 하면 된다.

존과 제이슨은 서로를 모른다. 나는 둘 중 누구에게도 우주에 관해 관심을 표현한 적이 없고, 둘 다 서로의 선물에 관해 전혀 알지 못했다. 게다가 친구들이 내게 선물을 주는 일도 흔치 않다. 이건 아주 아주 드문 일이었다. 어떤 사람들은 이것을 그저 우연의 일치로 치부할지도 모른다. 나는 이것이 동시성•과 뜻밖의 행운이라고 믿는다. 우리가 배워야 할 교훈은 우리가 마침내 완전히 깨달을 때까지 반복해서 나타난다고 나는 믿는다. 때로 내게 아름답게 상기시켜 주거나, '이건 나를 위한 것이다'와 같은 격려의 교훈이 되기도 한다. 때로 그것은 우리가 진정으로 배울 때까지 계속해야 하는 가

• 적어도 한 개의 기준계에서 같은 시간에 두 개의 사건이 발생하는 성질.

혹하거나 고통스러운 교훈일 수도 있다. 거짓말하고 나를 학대하던 '나쁜 남자' 유형의 남자들과 계속 데이트했던 내 이십 대 시절처럼 말이다. 새로운 관계를 맺을 때마다 똑같은 고통과 실망, 교훈이 나타났고, 결국 우리는 자신이 가치 있다고 믿는 것에 끌린다는 교훈을 얻었다. 매번 다른 향수 냄새를 풍기면서 똑같은 교훈은 반복해서 나타났다. 때로는 똑같은 향수 냄새를 풍기며 찾아오기도 했다. 마침내 내 삶에 뿌리내린 방식으로 교훈을 얻기 전까지는 말이다. 마침내 자신의 선택을 바꾸고 내가 가치 있다고 믿는 것을 바꾸기 위해 노력하기로 결심할 때까지 말이다.

> 우리가 배워야 할 교훈은 우리가 마침내 완전히 이해할 때까지 반복해서 나타난다고 나는 믿는다.

우리가 행동할 의지가 있을 때, 두렵더라도 그 일을 해내려 할 때, 어디로 향하는지는 몰라도 그 한 걸음이 가리키는 방향을 알기에 그 걸음을 내딛을 때, 나는 믿는다. 다음에 마주하게 될 올바른 것(사람이든, 배움이든, 혹은 반복되는 깨달음이든)은 우리가 그걸 배워야 할 순간에 필요한 만큼의 횟수만큼 반드시 나타나리라는 것을. 모든 것은 반드시 그렇게 되어야 할 방식대로 펼쳐질 것이다.

당신의 마음은 당신이 아직 준비되지 않았다고, 감당할 수 없다고, 충분하지 않다고 생각할 이유들을 끊임없이 들이댈지도 모른다. 우주선에 올라탈 자격이 없을 만큼 우주비행사 훈련이 부족하다고 말할지도 모른다. 하지만 당신은 당신의 '마음'이 아니다. 그 생각들은 진짜 당신이 아니다. 당신은 마법 같은 존재이며, 별처럼 찬란하고 의미 있고 영감을 주는 존재로 태어났다. 당신은 살아 숨 쉬는 기적이다.

당신의 마음은 언제나 망원경의 구조와 연료 저장 탱크, 우주선의 부품을 분석하고 싶어 할 것이다. 하지만 당신의 영혼은 달에 가기 위해 만들어졌다. 지금이 바로 이륙할 시간이다. 한 번에 한 걸음씩 용감하게 나아가라.

CHAPTER

21 당신이 정말로 의심하는 건 누구인가?

신앙은 계단 전체가 보이지 않을 때도
첫걸음을 내딛는 것이다.
–마틴 루서 킹 주니어

나는 진짜 내 모습을 보여주겠다고 독자들에게 약속했다. 때로는 그게 발가벗고 서 있는 듯 느껴질 때도 있지만 말이다. 이 장에는 경고 문구가 붙어 있다. 대담하다는 것이다. 하지만 내가 이 얘기를 털어놓지 않는다면, 나는 진심으로 당신에게 함께 가치를 쌓아가는 여정에서 내가 가진 모든 것을, 심지어 그것이 실제하고 취약한 것일지라도 다 바치겠다는 약속에 해를 끼치는 것이라고 생각한다.

내가 의심할 여지 없이 확실히 아는 한 가지는 당신이 지금 모습 그대로 가치 있다는 것이다. 나 역시 내가 가치 있다는 것을 안다. 그리고 이 장에 나오는 계시와 도구들은 내가 자존감을 쌓아나

가는 여정에서 가장 큰 영향을 미친 것들이다. 그리고 내가 그 방에 걸어 들어갈 자격이 있다고, 내가 쌓아 올린 사업과 우정, 희망과 꿈을 지닐 자격이 있다고 믿고 받아들이게 된 과정도 있다. 만약 이 장을 읽는 동안 당신에게 아무런 울림이 없다면 자유롭게 건너뛰어도 좋다. 나는 당신에게 내가 가진 모든 것을 주겠다는 순수한 약속으로 이 장을 공유하는 것이다. 그중에는 내가 삶에 적용하기 시작했을 때 흔들리지 않는 자존감을 쌓는 데 진정으로 도움이 되었던 계시와 지름길, 도구들도 포함되어 있다.

당신은 자신보다 위대한 힘을 믿는가? 신? 우주? 창조주? 기적을 믿는가? 신성한 에너지를 믿는가? 우리가 모두 연결되어 있다고 믿는가? 당신이 믿는 것이 당신의 자존감에 어떤 영향을 미치는지 생각해본 적이 있는가? 나는 지금까지 자존감과 관련하여 경험한 심오한 깨달음 중 하나를 공유하고 싶다. 나는 이 깨달음이 비밀 무기이자 자기 의심을 뚫고 나 자신이 인생에서 가치 있는 존재임을 진정으로 믿게 해주는 즉각적이고 강력한 지름길이라는 것을 알게 되었다. 당신도 지금 당장 이 깨달음을 활용할 수 있기를 바란다.

나는 신과의 개인적인 관계에서 이 깨달음이 내게 어떻게 적용되는지 사례를 통해 자존감에 관한 이 강력한 교훈을 공유할 것이다. 앞서 언급했듯이 나는 나와 신념을 공유하는 사람들은 물론이고 나와 매우 다른 모든 이들과 의도적으로 시간을 보낸다. 그리고 그들 모두를 조건 없이 사랑한다. 내 친구들과 가족, 그리고 내가 함께 시간을 보내는 사람들은 모두 다르게 기도하고(혹은 기도하지 않거나 믿음이 전혀 없고), 다르게 투표하고, 자신을 다르게 인식하고 다르게 사랑한다. 나는 그들을 재단하지 않고, 그들도 나를 재단하지 않는다. 이 장은 당신이 무엇을 믿든 지금 당장 당신의 삶에 적용할 수 있는 매우 강력하고 보편적인 교훈이자 도구다. 만약 지금까지 살아오면서 온전히 가치 있고 성취감을 느끼는 곳으로 당신을 이끌어준 것이 아무것도 없다고 느낀다면, 이 장과 그 안에 담긴 도구들이 당신에게 완전한 계시가 될 것이다. 내가 확신을 갖고 말할 수 있는 단 한 가지는 이 도구가 내 자신과 내 주변의 많은 사람들에게 확실히 효과가 있었다는 것이다. 어떤 이는 이 방법을 통해 자존감을 회복했고, 또 어떤 이는 삶 전체를 완전히 바꾸는 데 성공했다. 그리고 당신이 특정한 신앙이 없더라도 그 신앙을 지닌 친구나 가족 또는 동료가 있다면 이 방법은 그들이 자존감을 찾는 여정을 시작할 때 당신이 도울 수 있는 강력한 도구가 될 것이다.

개인적으로 나는 신이 곧 사랑이며, 사랑은 어디에나 있다고 믿는다. 예수님과의 관계를 받아들이기 전까지 나는 오랫동안 신을 의심하며 지냈다. 기도를 시작한 뒤로도 나는 솔직히 신의 존재를 의심한다고 말한 다음, 내가 틀렸음을 증명해달라고 기도했다. 나는 수년간 거의 매번 이렇게 기도했다, 예수님이 내가 틀렸음을 증명해주기 전까지는. 그리고 이제 나는 한 치의 의심도 없이 신이 실재하며, 내 삶에서 일어난 기적들이 정확히 그분의 은총을 통해 일어났음을 알고 있다. (참고: 신의 존재를 의심하며 보낸 수십 년의 여정을 첫 번째 책 《빌리브 잇》에서 더 자세히 공유했다.) 어떤 신앙은 우리가 신이나 신의 형상으로 만들어졌다고 가르친다. 그리고 신이 우리를 사랑한다고 말한다. 만약 당신이 우주를 믿는다면 모든 것이 신성하게 조직되었고, 정확히 예정된 대로 펼쳐지고 있으며, 우주가 당신 편이라고 믿을 것이다. 당신이 어떤 특정한 신앙을 따르든, 당신이 믿는다고 말하는 것을 진심으로 믿는다면, 당신의 신앙이 어떻게 당신의 가치 기반을 구축할 강력한 도구가 될 수 있는지 생각해보길 바란다. 나는 예로 성경 구절을 사용하겠지만, 당신의 믿음과 당신이 개인적으로 가장 밀접하게 유대감을 느끼는 종교적인 글을 적용하라. 그렇게 하면 지금 당장 이 강력한 도구를 당신에게 와닿는 방식으로 삶에 적용할 수 있다.

내게 영감을 주고 힘을 실어주는 성경 구절 중 내가 가장 좋아하는 2가지는 "내게 능력 주시는 자 안에서 내가 모든 것을 할 수 있느니라"(빌립보서 4장 13절, 흠정역성경NKJV)와 "하나님이 자기 형상, 곧 하나님의 형상대로 사람을 창조하셨다"(창세기 1장 27절, 흠정역성경)이다.

자기 의심과 신을 향한 의심

다음 2가지 질문으로 시작해보자.

첫 번째 질문: 하나님은 우리가 그분의 형상으로 훌륭하게 창조되었으며, 우리에게 능력을 주시는 그리스도를 통해 모든 일을 할 수 있다고 말씀하신다. 당신은 그 말을 믿는가? 당신은 영혼 속에서

그 말이 진실이라고 진심으로 믿는가? 아니면 우주가 신성하게 조정되었고, 우연의 일치가 없으며, 우주가 항상 당신 편이고, 모든 일이 정확히 예정된 대로 전개되고 있다고 믿는다면, 당신은 정말로 영혼 깊은 곳에서 그 말이 진실이라고 믿는가?

두 번째 질문: 당신은 '나는 충분한 사람이다'라는 믿음을 가지는데 어려움을 느끼는가?

만약 당신이 두 질문 모두에 '그렇다'고 대답한다면, 우리는 역설적인 상황에 놓이게 된다. 두 질문 중 하나가 사실이라면 다른 하나는 사실일 수가 없다. 어떻게 당신에 관한 신의 말을 믿으면서 동시에 당신이 충분하다는 사실을 의심할 수 있는가? 만약 그렇다면 당신은 자기 생각을 믿으면서 신을 의심하는 것이다. 아니면 당신이 신성한 존재보다 당신의 인간적인 생각만을 신뢰한다는 뜻이기도 하다.

그렇다, 잠깐만 온 세상이 다 듣게 소리쳐 보겠다. 당신이 무언가를 자기 의심이라고 부를 때 당신이 정말로 하고 있는 건 자기 생각을 믿으면서 신의 말씀을 의심하는 것이다.

당신의 생각은 당신의 정신 속에 있고, 창조주는 당신의 영혼 속에 있다. 당신의 가치에 관해 판단할 때 무엇을 믿을지, 당신의 정신인지 당신의 영혼인지 결정하는 건 당신의 몫이다. 내 삶에서는 신이 내게 소리 내어 말하는 것을 들어본 적이 없지만, 나는 직관으로 영혼 안에서 신의 목소리를 듣는다. 문화적으로 배우고 길든 헛소리BS 신념이 내게 말을 걸 때, 나는 정신과 생각 속에서 그것을 듣는다. 그곳은 자기 의심이 존재하는 곳이기도 하다. 자기 의심과 무가치한 느낌은 당신의 영혼이나 그 영혼을 채우는 창조주로부터 나오는 것이 아니다.

> 당신이 무언가를 자기 의심이라고 부를 때, 당신이 정말로 하고 있는 건 자기 생각을 믿으면서 신의 말씀을 의심하는 것이다.

영화 〈스위트 앨라배마〉에서 리스 위더스푼Reese Witherspoon이 연기한 주인공이 두 사랑 사이에서 망설일 때, 프레드 워드Fred Ward가 연기한 그의 아버지가 직설적으로 말하는 형편 없는 대사를 떠올려 보라. "가랑이 하나로 말 두 마리를 동시에 탈 수는 없어." 이 대사는 수 세기 전부터 내려오는 속담 "엉덩이 하나로 말 두 마리를 동시에 탈 수 없다"를 바탕으로 한 것이다. 완전히 분리된 2가지 일을 동시에 할 수 없다는 뜻이다. 그렇다면 삶에서 지금 당장 앞으로 나아가면서 당신은 누구의 말을 믿기로 결정할 것인가? 당신의 생각과 자기 제한적 신념인가, 아니면 하나님과 그분의 말씀인가? 자신이 충분하다는 사실을 의심하거나, 필요한 것을 가지고 있지 않다고 의심하거나, 자신이 어떤 공간에 있을 자격이 있는지 의심하거나, 자신이 목표와 꿈을 이룰 자격이 있는지 의심할 때마다 당신이 실제로 하는 일은 당신의 생각이 진실이고 하나님의 말씀은 그렇지 않다고 말하는 것이다.

진정한 가치가 사는 곳

많은 종교가 거짓된 우상을 숭배하지 않는 것이 중요하다고 말한다. 가치 없는 것을 숭배하면 자신이 무가치하다고 느끼게 된다고 가르친다. 그런데도 우리는 일시적이고 변덕스러운 자신감을 만들어내는 외부적인 것들을 숭배하는 사회에 살고 있다. 그중 진정한 자기 가치를 만드는 것은 하나도 없다. 우리 사회의 주류적인 숭배의 형태는 돈, 물질적 소유, 직업, 외모의 목표, 소셜 미디어 팔로워 수와 같은 것을 달성하는 데 초점을 둔다. 우리는 물질적 소유와 명예를 축적한 사람들을 숭배하고 떠받들며, 온라인에서 그들을 팔로우하고 그들의 이름을 붙인 제품을 구매함으로써 그들에게 보상한다. 우리는 그들이 가졌다고 상상하는 성취감에 더 가까이 다가갈 수 있기를 바라며 이렇게 행동한다. 그리고 나서 우리는 일상생활에서 소중한 시간과 에너지, 집중력을 쏟아부으며 마침내 우리가 충분하다고 느끼게 해줄 것을 점점 더 많이 얻으려고 분주히 노력한다. 우리가 무의식적으로 숭배하는 우상들이 보여주는 광고와 하이라이트 릴reel만 가득한 소셜 미디어 게시물 속 모습은 정말로 그렇게 하면 충만함에 도달할 수 있을 것처럼 보이기 때문이다.

또, 아무리 원하는 것을 다 손에 넣었다고 해도 결코 충분하다고 느껴지지 않는다. 우리는 여전히 공허함을 느낀다. 우리는 그 이유가 아직 충분히 가지지 못했기 때문이라고, 언젠가 충분히 갖게 되면 그때서야 비로소 '충분하다'는 감정을 느낄 수 있을 거라고 믿는다. 우리는 모든 것을 가진 것처럼 보이는 사람들은 틀림없이 충분하다고 느낄 거라고 착각하기도 한다!

자신감과 자존감의 차이를 기억하고, 자신감만으로는 성취감을 느낄 수 없음을 기억하라. 우리 사회가 종교적으로 숭배하는 거의 모든 것들은 기껏해야 자신감 향상으로 이어질 뿐이다. 그것들은 절대 자존감으로 이어지지 않는다.

나는 전 세계에서 가장 유명한 사람들을 만날 수 있는 축복을 받았다. 그중 상당수는 매일 소셜 미디어에서 수백만 명에게 '좋아요'를 받는다. 그러면 어떤 일이 벌어질까? 자존감과 성취감에 관한 한 그들의 삶은 당신의 삶이나 나의 삶과 전혀 다르지 않다. 어떤 사람들은 성취감을 느끼고 강한 자존감을 지니고 있지만, 그렇지 않은 사람들도 많다. 물론 고급 자동차를 운전하거나 매진된 경기장에서 자신의 이름을 연호하는 군중들에게서 흥분과 자신감을 얻기도 한다. 그러나 어떤 것도 진정한 자존감을 높이지 못하고, 명성이나 금전적인 소유물, 또는 외적인 숭배로 인해 더 행복하거나 성취감을 느끼지 못한다. 실제로 극도로 공허함 속에 살며 성취감을 느끼지 못하고 낮은 자존감에 시달리는 사람들이 많다. 모든 것을 가진 듯 보이는 유명인이 자신의 삶을 망치거나 더 악화시키는 상황을 이해하기 어려울 수 있다. 돈이나 명성이 기쁨과 성취감을 가져다주지 않는다고 수많은 유명인이 말했지만, 우리는 여전히 외적인 모든 것을 숭배하는 사회와 경제 구조 속에서 살고 있다.

나는 모든 사람이 부자가 되고 유명해지고

그들이 꿈꾸던 모든 것을 얻었으면 좋겠다.
그래야 그것이 답이 아님을 알 테니 말이다.

— 짐 캐리Jim Carrey(미국 배우이자 희극인)

당신은 기껏해야 자신감을 줄 뿐 진정한 성취감을 주지 못하는 것들을 성취하기 위해 지금 얼마나 많은 시간과 에너지를 쏟고 있는가?

물질적인 것들이 당신에게 충만함과 가치를 가져다줄 수 있다는 사회적 관념에 얽매이지 않고, 당신이 있는 그대로 놀랍도록 창조되었고 온전히 가치 있다는 하나님의 말씀을 믿기로 결심한다면, 당신의 시간을 어디에 투자할 것인지, 무엇을 위해 관계의 우선순위를 낮출지, 그리고 이 소중하고 아름다운 삶에서 무엇에 집중하고 경험할지 선택할 때 훨씬 더 전략적인 결정을 내릴 수 있을 것이다.

외부적인 것들을 떠받드는 것이 결코 가치와 성취감을 가져다주지 않는다는 사실을 깨닫고 신의 말씀을 믿는다면, 모든 것을 바꿀 수 있다.

험프티 덤프티

동요〈험프티 덤프티Humpty Dumpty〉를 들어본 적이 있을 것이다. 어릴 때《마더 구스 동요집Mother Goose nursery rhyme book》에서 여러 번 읽었던 동요지만 앨버트 테이트Albert Tate 목사가 '글로벌 리더십 서밋Global

Leadership Summit'에서 기조연설을 할 때 험프티 덤프티의 얘기를 비유하는 것을 듣고 나니 그 동요가 완전히 새로운 의미로 이해되었다. 그 동요에 익숙하지 않은 독자를 위해 가사를 설명하자면 다음과 같다.

> 험프티 덤프티는 담장 위에 앉았네
> 험프티 덤프티는 크게 추락했네
> 모든 왕의 말과 모든 왕의 신하도
> 험프티 덤프티를 다시 돌려놓을 수는 없었네

험프티 덤프티처럼 많은 사람이 큰 추락을 겪었다. 우리는 다시 원래대로 돌아가려고 노력하고 또 노력한다. 나도 살면서 크게 추락한 적이 많다. 반항적인 십 대 시절에 여러 번 경로를 이탈했고, 이십 대에 우울증에 빠졌으며, 나를 학대하는 사람들과 사랑에 빠졌고, 내가 그들을 바꿀 수 있다고 생각하는 덫에 빠졌다. 이십 대 후반에 우연히 내가 입양되었다는 사실을 알게 되었고, 내 정체성을 찾기 위해 여러 해에 걸쳐 고단한 탐색을 시작했으며, 항우울제를 처방받았고, 연인 관계와 우정에서 상심했고, 가족들 사이에서 중독의 악순환을 겪었다. 내가 원하는 방향으로 가고 있지 않다고 느껴지는 직장 생활을 견뎌냈고, 파산 위기에도 처했다. 물론 평생 자기 의심과 싸우면서 내가 가치 있는 사람이라고 믿으려 애썼다.

넘어지고, 몸부림치고, 좌절하고, 불공평한 상황에 직면하고, 실망하고, 마음이 아플 때 우리는 자신을 되돌려놓으려고 다양한 방법을 시도한다. 때로 그 방법은 더 이상 넘어지지 않으려고 노력하는 것으로 시작한다. 이는 회피, 무감각함, 분리, 생존 모드의 형태를 띨 수 있고, 우리는 더 이상 무너지지 않기를 바라는 마음으로 이러한 대처 방법을 기본 설정으로 삼는다. 자신을 되찾기 시작할 때 성장과 치유는 다양한 형태를 띨 수 있다. 이는 물론 접근성, 특권, 기타 요인에 따라 다양하다. 운 좋게도 치료와 다른 자원에 접근할 수 있다면 이 요인들은 우리를 되돌리는 데 매우 큰 도움이 될 수 있다. 하지만 귀중한 치료를 받고 많은 자기계발의 노력을 했음에도 나는 결코 온전히 자신을 되돌려 놓을 수 없었다. 나 자신과 내 앎을 믿기 시작하고 믿음과 하나님과의 관계가 깊어지고, 하나님께 의지하기 시작한 후에야 나는 온전히 살아 있다고 느껴지는 방식으로 나 자신을 되찾을 수 있었다.

동요에서 모든 왕의 말과 모든 왕의 신하도 험프티를 되돌릴 수 없었다는 사실에 주목하라. 그들만으로는 험프티를 되돌릴 수 없었다. 나는 살면서 왕의 말과 신하에게만 기대거나 다른 사람이나 사물에만 기대면 충분하지 않다는 것을 배웠다. 나는 이 동요를 오직 왕만이 험프티를 되돌릴 수 있었을 것이라고 읽었다. 나는 살면서 인간이 만든 모든 도구가 매우 유용하다는 것을 배웠다. 그리고 지금까지도 나는 내 삶에서 치료와 명상을 포함한 치유 방식, 개인적인 성장을 위한 도구들의 도움을 받을 수 있어서 매우 감사하고 축복받았다고 느낀다. 그리고 나는 이 도구들로 자기 자신을 되돌리는 게 가능하다고 믿는다. 하지만 나에게 있어 가치 있는 삶으로 가는 궁극적인 지름길은 왕(내게 왕은 그의 형상을 본떠서 내가 만들어졌고,

내 안에, 내 영혼 속에, 있는 신이다)의 도움 없이는 불가능하다는 것. 그분이 아니었다면 나는 자신을 완전히 되찾을 수 없을 것이며, 이렇게 빨리 되찾는 것도 불가능했을 것이다.

당신은 자신을 되찾도록 도와줄 신에게 기대고 신을 믿는가? 아니면 신이 그럴 수 있다는 사실을 의심하고 있는가? 어쩌면 오늘 당신은 모든 왕의 말과 모든 왕의 신하들이 모두 좋은 사람들이고 심지어 아주 잘생긴 사람들도 있다는 사실을 깨닫게 될지도 모른다. 하지만 그들에게만 의존한다면 여전히 온전하게 회복하지 못했다고 느낄지 모른다.

내가 확실히 아는 것은 당신이 무엇을 했든, 어떤 실수를 저질렀든, 어떤 결점이 있든, 얼마나 무너졌든, 그 어떤 것도 당신을 신의 사랑에서 제외시킬 수는 없다는 사실이다. 신은 사랑이고, 당신 또한 사랑받는 존재다. 나는 신이 당신의 키, 나이, 인종, 민족, 성적 지향, 성 정체성, 가족의 형태와 상관없이 있는 그대로 사랑한다고 믿는다. 당신이 지금 어떤 신념을 갖고 있든, 과거에 어떤 믿음을 가졌든, 어떤 선택을 했든, 어디에서 왔든, 당신 자신이나 타인이 어떤 꼬리표를 붙였든, 인류라는 거대한 스펙트럼 속에서 당신이 어디에 있든 그 무엇도 당신을 하나님의 사랑에서 제외시키지 않는다.

(참고: 만약 당신이 신과의 관계를 새롭게 시작하거나 강화하고 싶다면 신에게 요청만 하면 된다. 그게 전부다. 내가 믿는 방식에서는 당신은 그저 "예수님, 제 삶으로 오세요"라고 말하기만 하면 된다. 당신은 그 말을 조용히 생각해도 되고 큰 소리로 말해도 된다. 매우 쉽다. 나는 교회에 가는 걸 좋아하지만 하나님을 경험하기 위해 반드시 교회에 갈 필요는 없다. 그분은 지금 당신과 함께

계신다. 그리고 지금 당신과 내 곁에 계신다고 생각한다. 모든 꽃의 아름다움 속에, 햇살 속에, 모든 물방울 속에, 햇살과 물방울이 만나 드러나는 모든 무지개 속에, 모든 애벌레와 고치와 나비 속에, 은총의 도든 순간에 계신다고 믿는다. 하나님은 사랑이시고, 지금 당신 곁에 계시며 어디에나 계신다.)

더 높은 존재를 신뢰하라

누구를 사랑해야 하는지, 얼마나 오랫동안
사랑해야 하는지 궁금할 때마다 하나님은 내게 계속 속삭인다.
모두를 언제나 사랑하라.

– 밥 고프Bob Goff(변호사이자 연설가, 베스트셀러 《모두를, 언제나》의 저자)

자, 지금 이순간 나는 흥분하고 있다. 당신에게 파괴해야 할 자기 의심과 완수해야 할 숙명이 있다면, 이 책은 당신을 위한 책이다. 당신의 마음 깊은 곳에 지금보다 더 밝게 빛나도록 예정된 빛이 있다는 걸 안다면, 이 책은 당신을 위한 책이다. 나는 멋지게 보이려고 이 책을 쓴 게 아니다. 나는 지금 이곳에 당신과 함께 있다. 세상에 줄 최고의 선물로 표현될 아름다움과 힘, 목적이 당신 내면에 있다는 것을 안다면 말이다. 그렇다면 나는 오늘 당신에게 묻고 싶다. 당신은 누구를 믿기로 결정할 것인가? 당신의 생각인가, 아니면 당신의 영혼과 창조주인가? 그 남자가 당신의 마음을 아프게 할 때, 당신이 무가치하다고 느껴질 때 당신은 누구를 믿을 것인가? 당신의 생각인가, 아니면 신인가? 친구가 당신을 아프게 하고 당신을 끼워주지 않을 때, 남들과 어울리려고 자기 본모습을 바꾸고 싶은 유혹이 들 때, 당신은 누구를 믿을 것인가? 당신의 생각인가, 아니면 신인가? 상사가 당신을 승진시키지 않거나 당신의 아이디어를 가치 있게 여기지 않을 때 당신은 누구를 믿을 것인가? 그들인가, 아니면 신인가? 데이트했던 사람이 당신을 무시하고 깎아내린다고 느낄 때 당신은 누구를 믿을 것인가? 그들인가, 아니면 신인가? 출판사나 수많은 출판업자가 당신의 원고를 거부할 때 당신은 누구를 믿을 것인가? 그들인가, 아니면 신인가? (감사하게도 전 세계 베스트셀러 작가들은 처음에 그들의 책을 거절했던 출판사들의 말보다 자신의 창조주의 말씀을 믿는 쪽을 선택했다. 그 믿음 덕분에 지금의 베스트셀러가 될 수 있었다.) 오프라에게 전화번호를 받았는데 자신이 그의 친구가 될 자격이 있는지 의심스러워 전화를 걸지 않을 때, 당신은 누구를 믿을 것인가? 당신인가, 아니면 신인가? 나는 거의 4년 동안 내 생각을 믿었고, 감사하게도 마침내 신이 나에 관해서 하는 말씀과 내 영혼이 나에 관해 알고 있는 진실을 믿기로 결심했다. 이제 오프라는 그저 멘토만이 아닌 친구가 되었다. 하나님, 감사합니다. 성장에도 감사합니다. 그리고 용기에도 감사합니다.

> 그러므로 아들이 너희를 자유롭게 하면,
> 너희가 참으로 자유로우리라.
> – 요한복음 8장 36절, 신국제역성경(NIV)

당신이 스스로 신앙이 깊다고 믿는 사람이라면, 자신이 충분하지 않다고 의심하는 순간들에 사실 당신의 마음을 믿고 하나님을 의심하고 있는 것이다. 그 순간에 드는 마음을 자기 의심이라고 말할지 모른다. 하지만 당신이 품고 있는 건 하나님에 대한 의심이다.

예를 들어, 당신이 내가 방금 공유한 성경 구절에서 하나님의 말씀을 믿는다고 하자. 당신이 믿는다면, 다음과 같은 일이 일어날 것이다.

당신이 스스로 무가치하다고 믿을 때마다 하나님께 '나는 당신을 믿지 않는다'라고 말하는 것이다.

당신이 스스로 사랑받을 자격이 없다고 믿을 때마다 하나님께 '나는 당신을 믿지 않아요'라고 말하는 것이다.

당신이 자신의 몸이 결점투성이라고 말할 때마다 하나님의 예술성과 비전을 의심하는 것이다. 당신이 자신의 몸이 잘못되었다고 말할 때 하나님께 잘못되었다고 말하는 것이다. 왜냐하면 당신은 하나님의 형상대로 만들어졌기 때문이다.

당신이 스스로 충분하지 않다고 결정할 때마다 '하나님, 나는 당신을 믿기보다 내 의심을 더 믿습니다'라고 말하는 것이다.

당신이 자격이 없다고 느끼거나 희망과 목표와 꿈을 가질 자격이 없다고 느낄 때마다, 당신은 사람들과 그들의 의견을 하나님 대신 떠받들기로 결정하는 것이다.

자, 그렇다면 당신은 누구를 믿을 것인가? 누구의 손과 말로 당신의 미래를 믿을 것인가? 다른 사람의 손과 말인가, 아니면 신의 손과 말인가? 누구에게 당신의 희망과 꿈을 맡길 것인가?

당신이 자기 생각보다 창조주를 믿는 법을 배울 때, 자기 의심과 무가치하다는 느낌이 드는 순간 스스로에게 '내가 정말로 의심하는 것은 누구인가?'라고 물어보면 된다. 이는 방정식을 즉시 풀 수 있는 비법을 알고 있는 것과 같다. 내게 이것은 가치 있는 삶으로 가는 가장 강력하고 즉각적인 지름길이자 삶의 지혜다. 만약 여러분이 자기 신앙을 중요하게 생각하지만, 자신감과 자존감 때문에 힘들어하는 사람을 알고 있다면 이 책과 도구를 그들과 함께 나누기 바란다.

> 그 순간에 드는 마음을 자기 의심이라고 말할지 모른다. 하지만 당신이 품고 있는 건 하나님에 대한 의심이다.

나는 이 도구를 갖기 전의 내 삶을 에스프레소가 빠진 라테와 비슷하다고 되돌아본다. 모든 사람이 스타벅스 컵을 가지고 돌아다니고 있다고 상상해보자. 그 컵에는 자신이 고른 우유와 스테비아가 들어 있고, 심지어 재밌는 모양의 차가운 바닐라 거품, 갈색 설탕으로 만든 시럽, 그리고 흩뿌린 캐러멜 위에 시나몬까지 뿌려져 있다. 하지만 그들은 에스프레소가 존재한다는 사실을 몰랐거나 믿지 않았기 때문에 컵에는 에스프레소가 들어 있지 않다. 그런데도 그것은 아침을 시작하기에 가장 좋은 라테일 것이다. 에스프레소가 없어서 약간 단조로운 맛이 날 수도 있지만, 그래도 당신을 버티게 해줄 것이다. 그런 다음 이런 라테를 마시는 사람들 전부가 에스

프레소를 발견하고 그들이 가장 좋아하는 커피 음료에 에스프레소를 추가한다고 상상해보라. 그들은 힘과 선善이라는 완전히 새로운 우주에 들어서게 된다! 이 비밀 재료를 받아들이는 법을 배우는 것은 내게 이와 같은 느낌이다. 나는 창조주의 말씀을 믿는다. 나는 자기 의심이 올라올 때마다 억누르고 묻는다. '내가 정말로 의심하는 건 누구인가?' 그것은 완전히 새로운 선의 세계다. 그리고 가장 좋은 점은 매일 스타벅스에서 하는 습관과 달리 이 비밀 재료는 공짜라는 것이다.

우리의 생각, 특히 자기 제한적 생각은 믿기가 너무 쉽다. 남들과 어울리기 위해 우리 빛을 어둡게 하라고 배운 세상에서 자랐기 때문에, 자신을 의심하는 것이 자신을 믿는 것보다 훨씬 더 편안하다. 우리 귀에 크고 명확하게 울려 퍼지는 자신의 생각을 믿는 것이 우리가 볼 수 없거나 쉽게 들을 수 없는 창조주를 믿는 것보다 더 안전하게 느껴진다. 하지만 우리의 운명에 관한 한 우리에게는 3가지 선택권이 있다.

첫째, 사람들이 우리에 관해서 하는 말을 신뢰할 수 있다.

둘째, 부정적인 생각이 우리에 관해서 하는 말을 신뢰할 수 있다.

셋째, 신과 우리의 영혼이 우리에 관해서 하는 말을 신뢰할 수 있다.

셋째를 더 신뢰할수록 나의 진정한 힘과 운명과 더 일치된 느낌이 든다.

우리는 영적인 경험을 하는 인간이 아니다.

> 우리는 인간적인 경험을 하는 영적인 존재다.
> - 피에르 테야르 드샤르댕Pierre Teilhard De Chardin (프랑스의 신부이자 철학자)

창조주가 당신에 대해서 하는 말을 듣는 법은 다양한 수련이 필요하다. 어떤 말은 다른 말보다 당신에게 더 큰 울림을 줄 수 있다. 영적인 글과 경전을 찾아보는 것도 좋은 방법이다. 교회에 가서 목사님이나 메시지, 음악을 통해 창조주가 당신에게 하는 말이 들리거나 느껴지는지 살펴보는 것도 좋은 방법이다. 가만히 있거나, 명상하거나 기도하면서 당신에게 오는 말을 들어보는 것도 좋다. 이것은 내가 가장 좋아하는 수련법이다. 들리지 않고 느낄 수만 있는 조용하고 작은 목소리 같은 속삭임이나 감각을 감지할 때 나는 그것을 믿는다.

《어두운 숲길을 단테와 함께 걸었다》의 저자 마사 벡Martha Beck은 "모든 진실은 근육을 이완시키고, 모든 거짓말은 근육을 긴장시킨다"라고 말한다. 내 머릿속 생각과 속삭임, 앎, 그리고 실제로 믿어야 하는 것을 구별하는 하나의 방법은 그것이 내 몸에서 진실처럼 느껴지는지 확인하는 것이다. 그것은 또한 어떤 생각이나 느낌이 신에게서 온 것인지, 아니면 내 머릿속에서 나온 것인지 구별하는 방법이기도 하다. 움직이지 않고 살펴볼 때, 우리의 실제 생리 기능은 무언가가 진실인지 아닌지를 알려주는 단서를 준다. 우리의 정신이 알지 못할 때조차도 우리 영혼은 알고 있다. 이것은 또한 어떤 교회, 종교, 종교적 관습, 심지어 직업, 관계, 우정이 자신에게 맞는지를 확인하는 훌륭한 방법이기도 하다. 당신의 몸에서는 어떤 느낌이 드는가? 당신의 몸은 거짓말을 할 때처럼 긴장되는가, 아니면 진실일 때처럼 몸이 이완되고 신경계가 평화롭게 느껴지는가?

> 당신이 누구와 함께 걸어 들어가는지 기억한다면, 어떤 방에 들어서더라도 두렵지 않을 것이다.

나는 자기 의심이 다른 어떤 것보다 더 많은 꿈을 죽인다고 믿는다. **자기 의심은 사실 우리가 자신에 대항하여 만들어낸 무기다.** 하지만 당신이 신앙을 지니고 있을 때, "너를 치려고 만들어진 어떤 무기도 소용이 없을 것이다."(이사야서 54장 17절, 흠정역성경), 그리고 **우리가 가치 있다고 느끼지 않을 때, 우리는 믿음 안에 없는 것이다.** 세상은 평생 동안 당신에게 '너는 충분하지 않아'라고 말하도록 평생 훈련시켰다. 하지만 단 하나의 기도, 단 하나의 고요하고 작은 목소리, 단 하나의 앎 속에서 당신의 창조주와 영혼은 당신이 충분하다고 말할 것이다. 나는 내 영혼이 이렇게 말하는 것을 들었다. "'나는 ○○이다'라는 그분의 말씀은 '나는 ○○하지 않다'라는 우리의 생각보다 훨씬 더 크다."

> 너희 안에 계신 이가 세상에 있는 자보다 크심이라.
> – 요한일서 4장 4절, 새생활영어역 성경(NLT)

고려해야 할 질문이 하나 있다.

당신이 "완벽하게 준비돼 있고 훌륭하게 만들어졌다"라는 하나님의 말씀을 의심하고, 그 대신 자기 의심을 믿는 것이 삶에서 이미 어떤 대가를 치르게 했는가? 관계에서는 어떤 대가를 치렀는가? 당신의 잠재력에는 어떤 대가를 치렀는가? 당신의 목적과 소명에 발을 들이는 능력에는 어떤 대가를 치렀는가? 나도 알고 있다. 받아들이기에는 너무 많은 것이 필요하다. 하지만 우리는 소심하게 행동하기 위해서가 아니라 진정한 자존감을 쌓기 위해 이곳에 왔다.

> 당신과 창조주와의 관계는 당신이 왜
> 창조되었는지 알 수 있는 유일한 방법이다.
> – 사라 제이크스 로버츠

지금까지 살아오면서 나는 나 자신을 의심하기 시작할 때마다 생각을 멈추고 이런 질문을 던진다. '내가 정말로 의심하는 건 누구인가? 나인가, 아니면 신인가?' 그러면 거의 매번 나는 그분의 말을 의심하고 자기 제한적인 생각을 믿는다는 사실에 다다른다. 그래서 바로 그 순간 나는 그분과 내 영혼을 믿기로 다짐한다. 그리고 바로 그 순간 나는 내 정신이 무슨 말을 하든 내 영혼은 그분을 믿기로, 따라서 내가 필요한 것을 가지고 있다고 믿기로 다짐한다. *나는 자격이 있다고 믿는다. 나는 준비되어 있다고 믿는다. 나는 재미있다고 믿는다. 나는 용감하다고 믿는다. 나는 똑똑하다고 믿는다. 나는 친절하다고 믿는다. 나는 그 방 안에 있을 자격이 있다고 믿는다. 나는 무대 위에 있을 자격이 있다고 믿는다. 나는 포옹 받을 자격이*

있다고 믿는다. 나는 칭찬받을 자격이 있다고 믿는다. 나는 답을 안다. 나는 준비되어 있다. 나는 충분하다. 나는 가치가 있다. 나는 이제 이것을 믿고 안다. 당신이 누구와 함께 걸어 들어가는지 기억한다면, 어떤 방에 들어서더라도 두렵지 않을 것이다.

예수께서 그들을 보시며 이르시되,
"사람으로는 할 수 없으나 하나님으로서는 다 하실 수 있느니라".
– 마태복음 19장 26절, 신국제역 성경

내가 이 가치의 도구를 적용한 횟수는 셀 수 없이 많다. 하지만 지금까지도 나는 가장 친절하고 영감을 주는 친구들과 커피를 마실 만큼 축복받았다는 사실이 믿기지 않는다. 그리고 그런 나는 도구를 사용해 '나는 그 자리에 있을 자격이 있다'라고 믿기로 결심한다. 지금까지도 나는 무대에서 강연 요청을 받을 때마다 내가 하는 말이 충분히 영향력을 발휘할 수 있을지 의심하기 시작한다. 그러면 이 앎을 적용하고, 내가 도움이 될 준비가 되어 있지 않았다면 신이 강연 초청을 조율하지 못했을 것이라고 즉시 믿기로 다짐한다. 지금도 여전히 거울을 볼 때면 내 안에 기본 설정으로 자리 잡은 생각은 내가 스스로 결점이라 여기는 부분들을 찾아내려 한다. 그러면 나는 즉시 신을 믿기로, 나는 신의 형상으로 훌륭하게 만들어졌다고 믿기로 다짐한다. 나는 결코 신의 모습을 비판하지 않을 것이다. 그것은 전적으로 터무니없는 일이며, 당신과 내가 우리의 외모를 비판하는 것도 마찬가지다. 둘은 다르지 않다.

내가 취하는 모든 위험과 내가 공유하는 모든 아이디어, 내가 들어가는 모든 방, 나 자신과 내 영혼이 세상에 내놓는 모든 표현은 처음에는 거의 항상 그것으로 충분하지 않다고 의심하고 싶은 순간을 만나게 된다. 그리고 거의 항상 나는 이 도구로 그 순간을 가로챈다. 그리고 나는 신에 대한 의심을 멈추기로 결심한다. 그리고 신을 믿기로 결심한다. 나는 창조주의 이미지로 놀랍도록 훌륭하게 만들어졌다고 믿기로 한다. 그리고 당신도 놀랍도록 훌륭하게 만들어졌다. 있는 그대로의 모습으로 말이다. **당신은 지금 이 순간에도 있는 그대로 충분하고, 완전히 가치 있으며, 조건 없이 사랑받을 자격이 있다.** 그리고 내가 배운 가장 큰 깨달음은 창조주를 진심으로 믿는 것이야말로 자신이 '가치 있다'고 진심으로 믿게 하는 가장 위대하고 즉각적인 지름길이라는 것이다.

> 신은 아마도 당신이 감당할 수 있는 것보다
> 더 많은 것을 주실 것이다. 하지만 신이 감당할 수 있는 것보다
> 더 많은 것을 당신에게 주지는 않을 것이다.
> – 호다 코트비 Hoda Kotb (미국 방송 저널리스트 겸 작가)

☑ **주목할 점:** 가치에 관해 내가 가장 좋아하는 성경 구절 모음집을 보려면 WorthyBook.com/Resources를 방문하기 바란다.

CHAPTER

22 독무

댄스 수업에 실수란 없다.
오직 독무만 있을 뿐이다.
- 작자 미상

내 남편 파울로는 브라질에서 태어났다. 브라질은 삼바 춤, 카포에이라capoeira 무술•, 미국인들이 사커soccer라고 부르는 아름다운 축구를 포함해 전 세계에 아름답고 리드미컬한 것들을 제공하는 나라로 알려져 있다. 리우데자네이루 거리를 걸어가다 보면 어디서나 음악 소리를 들을 수 있다. 파울로는 브라질인들이 태어날 때부터 춤을 춘다고 말한다. 그러니까 대부분의 브라질인이 그렇다는 뜻이다. 그러나 파울로는 예외다. 이유는 모르지만 파울로는 박치다. 어머

• 브라질 흑인들의 전통 무술로, 전통적인 춤, 무술, 음악을 결합해 만든 예술 문화.

니는 리듬감이 흠잡을 데 없고, 형은 음악적 재능이 뛰어난데도 말이다. 파울로에게는 리듬감이 없다. 정말로 전혀 없다. 그냥 서툰two left feet 정도도 아니다. 왼발만 두 개라면 적어도 두 발은 박자가 맞을 테니 말이다. 파울로는 내가 살면서 만난 사람 중 가장 똑똑하고 재능 있고 친절하고 재미있는 사람이다. 하지만 파울로는 리듬감 있게 춤을 추는 사람은 아니다.

    우리는 결혼식에서 전통적인 첫 번째 커플 댄스로 화려한 춤을 추지는 않기로 했다. 나는 앞뒤로 왔다 갔다 하는 중학교 스타일의 느린 춤을 추기를 바라며 기대치를 확 낮췄다. 내 목표는 우리가 박자에 맞춰 춤을 추는 것뿐이었다. 파울로가 이런 내 소박한 야망에 인내심을 보여줄 때마다 나는 박자에 맞춰 함께 숫자를 세도록 했다. 예를 들어 TV를 보다가 중간에 광고가 나오는 시간이나 자동차를 타고 이동하는 중에 노래를 틀어놓고 '하나, 둘, 셋, 넷, 다섯, 여섯, 일곱, 여덟'을 세어보게 했다. 이것은 내가 파울로에게 부탁한 활동 중에서 가장 싫어하는 일이었을 것이다. 파울로는 박자를 세느니 차라리 쓰레기통을 비우거나 마당에서 개똥을 치우고 싶었을 것이다. 아니면 여덟 박자를 세거나 세는 소리를 듣는 것만 빼고 다른 집안일이나 활동은 뭐든지 했을 것이다.

    거실에서 많은 연습을 하고 난 후에는 중학교 스타일로 투스텝 박자에 맞춰 느리게 춤추고 싶은 마음조차 점점 사그라들었다. 나는 더 극단적인 방법을 써야 했다. 그래서 훌륭한 무용 교사인 친구를 초대했고, 우리 셋은 여러 번 거실에 앉아 파울로에게 음악 속에서 여덟 박자를 듣는 법을 가르치기만 했다. 파울로는 마침내 그 여덟 박자를 들을 수 있었다! 게다가 여덟 박자를 세기까지 했다! 다음 단계는 동작을 추가하는 것이었다. 먼저 박자에 맞춰 발을 내딛는 것부터 시작했다. 잘 되지 않자, 친구는 박자에 맞춰 손뼉을 치는 훈련으로 바꿨다. 우리는 모두 가만히 서서 음악을 들으며 둘, 넷, 여섯, 여덟 번째 박자에 손뼉 쳤다. 파울로가 잘 해내자, 그는 파울로에게 혼자서 손뼉을 쳐보라고 요구했다. 그때부터 문제가 생기기 시작했다. 파울로는 매번 반 박자씩 늦게 손뼉을 쳤다. 두 박자 하고 반에 치기도 하고, 그다음엔 마구잡이로 다섯 번째 박자에 손뼉을 쳤다. 나는 웃지 않으려고, 파울로가 비난받는다는 느낌을 받지 않게 하려고 안간힘을 썼다. 파울로는 우리 곁혼식을 위해 그 춤을 간절히 추고 싶어 했다.

당신은 인생의 어느 순간을 되돌아보며 이렇게 생각해본 적이 있는가? '지금 알고 있는 것을 그때 알았더라면 좋았을 텐데.' 파울로에게 우리의 첫 번째 결혼식 춤을 가르치려고 노력했던 때도 그 중 하나다. 결혼식을 치르고 몇 년 후 댄스 수업에서 배운 인생의 교훈을 그때 알았더라면 파울로와 나는 훨씬 더 행복하고 즐거웠을 것이다.

인생을 바꿀 만한 교훈은 트워킹 수업을 듣던 중에 일어났다. 맞다, 트워킹이다. (할머니, 트워킹은 허리를 구부리고 엉덩이를 의도적으로 흔들어대는 댄스 스타일이에요. 지금은 대세가 되었죠. 트워킹은 그 옛날 엘비스 프레슬리의 충격적인 엉덩이춤이 주류였던 시절을 마이너리그처럼 보이게 만들었답니다.)

친구들과 나는 마음 챙김 수련회에서 댄스 수업을 듣고 있었다. 선생님은 다양한 연령대에 다양한 수준의 댄스 경험과 몸을 쓰는 데 익숙한 정도가 서로 다른 12명 정도의 여성으로 구성된 우리 그룹을 열렬히 지도하고 있었다. 1시간짜리 수업에서 우리는 3분 정도 지속되는 루틴을 배우고, 수업이 끝날 무렵에는 트워킹을 포함한 그 루틴을 일제히 수행하는 것이 목표였다.

수업이 시작된 지 30분 정도가 지나자, 우리는 전체적으로 로켓츠Rockettes•보다는 야생 토끼 무리처럼 보였다. 누구도 정확히 똑같은 시간에 뛰거나 발을 차지 않았다. 나는 수업에 참여한 여성 중 한 명이 정말로 패배감을 느끼고 있다는 사실을 알아차렸다. 선생님이 오프닝 동작을 아무리 많이 시켜도 그는 동작이 바뀌는 전환 부분을 제대로 해내지 못하는 것 같았다. 첫 네 박자에 발을 딛고, 딛고, 손뼉 치고, 회전한 다음 빠르게 허리를 숙여 다음 네 박자에 트워킹, 트워킹, 트워킹, 트워킹을 하는 동작이었다. 그는 회전할 때 계속 균형을 잃으며 선 밖으로 발을 내디뎠다. 교실 앞쪽 벽에는 커다란 거울이 놓여 있어서, 우리가 춤을 출 때마다 누구의 동작이 일치하지 않는지 반 전체가 볼 수 있었다. 서너 번의 실수 끝에 이 여자분의 눈에 눈물이 글썽이는 것 같았다. 나는 그가 수업을 그만두고 나갈까 봐 걱정되기 시작했다.

그 순간 선생님이 수업을 멈췄다. 선생님은 환한 미소와 인내심이 가득한 얼굴로 자랑스럽게 말했다. "댄스 수업에서 실수란 없어

• 미국의 라인 댄스 회사.

430

요. 독무만 있을 뿐이죠."

우리는 그 말이 마음에 들었고, 모두 안도하며 함께 웃었다. 그 순간부터 수업은 정말 재미있어졌다. 나는 동작을 완벽하게 하겠다고 결심했다가 뜻대로 잘되지 않으면 이렇게 외쳤다. "내 독무 봤어?" 친구들도 나처럼 말하기 시작했다.

"그 독무가 정말 좋았어." 한 명이 다른 한 명에게 말했다.

"난 솔로 아티스트야." 다른 한 명이 웃으며 말했다.

그저 관점만 바꿨을 뿐인데 방 안의 에너지가 어떻게 변하는지, 나는 그 힘과 아름다움을 수업 도중 한순간에 깨달았다. 어릴 적 체조와 댄스 수업을 들을 때 누군가 일치된 동작에서 벗어나거나 의도적으로 자기만의 동작을 하면 그것은 실수로 여겨졌다. 창피한 일이었다. 수업의 목표는 박자나 대형에서 어긋나지 않도록 하는 것이었다. 목표는 전체 그룹이나 수업이 완벽하게 동시에 움직이는 것이었고, 모두가 똑같아지는 것이었다.

하지만 기쁨과 자유가 성인 댄스 수업을 장악하는 것을 지켜보면서 나는 교실 벽 너머로 뻗어나가는 훨씬 더 큰 관점의 변화를 경험했다.

> 삶의 독무는 진정한 아름다움이 있는 곳이다.
> 독무 안에서 창의력이 촉발된다.
> 독무 안에서 아이디어가 탄생한다.
> 독무 안에서 억눌렸던 마음의 벽이 무너진다.
> 독무 안에서 대물림되는 악순환이 영원히 끝난다.

독무 안에서 참신한 아이디어가 탄생한다.
독무 안에서 사업이 탄생한다.
독무 안에서 당신의 영혼이 자신을 느낀다.
독무 안에서 진정성이 번성한다.
독무 안에서 아름다움이 빛난다.
독무 안에서 깨달음의 순간이 찾아온다.
독무 안에서 신과의 춤이 가장 친밀하게 느껴진다.
그 모든 일이 독무 안에 있다.

만약 당신이 독무(특히 즉흥적이거나 계획에 없던 독무)가 찬양받지 못하는 댄스 수업 속에서 삶을 보내고 있다면, 이제는 새로운 수업을 들을 때다. 댄스 수업이나 인생에서 실수란 없다. 오직 독무만 있을 뿐이다. 그리고 독무는 당신만이 할 수 있고, 오직 당신만 느낄 수 있으며, 당신이 선택한 삶이라는 음악의 박자가 무엇이든 그에 맞춰 출 수 있다.

당신은 절대 형편없는 댄서가 아니다. 당신은 독무를 추기 위해 태어났다.

파티 댄스 무대에서 최고의 댄서는 기술적으로 가장 잘 훈련된 사람인 경우가 드물다는 사실을 알아차린 적이 있는가? 최근에 유행하는 댄스를 잘 알고 있거나 박자에 가장 완벽하게 맞추는 사람인 경우도 아닐 때가 많다. 파티 댄스 무대에서 최고의 댄서는 거의 언제나 무아지경으로 빠져든 사람이다! 회사의 연말연시 파티든, 가족이나 지역사회 모임이든, 결혼식 댄스 무대든(내가 어떤 무대를 말하는지 알 것이다) 상관없다. 절대적으로 확실하게 댄스에 몰입하는 사람이 최고의 댄서다. 조금도 주저하지 않고서 말이다. 그들의 춤에 부끄러움은 없다. 그리고 발을 딛고 바닥을 밀고 발끝을 뻗고 자세를 취하고 점프하고 회전하는, 모든 영혼에서 우러나오는 움직임마다 그들은 뚜렷하고 전염성 강한, 감탄할 만한 에너지로 자신 있게 공간을 채운다.

> 당신은 절대 형편없는 댄서가 아니다. 당신은 독무를 추기 위해 태어났다.

그들은 모두가 가장 존경하는 사람이며 남몰래 가장 닮고 싶어 하는 사람이다. 기술이 부족함에도 그들은 어떻게든 완전히 영광스러운 모습을 보여준다. 그들은 자신감이 넘치며 걱정을 거의 보이지 않는다. 그들은 기쁨으로 가득 차 있고 의심이 전혀 없다. 그들은 가장 충만하게 생동감 넘치는 사람이다. 그들은 가장 자유로운 사람이다.

당신 인생 최고의 댄서가 돼라. 당신의 꿈에 가장 충실하게 헌신하는 사람이 돼라. 독무가 다가오는 것을 느끼고 팔을 활짝 벌려 그것을 환영하며, 당신의 영혼만 아는 박자에 맞춰 다리를 움직이고 완전히 제멋대로인 영혼의 노래를 부르며 당신 삶의 아름다움에 맞춰 춤추는 사람이 돼라. 전력을 다해 춤춰라.

독무를 추기 위해 허락을 받을 필요는 없다. 당신은 독무를 추기 위해 이 땅에 왔다. 당신의 독무를 평가할 선생님은 필요 없다. 오직 당신의 영혼만이 그럴 자격이 있다. 춤을 추기 위해 댄스 수업은 필요 없다. 온 세상이 당신의 댄스 무대다.

CHAPTER 23 당신은 가치 있다 – 빅토리 랩은 이제 시작된다

Que la vida me perdone las veces que no la viví.
삶이 내가 살지 않았던 모든 시간을 용서해주길.
– 작자 미상

우리 엄마 나나가 내 삶을 송두리째 바꿔놓은 순간이 두 번 있었다. 첫 번째는 내가 태어난 날에 나를 입양했을 때였고, 두 번째는 45년이 지난 후 엄마가 돌아가시던 날에도 그때만큼 강력하게 내 삶을 바꿔놓았다. 엄마는 내 영혼을 울리는 말들을 남기셨다. 그 교훈을 깨달은 후의 삶은 절대 전과 같을 수 없다는 걸 나는 즉시 알아차렸다.

이해하기 쉽게 좀 더 자세히 설명해주겠다. 나는 평생 배움을 이어가며 살아가는 힘, 그리고 항상 배우고 성장하고 남을 돕고 나누고 창조하고 변화하는 삶의 힘을 믿는다. 그 모든 과정은 오프라가

말했듯 '자기 자신의 가장 진실하고 고귀한 표현highest, truest, expression'
이 되기 위한 여정이다. 그리고 진정한 성취감을 느끼기 위해서는
언제나 우리 자신을 성장시키고, 적어도 삶의 어떤 한 영역에서는
타인에게 기여하는 삶을 살아야 한다고 나는 믿는다.

우리 엄마 니나Nina는 자신의 이름을 숫자 9nine에 'a'를 붙인 '나이나'로 발음했다. 내가 태어난 날부터 엄마는 나의 진정한 슈퍼히어로였다. 나를 입양한 아버지가 책임을 다하지 못했을 때도 엄마는 모든 걸 지탱했다. 아버지가 수십 년간 알코올 중독과 도박, 외도로 전쟁을 치르는 동안 엄마는 든든한 버팀목이 되어주었다. 물론 아버지 마이크도 존경할 만한 자질이 많았고 나름대로 최선을 다해 나를 사랑해주셨지만, 내 인생에서 가장 큰 축복은 한없는 사랑을 베풀어준 우리 엄마였다. 내가 여섯 살이 되었을 때, 아빠가 수없이 약속을 깨는 걸 견디지 못한 엄마가 마침내 이혼했다. 그것은 자신에게 더 많은 가치가 있다고 판단하고 그 앎에 관해 무언가를 하겠다는 힘든 결정을 내린 누군가를 목격한 첫 사례였다. 엄마는 나중에 새아버지 데니스와 결혼했다. 데니스는 내 인생에서 또 하나의 사랑스러운 버팀목이 되었다. 엄마는 내게 열심히 일하는 노동의 가치를 가르쳐주신 분이었다. 어머니는 충분히 노력하고 그것이 사실 가능하다고 믿기로 마음먹으면 무엇이든 가능하다는 것을 가르쳐주셨다. 엄마는 내가 어린 시절 내내 열심히 일하셨다. 일주일 내내 일하신 적도 많았다.

어릴 적에는 언젠가는 내가 돈을 많이 벌어서 엄마가 고생하며 일하지 않아도 되기를 꿈꾸곤 했다. 엄마가 나를 돌보기 위해 열심

히 일하셨던 것처럼 내가 엄마를 돌볼 수 있는 날을 꿈꾸었다. 평생 엄마를 자랑스럽게 해드리고 싶었다. 우리 아빠 마이크는 내가 입양되었다는 사실을 절대 알려주지 않으셨지만, 나는 스물일곱 살에 우연히 그 사실을 알게 되었다. 그 모든 일을 겪고 몇 년 후, 엄마를 향한 내 사랑은 더 깊어졌다. 엄마는 나를 원하셨다. 엄마는 나를 선택하셨다. 엄마는 이 세상에서 나와 가장 가까운 사람이다. 그리고 나도 언제나 엄마를 선택할 거라고 알려드리고 싶다.

잇코스메틱스를 성공적으로 설립하고 엄마가 은퇴하도록 도울 여력이 됐을 때, 엄마는 이미 너무 열심히 일하는 데 수십 년을 바친 후였다. 그리고 그 일이 엄마의 건강에 엄청난 영향을 미친 후였다. 엄마는 여러 질병과 더불어 자가면역질환인 피부경화증 진단을 받으셨다. 내가 엄마를 위해 꿈꾸었던 은퇴 생활 대신 초점은 최고의 의사와 의료진을 찾는 쪽으로 옮겨졌다. 엄마는 마지막 10년 동안 응급실, 중환자실, 병원을 거쳐 집에서 회복하는 과정을 반복했다.

아픈 부모를 둔 적이 있다면 부모와 자식 간의 역할이 뒤바뀐 그 순간을 공감할 수 있을 것이다. 어느 날 갑자기 우리는 자랄 때 부모님이 우리에게 그랬듯 밤을 지새우며 걱정하는 사람이 돼버린다. 그 역할 전환의 순간은 우리를 압도할 수 있다. 나는 엄마를 위해 내 힘으로 할 수 있는 모든 일을 했고 쓸 수 있는 모든 돈을 썼다. 엄마의 삶을 연장하려고 애쓰면서, 엄마가 최대한 기분 좋게 느끼는 데 도움이 되는 일이라면 뭐든지 하려고 애쓰면서. 마지막 몇 년 동안 엄마는 병원 밖보다 병원 안에서 보내는 날이 더 많았다. 나는 그럴 때마다 엄마가 무사히 퇴원해서 집으로 돌아오기를 바랐다. 엄마는 더 오래 살기 위해 싸우고 싶다고 계속 말했다. 결혼한 지 40년이 지났지만, 여전히 깊이 사랑하는 데니스를 떠나고 싶지 않다고 말했다. 엄마는 손주들이 자라는 모습을 보고 싶어 했다. 엄마는 계속 싸우고 싶어 했고, 우리는 함께 싸웠다. 그건 힘든 싸움이었다. 너무, 너무나 힘들었다. 의사들이 매번 내게 "어머니가 나아지지 않을 거라는 거 알고 계시죠?"라고 말할 때마다, 나는 "그걸 바꾸려면 어떻게 해야 할까요?"와 "엄마가 그 문제에 관해 어떤 말을 하든 그건 사실이 아니에요"라고 대답했다. **몸이 무너지고 있던 순간에도 엄마의 빛을 밝히는 건 희망과 투지, 그리고 살겠다는 절실한 의지였다.**

2022년, 나는 가능한 모든 시간을 병원에서 엄마 옆에 머물며 보냈다. 의사들이 엄마에게 며칠밖에 남지 않았다고, 이번에는 도저히 다른 방도가 없다고 말하는 때가 오자, 우리는 엄마를 집으로 데려가기로 했다. 우리는 엄마가 창밖으로 비치는 햇빛을 볼 수 있도록 거실에 병원 침대를 설치했다. 밤에는 새아버지 데니스가 같은 방에 있는 안락의자에서 잤고, 나는 식탁 의자 몇 개를 일렬로 늘어놓고 그 위에 누워, 엄마 침대 바로 옆에서 밤새 엄마의 손을 잡고 잤다. 엄마와 눈을 마주치면 미소를 지었고, 엄마가 시선을 돌릴 때만 몰래 울었다. 그는 내 엄마였다. 내가 태어난 날 나를 선택한 사람이었다. 나는 엄마를 보내고 싶지 않았다. 엄마를 보내는 고통은 가끔 견딜 수 없었다. 나의 정체성은 언제나 강인했다. 병원에서는 엄마가 보살핌을 잘 받도록 하기 위해서 누구에게든 목소리를 높였다. 삶의 많은 영역에서 나는 강인한 사람이었다. 하지만 이제는 가장 약한 사람이 된 것 같았다. 내 인생에서 가장 사랑했던 사람을 잃는데도 아무것도 통제할 수 없다는 엄청난 비통함에 사로잡혀 있었다. 내 인생을 통틀어 가장 사랑했던 사람을 말이다. 그 사실이 나를 무릎 꿇게 했다.

호스피스 직원들과 많은 의사와 얘기를 나누면서 나는 사랑하는 사람에게 그들이 떠나도 괜찮다는 사실을 깨닫게 하는 것이 중요하다는 걸 알게 되었다. 그러지 않으면 사람들은 엄청난 고통 속에서도 계속 싸운다. 그 시점에는 오로지 사랑하는 사람을 위해서만 삶을 붙들려고 하기 때문이다. 사랑하는 사람이 전해주는 축복을 받으면 그들은 평화롭게 다음 단계로 넘어갈 수 있다. 데니스와 나는 둘 다 일대일로 그렇게 했다. 데니스가 괴로워하며 울면서 병실을 나가는 모습을 보고 그가 엄마를 축복으로 보내주었다는 걸 알았다. 나는 새아버지가 그렇게 흐느끼며 우는 소리를 들어본 적이 없었다.

마지막 나날에 엄마는 손주들에게 보내는 다정한 영상 메시지를 즐거운 마음으로 촬영했다. 나는 엄마에게 생각나는 모든 질문을 던졌다. 엄마에게 에너지가 남아 있는 날에 우리는 엄마의 삶에 관해 깊은 대화를 나누었다. 무엇보다 나는 엄마를 어떻게든 위로하려고 노력했다. 엄마가 유난히 초롱초롱하고 힘이 남아 있는 것처럼 보이는 순간, 엄마는 내 눈을 깊이 들여다보고 계셨다. 나는 엄마에게 이렇게 물었다. "엄마, 제 미래에 관해 어떤 희망과 꿈을 품고 계세요? 제게 무엇을 가장 바라세요?"

나는 엄마가 내게 모든 것이 가능하며 내가 마음먹은 것은 무엇이든 할 수 있다고 말할 거라고 기대했다. 내가 계속 열심히 일하고, 사람들에게 영향을 미치고, 영감을 주기를 바란다고, 훌륭한 가치관과 훌륭한 본보기로 아이들을 키우기 바란다고 상기시켜 주리라 기대했다. 나는 엄마가 내 모든 목표와 꿈을 계속 성취하기를 바란다고 말해주기를 기대했다. 하지만 엄마가 한 말은 그것이 아니었다. 전혀 아니었다. 사실 어떤 면에서는 정반대인 말을 했다. 내가 물었다. "엄마, 제 미래에 관해 어떤 희망과 꿈을 품고 계세요? 제게 무엇을 가장 바라세요?" 엄마가 내 눈을 똑바로 바라보자 궁극적인 앎, 완전한 자신감, 완전한 진실의 느낌이 공기를 가득 채웠다. "네가 변하지 않았으면 좋겠어." 엄마가 말했다. "그게 너에게 바라는 엄마의 마지막 소원이야. 네가 변하면 정말 끔찍할 거야."

"변하지 마"라는 말을 들은 순간, 그 의미를 이해할 겨를도 없이 눈물이 뺨을 타고 흘러내리기 시작했다. 엄마는 내게 크고 분명하게 말하고 있었다. **"절대로 진정한 너를 바꾸지 마. 너는 지금 있는 그대로 충분하고 가치 있는 사람이야. 목표, 꿈, 성장, 성취 같은 것들도 물론 좋고 여정에서 흥미진진한 부분일 수 있어. 하지만 이 삶에서 진정으로 중요한 건 네 영혼이 아름답다는 진실뿐이야. 진정한 너."** 엄마가 이 세상에서 자신의 시간이 끝나가는 걸 알면서도 그런 말을 할 때, 거기 서서 울고 있던 마흔다섯의 나는 그때까지 한 번도 내가 있는 그대로 충분하다고 진심으로 느껴본 적이 없었다.

이것은 내게 완전히 새로운 발견이었다. 나의 진정한 앎이 학습

되고 조건화된 신념 체계를 뛰어넘는 순간이었다. 내 영혼이 내 정신을 압도했다. 나는 엄마가 하는 말이 진실임을 알았다. 나는 있는 그대로 가치 있고 충분하다. 나는 또 다른 것을 해야 했거나 할 필요가 없다. 당신도 마찬가지다.

나는 평생 엄마가 나를 자랑스러워하길 바랐다. 그리고 나중에는 세상이 나를 자랑스러워하길 바랐다. 그다음엔 신이 나를 자랑스러워하길 바랐다. 나는 평생 인정과 사랑을 혼동했다. 또한 성취와 사랑을 혼동했다. 애정과 사랑을 혼동했다. 박수와 사랑을 혼동했다. 그리고 세상이 정의하는 성공과 사랑을 혼동했다. 그러나 그 한순간에 엄마는 그 무엇도 중요하지 않다고 강조했다. 나는 엄마가 이렇게 말하고 있다는 것을 알았다. "그래, 당연하지. 직업, 목표, 희망, 꿈처럼 네가 원하는 영역에서 계속 성장하렴. 하지만 네 마음가짐을 바꾸지 마라. 너만으로도 진정으로 충분하고 언제나 충분했으니까." 엄마는 내가 과거에 숨겼거나 부끄러워했던 부분을 포함해 진정한 내 모습을 알았고, 진짜 나를 바꾸지 말라고 말하고 있었다. 진정한 내 모습으로 충분하다. 성취하거나 노력하거나 달성하지 않아도 된다. 내 미래에 대한 엄마의 가장 큰 희망은 내가 진정한 나를 바꾸지 않는 것이다. 엄마에게 나에 대한 다른 바람은 없다. 아무것도 없다. "네가 변하지 않으면 좋겠어. 그게 너에게 바라는 엄마의 마지막 소원이야. 네가 변하면 정말 끔찍할 거야."

긴 침묵이 방 안을 가득 채웠다. 아무 생각도 할 수 없고 그저 느낄 수밖에 없었다. 그리고 내가 말했다. "알았어요, 엄마. 안 변할게요. 약속해요." 엄마는 고개를 들어 내 눈가에서 더는 참지 못해 흐르는 눈물을 보셨다. "나도 엄마 말을 사람들과 공유할게요. 알았죠?" 나는 엄마가 이 눈물이 두려움이 아니라 주체할 수 없는 감사의 눈물이라고 느끼게 하려고 애썼다. 엄마와 함께 깍지 낀 손 위에 내 턱을 올렸다. 엄마의 마지막 날들 동안, 나는 그 손을 결코 먼저 놓지 않았다. "엄마, 날 사랑해줘서 고마워요. 날 사랑하기가 그리 쉽지 않았던 때에도 사랑해줘서 고마워요. 태어난 날에 날 입양해주셔서 감사해요. 날 선택해주셔서 고맙습니다. 엄마를 정말 많이 사랑해요."

"변하지 마"라는 계시가 내 마음 깊숙이 파고들었다. 그 이후로 나는 매일 그 말을 곱씹고 있다. 내 평생 어깨를 짓누르던 수십억 파운드의 기대와 충분하지 않다는 느낌이 들어 올려진 기분이다. 나는 여전히 같은 야망, 희망, 꿈, 목표, 영감, 동기를 가지고 있지만, 이제 그것들이 내 가치와 연결되어 있다고 생각하지 않는다. 나는 그것들을 여정에서 만나는 기쁨으로 여긴다. 나는 그것들을 동반자로 여긴다. 그것들은 내게 들어오고 나를 관통하는 창조주의 소명이다. 하지만 그것들은 나의 가치가 아니다. 이 계시는 내 영혼에 햇살처럼 노래한다. 그것은 진리와 같은 맛이 나고, 자유처럼 느껴진다.

나는 성장과 변화를 진심으로 소중히 여기고 축하하는 사람이다. 우리의 삶과 다른 사람들의 삶, 그리고 우리를 둘러싼 세상을 더 나은 곳으로 만드는 모든 방식으로 성장하고, 영향을 미치고, 봉사하고, 변화하겠다는 평생의 사명을 갖는 것은 아름답고 강력하다.

하지만 당신이 진정 누구인지, 당신의 영혼과 진정한 당신에 관한 한 당신은 이미 충분히 가치가 있고, 이미 사랑이다. 당신이 변화하기 위해 노력해야 할 것은 전혀 없다. 그래서 나 자신이나 다른 누군가를 위해 이런 소원을 품은 건 평생 처음이지만, 지금은 나와 당신을 위해 소원을 빈다. 진정한 당신에 관한 한, 절대 변하지 마라. 당신은 이미 당신이 되어야 할 모든 것을 갖춘 존재다. 당신은 완전한 사랑이다. 당신은 충분한 가치가 있다.

엄마가 이 세상에 육신의 모습으로 머문 마지막 날, 엄마가 가장 좋아하는 노래들로 내가 만든 플레이리스트를 계속 재생했다. 그러던 중 엄마는 얼굴에 환한 미소를 띠고 잠에서 깼다. 엄마는 내 손을 꼭 쥐고 말했다. "제이, 제이, 모든 게 너무 아름다워." 엄마는 데니스와 내가 보거나 이해할 수 있는 한계를 초월한 듯 보였다.

"무슨 뜻이에요, 엄마?"라고 내가 물었다.

"더 일찍 알았더라면 좋았을 텐데." 엄마가 말했다. "사람들이 서로 차지하려고 싸우는 것들 있잖니, 그 어떤 것도 중요하지 않단다. 이 세상은 그냥 모든 게 너무, 너무 아름다워." 엄마가 그 말을 남긴 뒤, 엄마 주변에 평화가 찾아와 방을 가득 채우는 것 같았다.

"몸은 좀 어떠세요?" 내가 물었다.

엄마는 나를 보고 미소만 지을 뿐 대답하지 않았다.

그때 내가 물었다. "엄마, 무서워요?"

엄마는 미소 띤 채 고개를 앞뒤로 흔들면서 "아니"라고 대답했다. 나는 이 순간이 평범한 순간이 아니라는 걸 직감했다. 엄마는 잠시 쉬었다가 다음에 일어났을 때 내게 속삭이려고 안간힘을 썼다.

"사랑해. 그리고 그 사랑은 절대 사라지지 않을 거야." 잠시 후, 내가 엄마의 왼쪽 손을 꼭 잡고 있고, 데니스가 오른쪽에서 엄마의 이마를 어루만질 때, 엄마는 이승에서의 마지막 숨을 조용히 내쉬었다.

"변하지 마라"라는 엄마의 말은 진실처럼 느껴졌다. 엄마의 영혼에서 내 영혼으로 이어지는 사랑의 시처럼 느껴졌다. 그리고 내 영혼에서 당신의 영혼으로 이어지는 사랑의 시로 엄마의 말을 전할 것이다.

엄마는 왜 일흔네 살에 이 말을 내게 처음으로 했는지 모르겠다. 어쩌면 내가 처음으로 이 질문을 했기 때문인지도 모른다. 아니면 엄마가 무엇이 정말 중요하고 무엇이 진짜 진실인지 더 깊이 이해하기 시작했기 때문일 수도 있다.

우리 엄마 니나는 노란색을 좋아했다. 벌새를 좋아했다. 나비도 좋아했다. 그리고 시즈 캔디도 좋아했다. 내가 자신을 믿지 않는 날에도 엄마는 나를 믿어줬다. 나는 인생의 대부분을 엄마가 나를 자랑스러워하길 바라는 마음으로 살아왔다. 하지만 엄마가 이미 나를 자랑스럽게 여기고 계셨다는 걸 깨닫지 못했다. 나는 평생을 하나님께 자랑스러운 존재가 되기 위해 애썼다. 이제는 한 치의 의심도 없이 하나님이 나를 자랑스럽게 여기지 않을 이유가 세상 어디에도 없다는 것을 안다. 그리고 나는 인생의 대부분을 자신이 자랑스럽고, 가치 있고, 사랑받을 만한 존재라고 느끼기 위해 애쓰며 보냈다. 그 지속적인 느낌에 도달하려고 내가 하거나 성취하거나 끌어들일 수 있는 것이 하나도 없음을 깨닫지 못했다. 사랑과 가치 있음을 지속적으로 느끼는 유일한 방법은 그것이 이미 우리 안에 존재한다는 사실을 아는 것뿐이다. 우리 내면 깊숙이 충만한 힘으로 우리 안에 있다. 다시 한번 말하겠다. **당신의 진정한 모습은 '사랑'이다. 사랑은 이미 당신 안에 있고, 당신이 사랑이다.** 그 나머지 모두는 인간의 경험이며, 우리가 계속하는 모험이다. 운이 좋다면 그것들은 결국 우리를 우리가 이미 갖고 있는 한 가지로 이끌 것이다. 엄마는 평생 엄마 안에 있던 모든 것을 내게 주셨다. 엄마는 하나뿐인 아이를 키우기 위해 정말로 최선을 다하셨다. 엄마가 평생 내게 쏟아부었던 모든 마음과 영혼에도 불구하고, "변하지 마라"라고 말씀하시며 다른 모든 것과 상관없이 있는 그대로 내가 충분하다는 교훈을 전해주는 그 순간, 그것은 나를 딸로 선택하고 키우는 엄마의 여정에서의 빅토리 랩victory lap● 처럼 느껴졌다. 엄마가 의도하지도, 계획하지도 않았던 빅토리 랩이었다. 그냥 그렇게 일어난 일이었다. 궁극의 순간과 교훈은 이 세상에서의 마지막 순간에 엄마를 통해 전해졌고, 엄마는 그걸 내게 남겼다. 그리고 나는 그것을 간직하고 있다. 지금, 당신이 선택하기만 한다면, 나를 통해 당신에게 전해질 것이다. 지금 당신이 엄마와 어떤 관계를 맺고 있든, 우리 엄마 니나가 지금 이 자리에 있다면 그는 당신을 두 팔로 감싸 안고 정확히 이렇게 말할 것이다. 당신을 있는 그대로, 변함없는 사랑으로 감싸안으면서….

● 우승 후 트랙을 한 바퀴 천천히 도는 것.

네가 변하지 않으면 좋겠어. 그게 너에게 바라는
내 마지막 소원이야. 네가 변하면 정말 끔찍할 거야.

- 니나 마리 도그스Nina Marie Daugs (돌아가신 우리 엄마)

당신의 승리는
당신이 충분하다는 사실을 아는 것이다

우리는 사랑하는 사람을 떠나보내면, 죽음뿐만 아니라 삶에 관해서도 생각하게 된다. 진정으로 중요한 것이 무엇인지 생각하게 된다. 이 세상에서 남은 소중한 날들을 어떻게 살고 싶은지 생각하게 된다. 사전에 따르면 '빅토리 랩'이란 경기가 끝난 후 승자나 우승 팀이 축하의 의미로 트랙이나 경기장을 추가로 한 바퀴 도는 것이라고 정의한다. 엄마와의 경험을 통해 내 영혼이 말 그대로 내 정신을 지배하게 된 후, 나는 이 말이 사실임을 알게 되었다. 우리가 있는 그대로 정말로 충분히 가치 있다는 것을 깨닫고 믿는 순간이 바로 우리가 승리한 순간이다. 우리 중 많은 이가 평생 동안 짊어지고 살아온 '나는 충분하지 않다'는 그 끊임없이 지치게 하는 무게가 들어 올려진다. 그리고 그 순간 우리는 마음을 열어 삶이 제공하는 무한하고 확장된 기쁨, 사랑, 가능성을 받아들일 수 있게 된다. 우리의 타고난 가치가 사실임을 깨닫고 그것을 포용하기 시작하는 순간이 삶을 향한 우리의 빅토리 랩이 시작되는 순간이다. 우리가 내면의 승리를 쟁취했음을 깨닫는 순간이며, 이제 외적으로 이루고자 하는 모든 일에서 훨씬 더 강력한 힘을 발휘할 수 있게 되는 순간이다.

내면의 승리를 쟁취하면, 우리는 자신이 하고 싶은 모든 일, 창조하고 베풀고 봉사하고 구축하고 구상하고 사랑하고 변화하고 외부에 영향을 미치고 싶은 모든 일에서 훨씬 더 강력한 힘을 발휘하게 된다.

빅토리 랩이라는 용어는 보통 승리한 후에 일어나는 일에 적용된다. 혹은 무언가의 끝에 적용된다. 하지만 빅토리 랩을 정의하는 훨씬 더 강력한 두 번째 방법이 있다면 어떨까? 이제 당신이 가치 없다는 무거운 짐을 내려 놓고 당신이 온전히 가치 있는 사람이라고 믿기 시작하고 알게 되는 순간이 당신이 평생 계속할 빅토리 랩이 시작되는 순간이라고 나는 믿는다! 경기가 끝날 때까지 기다리지 말고, 지금 이 시점부터 수십 년 동안 우리의 삶 전체를 빅토리 랩처럼 느껴지게 할 수 있다면 어떨까?

> 우리가 있는 그대로 정말로 충분히 가치 있다는 것을 깨닫고 믿는 순간이 바로 우리가 승리한 순간이다.

앞으로 수십 년 동안 달리겠다는 목표로 지금 당신의 빅토리 랩을 시작하라. 그건 삶이 여전히 힘들지 않다는 뜻은 아니다. 때로는 너무 힘들 수도 있다. 그건 당신이 비틀거리고 넘어지고 좌절에 직면하지 않을 거라는 뜻도 아니다. 그건 당신이 더는 야망이 없다는 뜻도 아니다. 그건 당신이 여전히 계획하고 있는 세상에 당신의 모든 재능, 재주, 열정, 사업, 아이디어를 펼치고 주고 봉사하고 만들고 제공하는 데 가까워질 거라는 뜻도 아니다. 그건 당신이 빅토리 랩의 일부로서 이 모든 일을 할 때, 더는 자신이 가치 없다는 느낌의 수십억 파운드짜리 짐을 짊어지려고 하지 않는다는 뜻이다. 당신이 있는 그대로 정말로 충분하다는 것을 알 때, 당신의 자존감은 단단해진다. 이제 당신은 안정적이고 자유로운 곳에서 희망과 꿈을 좇고 있다. 그리고 당신이 진정으로 가치 있다고 느끼고 확고한 자존감을 가질 때, 그것은 당신의 토대가 된다. 당신이 넘어졌을 때 계속 앞으로 나아갈 수 있도록 당신의 회복력을 북돋워 주는 토대가 된다. 그리고 당신이 넘어져서 세상에 수치스러워하든, 성취해서 세상으로부터 찬사를 받든, 그 어떤 것도 당신만으로 충분히 가치 있다는 사실, 당신 내면의 흔들리지 않는 가치에는 영향을 미치지 않는다는 사실을 아는 힘이 된다.

당신은 좋은 것을 위해 더 열심히 싸울 수 있고, 나쁜 것들로부터 더 빨리 회복할 수 있으므로 삶이 훨씬 더 아름다워진 어깨에 그 모든 것과 함께 자신이 가치 없다는 무게를 짊어지지 않을 때 말이다. 당신은 여전히 가장 고귀하고 진실한 버전의 당신이 되기 위해 노력하는 데서 큰 자신감을 찾을 수 있지만, 당신의 자존감은 그 모든 것에 영향을 받지 않은 채 그대로 유지된다.

우리가 자신의 가치를 키우고 성장시키기 시작할 때, 그리고 평생에 걸쳐 짊어온 참을 수 없는 짐의 무게가 서서히 가벼워질 때, 우리는 빅토리 랩의 트랙으로 향하는 첫걸음을 내디딘 것이다. 모든 부침 속에서 우리 앞에 놓인 미래는 덜 흐릿하고 더 명확하며, 무한히 가능해 보인다. 왜냐하면 이제 우리의 앎은 놀랍게도 우리가 한때 의심했던, 우리가 사실 세상에서 가장 큰 희망, 가장 원대한 꿈, 그리고 모든 조건 없는 사랑을 받을 자격이 있다는 사실을 확실히 알고 있기 때문이다. 자신이 이미 충분히 가치 있는 존재임을 안다는 것은 당신의 열망이나 추진력을 약하게 만들지는 않는다. 오히려 성취감을 느끼고, 자신이 추구하고 성취하려는 것들을 실제로 즐길 수 있게 해준다. 앞으로 수십 년이 지나도 여전히 이 세상에서 하고 싶은 모든 것에 대해 내면에서 끊임없이 불꽃이 일어날지 모르지만, '당신은 충분하지 않다'는 러닝머신에서 벗어나 내면의 자유로운 빅토리 랩의 트랙을 달리고 있을 것이다.

엄마는 자기 삶이 끝날 때, 내가 죽을 때가 돼서야 이 교훈을 배우지 않도록 미리 선물을 주셨다. 이 교훈을 받아들이고 공유하려고 우리 삶이 끝날 때까지 기다리지 말자. 먼저 이 교훈이 우리 내면 깊숙한 곳에 뿌리내리게 하자. 그런 다음 파괴해야 할 자기 의심과 완수해야 할 아름답고 강력한 숙명을 가진 사람을 데려오자. 오늘 우리가 온전히 가치 있는 사람이라는 것을 알고 인생의 빅토리 랩을 달리기 시작하자. 그렇게 하면 남은 삶 동안 우리가 달려야 할 트랙이 훨씬 길게 놓일 것이다. 가장 큰 승리는 우리가 그것을 온전히 받아들이기 위해 바꿔야 할 것은 아무것도 없음을 깨닫는 것이다.

빅토리 랩은 삶의 부침과 함께 우리가 완전히 실패한 순간이나 숨이 멎을 만큼 아름다운 순간에도 여전히 우리를 찾아올 것이다. 하지만 우리가 있는 그대로 충분히 가치 있는 사람이라는 사실을 알 때 우리는 평화롭게 살고, 주변에서 무슨 일이 일어나든 우리 안에는 흔들리지 않는 가치가 있다는 것을 안다.

자신의 가치를 알 때 우리는 다르게 움직인다.

– 작자 미상

기억하라. 당신은 이제 빅토리 랩을 시작하고 있고 규칙은 없다! 당신은 트랙 위에서 자유롭게 달리는 사람이라는 사실을 축하하며 완전히 몰입하여 독무를 출 수 있다. 당신만의 속도로 매우 우아하게 달릴 수 있다. 심지어 트랙에서 벗어나거나, 발에 걸려 넘어지거나, 1분 동안 뒤로 달리기 시작할 수도 있다. 가끔 걷거나 기어가도 괜찮다. 빅토리 랩에서는 낮잠도 허용된다. 빅토리 랩에서는 완벽함을 느끼기 위해 다른 누구도 필요하지 않지만, 결코 혼자가 되지 않을 것이다. 살갗에 닿는 산들바람, 얼굴에 비치는 햇살, 등을 스치는 바람, 트랙 옆의 풀잎과 야생화 속에서 당신은 창조주와 함께하는 느낌을 받을 것이다. 그리고 다른 주자가 넘어졌다가 다시 일어나도록 도와주거나, 그들이 있는 그대로 눈에 띄고, 귀중하고 충분하다는 사실을 기억하도록 도와줄 때마다 신성한 목적을 일깨워주는 영혼의 충만함을 느낄 것이다. 나도 당신과 함께 바로 거기서 내 빅토리 랩을 달리고 있을 것이다. 만약 당신이 초콜릿이나 치토스를 먹으며 휴식을 취하고 싶거나 바깥 풍경을 감상하기 위해 옆에 놓인 담요 밑에 몸을 파묻고 싶다면, 언제든 내가 가장 좋아하는 포근한 담요를 당신과 함께 나눌 것이다. 우리는 함께 커피나 차를 마시거나, 심지어 '가치Worthy' 머그잔에 담긴 축하의 와인을(비난하지 마시길) 함께 마실 수도 있다.

그리고 빅토리 랩에서 우리는 자기만의 페이스로 달릴 뿐 아니라 사랑을 가득 담아 함께 달리기도 한다. 가장 아름다운 부분은 사람들도 있는 그대로 가치 있음을 알기에 우리 각자가 지금 당장 그들만의 빅토리 랩을 시작하라고 초대하고 격려하고 바통을 넘겨줄 힘을 가지고 있다는 점이다. 우리는 넘겨줄 무한한 바통을 가지고 있어서, 그들의 삶에서 빅토리 랩을 달리라고 계속 다른 주자들을 초대할 수 있다. 거기에서 그들은 자신이 있는 그대로 충분하게 태어났음을 깨닫게 된다. 그리고 그렇게 할 때 우리 자신의 질주는 훨씬 더 목적의식을 갖게 된다. 우리가 할 수 있는 한 많은 사람을 빅토리 랩으로 초대하자.

우리의 모든 힘을 다해, 어떤 소녀도, 어떤 여자도, 어떤 사람도 뒤처지게 하지 말자.

어쩌면 당신은 평생 삶의 승리와 우승이 다른 사람들에게 일어나는데 당신에게는 일어나지 않는 일처럼 느꼈을지 모른다. 어쩌면 당신은 승리했다고 생각하려면 가야 할 길이 너무 멀고, 증명해야 할 것이 너무 많고, 훨씬 더 똑똑해져야 하고, 훨씬 더 열심히 일해야 한다고 느꼈을지 모른다. 하지만 모두 거짓말이다. 우리가 결코 도달할 수 없고, 언제나 성취감을 주지 못하는 곳으로 가기 위해 부단히 노력하게 만드는 거짓말들이다. 거짓말은 결코 사랑으로 이어지지 않는다. 진실이 사랑으로 이어진다. 그리고 진실은 이것이다. 있는 그대로의 당신이 바로 승리다.

> 있는 그대로의 당신이 바로 승리다.

당신에게는 충분하지 않다는 느낌의 짐을 어깨에서 영원히 떨쳐버리고 오늘부터 빅토리 랩을 달릴 힘이 있다! 어쩌면 빅토리 랩은 당신이 더는 훤히 보이는 곳에 숨지 않겠다고 결심하는 데서 시작될지 모른다. 거절에 대한 당신의 새로운 정의를 믿는 것으로 시작될지 모른다. 예를 들어, 이렇게 말하는 것이다. '이봐, 거절. 넌 나를 과소평가하고 싶겠지만 내가 시간을 덜어줄게. … 그러지 마.' 어쩌면 빅토리 랩은 당신이 미친 게 아니라 처음이라고, 당신 안에 위대함이 있다고 마음먹는 데서 시작될지도 모른다! 어쩌면 빅토리 랩은 당신에게 상처 준 사람과 당신 자신을 용서하고, 과거에 저지른 실수가 곧 당신은 아니라는 사실을 완전히 받아들이는 데서 시작될지 모른다. 어쩌면 빅토리 랩은 우리cage에서 빠져나와 새로운 서클을 만들기로 결심하는 데서 시작될지도 모른다. 아니면 당신을 가로막고 있는, 당신이 가치가 없다는 거짓말 중 하나를 잊기로 결심하는 데서 시작될지도 모른다. 어쩌면 당신은 목표 체중이 되기를 기다리지 않기로 결심하거나, 영웅이 나타나기를 기다리지 않고 자신이 영웅이라는 사실을 깨달을지 모른다! 아니면 당신은 오늘부터 진실을 말하고, 당신의 예술과 아이디어, 메시지와 얘기를 세상과 공유하며, 더 이상 소명을 포기하라고 자신을 배척하지 않을 것이다. 달나라에 가겠다는 개인적인 사명을 향해 다음 단계로 나아가기로 결심하고, 인생이라는 아름다운 독무를 추는 무대에 온전히 전념하기로 마음먹을 수도 있다. 아니면 빅토리 랩은 수영복을 입거나, 즐거워하며 자신 있게 셀룰라이트를 흔들거나, 데이트 앱을 사용하거나, 자신에게 붙이기로 선택한 새로운 꼬리표를 문신으로 새기는 것으로 시작할 수도 있다. 아니면 새로운 아침 일과를 시작하기로 결심하는 것에서부터 시작할 수도 있다. 거울을 들여다보며 자기 눈을 깊이 들여다보면서 이렇게 말하는 거다. "너는 가치 있는 사람이고, 나는 너를 사랑해."

이 순간, 당신의 삶에서 전에 일어났던 모든 일이 당신을 위해 일어나고 있었다는 사실을 받아들이는 것은 매우 강력한 힘을 발휘한다. 모든 것이 신성하게 조율되었다고 생각하라. 힘든 부분까지, 심지어 다시는 겪고 싶지 않은 부분까지도 신이 조율한 것으로 생각하라. 하지만 당신은 해냈다. 그래서 아마 당신은 사람들이 비슷한 상황을 헤쳐나가기 위한 살아 숨 쉬는 지혜와 인내, 힘의 본보기가 될 수도 있다. 나는 당신의 여정에 더 많은 승리의 봉우리가 있을 거라고 믿는다. 당신을 둘러싼 세상이 축하해줄 봉우리 말이다. 당신은 내면 깊은 곳에서 기쁨을 즐기고 열정적으로 그 기쁨을 향해 나아가야 한다는 것을 알게 될 것이다. 하지만 당신의 가치는 세상의 평가나 비판, 모욕에 흔들리지 않듯이 세상의 축하와 인정으로도 흔들리지 않는다는 것을 알게 될 것이다. 당신, 당신의 영혼, 진정한 당신은 분리되고 구속받지 않고 독립적이며, 그 모든 것으로부터 자유롭다. 당신은 어떤 것이 있든 없든, 측정할 수 없을 만큼 가치 있다.

당신은 가치 있다. 당신은 사랑이다. 사랑은 이미 당신이다. 진정한 당신, 있는 그대로의 당신, 당신의 영혼, 당신의 타고난 모습이 사랑이다. 당신이 태어난 순간부터. 세상이 아무리 '아니다'라고 말해도 그것은 당신이 당신 밖에서 얻거나, 찾거나, 획득해야 하는 것이 아니다. 그리고 당신이 결코 잃을 수 있는 것도 아니다. 당신은 결코 자신의 가치를 찾지 못한다거나 그것을 잃게 될 거라는 두려움을 가질 수도 있다. 하지만 그것은 불가능하다. 당신이 이미 가치 있다는 사실을 깨달았다면 말이다.

이 사실을 더 많이 알수록 당신 안에 있는 힘과 당신의 힘은 더욱 확장된다.

당신은 그 힘을 가지고 무엇을 할 것인가?

당신이 영혼의 소리를 먼저 들으며 그 대답대로 온전히 살아가는 동안 나는 당신을 응원하고 싶다.

나는 당신을 본다. 나는 당신을 믿는다. 나는 당신을 사랑한다. 당신은 사랑이다.

당신은… 가치가 있다!

나의 영혼에서 당신의 영혼으로
오늘부터 삶의 빅토리 랩을 함께 할 동반자인
제이미

✦ 《나의 가치》는 여기서 끝나지 않는다 ✦

《나의 가치》는 여기서 끝나지 않는다. 우리는 이제 삶의 빅토리 랩을 함께 할 동반자다! 당신이 소셜 미디어를 사용하고 있다면 나에게 인사하라. 당신의 얘기를 듣고 싶다! 그리고 이 책에서 당신이 가장 좋아하는 인용문이나 도구, 교훈이나 요점을 올리고 공유하라. 그리고 꼭 해시태그 #WorthyBook, #JamieKernLima와 함께 나에게 태그를 달아 내 페이지에 당신의 글을 다시 올릴 수 있게 하라! 당신이 가치 있는 삶을 향한 여정에서 매주 영감과 격려를 받고 싶다면 JamieKernLima.com의 무료 이메일 소식지에 당신을 초대하고 싶다.

그리고 약속하건대, 이것은 시작에 불과하다! 어떤 소녀, 어떤 여성, 어떤 사람도 자신이 가치 있다는 사실을 아는 데 뒤처지지 않게 하겠다는 정신으로, 나는 이 책을 그들에게 전달함으로써 누군가의 삶에 긍정적인 영향을 미칠 수 있는 바통을 당신에게 넘겨주고 싶다. 당신이 이 책을 다른 누군가에게 주든, 그들에게 선물하든, 각자 빅토리 랩 카드Victory Lap Card를 한 장씩 받아보자! (책 뒤표지 바로 안쪽에 있는 빅토리 랩 카드를 찾아보자!) 전통적인 독서 카드(당신의 이름과 책을 대출한 날짜를 기록하는 카드)에서 영감을 받은 빅토리 랩 카드는 당신이 바통을 전해주어 당신 다음으로 이 책을 읽게 될 모든 사람을 기록하고 기념한다. 책을 건네주는 모든 사람에게 그들의 이름과 날짜를 당신의 이름 옆에 추가하고, 그들의 다음 빅토리 랩에서 바통처럼 책을 넘겨주라고 요청하라. 이 책을 당신의 것으로 남겨두고 다른 사람을 위해 주문하고 싶다면, 빅토리 랩 카드에서 당신 이름 바로 옆에 당신이 책을 '선물하는' 사람들의 이름을 손으로 적어보자. 만약 당신이 이 책을 받아 공유하고 싶은 단체에 한 권 이상의 책을 보낸다면, 그 단체의 이름을 카드에 추가해도 좋다. 우리는 함께 세상을 바꿀 수 있다. 한 번에 한 명의 소녀, 한 명의 여성, 한 명의 사람이 자기가 '가치 있다'는 사실을 알게 하면 된다.

그리고 기억하라. 당신 자신에게도 바통을 넘겨줄 수 있다. 나는 책을 한 번 이상 읽는 것을 좋아한다. 책을 읽을 때마다 항상 다른 것들이 눈에 보이기 때문이다. 나는 책을 처음 읽은 지 몇 달 후에 다시 읽는 것도 좋아한다. 당신이 같은 책을 한 번 이상 읽고 다른 경험을 하는 것은 당신이 변화하고 성장했다는 훌륭한 신호이기 때문이다!

나는 항상 책을 적어도 두 번은 읽는다.
첫 번째는 내가 책의 핵심을 짚어가며 읽는다.

두 번째는 책이 내게 핵심을 알려주며 읽는다.

– 존 맥스웰

☑ **주목할 점:** 무료 도구, 워크시트, 명상 등 기타 추가적인 자료를 원한다면 WorthyBook.com/resources을 방문하기 바란다.

☑ **주목할 점:** 내 영혼에서 당신의 영혼으로 전하는 이 시를 내 음성이나 영상으로 경험하고 싶다면 WorthyBook.com/Poem에서 시청하거나 아래의 코드를 스캔하라.

< 당신은 미친 게 아니라 처음일 뿐이다 >

사람들은 말한다.
"네가 뭐라고 생각하니?"
"그건 우리 같은 사람들한테는 어울리지 않아"
"왜 굳이 변하려고 해?"
"우리를 두고 떠날 작정이야?"

"네 출신이 뭔지 잊은 거야?"
"우리는 너한테 이제 충분하지 않아?"
그런 말들이 쏟아지면 삶을 소심하게 살아야겠다는 유혹이
갑자기 전보다 더 편안하게 느껴진다.

당신이 충분하다는 사실을 의심한다면…

당신의 생각, 사람들의 말이 당신을 짓누르고 있다면…
이제 당신의 영혼이 당신의 마음에게 말할 시간이다.
새로운 주인이 왔다고.

보라. 세상 어디에도 당신과 똑같은 사람은 없다.
온 우주에 단 하나뿐인 존재.
그리고 당신의 영혼이 아는 것은…
당신은 미친 게 아니라 처음일 뿐이라는 사실이다.

희망과 꿈을 품은 처음으로 품은 사람,
지금껏 세상에 없던 '당신' 그 자체.
그러니 그들이 당신을 이해하지 못해도 놀라지 마라.
아니면 어울리지 못한다고 당신을 망신 주려고 해도
놀라지 마라.

그들은 당신을 '이상하고, 낯설고, 다르다'고 말한다.
그들이 볼 수 있는 것보다 더 큰 꿈을 가졌기 때문에,
그 꿈이 그들에게는 주어지지 않았기 때문에,
그들은 두려워하고 불안해하며 당신의 꿈을 본다.

심지어 당신을 뼛속까지 사랑하는
선의를 가진 사람들조차
당신이 꿈을 좇는 모습을 보며

이루지 못한 자신의 꿈을 떠올린다.

사람들은 자신과 비슷한 사람을 좋아한다.
그래서 진정한 자아를 숨기는 게
더 익숙하고 편하게 느껴진다.
하지만 당신 내면에서 표출되지 않은 소명은
괴로움과 외로움을 남긴다.
심지어
당신의 집 안에서도…

그들은 당신을 미친 사람이라고 부르며 이렇게 말한다.
"우리는 좋든 싫든 함께 한다."
하지만 당신의 앎은 알고 있다.
당신은 미친 게 아니라 처음일 뿐이다.

처음으로 사업을 시작하고,
먼지 쌓인 꿈을 다시 꺼내어 펼치고,
자신에게 베팅할 만큼
스스로의 가치를 믿게 된 처음.

처음으로 중독을 이겨내고,
제대로 깨어 있는 삶을 살게 된 사람.
당신은 자신이 끊어야 할 대물림된 악순환을 알았기에

처음으로 그것을 끝낼 사람.

처음으로 치유를 시작하고,
처음으로 진정한 용서를 통해 자유로워지고,
사람들을 있는 그대로 사랑하게 된
처음의 사람.

비전을 처음 그리는 사람,
직접 쓸 각본을 꿈꾸는 사람.
처음으로 자신의 재능을 알아보고
더는 평범한 얼굴 뒤에 숨지 않는 사람.

가족 중 처음으로 이렇게 말하는 남자,
"나도 자존감이 흔들릴 때가 있어"?
"나 괜찮지 않아, 어떻게 해야 할지 모르겠어?"
그렇게 처음으로 마음을 열고 말하는 엄마가 되는 사람.

몇 세대 만에 처음으로 자신의 몸을 사랑하고
그 사랑을 기쁘게 증명하는 사람.
내 몸이 '움직이는 기적'임을 알고
움직일 수 있음이 얼마나 큰 선물인지 아는 사람.

처음으로 거절당할 위험을 감수하고

진심을 담아 자신의 진실을 외치는 사람.
반대하는 목소리는 클 수 있지만,
자신을 창조한 존재는 더 크다는 걸 아는 사람.

스스로를 응원하는 법을 처음 배우고,
억지로가 아니라 진심으로 자신을 믿는 사람.
대부분의 사람들은 성공한 뒤에야 박수 치지만
그 박수를 기다리지 않고 먼저 움직이는 사람.

학창 시절엔 늘 마지막에 지목되었지만
지금은 모두의 입을 다물게 하는 사람.
이젠 '직원'이 아니라
'사장님'이라 불리는 사람.

처음으로 소외된 이들을 위해 먼저 나서서 말하는 사람.
"그만 괴롭혀,⋯가만 있지 않을 거야.
날 과소평가하고 싶을지도 몰라,
하지만 시간 낭비니까⋯ 그러지 마."

처음으로 이렇게 말하는 사람
"당신은 내 마음을 아프게 했어.
당신은 나를 두고 다른 걸 택했어.
그래서 한동안 나 자신이 가치 있다는 것을

깨닫는 데까지 시간이 좀 걸렸어.

내가 아는 건, 당신이 내게 상처를 주었다는 거야.
하지만 나는 거절당한 게 아니야.
당신이 내 운명에 예정된 사람이 아니라서
신께서 내 가치를 당신에게 숨긴 것뿐이야."

처음으로 내가 속한 서클이
사실은 나를 가두는 우리cage였다는 걸 알아차린다.
처음으로 이렇게 말한다.
"아빠, 그냥 있는 그대로의 나를 사랑해줄 수 있어요?"
"할머니, 나는 이렇게 태어났어요."

처음으로 내 상처를 내 사명으로 바꿔
가장 거칠었던 조각들을 꺼내
다른 이들의 여정을 비춰주는 등불로 삼는다.
그들이 덜 외롭고 더 '충분하다' 느낄 수 있도록.

처음으로 말한다.
"우리 그냥 다름을 인정해요.
모두가 자기 목소리를 낼 권리가 있어요.
자신이 아프다고 다른 사람을 미워하진 말아요."

아무도 믿어주지 않을 때
처음으로 내 꿈을 믿은 사람,
그들이 이제 와서
"그 사람, 내가 아는 사람이야"라며 자랑할 때조차도
여전히 그들을 사랑할 수 있는 사람.

처음으로 그 거짓말을 잊는다.
'끊임없이 노력하고 성취하지 않으면, 넌 충분하지 않아'라는
거짓.
그건 어디에도 닿지 못할 거짓말이다.
이제는 그 믿음을 멈춰야 할 때다.

성취가 위대하다는 것은 진실이다.
하지만 당신이 가치 있는 존재라는 걸 알기 위해
그 어떤 것도 이룰 필요는 없다.
무언가가 진실이라는 것을 알 때,
그건 기쁨처럼 느껴지고 자유의 맛이 난다.

당신은 당신이 이룬 성공이 아니다.
몇 번 넘어졌는지, 실패했는지가 당신을 정의하지 않는다.
당신이 얼마나 크게 사랑하는지로 정의된다.
그리고 사랑은 누구에게나 자유로운 것이다.

보라. 우리가 충분하지 않다고 두려워할 때,
더 나아가 사랑받지 못할까 봐 더 두려울 때,
몸을 움츠리고 그들의 포옹과 우리의 목적을
바꾸고 싶은 유혹을 강렬하게 느낀다.

어디에도 속하지 못한다고 느껴질 때,
또는 그들과 어울리지 않는다고 느껴질 때,
당신의 독특함은 바로 당신의 초능력이다.
진실은 절대 틀리지 않는다.

사람들이 당신의 꿈이 익숙하지 않다는 이유로
비난하고 붙잡아두려 할 때,
그들은 당신이 성장해서
자기들을 두고 떠날까 봐, 잃게 될까 봐 두려운 것이다.

그들이 한 번도 가본 적 없는 길에 대해
조언을 구하지는 마라.
사람들의 비위를 맞추려 애쓰다 보면
결국 배신당하는 건 당신 자신이다.

의심이 당신의 빛을 어둡게 하라고 유혹할 때,
항상 이 구절을 기억하라.
당신의 영혼은 당신이 더 큰 무언가를 위해 태어났다는 걸 알고 있다.
터질 듯한 목적을 지닌 존재라는 걸.

당신은 위대함을 품고 태어났다.
그게 축복이든, 저주든 상관없다.
세상은 당신의 그 위대함이
당신을 통해 퍼지기 전까지는 더 나아지지 않을 것이다.

보라, 세상에 당신은 단 하나뿐.
온 우주에 오직 하나뿐이다.
그리고 당신의 깊은 내면은 이미 알고 있다.
당신은 미친 게 아니라 처음일 뿐이다.

✦ 감사의 글 ✦

이 책은 너무나 많은 사람의 사랑과 기여, 격려가 없었다면 나오지 못했을 겁니다. 먼저, 내 삶의 사랑인 파울로와 윈더, 와일더에게 감사합니다. 또한 입양된 가족, 생물학적 가족, 확대가족과 선택된 가족 모두에게 감사를 전합니다. 특히 작고하신 엄마 니나에게 감사드려요. 제가 태어난 날 저를 입양해주셔서 감사합니다. 저를 사랑해주시고, 우리 모두 있는 그대로 가치가 있다고 가르쳐주셔서 감사합니다. 그건 제 삶 전체를 바꾼 교훈이었고, 이제 이 책에서 살아 숨 쉬며 책을 접한 모든 이에게 전해질 겁니다. 이 책에 등장하는 얘기에 언급된 친구들과 가족에게 감사드리고, 언급되지 않았지만 내 얘기와 힘, 성격과 마음의 일부가 되어주신 훨씬 많은 분에게도 똑같이 감사를 전합니다. 여러분을 소중히 간직하고 있고, 여러분과 함께 삶을 사는 선물을 받아 감사합니다. 저를 사랑해주셔서 감사합니다. 사랑합니다.

이 책은 '나의 가치Worthy' 미션에 믿음을 보여주신 많은 분 덕분이고, 그분들이 가장 소중한 선물인 시간을 할애하여 또한 저를 믿어주신 결과물입니다. 특히 다음 분들에게는 그들의 멘토십, 리더십, 우정에 감사드리고, 가능한 한 많은 사람에게 이 책이 닿기를 바라는 저와 제 의도를 지지해주셔서 감사드립니다. 오프라 윈프리, 제게 시간을 내주시고 솔직하게 피드백 해주신 귀중한 멘토십에 감사드립니다. 힘과 회복력, 목적, 신이 뜻하신 대로 사는 것이 어떤 모습인지 제게 보여주셔서 감사합니다. 다음 분들에게는 응원과 지혜, 우정과 격려에 특히 감사드립니다. 에드 마일렛, 로빈 로버츠와 앰버 라인Amber Laign, 프린스 EAPrince EA, 존 맥스웰, 엘런 디제너러스와 포샤 드 로시Portia de Rossi, 브렌던 버처드, 조엘 오스틴Joel Osteen과 빅토리아 오스틴Victoria Osteen, 토니 로빈스와 세이지 로빈스Sage Robins, 스티븐 퍼틱과 홀리 퍼틱Holly Furtick, 니콜 르페라 박사, 멜 로빈스, 케이트 레딩Kate Redding과 에런 실버먼Aaron Silverman, 말러리 어빈Mallory Ervin, 대니엘 캔티Danielle Canty, 리사 빌류Lisa Bilyeu와 톰 빌류Tom Bilyeu, 글로 어탄모, 크레이그 그로셸Craig Groeschel과 에이미 그로셸Amy Groeschel, 트레비 레그Trevy Wragg, 로리 베이든Rory Vaden과 에이제이 베이든AJ Vaden, 크레이그 클레멘스Craig Clemens와 세라 앤 스튜어트Serah Anne Stewart, 사라 제이크스 로버츠와 투레 로버츠Toure Roberts, 마리아 슈라이버, 밥 고프와 마리아 고프Maria Goff, 어윈 맥매너스와 킴 맥매너스Kim McManus, 글레넌 도일, 사라 블레이클리, 대린 파월Darrin Powell, 딘 그라지오시Dean Graziosi와 리사 그라지오시Lissa Graziosi, 제나 쿠처Jenna Kutcher, 존 고든John Gordon과 캐서린 고든Kathryn Gordon, 조엘 매리언Joel Marion과 캣 매리언Kat Marion, 트렌트 셸턴, 내털리 엘리스Natalie Ellis, 짐 퀵Jim Kwik, 랜디 가른Randy Garn, 멜 에이브러햄Mel Abraham, 케이샤 게트미리Kacia Ghetmiri, 말리 론칼, 마일스 애드콕스Miles Adcox와 버네사 애드콕스Vanessa Adcox, 브룩 토머스Brooke Thomas, 커리사 쿠치스Karissa Kouchis, 에린 스카이 켈리Erin Skye Kelly, 에드워드 에닌풀Edward Enninful과 알렉 맥스웰Alec Maxwell, 마거릿 라일리 킹Margaret Riley King, 젠 해트메이커, 레이철 루나Rachel Luna, 러셀 브런슨Russel Brunson, 로리 하더Lori Harder, 캔디 발렌티노Candy Valentino, 댄 플레이시먼Dan Fleyshman, 제이슨 재거드Jason Jaggard, 코야 웹Koya Webb, 제임스 클리어James Clear, 루이스 하우즈Lewis Howes와 마르타 이가레다Martha Higareda, 매슈 허시와 오드리 르 스트랫Audrey Le Strat, 세라 로빈스Sarah Robbins, 돈 밀러Don Miller, 마이클 하이엇Michael Hyatt, 러비 아자이 존스Luvvie Ajayi Jones, 이사벨 알리사Isabel Alysa, 하이디 파월Heidi Powell, 에밀리 포드Emily Ford, 에이미 포터필드Amy Porterfield, 재스민 스타Jasmine Starr, 폴라 패리스Paula Faris, 에반 카마이클Evan Carmichael, 드루 히치콕Drew Hitchcock, 제이 셰티와 라디 데블루키아 셰티Radhi Devlukia-Shetty, 데니즈 화이트Denise White, 헨리 크라운 피닉스 클래스Henry Crown Phoenix Class의 동료들, 모두 사랑합니다.

처음 지원한 횟수보다 더 많이 이 책의 원고를 읽어준 우리 팀과 친한 친구들 세라 윗, 재키 피넌, 리아 키, 데지레 지롤리, 올리비아 더그스에게 특별히 감사의 인사를 전합니다. 초기의 '가치 서클Worthy Circle'과 '가치 있는 주말Worthy Weekend' 팀을 완성해준 트레비, 서머, 대니엘, 올리비아 에이에게 고맙습니다. 로스트 벨리 수련원에서 함께 한 신뢰의 서클 폴라, 애니, 힐러리, 대니엘, 캔디스, 레이철, 사랑합니다. 이 책을 쓸 때 응원해주었던 친구들, 너무 많아 열거하지 못한 많은 친구에게 격려와 아이디어, 영감, 연락, 조언, 지지, 기도를 주어 감사하다고, 무엇보다 나를 믿어주어 너무나 감사하다고 말하고 싶습니다.

이 책의 제작과 출간은 진정한 드림팀이 있었기에 가능했습니다. 듀프리 밀러Dupree Miller사에, 특히 잰과 섀넌에게 감사드립니다. 니콜 페레즈-크루거, 디안드라 에스카미야, 테일러 로드리게스, 개비 유엔과 얼라인 PRAlign PR사의 팀 전체에 감사합니다. 트레비나 래그, 엘리자베스 카다르, 자주 라리나가, 자나 유와 프레스티지Prestige 소셜 팀 전체에 감사드립니다. 힐러리 리프턴의 풍부한 재능과 파트너십에 감사드립니다. 우리 둘이 마법을 만드는 바에 들어간다면, 어떤 바든 당신과 함께 갈 수 있는 건 선물입니다. 대니얼 데커, 당신의 조언과 열정, 우정, 리더십과 전문 지식에 감사드립니다. 전문가 연구를 조사해주신 켈리 매드론과 아름다운 이 책의 표지를 디자인해주신 피트 가르소에게 감사 인사를 전합니다. 우리 잇코스메틱스 가족들, 우리는 영원히 가족입니다. 그리고 잇코스메틱스를 믿어주신 많은 소매점과 사업 파트너 여러분 감사합니다. 특히 포용력과 다양성을 발휘하고 모든 사람의 아름다움을 찬양하는 데 헌신해주신 로레알과 QVC, 울타 뷰티에 감사드립니다!

출판사 헤이하우스Hay House에 감사드립니다. 저와 이 책을 믿어주신 전설적인 리드 트레이시Reid Tracy와 놀라운 편집자 앤 바르텔에게 감사합니다. 마르게레테 닐센, 패티 기프트, 리지 마셜, 린지 맥긴티, 다이앤 힐, 존 틴테라, 베시 바이어, 모니카 오코너, 트리샤 브라이던솔, 줄리 데이비슨, 커스틴 칼레, 말린 로빈슨, 대니엘 모나코, 셀레스트 존슨, 캐슬린 리드, 리사 베르니에, 브리앤 바두시, 토이산 크레이그, 데번 글렌을 포함한 '헤이하우스' 팀 전체에 열정과 재능, 이 책에 대한 믿음을 보여주셔서 감사드립니다. 그리고 많은 면에서 크든 작든 이 책에 재능을 기부해주신 모든 분, 한 분 한 분께 감사 인사를 올립니다!

혹시라도 이 책에 이바지하신 분 중 제가 빠뜨린 분이 있다면, 재인쇄를 할 때마다 감사의 글에 꼭 업데이트하겠습니다. 또한 지금까지 제 여정의 일부, 이 책의 일부, '나의 가치' 미션의 일부가 되어주신 모든 분께 가슴 깊은 곳에서부터 진심으로 감사드립니다.

―――― 참고문헌 ――――

Adam, Jamela. "What Is Toxic Positivity and How Is It Bad for Your Workplace?" *U.S. News*, March 15, 2023. https://money.usnews.com/careers/articles/what-is-toxic-positivity-and-how-is-it-bad-for-your-workplace.

"Advancing the Future of Women in Business: The 2020 KPMG Women's Leadership Summit Report," KPMG, 2020. https://info.kpmg.us/content/dam/womens leadership/pdf/2020/2020wlsstudy.pdf.

Alavi, Hamid Reza. "The Role of Self-Esteem in Tendency Toward Drugs, Theft and Prostitution," *Addiction and Health* 3, no. 3-4 (Summer-Autumn 2011): 119-124. https://www.ncbi.nlm.nih.gov/pmc/articles/PMC3905528/.

"Amelia Earhart-Quotes," Goodreads, accessed August 21, 2023. https://www.goodreads.com/quotes/123820-the-most-difficult-thing-is-the-decision-to-act-the.

Angelou, Maya (@drmayaangelou). "Nothing will work unless you do," Twitter post. January 13, 2017, 2:33pm. https://twitter.com/DrMayaAngelou/status/820021073727160320?lang=en.

Ballard, Jamie. "Women Are More Likely than Men to Say They're a People-Pleaser, and Many Dislike Being Seen as One," YouGov, August 22, 2022. https://today.yougov.com/topics/society/articles-reports/2022/08/22/women-more-likely-men-people-pleasing-poll.

Beck, Martha. "How to Know It's Real Love," Oprah.com, March 15, 2002, https://www.oprah.com/relationships/how-to-know-its-real-love-advice-from-martha-beck/all.

Branch, Marsha. "Loving Me!-May the Space Between Where You Are and Where You Want to Be Inspire You!" Marsha Branch, accessed August 21, 2023. https://marshabranch.wordpress.com/2014/01/05/may-the-space-between-where-you-are-where-you-want-to-be-inspire-you/.

Brown, Brené. "In You Must Go," Brené Brown, May 4, 2018. https://brenebrown.com/articles/2018/05/04/in-you-must-go-harnessing-the-force-by-owning-our-stories/.

Butler, Kristen. *3 Minute Happiness Journal*. Carlsbad, CA: Hay House, 2023.

Camus, Albert. *Summer*. New York: Penguin, 1995.

Carter, Christine. "What We Get When We Give," *Greater Good* magazine, February 18, 2010. https://greatergood.berkeley.edu/article/item/what_we_get_when_we_give.

"Catechism of the Catholic Church," *Catholic Culture*, accessed September 24, 2023. https://www.catholicculture.org/culture/library/catechism/cat_view.cfm?recnum=7199.

"C.G. Jung-Quotes-Quotable Quote," Goodreads, accessed August 17, 2023. https://www.goodreads.com/quotes/10933615-the-world-will-ask-who-you-are-and-if-you.

Chapata, Billy (@iambrillyant). "being loved feels warm. loving yourself feels like/the entire sun inside of you." Twitter post. August, 9, 2021, 9:06am. https://twitter.com/iambrillyant/status/1424748858614108165.

Coelho, Paulo. *The Alchemist*. New York: HarperOne, 2006. 파울로 코엘료, 《연금술사》, 최정수 옮김, 문학동네, 2018.

Coelho, Paulo (@paulocoelho). "If you live to please others, everyone will love you except yourself." Twitter post. June 2, 2013, 6:55am. https://twitter.com/paulocoelho/status/344800100599623680?lang=en.

Davis, Tchiki. "Four Steps to Feeling Better About Yourself," *Greater Good* magazine, October 19, 2016. https://greatergood.berkeley.edu/article/item/four_steps_to_feeling_better_about_yourself.

Dickrell, Stephanie. "More Than 1 in 2 Americans Will Get STD in Lifetime," *SC Times*, August 22, 2015. https://www.sctimes.com/story/life/wellness/2015/08/21/americans--get-std-lifetime/32123427/.

Doyle, Glennon. *Untamed*. New York: Dial Press, 2020. 글레넌 도일, 《언테임드: 나는 길들지 않겠다》, 이진경 옮김, 뒤란, 2021

Doyle, Glennon. "IF YOU DON'T KNOW WHAT TO DO-START HERE. HERE'S WHAT TO DO." Instagram. May 26, 2022, accessed August 21, 2023. https://www.instagram.com/p/CeBpLTzlK-J/?hl=en.

Economy, Peter. "17 of the Most Inspirational Quotes from Beyoncé-Business Genius and Music Superstar," *Inc*., June 4, 2019. https://www.inc.com/

peter-economy/17-of-most-inspirational-quotes-from-beyonce-business-genius-music-superstar.html.

Economy, Peter. "Sara Blakely's Most Inspiring Quotes for Success," Inc., March 20, 2015. https://www.inc.com/peter-economy/sara-blakely-19-inspiring-power-quotes-for-success.html.

Gibson, James L., and Joseph L. Sutherland. "Keeping Your Mouth Shut: Spiraling Self-Censorship in the United States," *Political Studies Quarterly* 2023 (June 1, 2020). http://dx.doi.org/10.2139/ssrn.3647099.

Gillett, Rachel, and Madison Hoff, "Gender Bias Could Make It Harder for Women to Become CEO, According to a Recent Study," *Business Insider*, April 17, 2020. https://www.businessinsider.com/why-women-almost-never-become-ceo-2016-9.

Goff, Bob (@bobgoff). "Every time I wonder who I should love & for how long I should love them, God continues to whisper to me: Everybody, always." Twitter post. July 2, 2018, 11:39am. https://twitter.com/bobgoff/status/1013839515088138241?lang=en.

Graham, Steven M., and Margaret S. Clark. "Self-Esteem and Organization of Valenced Information About Others: the 'Jekyll-and-Hyde'-ing of Relationship Partners," *Journal of Personality and Social Psychology* 90, no. 4 (April 2006): 652–665. https://doi.org/10.1037/0022-3514.90.4.652.

Gray, Emma. "11 Ways Maya Angelou Taught Us to Be Better Women," *HuffPost*, May 28, 2014. https://www.huffpost.com/entry/maya-angelou-women-quotes_n_5404284.

Gross-Loh, Christine. "How Praise Became a Consolation Prize," *The Atlantic*, December 16, 2016. https://www.theatlantic.com/education/archive/2016/12/how-praise-became-a-consolationprize/510845/.

Hanh, Thich Nhat. *The Art of Power*. New York: HarperOne, 2007.

Heggeness, Greta. "44 Ellen DeGeneres Quotes to Make You Laugh, Cry & Stay Motivated," Yahoo!, October 11, 2022. https://www.yahoo.com/video/44-ellen-degeneres-quotes-laugh-161600383.html?guccounter=1.

Homer, Nakeia. *All the Right Pieces*. New York: Thought Catalog Books, 2022.

"How to Feel Better About Yourself," interview by Dacher Keltner, June 22, 2023, in *The Science of Happiness,* podcast, https://greatergood.berkeley.edu/podcasts/item/how_to_feel_better_about_yourself_rene_brooks.

Kaur, Rupi. *milk and honey*. Kansas City, MO: Andrews McMeel Publishing, 2018. 루피 카우르, 《밀크앤허니》, 황소연 옮김, 천문장, 2017

King, Martin Luther, Jr. "Martin Luther King's Sermon: The Drum Major Instinct," filmed February 4, 1968, YouTube, April 2, 2028. https://www.youtube.com/watch?v=Mefbog-b4-4.

Knight, Rob. "Eight in 10 Young Adults Feel They Are Not Good Enough, Poll Claims," *The Independent*, November 1, 2019. https://www.independent.co.uk/news/uk/home-news/millennials-mental-health-love-young-adults-social-media-poll-alpro-a9181296.html.

Kotb, Hoda. *I Really Needed This Today: Words to Live By*. New York: G.P. Putnam's Sons, 2019.

Lachmann, Suzanne. "10 Ways Low Self-Esteem Affects Women in Relationships," *Psychology Today*, December 17, 2013. https://www.psychologytoday.com/us/blog/me-we/201312/10-ways-low-self-esteem-affects-women-in-relationships.

Leary, Mark. "Emotional Responses to Interpersonal Rejection," *Dialogues in Clinical Neuroscience* 17, no. 4 (December 2015): 435-441. https://doi.org/10.31887/DCNS.2015.17.4/mleary.

Lynch, Alison. "80% of British Women Don't Feel Good Enough, According to New Survey," *Metro*, August 25, 2015. https://metro.co.uk/2015/08/25/80-of-british-women-dont-feel-good-enough-according-to-new-survey-5360444/.

Mann et. al. "Self-Esteem in a Broad-Spectrum Approach for Mental Health Promotion," *Health Education Research* 19, no. 4 (August 2004): 357–372. https://doi.org/10.1093/her/cyg041.

"Martin Luther King, Jr.-Quotes," Goodreads, accessed August 21, 2023. https://www.goodreads.com/quotes/16312-faith-is-taking-the-first-step-even-when-you-can-t.

Maryfield, Keyanna. "77 Know Your Worth Quotes and Sayings to Boost Your Confidence, Happiness and Success," Inspired Life, accessed August 21, 2023, https://www.inspiredlifehq.com/know-your-worth-quotes/.

Maxwell, John C. *The Power of Significance: How Purpose Changes Your Life*. New York: Center Street, 2017.

McManus, Erwin Raphael. *The Way of the Warrior: An Ancient Path to Inner Peace*. Colorado Springs, CO: WaterBrook, 2019.

"Mindy Kaling-Quotes," Goodreads, accessed August 17, 2023. https://www.goodreads.com/author/quotes/194416.Mindy_Kaling?page=16.

"Misty Copeland-Quotes," Goodreads, accessed August 21, 2023, https://www.goodreads.com/author/quotes/7155409.Misty_Copeland.

"New Dove Research Finds Beauty Pressures Up, and Women and

Girls Calling for Change," PR Newswire, June 21, 2016. https://www.prnewswire.com/news-releases/new-dove-research-finds-beauty-pressures-up-and-women-and-girls-calling-for-change-583743391.html.

Okura, Lynn. "Iyanla Vanzant on Breaking the Body-Shaming Cycle and Accepting Your Lumpy, Bumpy Body," *HuffPost*, December 6, 2017. https://www.huffpost.com/entry/iyanla-vanzant-help-desk_n_5813356.

Orth, Ulrich, Richard W. Robins, and Keith F. Widaman, "Life-Span Development of Self-Esteem and Its Effects on Important Life Outcomes," *Journal of Personality and Social Psychology* 102, no. 6 (June 2012): 1271-1288. https://doi.org/10.1037/a0025558.

Oxford English Dictionary, accessed August 23, 2023, https://www.oed.com/search/dictionary/?scope=Entries&q=impostor%20syndrome.

Palmer, Mario. "5 Facts About Body Image." Amplify, accessed February 24, 2014. http://amplifyyourvoice.org/u/marioapalmer/2013/05/21/byob-be-your-own-beautiful. Quoted in "11 Facts about Body Image." DoSomething.org, n.d. https://www.dosomething.org/us/facts/11-facts-about-body-image.

Pandya, Charmaine. "The 17 Second Rule That Changed My Life," Charmaine Pandya, accessed August 21, 2023. https://www.charmainenlp.com/single-post/2016/02/15/The-17-second-rule-that-changed-my-life.

Parton, Dolly (@dollyparton). "Find out who you are and do it on purpose. #Dollyism." Twitter Post. April 8, 2015, 1:40pm. https://twitter.com/DollyParton/status/585890099583397888?lang=en.

Pentreath, Rosie. "What Are the Origins of 'Humpty Dumpty Sat on a Wall' and What Do the Lyrics Mean?" Classic FM, July 30, 2021. https://www.classicfm.com/discover-music/humpty-dumpty-sat-on-a-wall-lyrics-history/.

Petrocchi, Nicola, Cristina Ottaviani, and Alessandro Couyomdjian. "Compassion at the Mirror: Exposure to a Mirror Increases the Efficacy of a Self-Compassion Manipulation in Enhancing a Soothing Positive Affect and Heart Rate Variability," *The Journal of Positive Psychology* 12, no. 6 (July 2016): 525-536. https://doi.org/10.1080/17439760.2016.1209544.

Robbins, Mel. The High 5 Habit: Take Control of Your Life with One Simple Habit. Carlsbad, CA: Hay House, 2021. 멜 로빈스, 《굿모닝 해빗》, 장성실 옮김, 쌤앤파커스, 2022.

"Salma Hayek-Quotes," Goodreads, accessed September 24, 2023, https://www.goodreads.com/quotes/109192-people-often-say-that-beauty-is-in-the-eye-of.

Schnall, Marianne. "Dolly Parton on Her Latest Projects, the Power of Love and More," *HuffPost*, November 29, 2016. https://www.huffpost.com/entry/interview-with-dolly-parton-on-her-latest-projects_b_583da37ee4b0bb2962f178cb.

"Sexually Transmitted Infections Prevalence, Incidence, and Cost Estimates in the United States," CDC, January 25, 2021. https://www.cdc.gov/std/statistics/prevalence-2020-at-a-glance.htm.

"67 Maria Shriver Quotes on Parenthood, Motherhood and Inspiration," Quotes.pub, accessed September 24, 2023. https://quotes.pub/maria-shriver-quotes?page=2.

"Spiritual Awareness / Awakening Quotes," Xavier University, accessed August 21, 2023, https://www.xavier.edu/jesuitresource/onlineresources/quote-archive1/spiritual-awareness-quotes.

"Steven Furtick-A Troubled Mind and an Open Door," Sermons.love, accessed August 17, 2023. https://sermons.love/steven-furtick/8712-steven-furtick-a-troubled-mind-and-an-open-door.html.

Stone, Jay. "Carrey-Being Rich Not the Answer," *The Ottawa Citizen*, December 16, 2005. https://quoteinvestigator.com/2022/11/09/rich-famous/#f+442218+1+1.

"The Confidence Kit," Dove, accessed August 23, 2023. https://assets.unileversolutions.com/v1/81511615.pdf?disposition=inline.

"13 Times Taylor Swift Was the Wisest," *Marie Claire UK*, October 16, 2015. https://www.marieclaire.co.uk/entertainment/music/best-taylor-swift-quotes-33427.

Thomas, Brooke. "Your Predicament Does Not Determine Your Destiny-with Lia Valencia Key, Ep 215," *The Live Out Loud Show*, accessed August 21, 2023. https://www.brookethomas.com/your-predicament-does-not-determine-your-destiny-with-lia-valencia-key-ep215/.

@tinybuddha. "If speaking kindly to plants helps them grow, imagine what speaking kindly to humans can do." Twitter post. June 25, 2021. 11:30am, https://twitter.com/tinybuddha/status/1408477701585899526?lang=en.

Twain, Mark. *Mark Twain on Common Sense: Timeless Advice and Words of Wisdom from America's Most-Revered Humorist*, Stephen Brennan, ed. (New York: Skyhorse, 2014).

"Ulta Beauty Launches the Joy Project to Ignite a Movement for the Next Generation," *Business Wire*, September 25, 2023. https://www.businesswire.com/news/home/20230925298587/en/.

Weiner, Brian. "Lessons from the Mountain," Brian Weiner, February 18, 2022. https://brianweiner.com/the-only-people-who-get-upset-about-you-setting-boundaries-are-those-who-are-benefitting-from-you-having-none/.

Williamson, Marianne. *Everyday Grace: Having Hope, Finding Forgiveness, and Making Miracles.* New York: Riverhead Books, 2004.

Williamson, Marianne. *Return to Love: Reflections on the Principles of "A Course in Miracles."* New York: HarperOne, 1996.

Winfrey, Oprah, and Bruce D. Perry. What Happened to You?: Conversations on Trauma, Resilience, and Healing. New York: Flatiron Books, 2021. 오프라 윈프리·브루스 D. 페리,《당신에게 무슨 일이 있었나요?》, 정지인 옮김, 부키, 2022. *Resilience, and Healing.* New York: Flatiron Books, 2021.

Zorn, Eric. "Without Failure, Jordan Would Be False Idol," *Chicago Tribune*, May 19, 1997.

《나의 가치》 빅토리 랩
동반자 독서 카드

바통을 넘겨라! 이 얘기와 교훈, 도구가 필요하다고 여기는 사람, 그들이 얼마나 가치 있는지를 알아야 하는 사람과 이 책을 공유하거나 그들에게 이 책을 보내라! 우리는 모두 빅토리 랩의 동반자이므로 어떤 소녀, 어떤 여성, 어떤 사람도 뒤처지게 해서는 안 된다! 전통적인 독서 카드와 마찬가지로 From란에 당신의 이름을 쓰고, 책을 넘겨줄 사람의 이름을 To란에 써라. 그런 다음 책을 다 읽고 나면 다른 사람에게 넘기라고 부탁하라! 그런 식으로 독서 카드를 채워보자! 그리고 새로운 책을 누군가에게 선물한다면, 당신의 이름을 From란에 쓴 다음 책을 선물한 사람의 이름을 각각 To란에 써라. 책이 다른 사람에게 전해질 때마다 독서 카드의 사진을 찍어서 내게 보내고 태그를 달면, 내가 그걸 게시할 것이다! 또한 추가의 카드를 인쇄하려면, WorthyBook.com/Resources에서 무료로 받을 수 있다.

당신은 가치 있다!

빅토리 랩 동반자 독서 카드

From	To	날짜
제이미 컨 리마		

나의 가치

초판 1쇄 발행 2025년 8월 30일

지은이 제이미 컨 리마
옮긴이 허선영

발행인 정동훈
편집인 여영아
편집국장 최유성
책임편집 양정희
편집 김지용 김혜정 조은별
마케팅 정현우
표지디자인 유어텍스트
본문디자인 홍경숙

발행처 (주)학산문화사
등록 1995년 7월 1일
등록번호 제3-632호
주소 서울특별시 동작구 상도로 282
전화 편집부 02-828-8834 마케팅부 02-828-8801
이메일 allez@haksanpub.co.kr
인스타그램 @allez_pub

ISBN 979-11-411-6847-6 (03190)

알레는 (주)학산문화사의 단행본 브랜드입니다.

- 잘못된 책은 구입하신 곳에서 바꾸어 드립니다.
- 값은 뒤표지에 있습니다.
- 전화 문의는 받지 않습니다.